Inhaltsverzeichnis

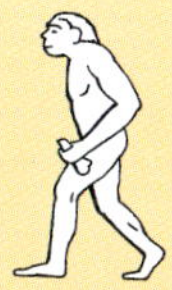

Einführung

Hier siehst du eine Schule in Gera, es ist die „Goethe-Schule". Gebaut wurde sie, als deine Urgroßeltern zur Schule gingen, vor mehr als 100 Jahren. Sie wird bis heute als Schule genutzt. Doch schau dir die Klasse mit ihrem Lehrer an. Der Unterschied zwischen damals und heute ist recht deutlich.

1. Zeit – ein Maßstab des Lebens

Wenn ein Stein geworfen ist, kommt er nicht mehr zurück in die Hand, die ihn warf: geworfen ist geworfen. So ist es auch mit der Zeit. Sie fließt immer vorwärts, nie zurück, eine Sekunde nach der anderen. Und Sekunde um Sekunde wird der Zeitraum, den wir Vergangenheit nennen, größer und größer.

Jung und Alt – Du bist zwischen zehn und zwölf Jahre alt. Das sind sehr viele verflossene Sekunden. Aber im Vergleich mit deinen Großeltern, die vielleicht schon über 60 Jahre alt sind, bist du noch jung. Und im Vergleich mit dem Alter der Erde, die vor mehr als sechs Milliarden Jahren (6 000 000 000 Jahren!) entstanden ist, sind zehn oder zwölf Jahre weniger als eine einzige Sekunde.

Doch jung bist nicht nur du. Schau dir einmal die Entwicklung der Erde und ihrer Lebewesen an: Dort sind wir Menschen die Kinder. Unsere ersten Vorfahren, die Urmenschen, lebten vor etwa drei Millionen Jahren (3 000 000 Jahren) auf der Erde. Die ersten Lebewesen auf der Erde sind viel älter. Es waren Pflanzen im Meer. Wir wissen das durch **Fossilien** (= versteinerte Überreste), die Forscher gefunden haben. Die Zeitstrecke von der Entstehung der Erde bis heute können wir uns nicht recht vorstellen. Trotzdem ordnen wir die Ereignisse im Leben der Erde und auch in unserem eigenen Leben nach den Jahren. Wir bringen sie damit in eine zeitliche Reihenfolge, in eine **Chronologie**.

B 1 Das Alter eines Baums: Jahresringe

B 2 Fossil

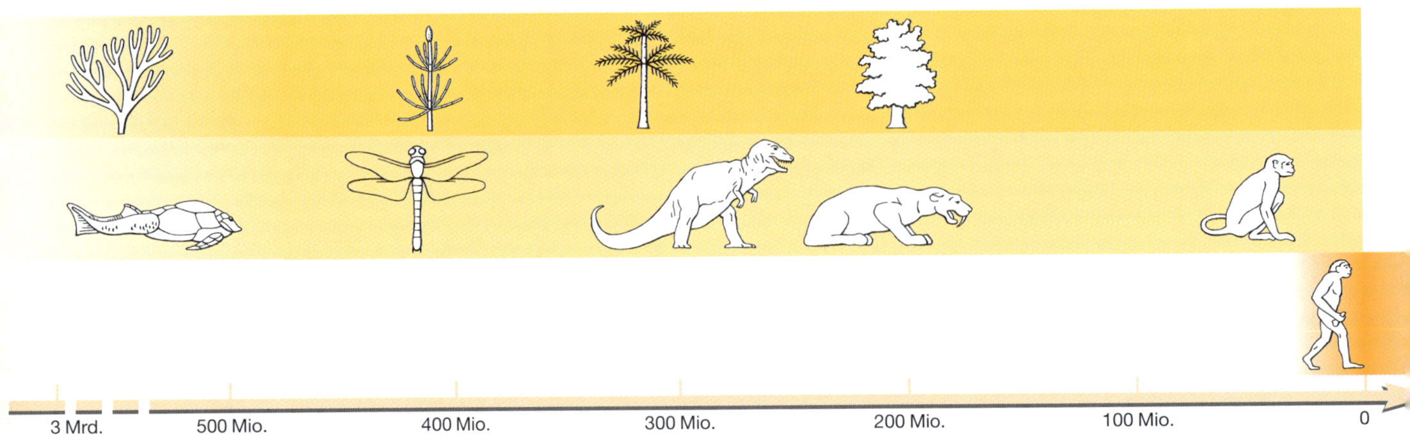

B 3 Die Entwicklung der Lebewesen auf der Erde

Wir teilen die Zeit ein – Du weißt: Jeder Tag ist 24 Stunden lang. Manchmal haben wir zwar das Gefühl, der Tag vergeht langsam, dann langweilen wir uns. Und oft vergeht er „wie im Fluge“. In Wirklichkeit ist er immer gleich lang. Denn die Dauer eines Tages ist nicht von uns Menschen, sondern von der Drehbewegung der Erde um ihre eigene Achse abhängig. Gleichzeitig läuft die Erde auf einer Bahn um die Sonne herum. Dazu braucht sie ein Jahr.

Unsere Zeit sollten wir gut einteilen. Wir müssen uns zum Beispiel einigen, wann wir uns mit Freundinnen oder Freunden treffen oder wann wir morgens aufstehen. Deshalb haben die Menschen noch andere Zeiteinheiten als Jahr und Tag vereinbart: Wochen, Stunden, Minuten. Wir sagen zum Beispiel: Die Schule beginnt um acht Uhr morgens. Früher nutzten die Menschen „natürliche Uhren“, zum Beispiel Sonnenuhren: Sie haben damit den Verlauf eines Schattens gemessen, den ein Stab (= Zeiger) bei Sonnenlicht wirft. Heute trägt fast jeder eine Armbanduhr, von der die Zeit viel genauer und auch bei Nacht abgelesen werden kann.

Wir vereinbaren einen Bezugspunkt – Wenn wir die Vergangenheit betrachten, ist die genaue Zeitangabe wichtig. Wir müssen sagen können, wann ein Ereignis stattgefunden hat und wie lange es vergangen ist. Dazu haben die Menschen in Europa und in vielen anderen Ländern einen gemeinsamen Bezugspunkt der **Zeitrechnung** gewählt. Es ist die Geburt Jesu Christi. Er wurde vor etwa 2000 Jahren in Palästina geboren und nimmt eine wichtige Rolle in der nach ihm benannten Religion ein. Das Jahr seiner Geburt ist das Jahr 1 unserer Zeitrechnung. Wir nennen die Zeit vor Christi Geburt „vor Christus“ (abgekürzt: v. Chr.) und die Zeit danach „nach Christus“ (abgekürzt: n. Chr.).

Geschichte und Frühgeschichte – Die Schrift haben die Menschen im 4. Jahrtausend vor Christus erfunden. Das ist der Zeitraum zwischen 3999 v. Chr. bis 3000 v. Chr. Rechnest du die Zeit hinzu, die wir als „nach Christus“ bezeichnen, dann ist die Schrift zwischen 5000 und 6000 Jahre alt. Diesen Zeitraum, aus dem uns schriftliche Zeugnisse der Menschen vorliegen, nennen die Wissenschaftler **Geschichte**. Den viel längeren Zeitraum davor, in dem schon Menschen existierten, aber diese noch keine Schrift kannten, nennen wir **Ur- und Frühgeschichte**.

B 4 Sonnenuhr

ARBEITSAUFTRÄGE

1. Erläutere mit B 3 die Zeitfolge der Entwicklung der Lebewesen.
2. Jedes Jahr setzt ein Baum einen Wachstumsring an. Betrachte B 1 und gib an, wie alt der Baum etwa war, als er gefällt wurde.
3. In B 4 ist eine Sonnenuhr abgebildet. Kennst du noch andere „natürliche Uhren“? Wenn ja, welche?
4. Rolle von einem Wollknäuel einen Meter Faden ab und teile ihn mit kleinen Zetteln in 10-mal 10 Jahre ein. Hefte dann Zettel mit deinem Geburtsjahr und dem deiner Eltern und Großeltern daran. Überlege, wie lang du den Faden vom Knäuel abrollen müsstest, um das Jahr 1 zu erreichen.

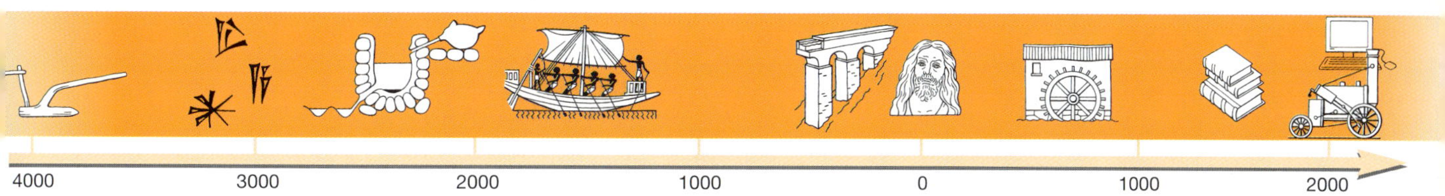

2. Quellen – Zeugnisse der Vergangenheit

Vielleicht hast du deiner Großmutter von deinem ersten Schultag nach den Ferien berichtet. Und sie hat staunend zugehört und gesagt: „Also bei uns war das früher ganz anders.“ Dann hat sie aus ihrer Schulzeit erzählt. Du wolltest noch mehr wissen, zum Beispiel, wie sie deinen Großvater kennen lernte. Und sie hat dir **Geschichten** über vergangene Jahre erzählt, aus denen du viel über das Leben deiner Großeltern erfahren hast. Doch wenn du etwas über die Zeit vor vielen hundert Jahren erfahren möchtest, kannst du keinen Menschen der damaligen Zeit befragen. Wie kannst du dann herausfinden, wie die Menschen in früheren Zeiten lebten?

Wir sammeln Zeugnisse – Wenn wir etwas über die Vergangenheit wissen wollen, begeben wir uns auf die Suche nach Zeugnissen. Die Geschichtsforscher nennen alle Zeugnisse der Vergangenheit **„Quellen“** – es sind Quellen für unser Wissen. Bei euch zu Hause gibt es vielleicht ein Fotoalbum. Fotos teilen uns mit, wie die Menschen früher gelebt haben. Deine Eltern und Großeltern trugen damals zum Beispiel andere Kleidung und andere Frisuren. Auch Fotos, wie das vom Luftschiff auf dieser Seite, sind Quellen, es sind **Bildquellen**. Aber es gibt noch viel ältere Bildquellen, zum Beispiel Höhlenmalereien aus früheren Zeiten oder Bilder auf alten Vasen.

In Büchern und Zeitungen findest du schriftliche Berichte. Es gibt noch andere, zum Teil viel ältere **schriftliche Quellen**. Die Menschen haben in der Vergangenheit nicht immer auf Papier geschrieben. Auf Stein, Ton, Wachstafeln oder auf Papyrus, dem „Papier“ der alten Ägypter, haben sie seit der Erfindung der Schrift im 4. Jahrtausend v. Chr. Wichtiges festgehalten: Briefe, Vorratslisten, Verträge zwischen Kaufleuten oder Ländern und Gesetze.

Wenn du zu Hause vielleicht eine alte Schreibmaschine oder ein altes Haushaltsgerät findest, können auch diese **ge-**

B 1 Luftschiff über Berlin. 1928

Q 2 Ein Journalist berichtet am 3. Oktober 1928 über die Fahrt des Luftschiffs „Graf Zeppelin“:

Schon vor 8 Uhr sah man die ersten Neugierigen auf den großen Plätzen … Auch die Dächer begannen sich zu bevölkern, und das herrliche Herbstwetter nach dem gestrigen Regentag trug dazu bei, die Berliner Bevölkerung in Massen auf die Straßen zu locken. Aber die Geduld der Wartenden wurde zunächst noch auf eine Probe gestellt; das Luftschiff hatte es offenbar nicht sehr eilig, denn es wollte nicht allzu früh über Berlin erscheinen, um sich auch den Langschläfern zu zeigen. … Kurz nach neun Uhr überfuhr „Graf Zeppelin“ den südlichen und östlichen Teil Berlins und grüßte die großen Fabriken, die Stätten der Arbeit. Wo immer sich das Schiff zeigte, war alles auf den Beinen. Die Maschinen der Fabriken standen einige Augenblicke still, von den Dächern und durch Dachluken grüßten und winkten Tausende dem Schiff zu, es herrschte überall eine freudig bewegte Stimmung. … Besonders auffallend war der ruhige Lauf der Motoren, die man kaum hörte. Das Geräusch eines einzigen Fliegers war stärker als alle fünf Zeppelin-Motoren.

(Berliner Tageblatt vom 3. Oktober 1928)

genständlichen Quellen aus der Vergangenheit „erzählen". Heute schreiben viele mit dem Computer statt mit der Schreibmaschine. Und früher wurde die Wäsche von Hand auf einem Waschbrett gewaschen. Elektrische Waschmaschinen gibt es erst seit wenigen Jahrzehnten. Auch das erste Fernsehgerät wurde erst vor etwa 70 Jahren erfunden.

Wir befragen Quellen – Meistens ist es nicht so einfach, die Zeugnisse aus der Vergangenheit zu verstehen. Die Quellen müssen entschlüsselt werden. Wenn wir eine Quelle lesen, können wir nicht sicher sein, dass alles richtig dargestellt ist oder dass wir den Verfasser sofort richtig verstehen. Berichten sie alles, was geschehen ist, oder nur einen Teil davon? Gibt es zum Beispiel außer dem Zeugnis über Margarete Hoppe (B 4 / Q 5) noch andere Berichte über sie? Hat sie vielleicht irgendwann geheiratet? War sie zufrieden mit ihrer Arbeit? Auch Bilder zeigen uns oft nur den Ausschnitt eines Ereignisses, den der Fotograf oder Maler für wichtig hielt. Aus diesen Gründen ist es gut, wenn wir mehrere Quellen vergleichen.

B 3 Dienstmädchen Margarete Hoppe aus Königslutter in Niedersachsen

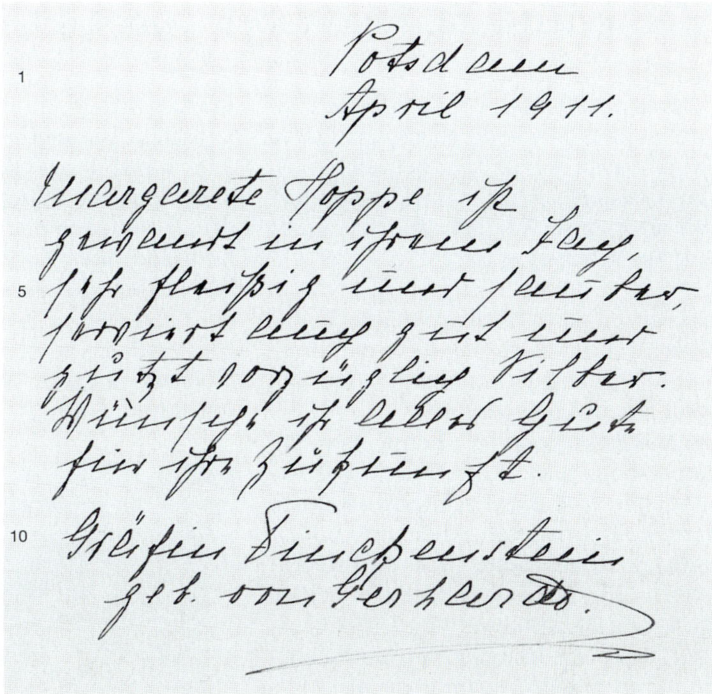

B 4 Zeugnis für Margarete Hoppe. Potsdam, 1911

Q 5 Zeugnis für Margarete Hoppe:

Potsdam
April 1911.

Margarete Hoppe ist
gewandt in ihrem Fach,
sehr fleißig und sauber,
serviert auch gut und
putzt vorzüglich Silber.
Wünsche ihr Alles Gute
für ihre Zukunft.

Gräfin Finckenstein
geb. von Gerhardt

ARBEITSAUFTRÄGE

1. Beschreibe B 1. Achte dabei besonders auf das Verhalten der Menschen.
2. Lies Q 2. Vergleiche den Zeitungsbericht mit B 1 und liste auf, wo er das Foto bestätigt, ergänzt oder ihm widerspricht. Fasse zusammen, welche Dinge wir ausschließlich durch das Foto erfahren und welche ausschließlich aus dem Text.
3. Trage aus B 4 und Q 5 zusammen, welche Aufgaben Margarete Hoppe auszuführen hatte. Stelle Vermutungen an, warum Margarete ihre Arbeit gewechselt hat.

Methodenseite: Die Arbeit von Archäologen

Bisweilen stößt man bei Erdarbeiten auf Spuren menschlichen Lebens in früheren Zeiten. Auch diese Funde betrachten wir als „Quellen". Aber was bedeuten sie? Wie alt sind sie? Wie geht man mit ihnen um? Wer kann sie erklären?

Antworten gibt uns die **Archäologie**, die Altertumskunde. Archäologie darf man nun nicht einfach mit einer Art von Schatzsuche verwechseln.
Du kennst vielleicht die Filme über „Indiana Jones" und „Lara Croft". Die Archäologie wird darin sehr abenteuerlich dargestellt. Ernsthafte Altertumskundler sind allerdings keine „tomb raiders" (engl.: Grabräuber), sondern betreiben die genaue Erkundung von Fundorten. Hierzu gehört viel detektivischer Scharfsinn, größte Umsicht und vor allem viel Geduld. Weil die Archäologie meist mit **Grabungen** verbunden ist, nennt man sie zuweilen auch „Spatenwissenschaft".

Die Archäologie erforscht zum einen die Ur- und Frühgeschichte, also die Zeit, aus der wir keine schriftlichen Quellen haben. So sehen wir am Beispiel des Steinzeitkistengrabs (B 1), wie die Menschen vor etwa 6000 Jahren ihre Toten bestatteten. Die Beigaben, die du erkennen kannst (Gefäße für Lebensmittel, Werkzeuge), zeigen, dass die Menschen an ein Weiterleben nach dem Tod glaubten. Zum anderen liefert die Archäologie auch für den Zeitraum der Geschichte wichtige Erkenntnisse.

Du hast sicher schon einmal von archäologischen Funden aus dem Bereich der Altertumsbiologie gehört, z. B. von Skeletten der Dinosaurier und Schieferabdrücken urzeitlicher Pflanzen. In Berlin fand man im Bezirk Tiergarten das gut 9000 Jahre alte Skelett eines Elchs. Auf der Talsandinsel „Schlaatz" im Nuthetal bei Potsdam wurde das Skelett eines Auerochsen entdeckt, der vor ca. 10 000 Jahren von Jägern erlegt worden ist (B 2).

B 1 Steinzeitkistengrab, um 4000 v. Chr.

B 2 Skelett eines Auerochsen, gefunden auf der Talsandinsel „Schlaatz" im Nuthetal bei Potsdam, um 8000 v. Chr.

Die Ergebnisse der Archäologie können unter Umständen sehr spektakulär sein oder auch die Vorlage für anschauliche **Rekonstruktionen** vergangener Lebensumstände geben, wie z. B. im Fall des Museumsdorfs Düppel in Berlin (vgl. auch S. 228). Wie aber kommen wir zu solchen Funden? Wie wird eine Ausgrabung geplant und durchgeführt?

Wenn Fundorte bei Bauarbeiten in einer Stadt oder, wie im thüringischen Bilzingsleben, in einem Steinbruch entdeckt werden (B 3), wird zuerst die Grabungsstelle genau vermessen. Die Grabungsflächen – Archäologen nennen sie **„Schnitt“** – werden in einer Karte eingezeichnet.
Dann wird die oberste Erdschicht, in der keine Funde zu erwarten sind, abgehoben. Anschließend muss die Erde mit Handgeräten abgetragen werden. Dies dauert meist sehr lange, da mögliche Fundstücke zum Teil mit Bürsten oder gar mit Pinseln vorsichtig von der Erde befreit werden müssen.
Das großräumigere Abtragen von Erdreich erfolgt in waagerechten Schichten (**„Planum“**). Die dabei entstehende senkrechte Seitenwand nennt man **„Profil“**.

Die einzelnen Fundschichten geben uns Auskunft darüber, aus welcher Zeit die Funde stammen. Sie ermöglichen auch, einzelne Funde zu einer Gruppe zusammenzufassen. Alle Funde werden genau ausgemessen und ihre Lage auf Millimeterpapier eingetragen. Fotos unterstützen die Angaben. Auf der Zeichnung sehen wir die Anordnung der Funde meist sehr gut. Später erfolgt die sorgfältige Auswertung der Grabungsarbeit.
So hat man herausgefunden, dass die Funde aus Bilzingsleben in Thüringen etwa 300 000 Jahre alt sind. Sie belegen, dass es hier einen Lagerplatz von so genannten Frühmenschen gegeben hat.

Schließlich können wir die Ergebnisse der archäologischen Arbeit im Museum ansehen oder in Büchern darüber lesen. So erfahren wir etwas vom Leben der Menschen früher. e/1

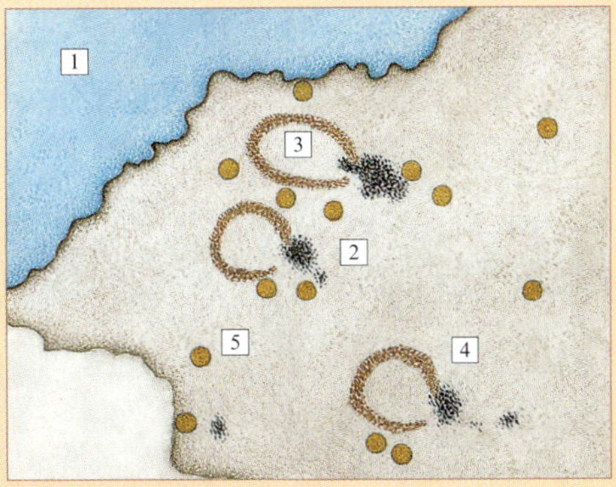

B 3 Grabungsplan für Bilzingsleben

1 Seebecken
2 Uferterrasse
3 Wohnbauten
4 Feuerstellen
5 Arbeitsplätze

B 4 Archäologen bei einer Ausgrabung in der Osteifel

WORAUF DU ACHTEN MUSST

1. Die Bodenfunde aus vergangenen Zeiten müssen nach den Regeln der Archäologen ausgegraben worden sein.
2. Die Funde und ihre Lage in einer Fundschicht werden auf einem Plan und mit einem Foto dokumentiert. So hält man fest, welche Funde zusammengehören.
3. Das Alter der Fundstücke wird neben anderen Methoden durch die Fundschichten bestimmt.
4. Erkundigt euch im Heimatmuseum nach Ausgrabungen und Funden in der Umgebung eures Heimatortes. Organisiert einen Besuch dorthin.

3. Geschichte – unsere Vergangenheit und Zukunft

Auch wenn wir uns nicht auf die Suche machen, begegnen wir in unserem Alltag der „Geschichte“, ohne es zu merken. Welche Bedeutung hat Geschichte für uns?

Geschichte wird erzählt – Die Menschen erzählen sich gegenseitig viele Geschichten. Du kennst sicher **Sagen**. Das sind sehr alte Erzählungen, die über viele Jahrhunderte mündlich weitergegeben und erst später aufgeschrieben wurden. Dabei erfanden viele Erzähler etwas hinzu oder ließen etwas weg. Am Ende entstand eine Geschichte mit märchenhaften Zügen, die aber auch einen wahren Kern enthält. Ein Beispiel ist die Sage über den Hügel bei SEDDIN südlich von Berlin. Hier soll vor langer Zeit ein Riesenkönig in drei Särgen begraben worden sein. Tatsächlich fanden Steinbrucharbeiter im letzten Jahrhundert eine Grabkammer im Innren des Hügels. Ein Tonkrug und ein kleineres Bronzegefäß mit Knochen und Asche eines Toten befanden sich darin. Es war zwar nicht das Grab eines Riesenkönigs, aber Forscher vermuten, dass es sich um das Grab eines besonders mächtigen Mannes handelt.

Geschichte unserer Stadt – In vielen Städten unseres Landes gibt es Straßennamen wie FLEISCHERSTRASSE, GOETHEPLATZ, TORSTRASSE. Meistens machen wir uns keine Gedanken über solche Namen. Begeben wir uns aber einmal in die Stadt WITTENBERG. Dort gibt es zum Beispiel eine Mauerstraße. Woher kommt dieser Name? Um dieser Frage nachzugehen, besuchen wir das **Stadtarchiv**. Dort sind alte Stadtpläne, Urkunden und andere Quellen der Stadtgeschichte aufbewahrt. Im Stadtarchiv Wittenbergs sehen wir auf einem alten Bild (B 2): Die Stadt Wittenberg war früher von einer Stadtmauer mit Toren und einem Graben umgeben. Die Mauerstraße hieß früher „Hinter der Mauer“. Diese Stadtmauer wurde vor über 100 Jahren abgerissen. Aber noch heute erinnert die Mauerstraße daran, wo sie verlief. Sicher kennt ihr in eurer

B 1 Wohnküche. 1916

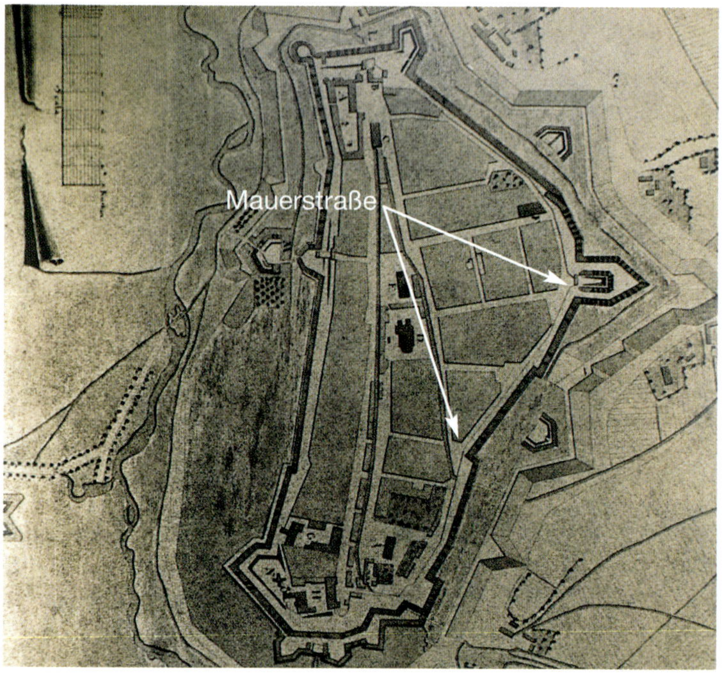

B 2 Stadtplan Wittenberg. 17. Jahrhundert

Stadt Standbilder oder Steintafeln mit Inschriften. Solche **Denkmäler** sollen an wichtige Personen oder Ereignisse der Geschichte erinnern, zum Beispiel an einen Herrscher, der das Land regiert hat, oder an eine Erfindung.

Wir leben in der Geschichte – Viele Menschen vor uns haben seit Jahrhunderten ihr Leben und ihre Umwelt gestaltet. Die Welt, in der wir leben, ist nicht denkbar ohne die Leistungen und Entscheidungen unserer Vorfahren. Deshalb sagen wir: Wir haben unsere Geschichte. In diesem Buch kannst du lernen, wie unterschiedlich und oft spannend diese Geschichte verlaufen ist. Du erfährst, wie die ersten Menschen lebten, hörst von bedeutsamen Erfindungen, aber auch von Kriegen zwischen den Menschen.

Mit uns geht die Geschichte weiter – Ihr Verlauf ist nicht vorherbestimmt. Auch von deinem Urteil und von deiner Entscheidung wird es abhängen, wie die zukünftige Geschichte, wie deine Zukunft aussieht. Auch deshalb ist es wichtig, aus der Geschichte zu lernen. Denn ein Stein, der geworfen ist, kommt nicht zurück in die Hand, die ihn warf. Aber die Beispiele der geschichtlichen Vergangenheit können uns vielleicht lehren, die Zukunft der Menschheit friedlicher zu gestalten.

B 3 Wittenberg heute

B4 Denkmal Goethes (1749–1832) und Schillers (1759–1805) in Weimar

B5 Denkmal Friedrich Augusts I. von Sachsen („der Starke") (1670–1733) in Dresden

ARBEITSAUFTRÄGE

1. Betrachte B 1. Schreibe auf, wie sich die Frau und ihre Tochter über ihr Leben früher und heute unterhalten könnten.
2. Vergleicht B 3 mit B 2. Könnt ihr den alten Stadtkern Wittenbergs auf dem Foto von heute wiederfinden?
3. Finde in deiner Stadt Straßen- oder Ortsnamen, die Auskunft über die Geschichte der Stadt geben könnten.
4. Beschreibe B 5. Welches Bild sollen sich die Menschen von Kurfürst Friedrich August I. von Sachsen machen?
5. Sucht in eurem Wohnort ein Denkmal. Könnt ihr feststellen, wen oder was es darstellt und warum es aufgestellt wurde?

Zusammenfassung – Einführung

Die Menschen teilen die Zeit in Jahrtausende, Jahrhunderte, Jahre, Monate, Tage, Stunden und Minuten ein. Auch wenn wir uns mit Geschichte beschäftigen, müssen wir die Zeit einteilen. Damit wir uns in der Vergangenheit orientieren können, haben wir einen **einheitlichen Bezugspunkt für die Zeitrechnung** gewählt: das Geburtsjahr von Jesus Christus vor etwa 2000 Jahren ist das Jahr 1 unserer Zeitrechnung. Die Zeit davor nennen wir „vor Christus", die Zeit danach „nach Christus". Die Wissenschaftler unterscheiden auch zwischen Ur- und Frühgeschichte, in der die Menschen noch keine Schrift kannten, und der nachfolgenden Geschichte der Menschen.

Deine Eltern oder Großeltern erzählen dir etwas über vergangene Zeiten, wie sich die Stadt, das Leben der Menschen und die Arbeit der Menschen verändert haben. Aber auch Bücher, alte Zeitungen, Fotos und selbst alte Geräte „erzählen" aus der Vergangenheit. Die Forscherinnen und Forscher nennen diese Zeugnisse der Vergangenheit **„Quellen"**.
Nicht jede Quelle, die wir lesen oder betrachten, beschreibt ein Ereignis oder einen Gegenstand vollständig und richtig. Daher sollten wir mehrere Quellen nutzen, ehe wir uns ein Urteil bilden.

Auch deine Heimatstadt birgt viele Zeugnisse aus der Vergangenheit. Sie hat meist ein Stadtarchiv und vielleicht auch ein Stadtmuseum, in denen Quellen aus der Geschichte der Stadt aufbewahrt werden. Auch manche Straßennamen sowie Denkmäler sind Zeugnisse der Geschichte.

Alle Menschen sind Teil der Geschichte. Sie leben mit dem, was ihre Vorfahren geschaffen und hinterlassen haben: Häuser, Städte, Erfindungen usw. Auch du bist Teil der Geschichte, die mit dir und durch dich weitergeht. Ihr zukünftiger Verlauf ist nicht festgelegt, er ist offen. Du kannst mit deinen Entscheidungen und Handlungen Einfluss darauf nehmen.

ARBEITSAUFTRAG

Sammle „Quellen" aus der Geschichte deiner Familie. Fertige mit einem Wollfaden einen Zeitstrahl an, auf dem du die wichtigen Daten deiner Familie einträgst.

ZUM WEITERLESEN

@/1 www.buchklub.at/lillagorilla/kowan/kowan_grabungen.htm

Ur- und Frühgeschichte

Bei Laetoli in Ostafrika fanden Forscher unter Vulkanasche Fußspuren. Sie sind über 3,6 Millionen Jahre alt. Es sind die ältesten Zeugnisse von Vorfahren, die schon aufrecht gingen. Auch Knochenreste, die ähnlich alt sind, wurden in Afrika gefunden. Die Forscher haben diesem frühen Lebewesen den Namen „Lucy" gegeben. Es war kein Affe mehr, aber auch noch kein Mensch.

Die Ausbreitung der ersten Menschen

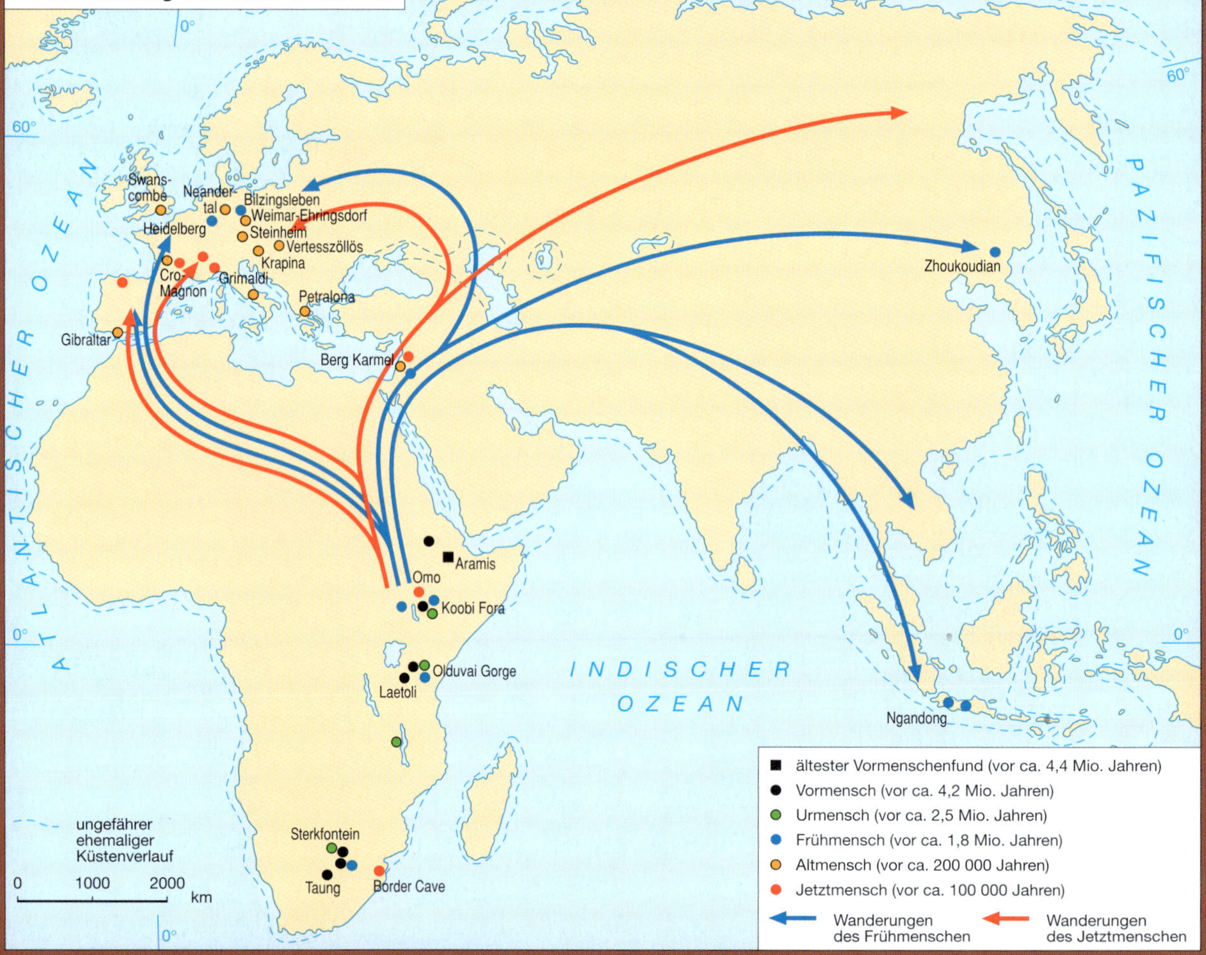

ARBEITSAUFTRAG

Ermittle mithilfe der Karte, wann die ersten Menschen in die Nähe deines Heimatortes kamen.

Europa in der Altsteinzeit

1. Stammt der Mensch vom Affen ab?

Folgst du im Zoo dem Schild „Menschenaffen“, stehst du bald vor den Gehegen der Schimpansen, Gorillas und Orang-Utans. Der Name „Menschenaffen“ ist jedoch missverständlich, denn es sind weder menschenähnliche Affen noch affenähnliche Menschen. Richtig ist aber, dass Menschen und Menschenaffen **gemeinsame Vorfahren** haben: die „Baumaffen“. Diese Baumaffen lebten vor etwa 15 Millionen Jahren in den Wäldern Afrikas. Seit dieser Zeit verlief die Entwicklung der Menschen und die der Affen sehr verschieden. Welches sind die wichtigsten Unterschiede?

Der aufrechte Gang – Menschen bewegen sich, anders als Menschenaffen, aufrecht auf zwei Beinen. Dieser **aufrechte Gang** erfordert ein Stützsystem des Körpers, das sich von dem der Menschenaffen unterscheidet. Unsere Wirbelsäule ist S-förmig gebogen, die des Schimpansen besitzt eine viel geradlinigere Wölbung. Will ein Schimpanse aufrecht laufen, muss er dazu seine Knie abwinkeln, und der Schwerpunkt seines Körpergewichts wird dann nicht so gut gestützt, wie das beim Menschen der Fall ist. Die langen Beine des Menschen ermöglichen einen raumgreifenden Schritt. Seine Füße sind aber nicht mehr zum Greifen, sondern nur noch zum Laufen, Gehen oder Stehen eingerichtet. Affen dagegen können ihre Füße und Zehen fast so geschickt zum Greifen verwenden wie ihre Hände.

Allzweckwerkzeug menschliche Hand – Durch den aufrechten Gang des Menschen wurden seine Hände während der Fortbewegung frei für das Tragen und Greifen von Gegenständen. So konnten sich die Fertigkeiten der menschlichen Hand viel besser entwickeln als beim Menschenaffen. Die hohe Beweglichkeit unserer Finger wird noch durch einen längeren und beweglicheren Daumen unterstützt. Menschen haben, viel besser als Affen, die Fähigkeit zum feinfühligen und sehr geschickten **Präzisionsgriff**.

Das Gehirn des Menschen – Menschen haben ein deutlich **größeres Gehirn** als Menschenaffen. Es ist bei einem erwachsenen Menschen mehr als dreimal so groß wie das eines Schimpansen. Durch zahlreiche Falten und Windungen ist auch die Oberfläche unseres Gehirns zusätzlich vergrößert. Hier, in der so genannten Großhirnrinde, liegen die Bereiche, mit denen wir denken, planen und fühlen; hier werden Erinnerungen gespeichert und hier sitzt das menschliche Sprachzentrum.

Menschen sprechen und produzieren Werkzeuge – Menschenaffen können sich zwar mit einfachen Lauten untereinander verständigen, aber sie können nicht miteinander sprechen. Dazu fehlen ihnen das Sprachzentrum im Gehirn und die

B2 Menschliche Hand mit Buntstift

B3 Affenhand mit Zweig

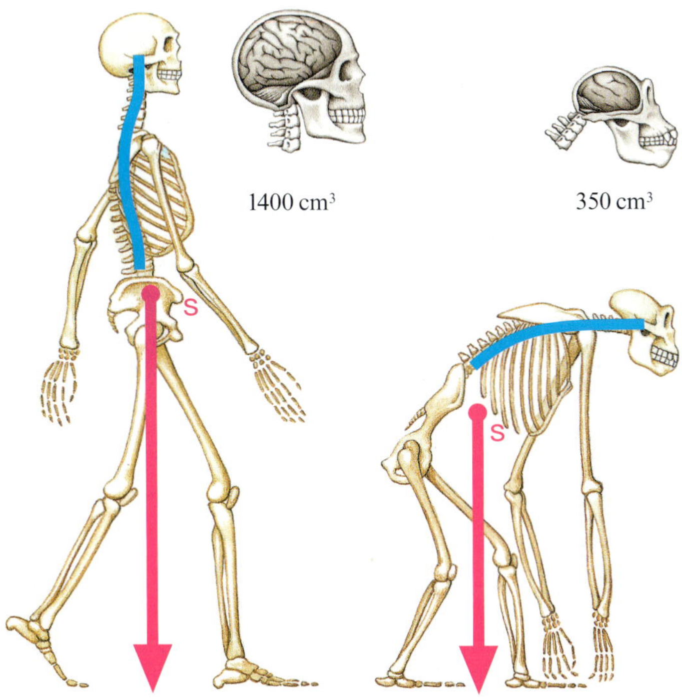

B1 Skelett, Schädel und Gehirn von Mensch und Schimpanse. S = Körperschwerpunkt

Stimmbänder im Hals. Junge Menschenaffen können daher nur durch Abgucken und Nachmachen lernen. Wir Menschen lernen dagegen auch, indem wir **miteinander sprechen**. Den Inhalt des Besprochenen behalten und lernen wir und können es später wieder anwenden.

Bei Schimpansen hat man beobachtet, dass sie einfache **Werkzeuge** benutzen. Sie streifen zum Beispiel die Blätter von einem Zweig ab, mit dem sie sich Termiten aus einem Bau angeln und essen. Oder sie nehmen einen Stein, um eine Nuss zu öffnen. Aber im Gegensatz zum Schimpansen können wir Menschen diese Werkzeuge **planmäßig herstellen** und bearbeiten. Und anders als Menschenaffen stellen wir Werkzeuge meist auf Vorrat her: für die mehrmalige Verwendung in unterschiedlichen Situationen.

ARBEITSAUFTRAG

Nenne Merkmale, die Menschen und Menschenaffen unterscheiden. Du findest sicher noch mehr Unterschiede, als im Text genannt sind. Betrachte dazu auch B 1, B 2, B 3 und B 4.

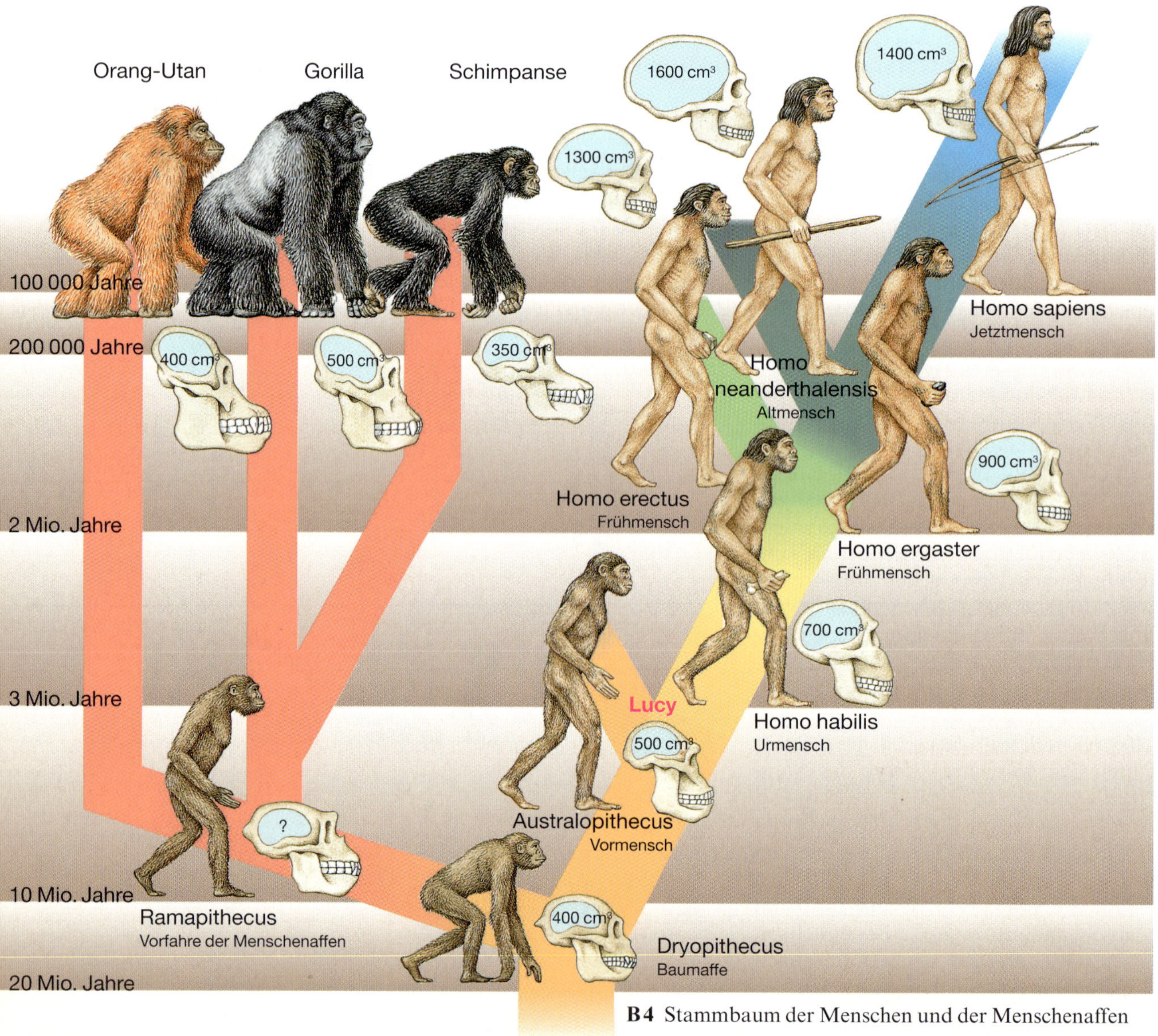

B4 Stammbaum der Menschen und der Menschenaffen

2. Vom Vormenschen zum Jetztmenschen

Die Unterschiede zwischen den heutigen Menschen und den Menschenaffen entstanden über viele Millionen Jahre. Diese Entwicklung (lat.: **Evolution**) war nur mit zahlreichen Übergangsformen möglich. Von einigen der menschlichen Urahnen haben wir Skelettreste gefunden. Aus Schädelknochen und Gebissen können wir auf die Größe und die Leistungsfähigkeit des Gehirns sowie auf die Ernährung schließen. Anhand der Wirbelsäulen-, Fuß- und Handknochen kann man die Fortbewegungsart erkennen. Welche unserer Urahnen kennen wir bisher und wie haben sie gelebt?

An der Schwelle zum Menschen – Auf Seite 19 siehst du Fußspuren, die 3,6 Millionen Jahre alt sind. Sie stammen von **Vormenschen** (lat.: Australopithecus) aus Ostafrika. Anhand von Skelettfunden konnte man nachweisen, dass die Vormenschen bereits aufrecht gehen konnten. Das war ein wichtiger Schritt auf dem Weg zur Entwicklung des Menschen. Andererseits zeigten die Funde auch, dass die Vormenschen noch die langen Arme der Affen hatten und wie diese klettern konnten.

B1 Ein Faustkeil wird hergestellt.

Vermutlich haben die Vormenschen auch schon Informationen durch Gesten und Laute ausgetauscht. Sie teilten sich vielleicht mit, wo günstige Verstecke oder wo Nahrung zu finden waren. Wir wissen aber, dass sie noch nicht richtig miteinander sprechen konnten. Dazu fehlten ihnen die notwendigen Sprachorgane. Wir zählen die Vormenschen noch nicht zu den echten Menschen (lat.: Homo). Sie stellen eine Übergangsstufe dar vom Tier zum Menschen.

Urmenschen erfinden Werkzeuge – In der OLDUVAI-SCHLUCHT in Ostafrika entdeckten Forscher über 2 Millionen Jahre alte Geröllsteine, von denen Splitter abgeschlagen worden waren. Hier hatte jemand vor sehr langer Zeit **Steinwerkzeuge** hergestellt. Anhand von Skelettfunden konnten die Forscher feststellen, wer der Werkzeugmacher war: ein **Urmensch**. Er hatte ein größeres Gehirn als der Vormensch. Wegen seiner Fähigkeit, aus Steinen einfache Werkzeuge herzustellen, erhielt er den Namen **Homo habilis** (deutsch: geschickter Mensch). Er ist der erste unserer Urahnen, den wir als Mensch bezeichnen, auch wenn er vermutlich noch nicht sprechen konnte.

Über viele Jahrtausende hinweg waren die Werkzeuge des Urmenschen und die seiner Nachfahren vor allem aus Stein. Wir nennen daher diesen Zeitraum der Ur- und Frühgeschichte, der vor etwa 2,5 Millionen Jahren begann und in Europa erst vor 5000 Jahren endete, die **Steinzeit**.

Frühmenschen verlassen Afrika – Lange Zeit blieb Afrika der einzige Kontinent, wo Menschen lebten. Das änderte sich mit dem Auftreten der **Frühmenschen** vor etwa 1,8 Millionen Jahren. Durch Ausgrabungen wissen wir, dass die Frühmenschen etwa um diese Zeit nach Asien und später auch nach Europa wanderten. Die Frühmenschen hatten ein wesentlich größeres und leistungsfähigeres Gehirn als die Urmenschen. Deshalb konnten sie

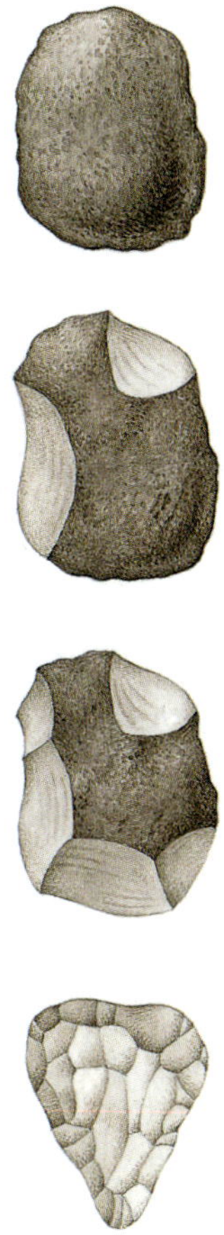

B2 Phasen der Bearbeitung eines Faustkeils

Faustkeil. Waiblingen

ihr Handeln besser vorausplanen. Auch ihre Werkzeuge aus Stein und Knochen waren besser und wirkungsvoller als die der Urmenschen. So erfanden die Frühmenschen vor etwa 600 000 Jahren den **Faustkeil**. Das ist ein Stein, der in kunstvoller Technik beschlagen wurde und so besonders scharfkantig war. Viele Faustkeile waren aus Feuerstein, weil dieser besonders hart ist. ❷/1

Noch bedeutungsvoller war, dass die Frühmenschen bereits eine Sprache hatten. Von Brandspuren her wissen wir, dass sie auch schon das Feuer nutzten; vermutlich brachten sie durch Gewitterblitze entzündete Zweige in ihr Lager. Das bot ihnen Schutz vor wilden Tieren.

Bilzingsleben, ein Lager im Freien – In einem Steinbruch bei BILZINGSLEBEN in Thüringen entdeckten Archäologen 1969 einen Lagerplatz. Vor etwa 300 000 Jahren hatten hier Frühmenschen ihr Lager aufgeschlagen, wo ein Bach in einen See mündete. Das war ein idealer Rastplatz: Hier war die eigene Wasserversorgung gesichert und hier konnten sie Jagd auf Tiere machen, die zum Trinken kamen. Die Frühmenschen haben dort regelrechte Arbeitsplätze angelegt. Man fand neben vielen Steinwerkzeugen aus Quarz, Muschelkalk und Feuerstein auch große Steinplatten, Elefantenknochen und Stoßzahnstücke. Die waren von den Frühmenschen dort hingeschafft worden und dienten als Unterlagen zum Hacken, Schlagen und Spalten.

Als die ersten **Frühmenschen** nach Europa kamen, herrschte hier eine Periode der **Warmzeit** mit Temperaturen so wie heute. Doch das Klima war nicht immer gleich bleibend. Auf Perioden der Warmzeit folgten mehrfach so genannte **Eiszeiten**, in denen das Eis des Nordpols nach Europa vorrückte und die Alpen bedeckte. Wie konnten die Menschen in der Eiszeit in Europa überleben?

Leben in der Eiszeit – Die **Altmenschen** (seit etwa 130 000 v. Chr.) kannten die Kunst des Feuermachens. Vermutlich rieben sie einen Ast auf einem Stück trockener Rinde und brachten dieses zum Glühen. Oder sie erzeugten mit Feuersteinen Funken und entzündeten damit trockenes Gras.

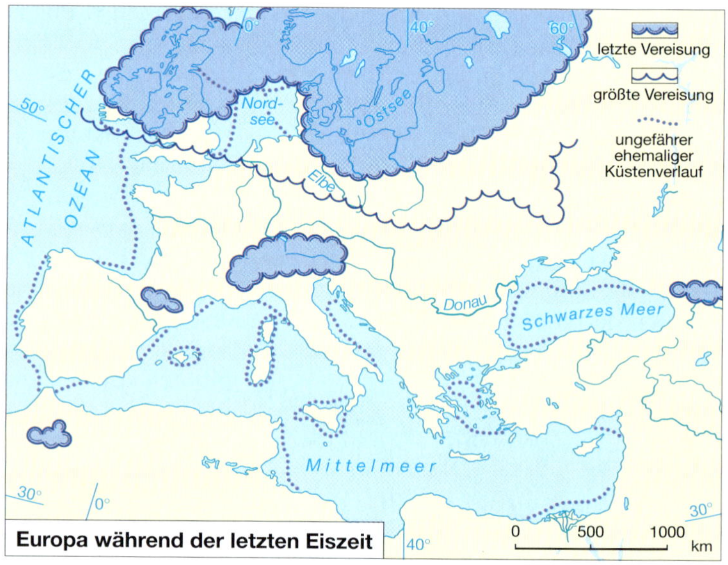

Europa während der letzten Eiszeit

K 4

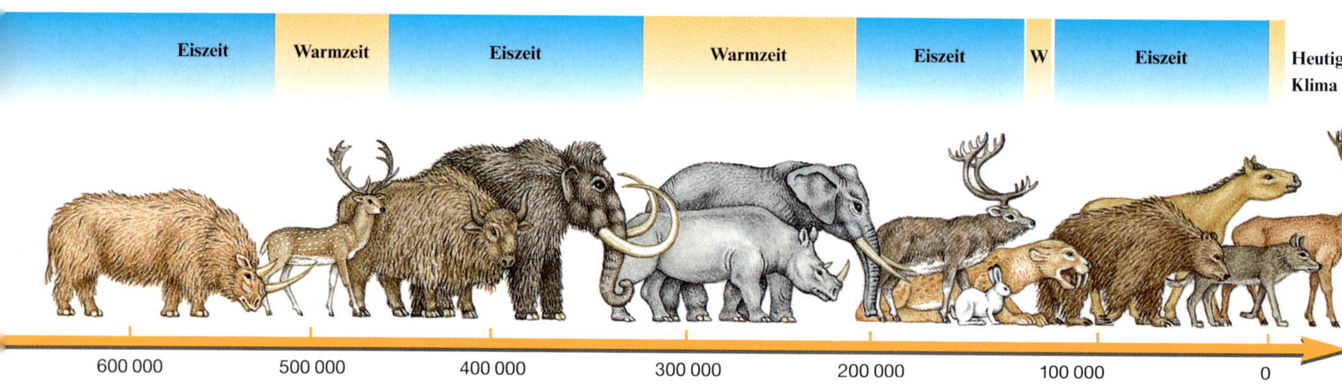

B 3 Tiere Europas im Eiszeitalter

Das Feuer brachte die zum Überleben notwendige Wärme und bot Schutz vor wilden Tieren. Im Freien schützten sich die Menschen durch Kleidung aus Tierhäuten vor der Kälte. Die Altmenschen bauten auch Unterkünfte aus Fellen und großen Tierknochen. Oder sie nutzten Höhlen, um darin zu lagern. ℮/2

Die menschliche Gemeinschaft – Die Feuerstelle wurde rasch Mittelpunkt der Menschen, die sich im Lager aufhielten. Am Feuer kamen sie zusammen und tauschten ihre Erfahrungen und Erlebnisse aus. So entwickelte sich vermutlich ein festes Zusammengehörigkeitsgefühl der Gruppe. Von den Altmenschen wissen wir, dass sie sich bei Krankheit gegenseitig halfen. Man hat zum Beispiel das Skelett eines Mannes gefunden, dessen Schädel lange vor seinem Tod Brüche erlitten hatte. Der Mann konnte sich mit dieser Verletzung nicht an der Jagd oder sonstigen Arbeiten beteiligen. Nur durch die Hilfe anderer konnte er überleben.

Der Jetztmensch verdrängt den Altmenschen – Vor etwa 40 000 Jahren kamen die ersten **Jetztmenschen** (lat.: Homo sapiens) in das damals eiszeitliche Europa. Auch sie kamen vermutlich aus Afrika, wo sie bereits seit etwa 100 000 Jahren lebten. In Europa trafen sie auf den Altmenschen. Ein typischer Vertreter dieser Altmenschen ist der **Neandertaler** (lat.: Homo neanderthalensis). Seinen Namen erhielt er, als 1865 im Neandertal bei Düsseldorf Skelettreste gefunden wurden. Der Neandertaler war etwa 1,60 m groß und kräftig gebaut. Sein Schädel war abgeflacht und breit, mit starken Überaugenwülsten. Sein Gehirn war mit 1600 cm^3 größer als das des Jetztmenschen. Trotzdem starb der Altmensch wenige Jahrtausende später aus. Alle heute auf der Erde lebenden Menschen sind daher Nachkommen der Jetztmenschen, ganz gleich, welche Hautfarbe sie haben oder welche Sprache sie sprechen.

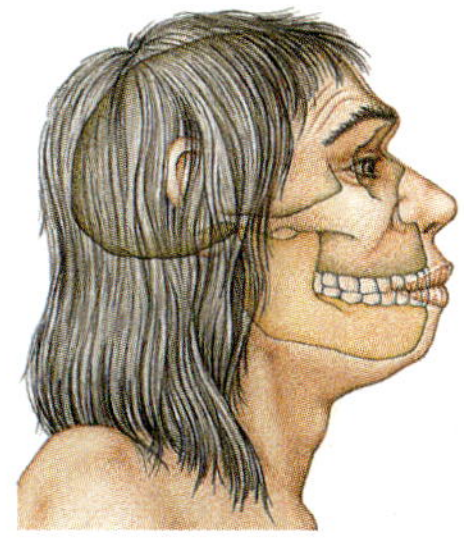

Neandertaler. Rekonstruktionszeichnung

ARBEITSAUFTRÄGE

1. Lege eine Tabelle an mit je einer Spalte für Vormenschen, Urmenschen und Frühmenschen. Trage jeweils ein, welche Eigenschaften und Fähigkeiten sie besaßen. Betrachte dazu auch B 1 und B 2 sowie B 4 auf Seite 22.
2. Betrachte B 3. Nenne einige der Tiere, die heute nicht mehr in Europa leben. Erkennst du einen Zusammenhang zwischen dem Klima und dem Fell der Tiere?
3. Betrachte K 4. Prüfe mithilfe eines Atlas, ob dein Wohnort zur Zeit der größten Vereisung von Eis bedeckt war.
4. Welche Vorteile hatte das Feuer für die Menschen? Betrachte auch B 5.

B 5 Lagerplatz der Altmenschen

3. Die Lebensgrundlage der Menschen – Jagen und Sammeln

Die Menschen in der Eiszeit ernährten sich von dem, was sie in der Natur vorfanden. Sie haben weder Nahrungsmittel selber angebaut noch Viehzucht betrieben. Stattdessen jagten sie Tiere oder sammelten Pflanzen und Früchte. Sie waren, je nach Jahreszeit, Klima und Gegend, abhängig vom Angebot der Natur. Wie wirkte sich das auf ihr Leben aus?

Jagd auf große Herden – Die eiszeitlichen Jäger Europas machten vor allem Jagd auf die großen Tierherden, die durch die Steppe zogen. Hier lebten Mammute und Wollnashörner, Wisente und in der letzten Eiszeit vor allem Rentiere und Wildpferde. Bei der Treibjagd auf ganze Herden hatten die Jäger größere Chancen, Beute zu machen, als bei der Jagd auf einzelne Tiere. Sie waren daher mit den Wanderwegen der Tiere vertraut und stimmten ihr Leben darauf ab. Oft lagen zwischen den Winter- und den Sommerweiden der großen Herden 100 bis 150 km Entfernung. Meistens zogen die Tiere dann an den Flusstälern entlang, zum Beispiel an Rhein, Elbe und Donau. Auch die Jäger schlugen ihr Lager an den Engpässen dieser Wanderwege auf. Dort passten sie die Herden ab und konnten viele Tiere erbeuten. Und meist folgten die Menschen den Tierherden dann bis zu ihren Sommer- oder Winterweideplätzen. ⓘ/3

Die Beute wird zerlegt – Fast alle Teile der Jagdbeute konnten die Menschen verwerten: Als Erstes aßen sie natürlich das Fleisch. Beim Mammut waren Rüssel, Zunge, Schinken, der Fettbuckel auf dem Rücken und das Gehirn besondere Leckerbissen. Dann verarbeiteten sie das Fell, um Zelte, Kleidung, Schuhe, Lederriemen oder Beutel herzustellen. Die Sehnen und Därme verwendeten sie als Nähgarn oder Schnüre. Aus den Stoßzähnen machten sie Waffen, Werkzeuge oder Schmuck. Mit den Mammutzähnen rieben sie Tierhäute glatt. Selbst Magen und Darm wurden aufgeblasen und getrocknet. Sie dienten zum Beispiel als Wasserbehälter. Die Menschen nutzten im Winter sogar den Inhalt der Tiermägen als Gemüseration.

B1 Neue Werkzeuge des Jetztmenschen

B2 Mammutjagd

Das Sammeln von Nahrung – Natürlich aßen die Menschen auch pflanzliche Nahrung: Beeren, Früchte, Nüsse, Pilze, Kräuter und Wurzeln wurden gesammelt. Diese pflanzliche Nahrung bildete im Sommer wohl oft den Hauptteil des Speiseplans, denn nicht immer gab es ausreichend Wild zum Jagen.

Die Bilder der Steinzeitmenschen und die Ausgrabungen der Forscher geben keine sichere Auskunft darüber, wer die pflanzliche Nahrung sammelte. Wir vermuten aber, dass es überwiegend die Frauen waren. Zwar waren Frauen auch an der Jagd beteiligt, insbesondere an der Treibjagd auf große Herden. Aber die Mütter, die Babys stillten und die kleinen Kinder betreuten, konnten wohl nicht mit auf die Jagd gehen. Sie blieben in der Umgebung des Lagers und sammelten die pflanzliche Nahrung. Dazu brauchten sie gute Kenntnisse der Pflanzen und ihrer Fundorte. Sicher kannten sie auch die Plätze der Vogelnester und wussten, wo es Honig gab. So wurde die gesamte Umwelt für die Ernährung genutzt.

Die Menschen leben zusammen – Die Jäger und Sammler lebten in Gruppen von etwa 20 Mitgliedern. Jede Gruppe war von dem jahreszeitlichen Nahrungsangebot der Natur abhängig. Deshalb mussten sie jedes Jahr große Landgebiete durchstreifen. Da, wo Aussicht auf Jagdbeute und pflanzliche Nahrung bestand, schlugen die Menschen für eine Zeit ihr Lager auf. Dann zogen sie weiter. Für die großen Tierjagden im Frühling und im Herbst schlossen sich oft mehrere Gruppen zusammen. Diese Jagdtreffen konnten sie nutzen, um Gegenstände und Erfahrungen auszutauschen und um neue Bekanntschaften zu schließen.

ARBEITSAUFTRÄGE

1. B2 stellt dar, wie Steinzeitmenschen ein Mammut gejagt haben könnten. Schreibe dazu eine Geschichte.
2. Erkläre, warum die Steinzeitmenschen oft große Strecken zurücklegten.
3. Betrachte B 1 und B 4. Nenne einige der neuen Werkzeuge, die die Steinzeitmenschen herstellen konnten. Überlege, wozu diese Werkzeuge benutzt wurden. Erkläre auch, aus welchen Materialien sie hergestellt wurden.
4. Betrachte B 3. Warum wurden die Honigsammler kletternd dargestellt?

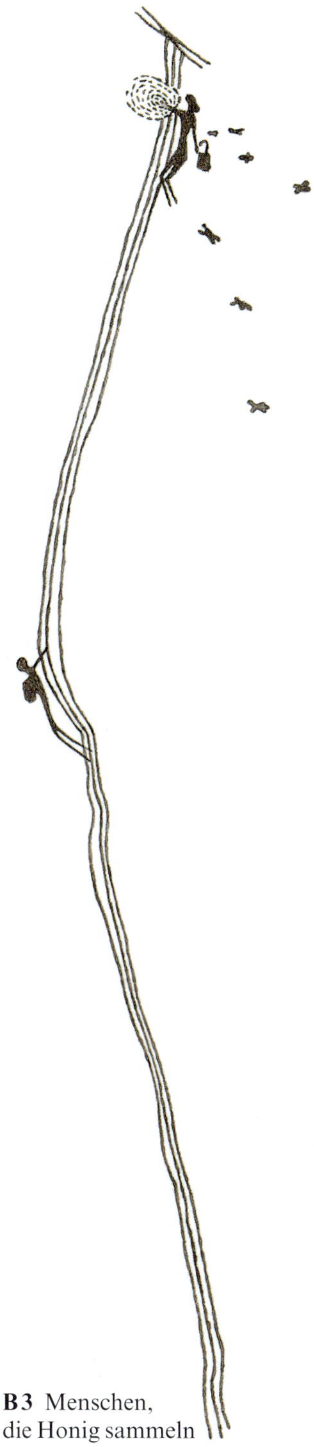

B3 Menschen, die Honig sammeln

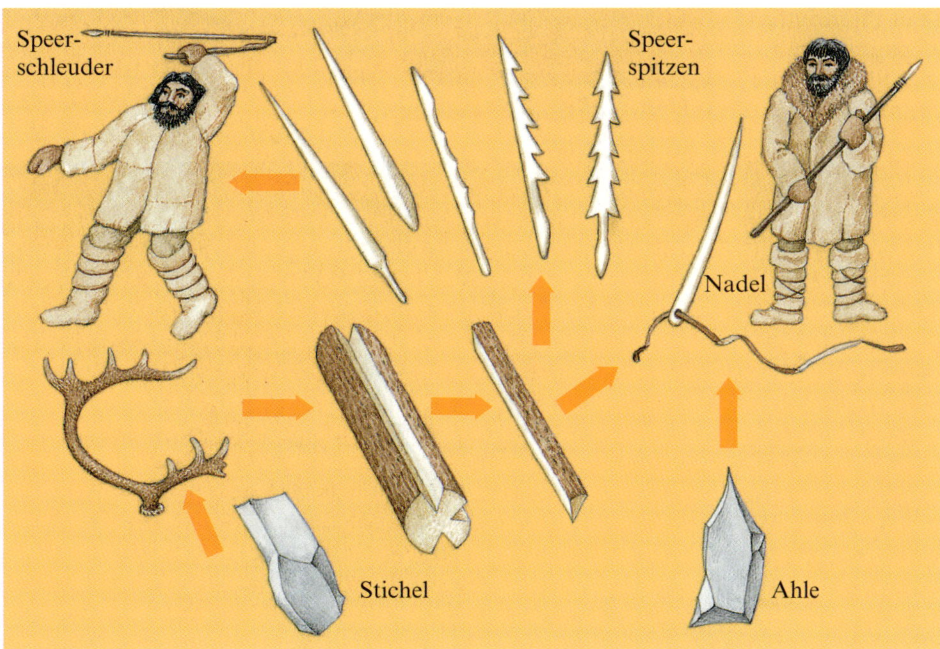

B4 Neue Werkzeuge des Jetztmenschen

4. Was ist die Welt? – Bilder und Ausgrabungen erzählen

Tief im Innern von unwegsamen Höhlen entdeckten Forscher in Südfrankreich und Spanien riesige Bilder an den Felsen. Diese waren fast 30 000 Jahre alt. Offensichtlich gab es schon in der Altsteinzeit Künstler: Welches Bild zeichnen diese ersten Maler von ihrer Welt? Und warum malten sie die kunstvollen Bilder an so abgelegenen Orten?

Die Welt der Jäger – Diese Felsenbilder gehören zu den ersten erhaltenen Bildquellen, die von Menschenhand geschaffen wurden. Was erfahren wir aus den Bildern über das Leben der Menschen?

Die meisten Bilder zeigen einzelne Tiere oder Herden: Mammute, Wisente, Rentiere, Wollnashörner. Das waren häufig die Tiere, von denen das Überleben der Menschen abhing. Erfolg und Misserfolg der Jagd bewegte die Menschen sehr. Und so stand die Jagd auch im Mittelpunkt der Bilder. Aber die Künstler malten auch Löwen und andere Raubtiere, die sie nicht jagten. Vielleicht bewunderten die Menschen ihre Kraft und wünschten sie für ihre Gruppe herbei. Ihre Bilder ritzten die Maler in die Felswände der Höhlen oder sie malten mit Pflanzenfarben auf die Wände. Dazu nahmen sie Erde und vermischten sie mit Pflanzensaft. Vielleicht trugen sie die Farbe mit Fingern auf. Oder sie banden Tierhaare wie zu einem Pinsel zusammen. Uns geben ihre Bilder wichtige Informationen darüber, wie die Tiere damals ausgesehen haben.

Gemeinsame Treffpunkte in Höhlen – Die Archäologen haben herausgefunden, dass in den Höhlen mit Bildern keine Menschen wohnten. Die Bilder dienten also nicht als Schmuck einer Wohnhöhle. Welchen Zweck erfüllten sie aber dann? Die Menschen malten ihre Bilder tief im Höhleninnern, weit weg vom Eingang und ohne Tageslicht. In einer französischen Höhle hat man zusätzlich Wisentfiguren entdeckt, die die Künstler aus Stein

B2 Wisent. Höhle in Frankreich

B1 Tiermensch. Rekonstruktion

B3 Tiermensch. Höhle in Frankreich

gestaltet haben. Dort fand man auch viele Fußspuren. Wir vermuten daher, dass sich die Menschen in den bemalten Höhlen versammelten, um dort ein Fest zu feiern, zum Beispiel ein Jagdfest. Vielleicht stimmten die Menschen sich auf die Jagd ein und baten um große Beute. Oder sie tanzten und ehrten so ein Tier. Solche Handlungen liefen wohl immer gleich ab. Sie wurden von Generation zu Generation weitergegeben. ⓔ/4

Menschen erklären sich die Welt – Alle Menschen versuchen, ihre Umwelt, das Leben und den Tod zu verstehen. Das war schon so bei den Menschen der Steinzeit. Was wissen wir über Erklärungen und Vorstellungen, die die Menschen der Steinzeit entwickelten?

Viele Felsbilder zeigen: Besonders Tiere hatten mit ihren Eigenschaften Kraft und Energie eine große Bedeutung für die Menschen. Es gibt auch Bilder, die Mischwesen zeigen. Sie sehen aus wie verkleidete Menschen oder Tiere mit menschlichen Händen. Einige Forscher meinen: Diese Wesen wurden von den Menschen der Steinzeit als höhere Wesen geehrt. Andere Forscher vermuten, die Bilder zeigen Menschen, die sich als Tier verkleidet und einen Tanz aufgeführt haben. Auf diese Weise wurden Tiere verehrt. Die Menschen in der Steinzeit machten sich schon Gedanken über den Tod. Von den Altmenschen haben die Archäologen Gräber gefunden: Die Toten waren mit Farbstoff, Muscheln oder Blumen geschmückt. Die Menschen glaubten daran, dass die Toten anderswo weiterleben.

ARBEITSAUFTRÄGE

1. Betrachte B 1 bis B 3. Welche Bedeutung könnten die Bilder für die Menschen der Steinzeit gehabt haben? Diskutiert darüber in der Klasse. Welche Bedeutung können Bilder für uns heute haben?
2. Betrachte B 4. Dem Toten wurde eine mit Muscheln geschmückte Mütze mit in das Grab gegeben. Aus welchem Grund könnten die Steinzeitmenschen das gemacht haben?
3. Vergleiche B 5 und B 6. Nenne Gründe, warum diese Menschen tanzen.

B 5 Frauentanz. Höhle in Spanien

B 6 Erntetanz heutiger Frauen. Kamerun

B 4 Steinzeitliches Grab. Italien

Europa in der Jungsteinzeit und frühen Metallzeit

1. Die ersten Bauern – Menschen verändern die Umwelt

Die Menschen der Steinzeit hatten lange Zeit keine festen Wohnorte. Als Jäger und Sammler schlugen sie ihre Lager im Rhythmus der Jahreszeiten an Plätzen auf, wo sie genug Nahrung fanden. Diesen Zeitabschnitt nennt man die **Altsteinzeit**. Doch etwa vor 10 000 Jahren entstanden im Vorderen Orient mit JERICHO, CATAL HÜYÜK und anderen Orten erstmals feste Siedlungen, an denen die Menschen dauerhaft lebten. Diesen Zeitabschnitt von etwa 8000 bis 3000 v. Chr. nennen wir die **Jungsteinzeit**. Aus welchen Gründen änderten die Menschen ihre Lebensform?

Klima und Umwelt ändern sich – Am Ende der letzten Eiszeit, vor etwa 10 000 Jahren, erwärmte sich das Weltklima. Die Gletscher schmolzen und die Meeresspiegel stiegen an. An der Ostküste des Mittelmeers und nördlich von Euphrat und Tigris wurden die Winter milder und die Sommer wärmer. Dort gab es ausgedehnte Grasflächen mit wildem Getreide. Hier lebten auch Urschaf, Urziege und Urrind. Die Menschen ernteten so viel Getreide, dass sie Vorräte anlegten und das ganze Jahr zu essen hatten. Da auch jagdbare Wildtiere vorhanden waren, blieben sie ganz an diesen Orten. Sie wurden **sesshaft**.

Ackerbau und Viehzucht – Mit der Zeit entdeckten die Menschen: Aus Körnern der Wildpflanzen, die in Erdgruben gelagert oder einfach in die Erde gefallen waren, keimten neue Pflanzen. So begannen sie systematisch, Körner auszusäen und die Getreidepflanzen zu züchten. Um 8000 v. Chr. gab es also die ersten Ackerbauern.
Bald zähmten die Menschen auch Schafe, Ziegen und Rinder als Haustiere. Die sesshaft gewordenen Menschen produzierten ihre Nahrung selbst. Und zum ersten Mal veränderten und gestalteten Menschen

Sammlerin in Afrika. Foto, 1990er Jahre. Noch heute leben Menschen in Afrika, Südamerika oder Australien als Jäger und Sammler.

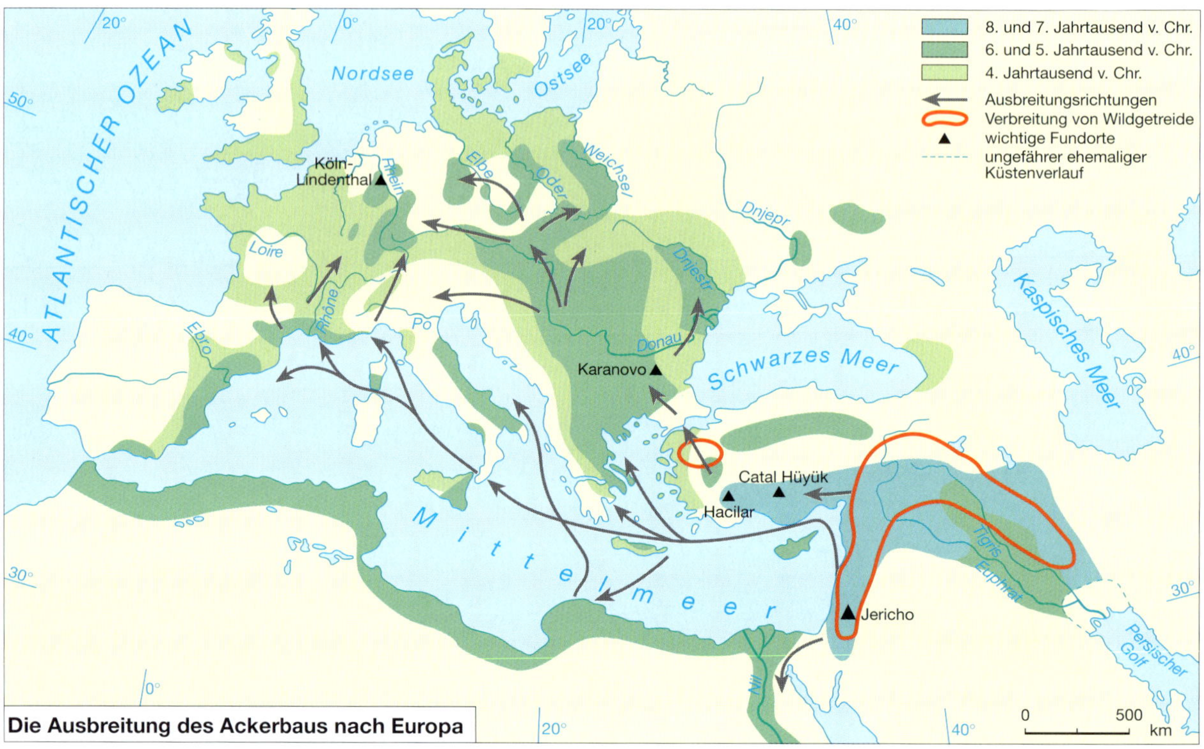

K 1 Die Ausbreitung des Ackerbaus nach Europa

jetzt bewusst ihre Umwelt: Sie rodeten Wälder, um Felder für den Getreideanbau anzulegen. Die Menschen produzierten ihre Nahrung jetzt auf Vorrat und sie hatten mehr Nahrung als früher. Die Bevölkerung konnte sich vermehren; aus den ersten Siedlungen wurden **Dörfer**.

Bauern in Europa – Bei uns begann die Jungsteinzeit vor etwa 7000 Jahren. Ab dieser Zeit lebten auch in Europa Bauern. Ursprünglich gab es in Europa aber kein Wildgetreide, keine wilden Schafe und Ziegen. Wie also hatten die Menschen hier gelernt, Getreide anzubauen und Vieh zu halten?

Die ersten Bauern in Europa waren vermutlich Einwanderer. Durch sie kamen über viele Generationen Saatgut und Haustiere nach Europa. Mit den einheimischen Jägern und Sammlern hatten sie wohl friedliche Kontakte: Die Bauern gaben den in der Nähe lebenden Jägern und Sammlern Getreide und sie erhielten dafür Felle und Wildfleisch. Im Laufe der Zeit übernahmen auch die einheimischen Jäger und Sammler die Produktionsweise und die sesshafte Lebensweise der Bauern.

B 3 Wie viele Menschen ernährt das Land?

ARBEITSAUFTRÄGE

1. Erläutere mithilfe von K 1 zuerst die Entstehung und dann die Ausbreitung des Ackerbaus.
2. Erkläre den Weg vom Getreideanbau zum Mehl in B 2.
3. Betrachte B 3. Wie viele Menschen kann ein Stück Land ernähren? Stelle gegenüber: wie viele sind es bei Jägern und Sammlern, wie viele bei Ackerbauern. Erkläre den Unterschied.

B 2 Getreideanbau und -verarbeitung

2. Dörfer – das Zusammenleben auf engem Raum

Ackerbau und Viehzucht ermöglichten, dass mehr Menschen über lange Zeit zusammen an einem Ort leben konnten. Die ersten Dörfer in Mitteleuropa sind etwa 7000 Jahre alt. Wie veränderten sich dadurch Umwelt und Zusammenleben der Menschen?

Menschen gestalten Landschaft – Mitteleuropa war vor 7000 Jahren von dichten Urwäldern bedeckt. Ausgrabungen im MERZBACHTAL bei Köln zeigen: Die Siedlungen der Bauern lagen wie viele kleine Inseln verstreut im Laubwald. Wie hatten sich die Bauern diese Naturlandschaft erschlossen?

Die Menschen siedelten dort, wo sie fruchtbaren Lössboden und Wasser fanden. Dort begannen sie Breschen in den Wald zu schlagen, um Siedlungsplätze und Ackerflächen zu schaffen. Man nennt diesen Vorgang **Rodung**. Schafe und Vieh, die auf den Rodungsinseln weideten, sorgten dafür, dass der Urwald weiter zurückging. Die Menschen der Jungsteinzeit veränderten also ihre Umgebung. Aus der ursprünglichen Naturlandschaft wurde in den besiedelten Gebieten eine **Kulturlandschaft** mit Äckern und Dörfern wie im Merzbachtal. Auf den Äckern wurden die Getreidesorten Einkorn, Gerste und Emmer angebaut. Die Bauern in Mitteleuropa kannten aber auch schon Gemüsesorten wie Linsen und Erbsen.

Alles unter einem Dach – In Zwenkau bei Leipzig, in Köln-Lindenthal oder in Rosdorf bei Göttingen haben Archäologen Überreste von Häusern und Dörfern aus der Jungsteinzeit ausgegraben. Wie sahen sie aus und wie haben die Menschen darin gelebt?

Die Häuser waren etwa 25 m lang, 5 bis 6 m breit und bis zur Dachspitze etwa 7 m hoch. Das Gerüst bestand aus kräftigen Holzpfählen, die Wände aus Weidengeflecht und Lehm, das Dach aus Stroh, Schilf oder Reisig. Für den Eingang hatte man grobe Holztüren. Die kleinen Fensteröffnungen konnten mit Fellen und Holzläden verschlossen werden. In diesen

Getreide (Emmer): Wildform (oben) und Kulturform (rechts)

B1 Ein Dorf der Bandkeramiker entsteht. Rekonstruktionszeichnung

Häusern war alles untergebracht, was eine **Großfamilie** – Eltern, Kinder, Großeltern, andere Verwandte – zum Leben brauchte: ein großer Wohn- und Arbeitsbereich, ein Schlafbereich, die Arbeitsgeräte, Ställe für das Vieh und oft auch ein Speicher für das Getreide. In einigen jungsteinzeitlichen Dörfern hat man aber auch gesonderte Vorratshütten oder Schutzbauten für das Großvieh gefunden. Ein Dorf umfasste etwa 7 bis 20 Häuser, die recht nahe beieinander standen. Zum Schutz vor wilden Tieren oder vor Überfällen durch plündernde Jägerhorden waren die Dörfer meist von einem Schutzgraben oder -zaun umgeben. Überreste von Hundeskeletten belegen, dass die Menschen schon damals Wachhunde als Haustiere hatten.

Tonscherben geben Namen – Die neue Lebens- und Produktionsweise ermöglichte es den Menschen, Überschüsse und Vorräte anzulegen. Doch wie sollte man die Nahrungsmittel, die für den späteren Verbrauch bestimmt waren, gegen Nässe, Hitze oder Schädlinge schützen?

Bauern im Vorderen Orient machten vor 9000 Jahren eine wichtige Erfindung: Sie formten Tongefäße, die in der Sonne getrocknet oder im Feuer zu fester **Keramik** gebrannt wurden. Darin konnten die Vorräte trocken und sicher gelagert werden. Auch die Bauern in Mitteleuropa benutzten solche Tongefäße. Sie verzierten ihre Gefäße sogar mit eingeritzten Mustern. Die Archäologen haben die verschiedenen jungsteinzeitlichen Siedlungsgruppen nach den Schmuckmustern ihrer Tongefäße benannt.

B2 Tongefäß von „Bandkeramikern“

B3 „Trichterbecherkeramik“

B4 „Schnurkeramik“

B5 Herstellung von Tongefäßen

Neue Werkzeuge und Techniken – Die Urwälder roden, neues Ackerland pflügen und Häuser errichten – diese anstrengenden Arbeiten konnten die Bauern mit den Hilfsmitteln der Altsteinzeit kaum verrichten. Welche neuen Techniken und Werkzeuge erfanden sie, um den Alltag zu bewältigen?

In der Steinzeit war die Technik der Steinbearbeitung entscheidend für die Qualität der Werkzeuge. Daher begannen sie, deren Flächen und Kanten mit nassem Sand glatt und scharf zu schleifen. Außerdem gelang es ihnen mithilfe von Sand sowie einem festen Röhrenknochen oder Holzstab, Löcher in Steine zu bohren. Eine Beilklinge, die vorher festgebunden werden musste, konnte man jetzt auf einen Holzschaft stecken.
Anfangs hatten die Bauern den Ackerboden mit Holz- oder Steinhacken aufgelockert. Die Erfindung des hölzernen **Hakenpflugs**, der von Menschen oder später auch von Rindern gezogen wurde, war daher eine große Erleichterung und Verbesserung. Das gilt auch für die Erfindung einer **Sichel** aus Feuerstein, mit der das reife Getreide geschnitten wurde. Die Menschen der Jungsteinzeit hatten auch schon Kleidung aus Stoff. Denn sie konnten Wolle spinnen und mit dem **Webstuhl** Stoff weben.

B 6 Steinbeile. Südwestdeutschland

B 7 Webstuhl

B 8 Steinbohrapparat

ARBEITSAUFTRÄGE

1. Erkläre anhand von B 1, wie ein jungsteinzeitliches Dorf entstanden sein könnte. Wodurch unterschieden sich die Häuser der Ackerbauern in der Jungsteinzeit von den Unterkünften der Jäger und Sammler? Vergleiche auch mit B 5 auf Seite 25.
2. Lies im Text auf Seite 33. Wie viele Menschen lebten etwa in einem jungsteinzeitlichen Dorf?
3. Erläutere mit B 5, wie ein Tongefäß hergestellt wird. Informiere dich darüber, wie Keramik heute hergestellt wird.
4. Überlege mit B 6, wie ein jungsteinzeitliches Beil aussah, und fertige eine Zeichnung in deinem Heft an. Nenne Vorteile der geschliffenen gegenüber der ungeschliffenen Beilklinge.
5. Beschreibe mit B 7, wie der neue Webstuhl funktionierte.
6. Erkläre anhand von B 8 den Vorgang der Steinbohrung. Probiere es einmal mit Sand, einem Holzstab und einem Stein aus.

Methodenseite: Arbeit mit gegenständlichen Quellen

Aus dem Zeitraum der Ur- und Frühgeschichte sind vor allem gegenständliche Quellen übrig geblieben, die bei Ausgrabungen gefunden wurden. Sie dienen den Historikern und anderen Wissenschaftlern dazu, Lebens- und Arbeitsweisen in der Vergangenheit zu rekonstruieren.

B 1 „Ötzi" im Eis

1991 wurde im Eis der Ötztaler Alpen in Österreich eine sehr alte menschliche Leiche entdeckt. Durch das Eis war sie gut erhalten geblieben.

Dieser Gletschermann wurde unter dem Namen „Ötzi" bekannt. Neben dem Körper mit vielen Resten von Kleidung fanden sich ein Bogen, Pfeile, ein Beil mit Kupferklinge, kleinere Feuerstein- und Knochengeräte, Nahrungsmittelreste und anderes, darunter ein kleiner Feuersteindolch. Mit ihrer Hilfe war zu ermitteln, dass „Ötzi" vor gut 5000 Jahren zu Tode kam. Aber was können wir mithilfe der bei „Ötzi" gefundenen gegenständlichen Quellen noch feststellen?

Sehen wir uns „Ötzis" Dolch an. Feuerstein war zu seiner Zeit, als auch schon das Kupfer verwendet wurde, immer noch Werkstoff Nummer eins.
Feuerstein entstand vor 200 bis 65 Millionen Jahren aus Ablagerungen mikroskopisch kleiner Lebewesen. Je nach Herkunft unterscheidet sich seine Zusammensetzung. Die Forscher können dadurch genau den Ort ermitteln, wo steinzeitliche Menschen „Ötzis" Feuerstein gewonnen hatten. Er liegt bei Verona in Italien, also südlich der Alpen. Auch in anderen Gegenden, zum Beispiel in Bayern, fand man solche Feuersteinklingen, die aus der Gegend von Verona stammen. So ergab sich die wichtige neue Erkenntnis, dass es bereits am Ende der Steinzeit einen weit reichenden Austausch und Handel von Feuersteinen und vermutlich auch von anderen Produkten zwischen den Dörfern gegeben haben muss. ⊕/5

„Ötzis" Feuersteindolch

B 2 Rekonstruktion „Ötzi"

WORAUF DU ACHTEN MUSST

1. Beschreibe, aus welchen Teilen und Materialien der Gegenstand besteht.
2. Erkunde, aus welcher Zeit der Gegenstand stammt.
3. Versuche den Gebrauch des Gegenstands zu erklären.
4 Erkläre, welche Erkenntnis damit gewonnen werden kann.

3. Die Religion der Bauern – Naturkräfte werden verehrt

Schon die Höhlenbilder der Altsteinzeit zeigen, dass die damals lebenden Menschen die Natur und vor allem die Jagdtiere verehrten. Von der erfolgreichen Jagd hing das Überleben der Gruppe ab. In der Jungsteinzeit stellten die Bauern ihre Nahrung zwar zum großen Teil selbst her, aber auch sie waren weiterhin abhängig von der Natur. Welche Vorstellungen von der Natur und dem Leben hatten die Menschen der Jungsteinzeit?

Naturkräfte schützen die Ernte – Im Dorf Catal Hüyük im Vorderen Orient oder in dem österreichischen Ort Willendorf haben die Archäologen Figuren und Bilder gefunden, die uns Hinweise auf die religiösen Vorstellungen der damaligen Menschen geben.

Die Bauern lebten vom Getreide- und Gemüseanbau. Doch ob die Ernte gut ausfiel oder nicht, das hing nicht allein von ihrer Arbeit ab. Denn nur auf fruchtbarem und feuchtem Boden ging die Saat auf. Und Wärme und Trockenheit ließen das Korn reifen. Nach den Vorstellungen der Bauern sorgte dafür die „Erdenmutter" als Göttin und Spenderin des Erntesegens. Dafür spricht, dass die Archäologen weibliche Figuren gefunden haben, die bei Getreidevorräten lagen. Vielleicht sollte die Göttin der Fruchtbarkeit dafür sorgen, dass die nächste Saat aufging und reiche Ernte brachte.

Auch andere Götter und Geister der Natur beeinflussten nach der Vorstellung der Menschen das Klima und auch das eigene Leben. Die Aussaat des Getreides, die Feldpflege und Ernte, aber auch den Bau eines neuen Hauses begleiteten die Bauern daher mit Handlungen, die diese Naturgötter wohlwollend stimmen sollten. Oft brachten sie den Göttern ein Opfer, um sie günstig zu stimmen, zum Beispiel ein Schwein oder ein Schaf.
In Catal Hüyük hatte fast jedes Haus einen eigenen Raum, in dem seine Bewohner die Naturgötter feierten und ehrten.

B1 Eine Frau gebärt ein Kind. Zeichen der Fruchtbarkeit. Catal Hüyük

B2 Großsteingrab bei Everstorf in Mecklenburg

B3 Großsteingrab bei Everstorf. Rekonstruktionszeichnung

Wohnungen für die Toten – Schon die Menschen der Altsteinzeit sorgten für ihre Toten und begruben sie. In der Jungsteinzeit wurden in ganz Europa sogar riesige Steingräber gebaut. Dafür nahmen die Menschen unermessliche körperliche Anstrengungen in Kauf. Warum errichteten sie solche **Großsteingräber** für ihre Toten?

Wir können diese Frage nicht mit Sicherheit beantworten. Unsere Vermutungen stützen sich auf Überreste, die von Archäologen in und um diese Gräber gefunden wurden. Die Toten lagen in einer Grabkammer, die aus vier bis sechs großen Steinen mit einem großen Deckstein bestand. Man hatte sie auf den Rücken gelegt. Und neben die Toten wurden Waffen, Arbeitsgeräte, Speisen und Getränke gestellt. Vielleicht stellten sich die Menschen in der Jungsteinzeit vor, dass die Toten auf eine unbekannte Art weiterexistierten. Und für dieses andere Dasein brauchten sie eine dauerhafte Wohnung.

Auch die Naturgeister sollten die Toten begleiten. Deshalb ritzten die Menschen religiöse Zeichen in die Wände ihrer Gräber. Sie konnten die Grabkammern auch nach einer Beerdigung immer wieder betreten. Jemand, der später gestorben war, wurde einfach dazugelegt. In den Gräbern waren nämlich nicht einzelne Menschen, sondern oft ganze Familien begraben. Wir finden Großsteingräber in ganz Europa, in Deutschland zum Beispiel bei GREVESMÜHLEN oder bei EVERSTORF in Mecklenburg.

ARBEITSAUFTRÄGE

1 Beschreibe die Figur in B 1. Überlege, warum den Bauern Fruchtbarkeit so wichtig war.
2. Vergleiche B 2 mit B 3. Finde eine Erklärung für die Veränderungen.
3. In der Umgangssprache heißen die Großsteingräber oft „Hünengräber“. Kannst du diesen Begriff erläutern?
4. Beschreibe mit B 3 und B 4 den Bau eines Großsteingrabs.

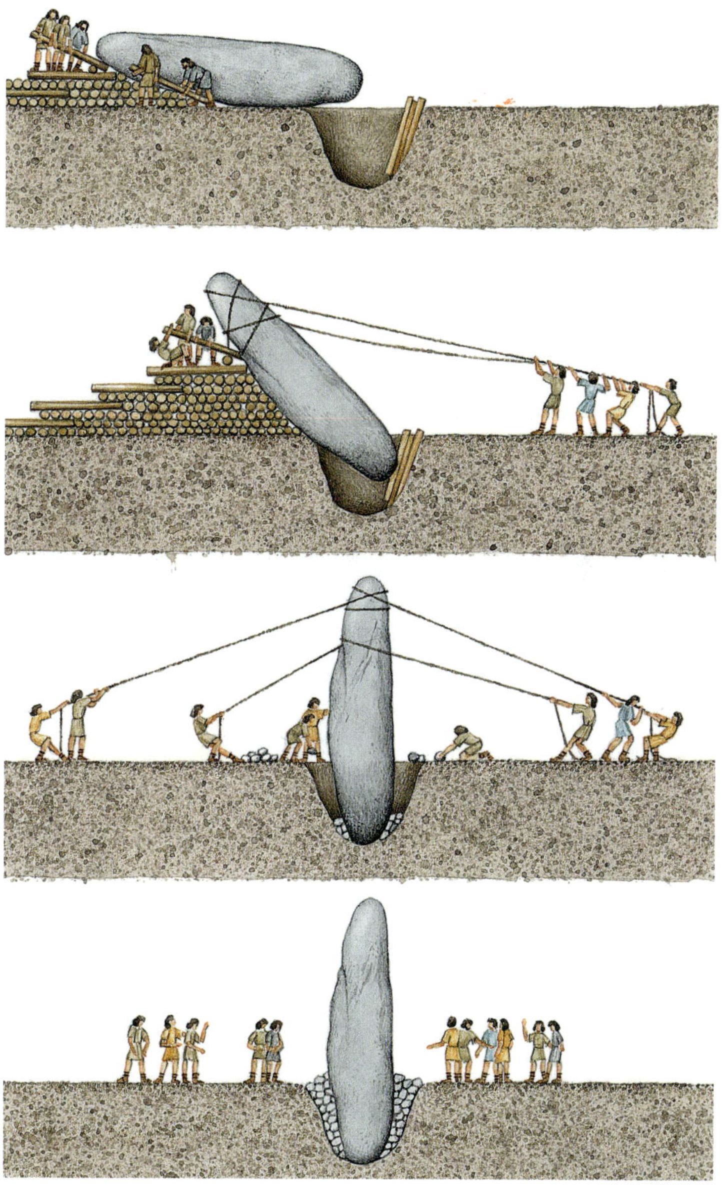

B 4 Bautechniken der Jungsteinzeit

4. Die Bronzezeit – Metall verbindet und entzweit die Menschen

In Vorderasien endete die Steinzeit vor etwa 5000 Jahren, fast 1000 Jahre früher als in Europa. Wie schon beim Ackerbau gelang den dort lebenden Menschen eine bahnbrechende Erfindung: die Technik der Metallgewinnung und -verarbeitung. Wie nutzten die Menschen die Entdeckung des Metalls?

Die Bronze wird erfunden – Über Jahrtausende war Stein das wichtigste Material für Werkzeuge und Gebrauchsgegenstände der Menschen. Doch dann entdeckten sie zum ersten Mal ein Metall: das **Kupfer**. Vielleicht hatten sie um ein Feuer gesessen. Und plötzlich bemerkten sie, dass aus einem der Steine, die sie um das Feuer gelegt hatten, eine rote Flüssigkeit lief. Als die Feuerstelle kalt war, war auch diese Flüssigkeit zu einem harten Klumpen Metall erstarrt.

Bald lernten die Menschen, aus Kupfer Waffen und Schmuck herzustellen. Dazu suchten sie in den Bergen Felsen mit kupferhaltigem Gestein **(Erz)**. Zuerst erhitzte man den erzhaltigen Fels mit Feuer und kühlte ihn dann mit kaltem Wasser wieder ab. So lockerte sich das kupferhaltige Gestein und konnte herausgebrochen werden. Aus diesen Erzbrocken wurde das Kupfer mithilfe eines Ofens herausgeschmolzen. Danach konnte man es in jede beliebige Form gießen oder mit dem Hammer bearbeiten. Man konnte das Kupfer sogar wieder verwenden, wenn der Gegenstand aus diesem Metall zerbrach. Das war ein doppelter Vorteil gegenüber dem spröden Steinmaterial.

Aber Kupfer hatte auch einen Nachteil: Es ist nicht sehr hart. Die Menschen im Vorderen Orient lernten, Kupfer mit einem anderen Metall, dem **Zinn**, zu mischen. So erfanden sie einen neuen Werkstoff: die **Bronze**. Bronze war so hart wie Stein, aber zersprang nicht so schnell. Und wie Kupfer konnte Bronze geformt und wieder verwendet werden. Immer mehr verdrängte nun die Bronze die alten Steinwaffen und -werkzeuge. Man nennt diese Zeit die **Bronzezeit**.

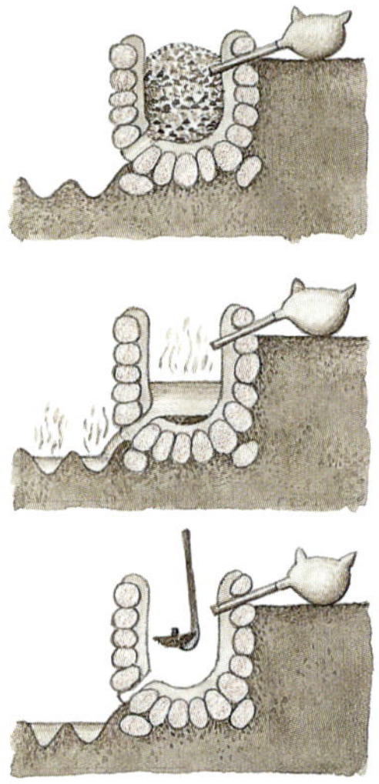

Kupferschmelzofen: Der Ofen wird mit Erz sowie Holz oder Holzkohle gefüllt. Mit einem Blasebalg wird die Temperatur des Feuers zusätzlich erhöht. Geschmolzenes Kupfer setzt sich unten ab und kann abgestochen werden.

B1 Kupfergewinnung

Metalle werden getauscht – Bronze hatte für die Menschen einen hohen Wert. Doch Kupfer und besonders das Zinn kamen nur selten vor und mussten auf mühsame Art und Weise gewonnen werden. Aber natürlich wollten die Menschen überall das neue Material besitzen. Wie lösten sie dieses Problem?

Zuerst wurden die Methoden, kupfer- und zinnhaltiges Erz abzubauen, verbessert: Die Menschen gruben bis zu 100 m tiefe Stollen in die Erde, die sie mit Holzpfeilern abstützten. Die ersten **Bergwerke** entstanden. In einem solchen Bergwerk bei Salzburg wurden jährlich bis zu 20 Tonnen (1 t = 1000 kg) Kupfererz gefördert. Das herausgeschmolzene Kupfer wurde in gleich große Barren gegossen.

Da die Fundorte der Metalle oft weit auseinander lagen, reichten die Menschen die Metallbarren von Dorf zu Dorf weiter. So entwickelte sich ein reger **Handel**. Doch anders als heute bezahlte man damals noch nicht mit Geld, sondern man tauschte direkt. Jemand brachte zum Beispiel ein Rind oder etwas Bernstein und erhielt dafür einige Metallbarren. Durch den Tauschhandel gelangten Kupfer und Zinn überall hin und in ganz Europa konnte Bronze hergestellt werden.

Es wurde aber auch direkt mit fertig verschmolzener Bronze gehandelt. Das zeigen viele in der Erde vergrabene Bronzelager, die wahrscheinlich von Händlern angelegt wurden. Die Bronze war ja nicht nur für den nützlich, der daraus etwas herstellen wollte. Sie hatte auch einen großen und unverderblichen Wert als generelles Tauschmittel. So erhielt die Bronze bald die Funktion, die heute das Geld hat: Sie wurde **Zahlungsmittel.**

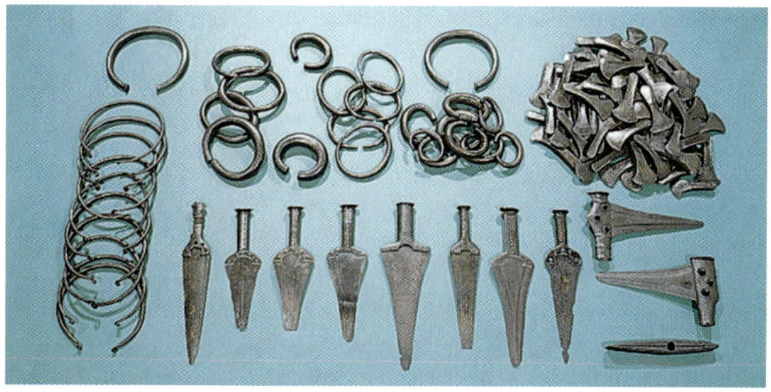

B 3 Bronzegeräte aus Bresinchen, Landkreis Spree-Neiße bei Guben

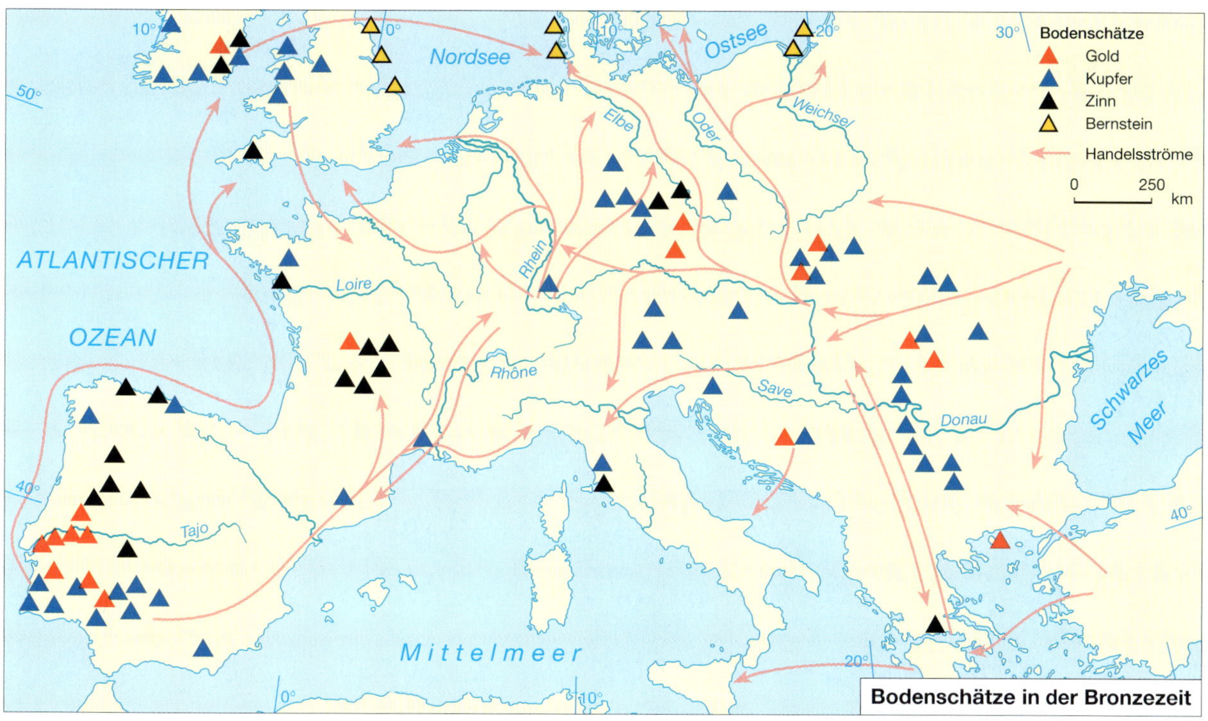

K 2

Berufe entstehen – Jemand, der in einem Kupferbergwerk arbeitete, konnte nicht gleichzeitig Bauer sein und die Felder bestellen. Denn er brauchte viel Zeit für seine Arbeit. Und er musste neue Techniken erlernen und sein Wissen beständig erweitern. So entstanden die ersten **Handwerksberufe**: der Bergmann, der Köhler, der die Holzkohle für den Schmelzofen herstellte, der Bronzegießer und der Schmied. Zum ersten Mal in der Geschichte gab es also Menschen, die nicht damit beschäftigt waren, zu jagen oder Nahrungsmittel herzustellen. Die Arbeit in einem Dorf wurde aufgeteilt: Die Bauern produzierten Getreide und Fleisch. Für die Überschüsse konnten sie Metall oder fertige Metallprodukte eintauschen. Und die Handwerker erhielten für ihre Produkte von den Bauern die Nahrungsmittel, die sie zum Leben brauchten. Vermutlich entstanden bald auch andere Berufe, zum Beispiel Viehzüchter, Zimmermänner, Händler.

Einzelne werden reich und mächtig – Die Nahrungsmittel, die die Menschen der Jungsteinzeit für sich und ihre Familie produziert hatten, konnten nicht lange gespeichert werden, weil sie sonst verdarben. Die Menschen legten daher nur so viel Getreidevorrat an, wie sie zum Leben und für die nächste Aussaat brauchten. So konnte keiner große Reichtümer ansammeln. In der Bronzezeit änderte sich das. Durch Ausgrabungen von reich ausgestatteten Gräbern dieser Zeit wissen wir, dass sich nun größere **soziale Unterschiede** herausbildeten. Wie konnten diese Unterschiede entstehen?

Wer als Bauer Überschüsse an Lebensmitteln produzierte, konnte diese jetzt gegen wertvolle Bronze tauschen. Diese

Mädchen aus Molzbach (Hessen) mit Kleidung und Schmuck aus der Bronzezeit. Rekonstruktion

B4 Grabkammer mit Urne. Seddin

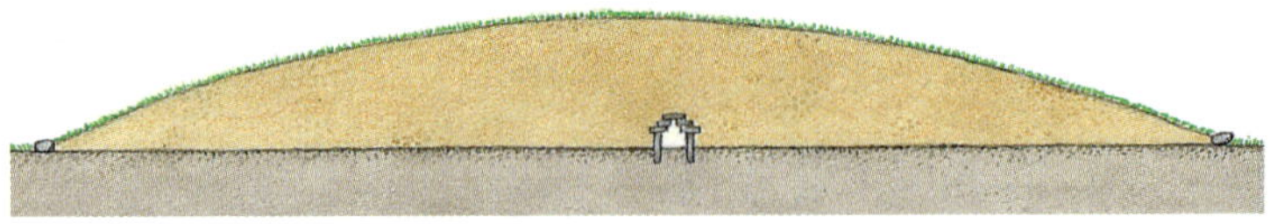

B5 Hügelgrab von Seddin. 9.–8. Jahrhundert v. Chr.

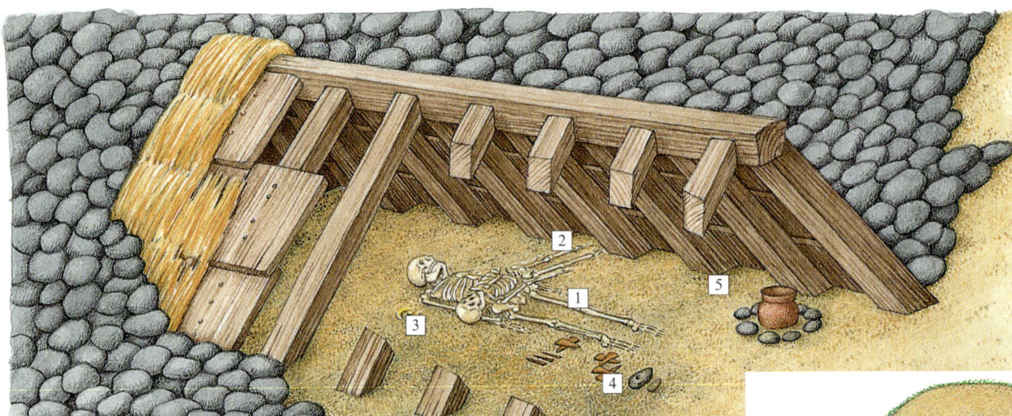

1 Mann
2 Kind
3 Goldschmuck
4 Waffen, Werkzeuge
5 Tongefäß

B6 Leubingen: Grabkammer. Rekonstruktionszeichnung

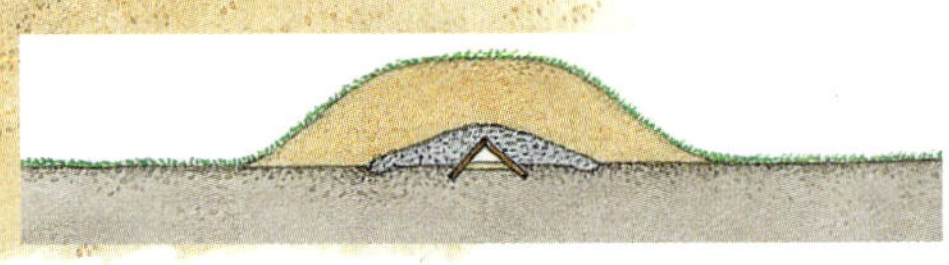

B7 Hügelgrab von Leubingen. Um 2000 v. Chr.

konnte er sammeln und gegen Rinder oder einen weiteren Acker oder sogar gegen ein eigenes Bergwerk tauschen. Dort konnte er auch andere gegen Lohn für sich arbeiten lassen und seinen Reichtum weiter vermehren. Aber auch wer als Handwerker Metall verarbeitete oder wer damit handelte, konnte durch seine Arbeit und seinen Fleiß Reichtum und Einfluss über andere erwerben.

Diejenigen, die Reichtum und Einfluss über andere gewonnen hatten, genossen meist auch das größte Ansehen. Sie waren die Ersten, das heißt die Erfolgreichsten und Mächtigsten, und wurden oft zum Führer oder Häuptling des Stammes oder des Dorfes gewählt.

Ein Zeugnis für den Reichtum und die Macht Einzelner sind die prunkvollen Hügelgräber, die wir ab 2000 v. Chr. zum Beispiel in Leubingen, Helmsdorf und Seddin finden. Die Grabkammern waren mit kostbaren Waffen und Schmuck aus Bronze und sogar Gold ausgestattet. Anders als in den früheren Großsteingräbern waren hier einzelne Personen bestattet, die in ihrem Leben großen Reichtum und eine hervorgehobene Stellung im Stamm oder im Dorf eingenommen hatten.

Durch den neuen Reichtum, den das Metall den Menschen brachte, entstanden aber auch neue Konflikte. Immer häufiger taten sich Gruppen von Kriegern zusammen, die mit ihren scharfen und gefährlichen Metallwaffen umherzogen und Getreide, Vieh, Metallvorräte oder Schmuck raubten.

ARBEITSAUFTRÄGE

1. Betrachte B 1. Erkläre, wie man damals Kupfer gewonnen hat.
2. Suche in K 2, in welchen Gebieten Kupfer bzw. Zinn vorkommt. Begründe, warum in der Bronzezeit Handel entstand.
3. Betrachte die Gegenstände in B 3. Wozu dienten sie deiner Meinung nach?
4. Beschreibe mit B 4 bis B 7 Gräber und Grabkammern der Mächtigen. Beachte dabei genau die Grabbeigaben. Was war den Menschen bei der Ausstattung ihrer Toten wichtig?
5. Erkläre mit B 8, wie es zu sozialen Unterschieden kam.

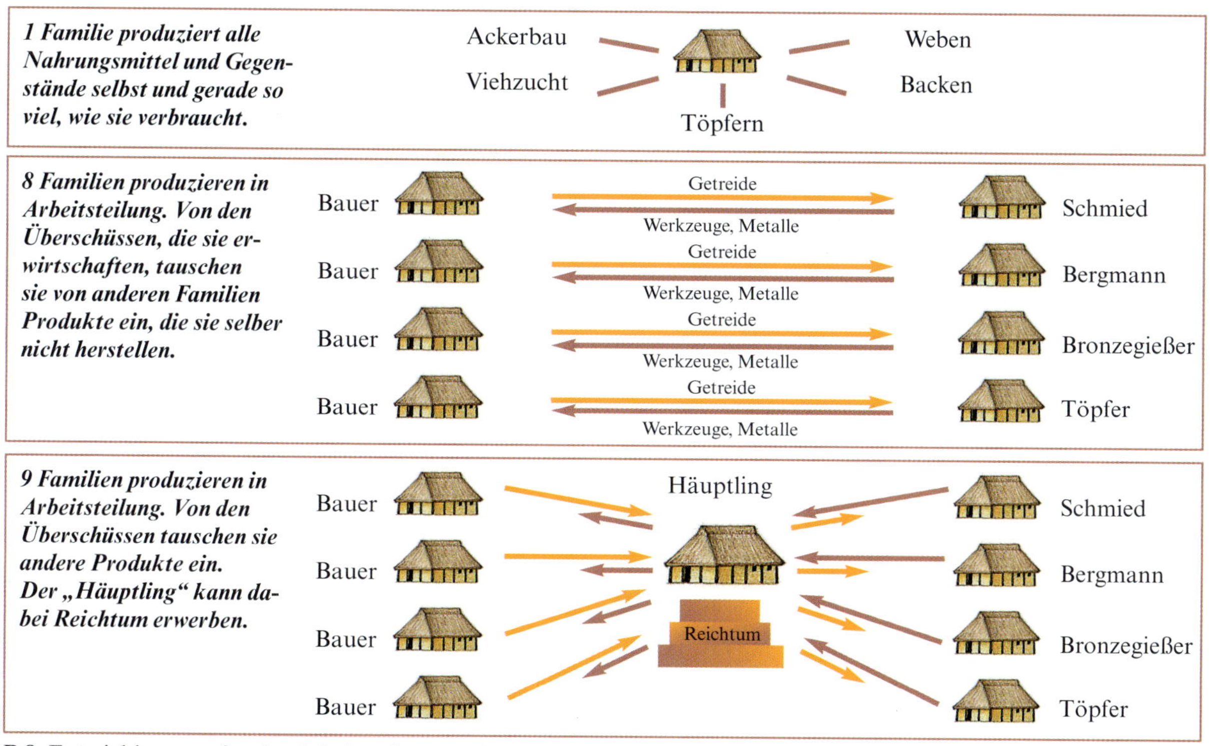

B 8 Entwicklungsstufen der Arbeitsteilung und der Macht im Dorf

5. Die Kelten – ein Volk der Eisenzeit

Im 2. Jahrhundert v. Chr. hatte sich Mitteleuropa gegenüber der Bronzezeit stark verändert: Zahlreiche größere Siedlungen waren zwischen Atlantikküste und Ungarn entstanden. Das waren die Zentren der KELTEN. Wer war dieses Volk?

Volk der Krieger und Handwerker – Ursprünglich wohnten die Kelten in Südwestdeutschland zwischen Donau und Neckar. Sie gehörten zu einem **Volk**, denn sie sprachen eine Sprache und hatten eine gemeinsame Kultur. Aber die Kelten lebten in vielen voneinander getrennten Gruppen, den **Stämmen**. An deren Spitze standen Häuptling und **Druiden**. Die Druiden waren für die Pflege der Religion zuständig und hatten Einfluss auf die Entscheidungen der Häuptlinge.

Bis zum 3. Jahrhundert v. Chr. hatten die Kelten zahlreiche neue Siedlungsgebiete in Europa erobert. Dort gründeten sie Dörfer und größere Siedlungen. Weshalb konnten sich die Kelten ausbreiten?
Die Kelten waren ein Volk der Krieger, aber sie waren auch gute Handwerker. Vor allem konnten sie Waffen herstellen, die härter als Bronze waren und weniger teuer. Denn sie benutzten ein neues Metall, das **Eisen**. Die keltischen Siedlungen wurden zu wichtigen Mittelpunkten, wo Handwerker Eisen verarbeiteten und Keramik herstellten. Ausgrabungsfunde belegen, dass die Kelten sogar schon Schmuck aus Glas herstellen konnten.

Das Ende der Kelten – Über hundert Jahre war MANCHING eine offene keltische Siedlung. Dann aber wurde sie mit einer großen Ringmauer umgeben. Seit dem 2. Jahrhundert v. Chr. überfielen nämlich die GERMANEN aus dem Norden die Siedlungen der Kelten. Und im Süden entwickelte sich das mächtige Reich ROMS. Da die Kelten untereinander oft zerstritten waren, konnten sie sich nicht gegen die neuen Feinde behaupten.

ARBEITSAUFTRAG

Erläutere mit K1 die Ausbreitung der Kelten.

Keltischer Eisenhelm. 4. Jahrhundert v. Chr.

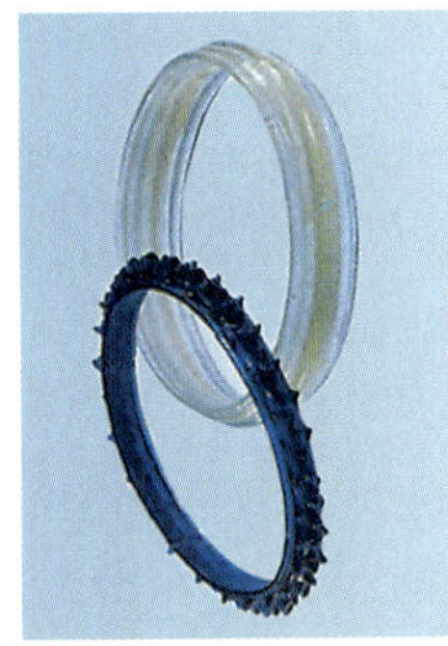

Keltischer Glasschmuck. Manching, 4. Jahrhundert v. Chr.

K1

	Politik	Kultur	Alltag
0			
			6. Jh.: Beginn der Eisenzeit; Kelten
			Kriegergruppen, Streit um Besitz
2000	Stammes- und Dorfhäuptlinge	Hügelgräber in Europa	Arbeitsteilung und verschiedene Berufe, Handel, Rangunterschiede
			3000–800: Bronzezeit
4000		Großsteingräber in Europa	neue Techniken: Töpferei, Steinschliff, Steinbohrung, Webstuhl
			erste Dörfer in Europa
			5500: Jungsteinzeit in Mitteleuropa; Bauern wandern nach Europa ein
6000			
		Bauern verehren Naturkräfte als Geister und Götter	erste Dörfer im Vorderen Orient, Sesshaftigkeit, Ackerbau und Viehzucht
8000 v. Chr.			8000: Jungsteinzeit im Vorderen Orient
		vor ca. 30 000 Jahren: Höhlenbilder, Altsteinzeitmenschen verehren Jagdtiere als Geister	
			vor ca. 600 000 Jahren: Faustkeil
			Jäger und Sammler, wechselnde Lagerplätze
			Altsteinzeit in Europa
2,5 Mio.			vor ca. 2,5 Mio. Jahren: Urmenschen fertigen erste Steinwerkzeuge an, Beginn der Steinzeit

Zusammenfassung – Ur- und Frühgeschichte

Im Verlauf der Entwicklung (Evolution) entstand der moderne Mensch (Homo sapiens) vor etwa 100 000 Jahren in Afrika. Er kam vor etwa 40 000 Jahren ins damals eiszeitliche Europa.

Von etwa 2 Millionen Jahren bis etwa 3000 v. Chr. dauerte die **Steinzeit**, in der die Menschen nur Werkzeuge aus Stein, Holz oder Knochen kannten. Wir unterscheiden die Altsteinzeit und die Jungsteinzeit. In der Altsteinzeit lebten die Menschen als **Jäger und Sammler**. In Gruppen durchstreiften sie das Land auf der Suche nach Nahrung. Die Jungsteinzeit begann etwa 8000 v. Chr., als die Menschen im Vorderen Orient durch Getreideanbau und Viehzucht erstmals ihre Nahrung selbst produzierten. Sie wurden **sesshaft** und bauten Häuser und Dörfer. In Mitteleuropa gab es die ersten Bauern um 5500 v. Chr. Nach dem Schmuck ihrer Tongefäße werden sie „Bandkeramiker" genannt.

Die Menschen der Steinzeit verehrten die Natur, ihre Tiere und Pflanzen. Die Bauern der Jungsteinzeit glaubten an Naturgötter, zum Beispiel an die „Erdenmutter", die für Fruchtbarkeit sorgte. Auch glaubten die Menschen der Steinzeit an ein Weiterleben nach dem Tod. Das erkennt man an den Grabbeigaben.

Im 5. Jahrtausend vor Chr. endete im Vorderen Orient die Steinzeit. Mit der Bronze hatten die Menschen einen festen und wieder verwendbaren Werkstoff erfunden. In Mitteleuropa dauerte die **Bronzezeit** bis etwa 800 v. Chr. Danach wurde die Bronze durch das Eisen ersetzt.

Auch die kriegerischen Kelten, die sich im 5. Jahrhundert v. Chr. in Europa ausbreiteten, nutzten das Eisen.

Mit der Entdeckung und Verarbeitung von Metall entstanden die ersten **Berufe**, der Fernhandel und auch **soziale Unterschiede** zwischen den Menschen.

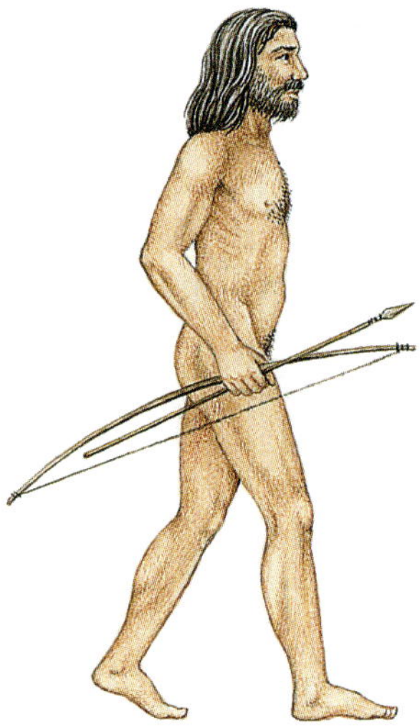

ARBEITSAUFTRAG

In der Steinzeit lebten die Menschen ein einfaches, naturverbundenes, aber auch gefahrvolles Leben. Heute leben wir durch technischen Fortschritt bequemer, sicherer und auch länger. Überlegt, auf welche Gegenstände und heutigen Möglichkeiten du als Mensch in der Altsteinzeit verzichten müsstest.
Diskutiert auch darüber, wie die Menschen trotz des technischen Fortschritts die Natur schützen und erhalten können.

ZUM WEITERLESEN

Hohler, Franz: Tschipo in der Steinzeit, Ravensburger Buchverlag, Ravensburg 1995
Wolfgang Kuhn: Mit Jeans in die Steinzeit. dtv, München 1996
Zitelmann, Arnulf: Bis zum 13. Mond. Eine Geschichte aus der Eiszeit. Beltz, Weinheim 1986
@/1 www.deutsches-museum.de/bildung/akademie/feuer/f2media/fzeug.htm
@/2 spiel.pengo.tivi.de
@/3 www.blinde-kuh.de/tiere/praehistorische.htm
@/4 www.muenster.org/rsb/steinzeit/
@/5 www.archeoparc.schnals.org/

Mythen antiker Völker

Ein **Mythos** (griech.: Geschichte) ist eine Erzählung früherer Völker darüber, wie die Götter in der Welt wirken. Auch ihre Beziehungen zu den Menschen werden beschrieben. Die Ägypter und Griechen entwickelten ebenso Mythen wie die Germanen, die Indianer Amerikas oder Menschen afrikanischer und indischer Kulturen. Mythen erzählen Geschichten, aber keine Geschichte. Dennoch sind sie für die Geschichte der frühen Völker interessant und wichtig. Welche Bedeutung haben sie?

Mythen: Völker erklären die Welt – Mythen enthalten oft einen „geschichtlichen Kern“: Sie erzählen von einem Ereignis in ferner Vergangenheit. Wir können deshalb nicht sagen: „So ist es gewesen.“ Dennoch zeigt uns die Erzählung, wie die Menschen jener fernen Zeiten dachten. Wir erfahren, wie sie die Welt und die Natur sahen, welche Ängste und Sorgen, Hoffnungen und Fragen ihr Leben bestimmten.
Viele Mythen lieferten Erklärungen für Erscheinungen in der Umwelt oder in der Umgebung. Was bedeuteten Blitz und Donner? Warum lag eine große alte Stadt seit langer Zeit in Trümmern?

Mythen konnten auch Begründungen dafür liefern, wie und wann welche Opfer dargebracht und Feste gefeiert wurden. Bei allen Völkern gab es mindestens einen Mythos, der von der **Entstehung der Welt und der Menschen** berichtete. So sind Mythen die ältesten Belege für den Beginn des Nachdenkens über die Welt und den Sinn des Menschenlebens.

Mythen werden überliefert – Zunächst wurden Mythen mündlich weitergegeben. Manche Mythen wurden an heiligen Orten szenisch aufgeführt. Das sind die Wurzeln unseres Theaters. Später schrieben Dichter die Mythen ihrer Völker auf. So sammelten beispielsweise HOMER und andere Dichter um 750 v. Chr. die Mythen der Griechen und verbanden sie zu großen zusammenhängenden Erzählwerken, der „Odyssee“ und der „Ilias“. Ihnen verdanken wir die bedeutendsten Mythologien (= Mythensammlungen) unserer europäischen Kultur.

1. Der Marduk-Mythos aus Babylon

Das Volk der Babylonier beherrschte im 2. und 1. Jahrtausend v. Chr. große Teile des Vorderen Orients. Ihre Hauptstadt Babylon lag im Herzen Mesopotamiens, des von den Strömen Euphrat und Tigris umflossenen Zweistromlandes.

Wasser bestimmt das Leben – Das Überleben der Menschen Mesopotamiens hing von der Landwirtschaft ab. Seine Erträge verdankte das Land den Flüssen Euphrat und Tigris. Ihr Hochwasser überschwemmte im Frühjahr das flache Fruchtland. Dauerte die Überschwemmung zu lange, war die Aussaat gefährdet. Im Sommer hingen die Ernten von der lebenswichtigen Bewässerung ab. Führten die Flüsse dann zu wenig Wasser, um die Bewässerungskanäle zu speisen, drohten Dürre, Missernte, Hunger oder gar Tod. Welche Erklärungen fanden die Babylonier für diese Naturereignisse?

Der Mythos von **Marduk**, ihrem Stadtgott, erklärte, wie die Welt, die Flüsse Euphrat und Tigris und die Menschen entstanden waren. Marduk, der Sieger im Kampf der Götter untereinander, galt als **Schöpfer von Himmel und Erde**. Von ihm erhofften die Babylonier Schutz und Hilfe gegen die Gefahren der Natur. Durch Opfergaben versuchten sie ihn und die anderen Götter gnädig zu stimmen.

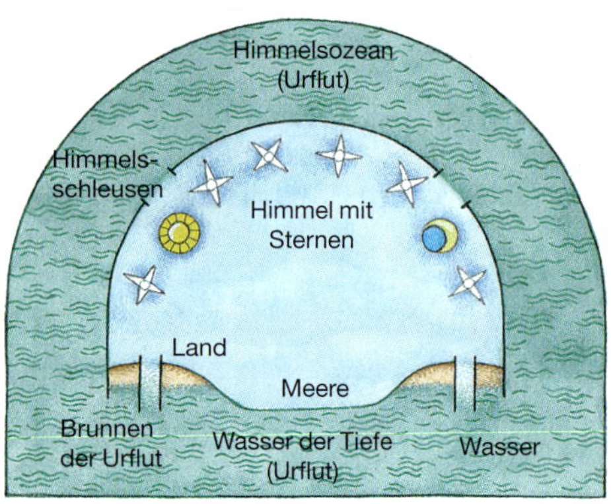

B1 Das Weltbild der Babylonier. Wir finden es auch im Alten Testament wieder.

Das babylonische Neujahrsfest – Jedes Frühjahr feierte ganz Babylon den Schöpfergott Marduk mit einem elftägigen Fest. Die Standbilder der übrigen Götter wurden aus ihren Städten nach Babylon gebracht, um ihren Herrn Marduk zu besuchen. König und Volk von Babylon geleiteten Marduks Statue in einer feierlichen Prozession durch das prächtige, mit farbigen Ziegeln verkleidete **Ischtar-Tor** vom Tempel zum Festhaus.

Zur Feier von Marduks Sieg gehörte auch die Aufführung des Götterkampfes.

E2 *Uns wird erzählt*

Als Himmel und Erde noch nicht erschaffen waren, herrschte ein Götterpaar: der Göttervater Apsu, dessen Körper das Süßwasser umfasste, und die Göttermutter Tiamat, ein schrecklicher Drache, dessen Körper alles Salzwasser enthielt. Sie schufen die Götter Sin, Bel und Ea. Auch diese bekamen Kinder: Ischtar, Adad, Schamasch und Marduk.
Bald gerieten Tiamat und Apsu mit ihren Kindern und Enkeln in Streit. Apsu wollte seine Kinder töten, weil sie seine Ruhe störten. Ea kam ihm jedoch zuvor und tötete ihn. Er übernahm Apsus Königreich, das Süßwasser. Nun sann die schreckliche Tiamat auf Rache. Sie schuf ein Heer von Ungeheuern und stürzte das ganze All ins Chaos.
Alle Götter ergriff Furcht. Nur Marduk wagte den Kampf mit Tiamat. Als Siegespreis versprachen ihm die Götter die Königsherrschaft über die anderen Götter und über die Welt.
Marduk gelang es, Tiamat zu erschlagen. Aus einer Hälfte von Tiamats Körper formte er die Halbkugel des Himmels, aus der anderen Hälfte die Erde. Den Himmel schützte er durch eine Haut, damit Tiamats Wasser nicht herausfließen konnte. An einigen Schleusen stellte er Wächter auf, die Tiamats Wasser in kleinen Mengen abfließen lassen sollten.
Im Himmel errichtete Marduk seinen Königspalast. Dort umgaben ihn die anderen Götter als Sterne. Sin erhielt als Mondgott die Herrschaft über die Nacht. Das Aufleuchten und Abnehmen seiner Scheibe sollte Monate und Jahre ordnen. Schamasch erhielt als Sonnengott den Tag.
Auf der Erde ließ Marduk aus Tiamets Brust die Berge entstehen, aus ihren Augen entsprangen die großen Ströme Euphrat und Tigris. Nach dieser Anstrengung ruhte Marduk von der Arbeit der Schöpfung. Schließlich schuf er zuletzt die Menschen. Ihnen übertrug er die Aufgabe, den Göttern durch Arbeit zu dienen und sie mit Opfern zu erfreuen.

Das Fest fiel mit der Zeit zusammen, in der die Frühjahrsflut zurückging und die Äcker wieder freigab. Für die Babylonier wiederholte Marduk seinen Sieg Jahr für Jahr. Und er bestimmte das Schicksal der Stadt für das kommende Jahr.

ARBEITSAUFTRÄGE

1. Erläutere mithilfe von E 2, welche Naturerscheinungen der Marduk-Mythos erklärt.
2. Versuche zu erklären, warum Babylon mit dem Mythos von Marduk seinen Herrschaftsanspruch über die übrigen Städte Mesopotamiens begründete.
3. Beschreibe und erläutere mithilfe des Marduk-Mythos das Weltbild der Babylonier (B 1).
4. Erklärt, warum die Gegenstände, mit denen die Götter in B4 abgebildet sind, Erkennungsmerkmale darstellen. Schreibt Rollen und Texte für einzelne Götter und spielt Szenen des Marduk- Mythos.
5. Beschreibe die Prozession zu Ehren Marduks (B 3). Suche nach einer Erklärung für die besondere Gestaltung (Tiere) und Farbwahl am Ischtar-Tor von Babylon.

B4 Die wichtigsten Götter der Babylonier

1 Ischtar, Göttin des Krieges und der Liebe
2 Adad, Gott des Regens, der Stürme und des Gewitters
3 Ninurta, Gott der Schlachten
4 Nabu, Sohn des Marduk, Gott der Literatur und des Schicksals
5 Ea, Gott der Unterwelt, des Wassers der Tiefe und des Wissens
6 Sin, Mondgott
7 Schamasch, Sonnengott, Gott der Gerechtigkeit
8 Marduk, höchster Gott der Babylonier, in Begleitung eines Drachen

B3 Die Prozession zu Ehren des Stadtgottes Marduk zieht durch das Ischtar-Tor.

2. Der Mythos vom ägyptischen Sonnengott Re

Im heißen und fruchtbaren Niltal entstand im 3. Jahrtausend v. Chr. die Hochkultur des alten ÄGYPTEN. Ihre Menschen erfuhren täglich die Macht der gleißenden Sonne. Sie wussten, dass sie ihrem Licht das Wachstum der lebenswichtigen Pflanzen verdankten. Die unheimliche dunkle Nacht dagegen mit ihren Gefahren – sie barg Räuber und Raubtiere – machte den Ägyptern Angst. Die Menschen fragten sich, was nachts mit der Sonne geschah, und fürchteten, selbst sterben zu müssen, wenn die Sonne eines Morgens nicht mehr wiederkehren würde. Welche Antworten auf ihre Fragen gab die Geschichte von Re, die sie sich erzählten?

Die Sonne als Gottheit – Die Geschichte des SONNENGOTTES RE antwortete auf viele Fragen und Ängste. Re war unter den über 500 Göttern Ägyptens einer der wichtigsten. Wie viele Götter wurde Re als Mensch mit einem Tierkopf dargestellt: Er trug einen Falkenkopf. Die ägyptischen Herrscher, die **Pharaonen**, gaben sich den Titel „Sohn des Re", um über die Verbindung zum Sonnengott ihre Macht zu stärken.

B1 Die Ehefrau eines Schreibers opfert dem Sonnengott Re. Bemalte Holztafel aus Oberägypten, um 900 v. Chr.

Verehrung der Sonne in Heiligtümern – Die wichtigste Stadt, in der Re verehrt wurde, war die Sonnenstadt Heliopolis. Sie lag nahe Kairo, der heutigen Hauptstadt Ägyptens. Zu Ehren Res bauten die Pharaonen so genannte Sonnenheiligtümer. Sie ließen auch **Obelisken** errichten,

E2 *Uns wird erzählt*

Am Anfang der Welt tauchte aus unendlichen Wassermassen ein schlammiger Urhügel auf. Aus ihm stieg der Sonnengott Re empor. Re erschuf viele Götter, er erschuf die Welt und alle ihre Lebewesen. Aus seinen Tränen, die auf die Erde fielen, entstanden schließlich die Menschen.

Unter dem Götterkönig Re war die Welt ein Paradies. Tag und Nacht gab es noch nicht, da Re immer anwesend war.

Aber im Laufe der Jahre wurde Re alt und schwach. Da beschlossen die Menschen, sich gegen ihren König und Wohltäter aufzulehnen. Tief enttäuscht gab Re seiner Tochter, der Göttin Hathor, den Befehl, die undankbaren Menschen zu vernichten. Hathor nahm die Gestalt einer Löwin an und wütete so furchtbar unter den Menschen, dass Re Mitleid mit ihnen bekam. Indem er Hathor mithilfe eines Tricks betrunken machte, konnte er sie besänftigen und ihrem Wüten ein Ende bereiten.

Re aber wollte nicht unter den undankbaren Menschen bleiben. Er ließ sich von der Himmelsgöttin Nut auf ihrem Rücken in den Himmel heben. Res Fortgehen war folgenreich für die Welt: Die Sonne verschwand. Dunkelheit breitete sich aus. Mit ihr brachen Tod, Krieg, Gewalt und Verbrechen über die Menschen herein.

Da erbarmte Re sich nochmals. Er übergab die Regierung der Welt einem Stellvertreter, dem weisen ibisköpfigen Schreiber- und Mondgott Thot. Re kehrte nicht auf die Erde zurück. Aber als strahlender Sonnengott zeigt er sich seither täglich für zwölf Stunden am Himmel. In Begleitung anderer Götter befährt Re mit seiner Himmelsbarke den blauen Himmelsozean von Osten nach Westen. Dabei ruht er sich auf den goldenen Spitzen von Obelisken aus, die in den Himmel ragen.

Am Abend steigt Re völlig geschwächt im Westen auf seine Nachtbarke um. In ihr durchfährt er die Gewässer der Unterwelt von Westen nach Osten. Dort trifft er den Herrscher der Unterwelt, den freundlichen Totengott Osiris, und seine alte Widersacherin, die gefährliche Schlange Apophis. Apophis ist der Todfeind der Schöpfung und der Ordnung. Sie will das Chaos der Urzeit wiederherstellen. In der letzten Stunde der Nacht verjüngt sich Re. So sammelt er die Kraft für eine neue Himmelsfahrt.

hohe Steine, die aus einem Block gemeißelt wurden. Diese waren mit Schriftzeichen, den **Hieroglyphen**, verziert. Ihre pyramidenfömigen Spitzen waren vergoldet und strahlten im Sonnenlicht hell. Sie galten als Ruhesitze des Sonnengotts und zugleich als Verbindung zwischen Himmel und Erde. Nur wenige Obelisken aus dem alten Ägypten sind erhalten geblieben. Einen davon brachten die Franzosen nach Paris und stellten ihn dort 1836 auf.

ARBEITSAUFTRÄGE

1. Beschreibe B 1. Wie ist Re dargestellt? Versuche die Opfergaben zu erkennen, die die Frau des Schreibers ihm darbringt. Welche Hoffnungen verbindet sie mit ihrer Handlung?
2. Gib mit deinen Worten wieder, welche Fragen und Ängste der Ägypter der Darstellungstext schildert.
3. Versuche zu erklären, welche Antworten der in E 2 erzählte Mythos auf die Fragen der Ägypter bereithielt.
4. Erzähle mithilfe von E 2 die in B 3 dargestellte Geschichte von der Nachtfahrt des Re. Erkläre dabei das Verhältnis Res zu den übrigen Göttern.
5. Beschreibe mithilfe von B 4, wie die Ägypter Obelisken errichteten.

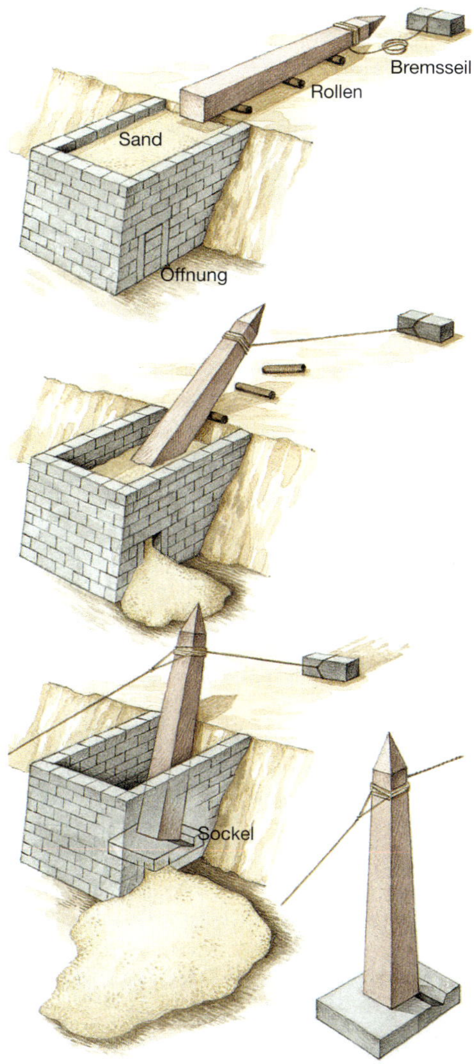

B 4 Aufrichtung eines Obelisken. Die Herstellung, der Transport (manchmal über 1000 km weit) und das Aufrichten eines Obesliken gehören zu den technischen Höchstleistungen der alten Ägypter.

B 3 Die Nachtfahrt des Sonnengottes Re. Papyrus, Ägypten, ca. 1000 v. Chr.

1 Die Barke des Re
2 Re mit der Sonnenscheibe
3 Der falkenköpfige Gott Horus
4 Die Chaos-Schlange Apophis
5 Der Steuermann der Barke
6 Die Uräus-Schlange, Schutzgottheit in der Gestalt einer Kobra
7 Ein heiliger Pavian

3. Der griechische Fruchtbarkeitsmythos der Demeter

Auf dem Gebiet des antiken Griechenland lebten verschiedene griechische Volksstämme. Sie bildeten keinen gemeinsamen Staat, sondern lebten in Stadtstaaten. Verbunden waren sie durch ihre Sprache, ihre Schrift und ihre Götterwelt. In den Mythen der Griechen gab es einen Götterhimmel, den Olymp, und eine Unterwelt, den Hades. Die Götter hielten sich aber auch auf der Erde auf und trugen in ihrem Verhalten oft menschliche Züge.
Die meisten Menschen lebten als Bauern; die Adligen und Könige führten einen kriegerischen Lebensstil. Wie zeigte sich das in ihren Mythen?

Mythen spiegeln die Lebenswelt wider – Die Erzählungen vom **Trojanischen Krieg**, die um 750 v. Chr. von Homer in dem Epos (= Mythensammlung) **Ilias** aufgeschrieben worden waren, beschrieben die Kämpfe adliger Helden in alter Vorzeit, in die die Götter oft eingriffen. Homer und andere Dichter schrieben aber auch Hymnen (= Lobgesänge) auf die Götter, die im Alltag für die Bevölkerung wichtig waren.
Für die Bauern hatte zum Beispiel die Fruchtbarkeitsgöttin Demeter eine große Bedeutung. Demeter ließ das Getreide wachsen und reifen. Ihr waren die nahrhaften Früchte des Ölbaums und die köstlichen Trauben zu verdanken.

Demeter sorgte aber auch dafür, dass die Blätter fielen und die Pflanzen im Winter abstarben. In einem der Hymnen von Homer wird eine Geschichte um Demeter, ihre Tochter Persephone und Hades, den Gott der Unterwelt, erzählt. Dieser Mythos erklärt den Menschen, wieso die Natur im Winter ruht und erst im Frühjahr zu neuem Leben erwacht.

B 1 Demeter, begleitet von einem wilden Eber. Plastik, um 300 v. Chr.

E 2 *Uns wird erzählt*

Der Göttervater Zeus versprach Hades, dem Gott der Unterwelt, die Heirat mit seiner Tochter Persephone. Persephones Mutter Demeter, die Göttin der Fruchtbarkeit, war damit jedoch nicht einverstanden. Da verschleppte Hades Persephone gewaltsam in die Unterwelt. Demeter suchte verzweifelt neun Tage lang nach Persephone, bis ihr der Sonnengott Helios, der alles sehen konnte, die Untat verriet.
Darauf forderte Demeter von den Bewohnern von Eleusis, ihr einen Tempel zu errichten. Hier verbarg sie sich zornig und verhinderte fortan das Wachstum der Pflanzen. Die Welt drohte zu veröden, den Menschen der Hungertod. Zeus versuchte Demeter vergebens zu besänftigen und musste schließlich Hades zur Rückgabe der Persephone aus dem Totenreich zwingen. Dieser ließ sie jedoch vorher vom Granatapfel kosten, der einen geheimen Zauber enthielt: Wer davon aß, verliebte sich.
Auf diese Weise erreichte Hades, dass Persephone zwar nach dem Willen des Zeus zwei Drittel des Jahres – in der Zeit des Blühens und Reifens – bei ihrer Mutter in der Oberwelt lebt. Für den Rest des Jahres jedoch kehrt sie ins Totenreich zurück. Damit war Demeter einverstanden. In dieser Zeit – im Winter – verhindert sie jedoch das Wachstum der Pflanzen. So sichert sie, dass Persephone jedes Jahr im Frühling zurückkehrt.

Der Demeter-Kult – Weil die Griechen jedes Jahr erfuhren, dass das Leben in der Natur im Frühjahr dank der Göttin Demeter wiederkehrt, hofften sie auch für ihren eigenen Tod. Demeter verhieß ihnen ein **Leben nach dem Tod**. Die Göttin galt deshalb als Verbindung zwischen den sterblichen Menschen und den unsterblichen Göttern.

Demeter wurde an verschiedenen Orten in Tempeln verehrt. Im großen Demeter-Tempel von Eleusis bei Athen konnte man sich im Frühjahr und im Herbst in ihre Geheimnisse einweihen lassen. Diese Geheimnisse hießen Mysterien. Wir kennen die Einzelheiten des Geheimkults heute nicht mehr. Möglicherweise wurde hier der Mythos von Demeter und Persephone als Theaterstück aufgeführt. Die Griechen, die in die Mysterien von Eleusis eingeweiht waren, mussten die dunklen Schrecken im Totenreich des Hades jedenfalls nicht fürchten. Auf sie wartete dort vielmehr ein Leben voll Glück und Seligkeit.

Der Demeter-Brauch lebt noch heute bei der griechischen Landbevölkerung weiter. Die Bauern nennen die letzte geerntete Getreidegarbe eines Jahres „Demeter“.

ARBEITSAUFTRÄGE

1. B1 zeigt eine schlecht erhaltene Plastik der Demeter. Überlege, welche Kennzeichen sie wohl getragen hat. Zeichne in dein Heft.
2. Lest den Erzähltext E2 und diskutiert das Handeln der Götter.
3. Die Griechen verbanden gerade mit der Fruchtbarkeitsgöttin Demeter Hoffnungen auf ein Leben nach dem Tod. Suche mithilfe des Erzähltextes mögliche Gründe dafür.
4. Vergleiche die Darstellungen von Persephone und Hades in B3 und B4. Solche Täfelchen wurden den Göttern als Opfergaben geweiht und vergraben. Überlege, zu welchen Anlässen die Griechen opferten und welche Hoffnungen sie damit verbanden.

B3 Hades raubt Persephone. Tontäfelchen aus der griechischen Kolonie Lokroi in Kalabrien, um 470 v. Chr.

B4 Persephone und Hades. Tontäfelchen aus der griechischen Kolonie Lokroi in Kalabrien, um 470 v. Chr.

4. Der Aeneas-Mythos der Stadt Rom

Um 600 v. Chr. lernten die Griechen auf ihren Seefahrten das aufstrebende Rom in Mittelitalien kennen. Die Stadt beeindruckte die Griechen so sehr, dass einige ihrer Geschichtsschreiber Roms Anfänge in Verbindung mit ihrer Mythensammlung Ilias brachten. Die Ilias handelte vom Kampf der Griechen gegen die Stadt Troja in Kleinasien. Die Griechen erklärten Rom nun zu einer Gründung von Nachfahren tapferer, vom trojanischen Helden **Aeneas** geführter Flüchtlinge.

Ein Mythos rechtfertigt Kriege – Die Römer übernahmen die Erzählung von der Herkunft aus dem berühmten Troja gern. Im Laufe der Zeit aber veränderten sie sie zu einem eigenen Mythos über Roms Vergangenheit und Zukunft. Mithilfe dieser Erzählung erklärten sie, dass **Roms Aufstieg zur führenden Macht** in Italien einen göttlichen Auftrag erfüllte.

T1 Aus der Geschichte der Römer

498–493 v. Chr.	Rom unterwirft seine Nachbarn, die Latiner
343–290 v. Chr.	Rom unterwirft mit den Latinern als Verbündeten ganz Mittelitalien
282–272 v. Chr.	Rom unterwirft die Griechen Süditaliens
264–241 v. Chr.	Rom führt einen langen, blutigen Krieg gegen Karthago
218–201 v. Chr.	Rom siegt nach ersten schweren Niederlagen am Ende über Karthago
149–146 v. Chr.	Rom vernichtet seinen „Erzfeind“ Karthago

ARBEITSAUFTRÄGE

1. Untersuche an E2, auf welche Fragen Roms Mythos antwortet.
2. Vergleiche die Daten aus der Geschichte Roms (T1) mit dem Mythos.
3. Betrachte B3. Verfasse eine Klage der Dido über Aeneas und eine Verteidigung des Aeneas aus römischer Sicht.

E2 *Uns wird erzählt*

Aeneas war ein Sohn der Liebesgöttin Venus und Anchises, einem trojanischen Helden. Er rettete seinen gelähmten Vater Anchises aus dem von den Griechen eroberten brennenden Troja. Venus und der Göttervater Jupiter befahlen Aeneas, in Italien eine neue Stadt zu errichten. Sie sollte Troja weit übertreffen und die Welt beherrschen. Die Flucht führte Aeneas' kleine Flotte in die mächtige Handelsstadt Karthago an der nordafrikanischen Küste. Aufgrund einer List der trojanerfeindlichen Göttin Juno verliebten sich die karthagische Königin Dido und Aeneas ineinander und heirateten. Aber Jupiter erinnerte Aeneas an die von den Göttern auferlegte Pflicht. So verließ er Dido. Nicht ohne Rache zu schwören, beging Dido Selbstmord. Nach langer Irrfahrt ließen sich die Trojaner in Italien am Tiber nieder. Latinus, der König der dort lebenden Latiner, versprach Aeneas seine Tochter Lavinia. Turnus aber, ein Nachkomme von Griechen und König der Ruteler, hoffte selbst auf eine Ehe mit Lavinia. Er trieb Latinus gegen dessen Willen zum Wortbruch und zum Krieg gegen die Trojaner. Viele Völker Italiens halfen den Latinern gegen die Fremden. Die Trojaner siegten jedoch mit neu geschmiedeten göttlichen Waffen. Ihre Nachkommen gründeten im Latinerland das von den Göttern versprochene und gewünschte Rom.

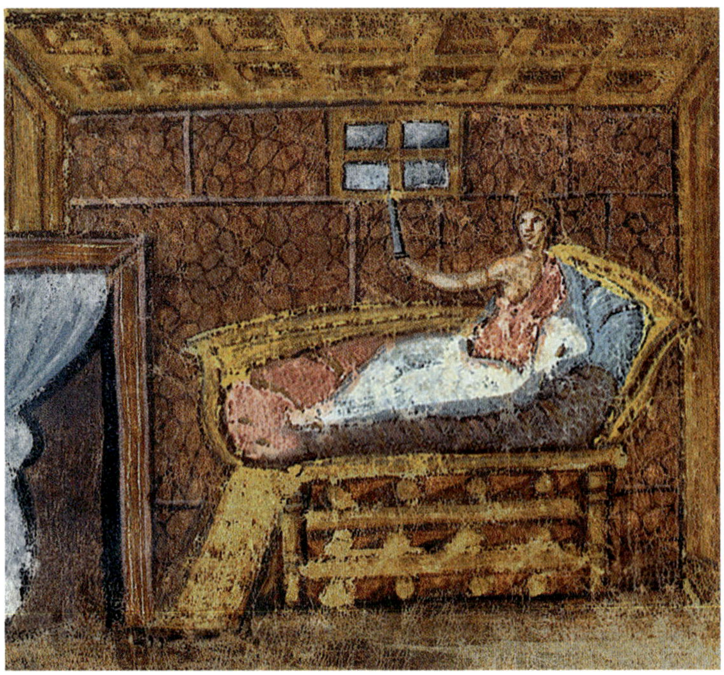

B3 Dido tötet sich mit dem Schwert des Aeneas. Rom, spätantike Miniatur

Frühe Hochkulturen

In der Nähe des heutigen Kairo stehen die Pyramiden von Giseh. Sie wurden um 2500 v. Chr. als Gräber für die Herrscher Ägyptens, die Pharaonen, errichtet. Tausende Menschen arbeiteten am Bau der Pyramiden. Ihre Arbeit wurde von den Schreibern organisiert und überwacht. Jeder Pharao hatte in seinem Staat viele Schreiber, die seine Herrschaft sicherten. Als Zeichen der Macht des Pharaos verehrten die Ägypter die Sphinx, ein göttliches Mischwesen aus Tier und Mensch. Eine solche Sphinx aus Stein bauten sie auch vor die Pyramiden.

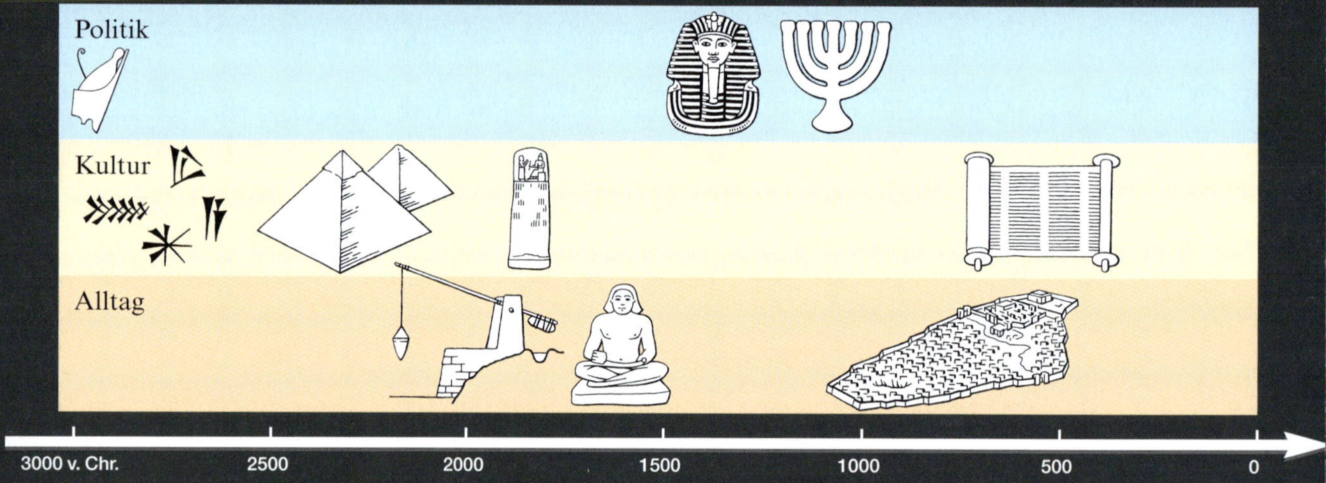

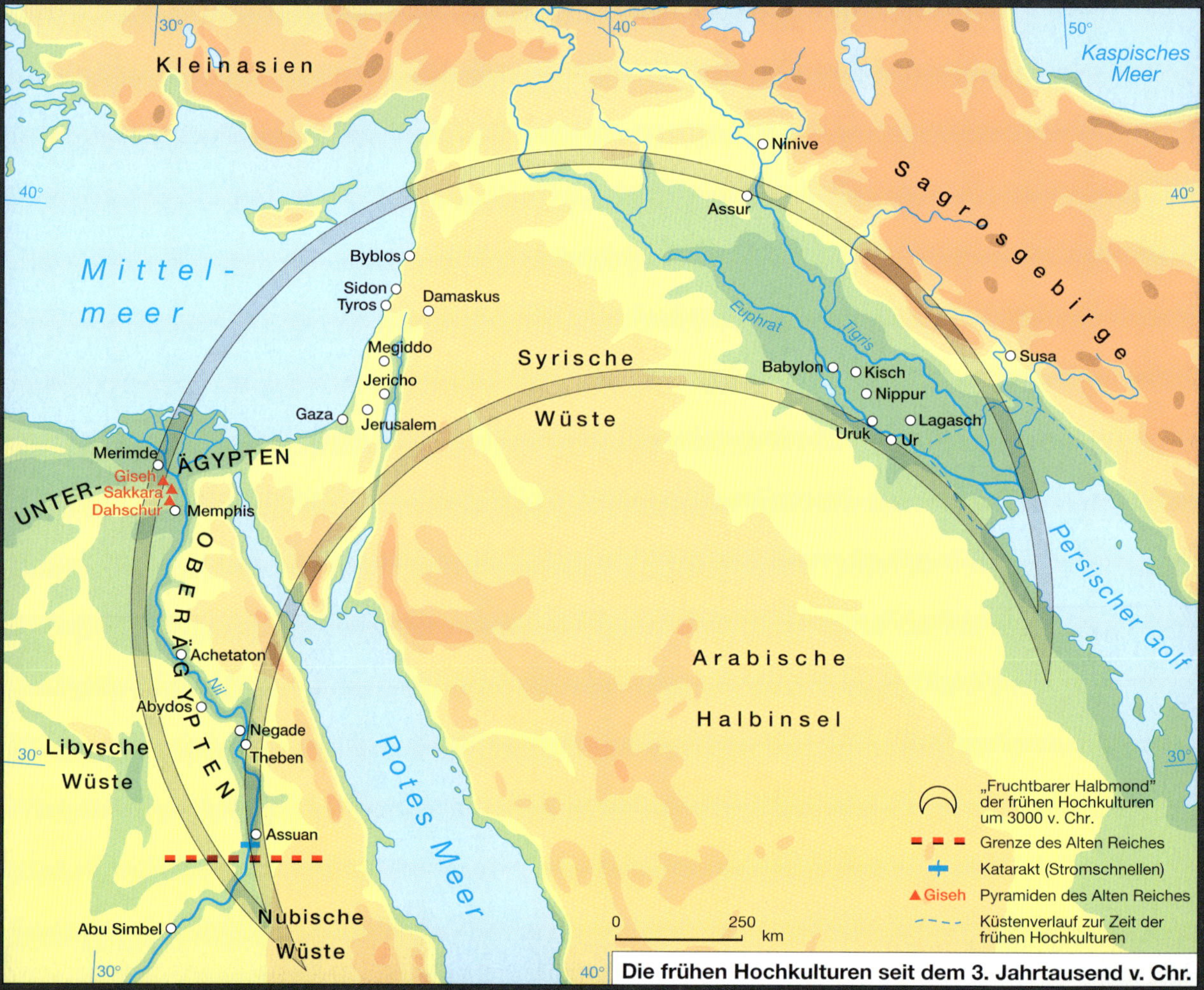

Die frühen Hochkulturen seit dem 3. Jahrtausend v. Chr.

ARBEITSAUFTRAG

Schreibe aus einem Atlas heraus, welche Staaten heute im Bereich Ägyptens und des „Fruchtbaren Halbmonds“ liegen.

Mesopotamien

1. Die Hochkultur der Sumerer entsteht

Die Flüsse EUPHRAT und TIGRIS entspringen im armenischen Bergland. Rund 1000 Kilometer fließen sie nebeneinander her. Dann vereinigen sie sich, kurz bevor der Schatt el-Arab in den Persischen Golf mündet. Dem Land, das die beiden Ströme durchfließen, gab der griechische Historiker Polybios den Namen „MESOPOTAMIEN", das heißt „zwischen den Strömen". Warum war die Lage des Landes zwischen zwei Strömen von so großer Bedeutung?

Wasser bringt Leben – Den größten Teil des Jahres liegt das „Land zwischen den Strömen" dürr unter der heißen Sonne. Im Frühjahr aber schmilzt in den Bergen, dort wo Euphrat und Tigris entspringen, der Schnee. Die Flüsse führen dann fruchtbaren Schlamm mit sich und überschwemmen das Land. Ist das Wasser abgeflossen, grünt und blüht die Landschaft für einige Monate. Im Hochsommer, wenn die Temperaturen auf über 50 Grad Celsius steigen, ist die Pracht vorbei.

In der Jungsteinzeit (8000 v. Chr. bis etwa 3000 v. Chr.) konnten die ersten Bauern diese Flussebenen noch nicht ganzjährig bebauen. Denn sie hatten keine Methode, die Felder während der Dürrezeit zu bewässern. Dennoch gehört das Zweistromland zu den Gebieten des **„Fruchtbaren Halbmonds"**. Schon in der Bibel wird das Gebiet der „Garten Eden" genannt. Woher kommt dieser Name?

Das Reich der Sumerer – In der Zeit zwischen 3500 v. Chr. und 2000 v. Chr. entstanden in Mesopotamien die ältesten uns bekannten **Hochkulturen**, darunter das Reich der SUMERER. Zu dieser Kultur gehörten große Städte mit mächtigen Gebäuden, eine Religion mit Göttern und Priestern. Die Sumerer machten einige der bedeutendsten Erfindungen der frühen Menschheitsgeschichte: Sie erfanden das Rad, den Wagen, den Metallpflug und die Schrift. Sie gaben sich feste Regeln und Gesetze. Die Grundlage all dieser Fortschritte war ein neuartiges Bewässerungssystem für die Felder. Damit konnten die Sumerer die Ernteerträge vervielfachen.

ARBEITSAUFTRAG

Beschreibe mit B 1 und B 2, wie das sumerische Rad gebaut war. Diskutiert: Wie sähe ein Leben ohne Rad aus?

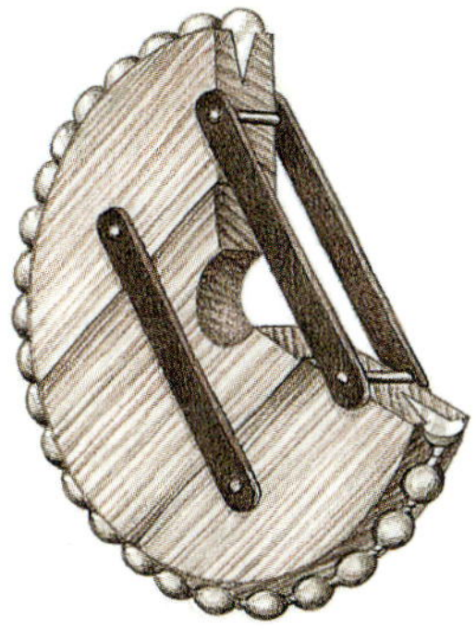

B 2 Sumerisches Rad. Erfunden im 4. Jahrtausend v. Chr.

B 1 Kriegswagen zur Beförderung von Waffen. Holztafel, ca. 2500 v. Chr.

2. Städte – neue Zentren des Zusammenlebens

Etwa im 8. Jahrtausend v. Chr. begannen Nomaden am Fuß der Gebirge, die Mesopotamien begrenzen, Ackerbau und Viehzucht zu betreiben. Wie lernten sie, das fruchtbare Schwemmland zwischen den Strömen für sich zu nutzen?

Die Wassernutzung wird verbessert – Auf der Suche nach fruchtbarem Boden zogen die Nomaden in die Flussebene. Sie drangen bis in das sumpfreiche südliche Mesopotamien vor. Welche Probleme hatten sie zu bewältigen?

An den Flussufern gab es zwar reichlich Wasser und fruchtbaren Schlamm, doch gefährdeten in jedem Frühjahr die Fluten von Euphrat und Tigris das bewirtschaftete Land. Daher errichteten die Bauern Dämme gegen die Fluten und gruben Kanäle zur Bewässerung der Felder.
Um die Mitte des 4. Jahrtausends v. Chr. wanderten die Sumerer in das südliche Mesopotamien ein. Erst sie machten aus dem „Land zwischen den Strömen" eine blühende Kulturlandschaft. Sie bauten ein weit verzweigtes **Bewässerungssystem**: Von großen Hauptkanälen leiteten sie kleinere Kanäle ab zur Bewässerung des fruchtbaren Bodens auf kleineren Feldern. An der Bewässerung entwickelte sich der Erfindergeist der Sumerer: Für die wichtige Aufgabe, nach dem Rückgang der Flut das Wasser in die Kanäle zu heben, ersannen sie den Schöpfbaum.

Das Zusammenleben wird organisiert – Für den Bau der Bewässerungsanlagen wurden viele Arbeitskräfte benötigt. Die Menschen schlossen sich in **Dörfern** zusammen. Wie veränderte sich das Zusammenleben durch ihre Arbeit?

Mit der künstlichen Bewässerung der Felder konnten die Bauern zwei bis drei Ernten im Jahr erzielen. Die Ernteerträge waren so viel größer und in den Siedlungen konnten mehr Menschen ernährt werden. Weil viele Menschen zusammenlebten und genug Nahrung hatten, war es günstiger, alle Aufgaben zu verteilen. Die einen arbeiteten als Bauern, andere als Handwerker, Kaufleute, Schreiber, Priester und Soldaten.
Immer mehr Menschen wohnten in den Siedlungen. So entstand eine neue Form des Zusammenlebens bei den Sumerern: die **Stadt**. Städte waren von Mauern umgeben, um die Bewohner der Siedlung zu schützen: zuerst vor neu in die Ebene eindringenden Stämmen, später auch vor Angriffen von Nachbarstädten.

Sumerischer Gefäßträger. 3. Jahrtausend v. Chr.

B 1 Bewässerung im „Land zwischen den Strömen". Vorn: ein Schöpfbaum (Schaduf)

Städte als Staaten – Das prächtigste Gebäude in einer sumerischen Stadt war der **Tempel**, das Haus für die Schutzgottheit der Stadt. Welche Bedeutung hatte der Tempel für das Zusammenleben?

Für die Sumerer waren Ackerland, Herden und Gewässer, die zu ihrer Stadt gehörten, der Besitz der Schutzgottheit. So lagerte alles, was die Menschen erwirtschafteten, im Tempel: Getreide, Gemüse, getrockneter Fisch, Datteln, Käse und Wolle. Die Priester verwalteten diese Erträge. Einen Teil der Produkte gaben sie zurück an die Stadtbewohner. Die übrigen Produkte waren für den Handel mit anderen Städten bestimmt.

Jede Tempelstadt hatte einen **Stadtkönig**. Für die Sumerer war er der Stellvertreter der Schutzgottheit. Der König überwachte die Pflege der Götter und den Tempelbezirk. Wenn es Krieg mit einer Nachbarstadt gab, führte der König das Heer. Er sorgte auch dafür, dass Tempel, Kanäle und Straßen von den Stadtbewohnern instand gesetzt oder neu gebaut wurden. Für die Organisation dieser Gemeinschaftsvorhaben setzte er **Schreiber** ein. Anstelle des Königs planten sie die Arbeit, beaufsichtigten die Arbeiter und trieben Steuern ein. So entstand eine **Verwaltung**.

Eine Gemeinschaft mit einer festen Organisation von Herrschaft nennen wir **Staat**. Die sumerischen Städte waren deshalb **Stadtstaaten**. Der größte sumerische Stadtstaat war im 3. Jahrtausend v. Chr. die Stadt UR. Hier lebten zeitweise mehr als 30 000 Menschen zusammen.

ARBEITSAUFTRÄGE

1. Erläutere die Methode der Bewässerung in B1. Vergleiche sie mit der ägyptischen Methode auf Seite 65.
2. Beschreibe die Gebäude in B3. Finde die Überreste der Gebäude in B2. Überprüfe mit B3 und dem Text, ob Ur ein typischer sumerischer Stadtstaat war.

B 2 Ruinen der Stadt Ur im heutigen Irak. Der frühere Fluss- und Kanallauf ist nicht mehr zu sehen.

1 Stufentempel (Zikkurat) aus luftgetrockneten Lehmziegeln, ca. 25 Meter hoch
2 Hof des Mondgottes Nanna
3 Palast der Hohen Priesterin
4 Schatzkammer
5 Palast des Stadtkönigs

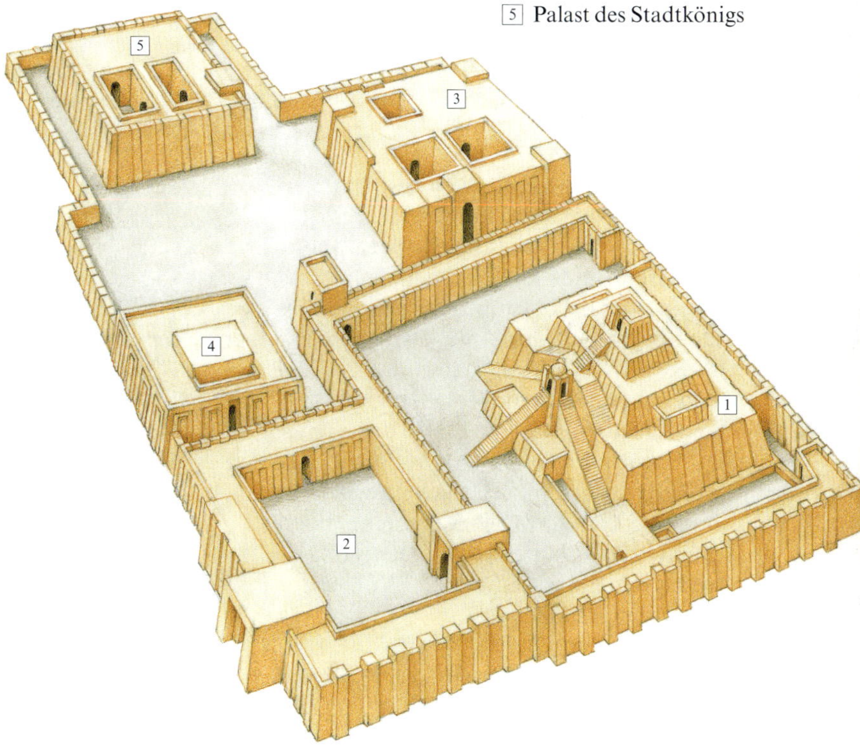

B 3 Heiliger Bezirk in der Stadt Ur. Rekonstruktionszeichnung

3. Große Reiche – die Herrschaft ist umkämpft

Die Sumerer hatten eine gemeinsame Sprache und Kultur. Die Städte bildeten jedoch keine Gemeinschaft. Sumer war vielmehr Schauplatz erbitterter Kriege. Keine Stadt konnte dauerhaft über ein größeres Gebiet herrschen. Aber einige von ihnen erlangten zeitweilig große Macht und Ausdehnung. Wie organisierten sie ihre Herrschaft?

Akkad, das erste Großreich – Ein entscheidender Wandel wurde nach 2350 v. Chr. durch SARGON vollzogen. Sargon gehörte einem Volk an, das aus der Wüste Arabiens in den Norden Mesopotamiens einwanderte. Er diente ursprünglich am Hof des Königs der Stadt KISCH. Mithilfe einer Verschwörung machte er sich selbst zum König. Dann eroberte er mit seinen Stammesgefährten die anderen Stadtstaaten und vereinigte dieses Gebiet erstmals zu einem Großreich.

Als Mittelpunkt seines neu geschaffenen Reichs ließ er eine Hauptstadt mit Namen AKKAD bauen. Anstelle der bisherigen Stadtkönige setzte er eigene Statthalter ein. Die Eroberungen Sargons hatten auch wichtige Handelswege erschlossen. Im Reich von Akkad nahm der Handel mit Halbedelsteinen, Metallerz und Bauholz seinen Aufschwung. Von den Sumerern übernahmen die Akkader die Bewässerungstechnik und auch ihre Schrift. Diese akkadische Schriftsprache blieb für etwa 2000 Jahre eine Gemeinsamkeit der verschiedenen Städte und Völker des Vorderen Orients.

Das Babylonische Reich – Das Reich Sargons zerfiel bald. Wieder begann der Kampf der Stadtstaaten gegeneinander. Erst 500 Jahre später gelang es erneut einem Herrscher, ganz Mesopotamien zu unterwerfen. Es war HAMMURABI (1792 bis 1750 v. Chr.) aus BABYLON, einer alten, aber bis dahin unbedeutenden Stadt. Hammurabi war nicht nur ein erfolgreicher Feldherr, sondern auch ein kluger Staatsmann. Im ganzen Reich setzte er Beamte ein, die seine Herrschaft sicherten. Aber er kontrollierte auch ihre Tätigkeit. Hielt ein Beamter zum Beispiel einen Bewässerungskanal nicht sauber, sorgte Hammurabi dafür, dass der Beamte es nachholte.
Hammurabi prägte auch einen Grundsatz, der noch heute gilt: Das Zusammenleben der Menschen in einem Staat wird durch Gesetze bestimmt, die aufgeschrieben werden. So hatten die Un-

PERSONENLEXIKON

SARGON von Akkad. 2350–2284 v. Chr.

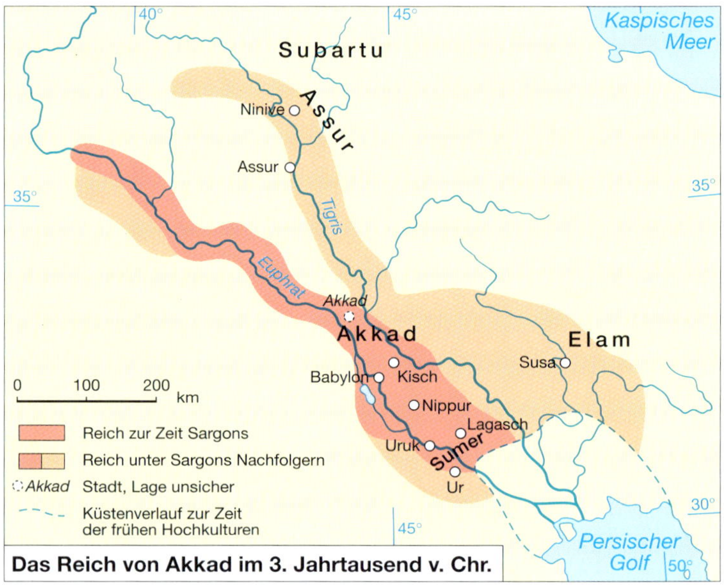

Das Reich von Akkad im 3. Jahrtausend v. Chr. K 1

Das Assyrische Reich im 7. Jahrhundert v. Chr. K 2

tertanen Kenntnis und Gewissheit über das Recht in seinem Reich. Etwa 150 Jahre nach Hammurabis Tod ging auch sein Reich unter.

Das Assyrische Großreich – Das Reich des Hammurabi wurde mit Beginn des 11. Jahrhunderts v. Chr. von den ASSYRERN erobert. Das war ein Kriegervolk aus dem Norden, das Mesopotamien und den Vorderen Orient eroberte. Die Hauptstadt ihres Großreichs war ASSUR, eine alte Handelsstadt am Ufer des Tigris, später NINIVE. Über 500 Jahre führten die assyrischen Könige andauernd Kriege gegen Babylonien und die Nachbarvölker. Sie drangen bis zur Mittelmeerküste und nach Ägypten am Nil vor.

Von der Beute und den Abgaben der unterworfenen Völker unterhielten sie ein großes Heer von Berufssoldaten. Dieses Heer versetzte durch grausame Kriegführung die Nachbarvölker in Angst und Schrecken. Viele Menschen aus den eroberten Gebieten wurden nach Assyrien verschleppt, um Zwangsarbeit zu leisten. Erst im 7. Jahrhundert v. Chr. beendeten die Babylonier die Vorherrschaft der Assyrer und zerstörten Assur und Ninive.

Das politische Ende Mesopotamiens – Im 7. Jahrhundert v. Chr. wurde Babylon noch einmal Mittelpunkt eines großen Reichs. Die Stadt und ihr Stufentempel wurden prachtvoll ausgebaut. Eine der ersten steinernen Brücken der Welt wurde über den Euphrat gebaut. Die Stadt Babylon wurde der Mittelpunkt des kulturellen Austauschs und Handels im Vorderen Orient.

Aber im Jahr 539 v. Chr. kamen fremde Eroberer aus dem Süden des heutigen Iran über das Sagrosgebirge nach Mesopotamien: die PERSER. Unter der Führung ihres Königs KYROS unterwarfen sie Babylon. Babylonien und ganz Mesopotamien wurden ein Teil des persischen Großreichs. Damit war die mesopotamische Geschichte, die mit den Sumerern begonnen hatte, beendet.

ARBEITSAUFTRÄGE

1. Beschreibe in K 1 und K 2 die Reiche Sargons und der Assyrer. Vergleiche ihre Ausdehnung und erläutere sie mithilfe der Karte auf Seite 54.
2. Beschreibe B 3. Welche wichtigen Bauwerke erkennst du? Vergleiche mit Ur (Seite 57, B 3).

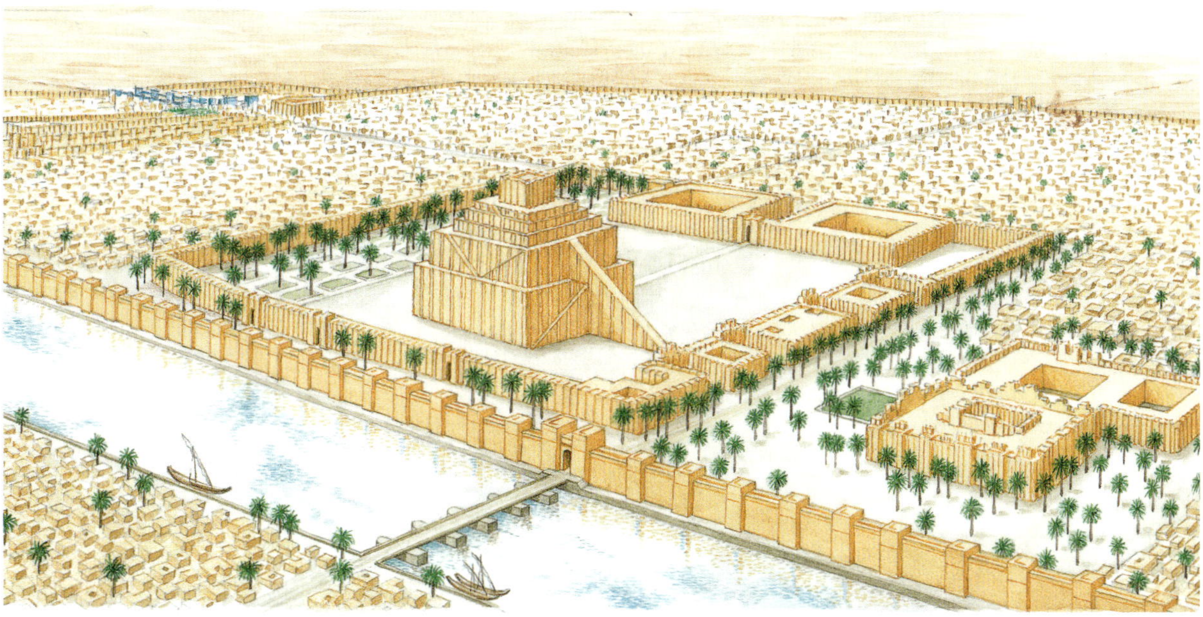

B 3 Babylon im 6. Jahrhundert v. Chr. Rekonstruktionszeichnung

4. Die Schrift – ein Hilfsmittel im Staat

Wenn du in einem Land bist, dessen Sprache du nicht verstehst, kannst du dich immerhin an Schildern orientieren. Denn die Bildzeichen für eine Bushaltestelle oder für einen Flughafen sind fast überall sehr ähnlich. Als es noch keine Schrift gab, stellte man mit ähnlich einfachen Abbildungen Sachverhalte dar. Später entwickelten die Menschen aus solchen Bildzeichen die erste Schrift. Wie verlief diese Entwicklung?

Aufzeichnungen als Gedächtnisstütze – In den Städten Mesopotamiens lebten viele Beamte, Kaufleute, Handwerker und Priester. Sie mussten mit Nahrungsmitteln und anderen Dingen des täglichen Lebens versorgt werden. Zuständig dafür war die zentrale Verwaltung im Tempel. Die Bauern aus dem Umland brachten ihre Erzeugnisse wie Früchte, Getreide und Wolle deshalb dorthin. Ebenso mussten die Stadtbewohner ihre Handwerkserzeugnisse und anderen Waren, die sie gefertigt oder im Handel erworben hatten, an die Beamten im Tempel abliefern. Die Beamten nahmen die Waren in Empfang und kontrollierten, ob jeder die für ihn festgesetzte Menge abgegeben hatte. Später verteilten die Beamten die Güter an die Stadtbewohner: So erhielt der Einzelne die Dinge, die er zum Leben brauchte. Jeder bekam nur so viel, wie ihm aufgrund seiner Stellung im Staat zustand.

Natürlich konnten sich die Beamten nicht bei jedem Bürger merken, was er abgeliefert und was er anschließend bekommen hatte; schließlich zählten die Städte mehrere tausend Einwohner. Um die Übersicht zu behalten, mussten sie sich Aufzeichnungen machen. Anfangs waren das kleine **Bildzeichen**, mit denen sie Art und Menge der Erträge, die beispielsweise ein Bauer abgeliefert hatte, auf Tontafeln notierten. Im Laufe der Zeit entwickelten die Tempelbeamten etwa 2000 solcher Bildzeichen, mit denen sie Gegenstände und Worte, aber auch Zahlen darstellen konnten.

Bekannte Zeichen mit neuer Bedeutung – Die Beamten wollten aber nicht nur Gegenstände und Mengen notieren. Sie wollten auch Tätigkeiten der Menschen darstellen. Dazu haben sie mehrere Bildzeichen miteinander verbunden. Um beispielsweise die Bedeutung „trinken“ zu notieren, setzten sie neben das Bildzeichen für „Kopf“ das Bildzeichen für „Wasser“. In anderen Fällen gaben sie einem Zeichen zusätzlich zu seiner ursprünglichen Bedeutung noch eine andere Bedeutung. So kam es, dass etwa das Zeichen für „Himmel“ später zugleich auch für „Gott“ stehen konnte.
Wenn mehrere Bildzeichen miteinander kombiniert werden oder Bildzeichen eine zusätzliche Bedeutung verliehen wird, erweitert sich deren Bedeutung. Sie erhal-

B2 Keilschrift

Heutiges Bildzeichen

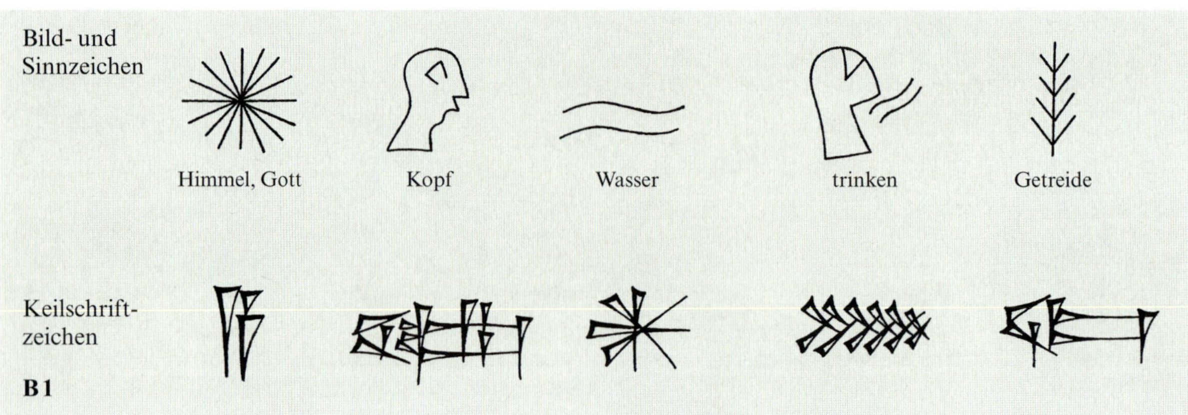

B1

ten einen anderen Sinn. Auch du kennst solche **Sinnzeichen**. Zwei ineinander verschlungene Ringe zwischen zwei Namen ver**sinn**bildlichen beispielsweise die Heirat zwischen zwei Personen.

Zeichen für Zahlen und Maße – Neben den Bild- und Sinnzeichen für Wörter, Gegenstände und Tätigkeiten hatten die Sumerer auch schon Zeichen für Zahlen und Maße. Dabei benutzten sie bereits das **Dezimalsystem**, das auch wir heute verwenden. Sie konnten damit ganze Zahlenwerte und Brüche schreiben. Die Gewichte und Maße hatten sie einheitlich festgelegt.

Die Keilschrift entsteht – Das Einritzen der Bild- und Sinnzeichen in die Tontafeln war eine mühsame und zeitaufwendige Sache. Leichter war es für die Schreiber, wenn sie mehrere gerade Linien, die der Form des Bildzeichens glichen, in den Ton einritzten. Und noch leichter wurde das Schreiben, als man die Zeichen mit einem schmalen, dreieckig auslaufenden Schreibgerät in noch feuchte Ton- oder Wachstafeln einritzte. Beim Trocknen der Tafeln wurden die Zeichen hart und dauerhaft lesbar. Wegen der Keilform der Zeichen nennen wir diese Schrift **Keilschrift**. Sie war in ganz Mesopotamien und darüber hinaus verbreitet. Die Schreibrichtung war waagerecht, aber anders als wir schrieben die Sumerer von rechts nach links.

Aus Bildzeichen werden Lautzeichen – Gegen Ende des 1. Jahrtausends v. Chr. wurden die Bildzeichen durch so genannte Lautzeichen ersetzt. Damit kam auch die Keilschrift, die ja eine vereinfachte Bildzeichenschrift ist, außer Gebrauch. An ihre Stelle trat eine **Lautzeichenschrift**, die wir in abgewandelter Form auch heute noch verwenden. Worin unterscheidet sich die Lautzeichenschrift von der Bildzeichenschrift?
Das völlig Neue an der Lautzeichenschrift ist: Nicht mehr ganze Wörter, sondern die einzelnen Laute der gesprochenen Sprache werden durch die Zeichen abgebildet. Nun gibt es viel weniger Laute in einer Sprache als Wörter. Deshalb ist auch die Zahl der Zeichen, die für das Schreiben und Lesen benötigt werden, in der Lautzeichenschrift viel geringer als in der Bildzeichenschrift. Du weißt ja selber, dass der gesprochene Laut, den wir mit dem Zeichen (Buchstaben) A kennzeichnen, in vielen Wörtern unserer Sprache vorkommt. Und statt vieler tausend Bildzeichen benötigen wir für unsere Schrift nur 26 Buchstaben. Später haben die Griechen, von denen wir unsere Schriftzeichen übernommen haben, die Lautzeichensprache der Sumerer vereinfacht. Von den Griechen haben wir auch die Schreibweise von links nach rechts in waagerechten Zeilen übernommen.

PERSONENLEXIKON

HENRY CRESWICKE RAWLINSON. 1810–1895. Entzifferte die Keilschrift

B 3 Die Zeichen und die Schreibrichtung von fünf Sprachen: Deutsch, Arabisch, Japanisch, Chinesisch, Hebräisch

ARBEITSAUFTRÄGE

1. Versuche einige Keilschriftzeichen in B 1 den frühen Bildzeichen zuzuordnen. Beachte dabei, dass die Keilschriftzeichen um 90 Grad nach links gedreht geschrieben sind.
2. Auf B 2 ist eins der Zeichen dreimal zu erkennen. Um welches Zeichen handelt es sich?
3. Betrachte B 3. In der chinesischen Schrift stellt jedes Schriftzeichen ein ganzes Wort dar. Für einen Text in Umgangssprache braucht man etwa 2000 bis 4000 davon. Überlege, ob es sich beim Chinesischen um eine Lautzeichen- oder eine Bildzeichenschrift handelt.

Die Entzifferung der Keilschrift – Nachdem die Keilschrift außer Gebrauch kam, konnte sie bald niemand mehr lesen. Erst vor etwa 150 Jahren gelang es Wissenschaftlern, die Keilschrift zu entziffern. Einer davon war der Brite RAWLINSON. Was wissen wir über seine Arbeit?

Die Felswand von Behistun – An der alten Karawanenstraße zwischen Babylon und Ekbatana befindet sich beim Dorf Behistun eine steile Felswand: Gut 100 m über der Talsohle erkennt man ein Relief mit einer riesigen Inschrift. Der Text ist in drei Blöcken in drei unterschiedlichen Schriften angeordnet. Rawlinson bestieg die Felswand. Es gelang ihm, einen der Texte in altpersischer Keilschrift zu übersetzen. Es war eine Inschrift aus dem Jahr 500 v. Chr., die die Siege des persischen Königs DAREIOS rühmte. Damit dies allen Untertanen bekannt wurde, hatte der König den Text in den drei Sprachen seines Reichs in den Fels meißeln lassen: in Altpersisch, in Elamitisch und Akkadisch.

Q4 Unter großer Gefahr zeichnete Rawlinson die Inschrift ab:

Mithilfe von Seilen und Brettern überquerte er die tiefe Kluft bis zur Inschrift. Jeder falsche Schritt hätte den tödlichen Ausgang des Abenteuers bedeutet. Die Felskante, auf die Rawlinson Leitern stellte, um an die oberen Teile der Inschrift zu gelangen, ist nur 50 bis 60 cm breit. Eine Leiter, die bis an den oberen Nischenrand reicht, steht nicht schräg genug, um einen Menschen zu tragen. So musste sich Rawlinson mit einer kurzen Leiter begnügen und sich auf die oberste Stufe wagen. Während er in der linken Hand das Notizbuch hielt, führte die rechte den Zeichenstift. In dieser halsbrecherischen Haltung kopierte er den ganzen oberen Teil der altpersischen Inschrift.

(Hans Baumann: Im Lande Ur, München 1979, S. 28 f. Bearbeitet)

B 5 Große dreisprachige Inschrift im Fels von Behistun im Westiran. Oben: Ausschnitt

ARBEITSAUFTRÄGE

1. Beschreibe B 5. Lies danach Q 4 und schreibe in Partnerarbeit ein Interview mit Rawlinson. Tragt es der Klasse vor.
2. Versuche einmal eine Zeile des Interviewtextes in Schreibrichtung von rechts nach links zu schreiben.

5. Regeln für das Zusammenleben – in Stein gemeißelt

Die Schrift war im Zusammenleben der Menschen sehr wichtig. Sie erleichterte die Übersicht über ihre Erzeugnisse. Der König benutzte sie, um seine Herrschaft zu rühmen. Wie aber wirkte sie sich für den einzelnen Untertanen aus?

Gesetze werden aufgeschrieben – Eine berühmte Inschrift ist auf einer Steinsäule des Königs Hammurabi von Babylon zu sehen. Dort sind 282 Regeln für Streitfälle eingemeißelt. Der König wollte, dass sich die Untertanen nach festen Regeln, **Gesetzen**, einigten. Vielleicht wurde die Säule in einem Tempel aufgestellt. Das geschriebene Recht schaffte Sicherheit für die Untertanen:

- Unrechtstaten werden aufgrund von geschriebenen Gesetzen geahndet.
- Eine Verurteilung setzt auf der anderen Seite voraus, dass die Schuld des Angeklagten erwiesen ist.
- Strafen werden nur vom König oder von den Richtern, die er einsetzt, verhängt.
- Auch König und Richter müssen sich an die Gesetze halten.
- Die Gesetze sind jedem bekannt. ⓘ/1

B 1 Hammurabis Gesetzessäule. Hammurabi links und Sonnengott Schamasch rechts

B 2 Die Gesetzessäule im Tempelbezirk. Rekonstruktionszeichnung

Q 3 Aus den Gesetzen des Hammurabi:

§ 48 Wenn ein Bürger Geld geliehen hat und ein Unwetter hat sein Feld überschwemmt oder eine Flut hat es weggerissen oder wegen Wassermangels ist das Getreide auf den Feldern nicht gewachsen, dann soll er in diesem Jahr dem Herrn des Geldes kein Getreide liefern.
§ 53 Wenn ein Bürger seinen Deich nicht richtig befestigt hat, in seinem Deich eine Öffnung entsteht und er das Land vom Wasser wegschwemmen lässt, ersetzt er das Getreide, das er dadurch vernichtet hat.
§ 54 Wenn er das Getreide nicht ersetzen kann, so verkauft man ihn oder seine Habe gegen Silber, und seine Genossen, deren Getreide das Wasser weggeschwemmt hat, teilen den Erlös untereinander.

(In: Werner Digel (Hg.): Die frühen Hochkulturen in Afrika und Asien, Bd. 2, Mannheim/Wien/Zürich 1979, S. 151 f. Bearbeitet)

ARBEITSAUFTRÄGE

1. Erkläre die Darstellung des Königs in B 1.
2. Zeichne die Verhandlung nach B 2 mit Sprechblasen: Ein Geschädigter verlangt Schadenersatz (§ 53 und § 54 in Q 3).

Ägypten

1. Der Nil – die Lebensader Ägyptens

In Ägypten ist es heiß und es regnet fast nie. Nichts könnte dort wachsen, wäre da nicht der Nil. Auf dem Gebiet, das vom Wasser des Nils erreicht wird, können die Menschen Getreide, Gemüse, Obst und Flachs anbauen sowie ihr Vieh weiden lassen. Das sind die beiden schmalen, von den Felswänden eingeengten Uferseiten in Oberägypten und das Mündungsgebiet in Unterägypten.

Dieses Kulturland ist ungefähr 34 000 Quadratkilometer groß. Zum Vergleich: Brandenburg ist etwa 29 500 Quadratkilometer groß. Dort lebten etwa 5 bis 6 Millionen Menschen. Sprechen wir vom „alten Ägypten", meinen wir das wenige Kulturland. Hier errichteten die Ägypter große Pyramiden, gewaltige Tempelanlagen und geschmückte Felsengräber, die seit über 2500 Jahren Bewunderung hervorrufen. Wie vermochten sie so etwas Schönes und Großartiges zu schaffen?

Der Nil bringt Wasser und Schlamm – Ägypten sei ein „Geschenk des Nils", meinte Herodot, ein antiker Historiker. Was mussten die Menschen in Ägypten tun, um dieses Land zu erhalten?

Die Grundlage der Fruchtbarkeit legte die Nilschwemme: In jedem Jahr überschwemmte der Nil das Kulturland. Im Quellgebiet des Nils, im heutigen Äthiopien, begann dann die Schneeschmelze und heftiger Regen fiel. Während der Überschwemmung konnten die Bauern mit Booten über die Felder fahren. Wenn die Flut fiel, war die Erde getränkt und mit fruchtbarem Schlamm bedeckt. Dort wuchsen Getreide, Gemüse und Obst so gut wie kaum anderswo.

Weil der Schlamm fruchtbar war, sollte möglichst viel von ihm auf den Feldern bleiben. Die Bauern legten auf dem Gebiet, das vom Hochwasser erreicht wurde, große quadratische Erdwälle an, in denen Öffnungen gelassen wurden. Wenn die Flut diese Bassins mit Wasser gefüllt hatte, wurden die Öffnungen geschlossen. Danach setzte sich der mitgeschwemmte Schlamm ab. Später ließ man das Wasser langsam abfließen und hatte fruchtbares Ackerland gewonnen. Im Verlauf von Jahrhunderten bauten die Ägypter unermüdlich Dämme und Kanäle, um nach dem Rückgang der Flut Wasser aus den Bassins auf die Felder zu leiten.

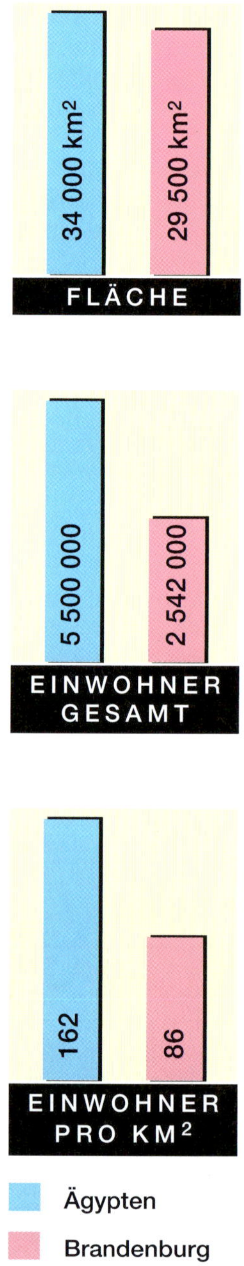

Altes Ägypten und heutiges Brandenburg im Vergleich

B1 Niltal

Das Jahr wird eingeteilt – Um auf die Nilschwemme vorbereitet zu sein, mussten die Ägypter wissen, wann die Flut kam. Wie konnten sie diesen Zeitpunkt bestimmen?

Den Priestern, die den Himmel beobachtet hatten, war Folgendes aufgefallen: Einmal im Jahr ging der hellste Stern, der Sirius, kurz vor der Sonne auf. Zu diesem Zeitpunkt setzte auch die Nilschwemme ein. Daher setzten sie den Sirius-Tag – das ist nach unserer Zeitrechnung der 19. Juli – als ersten Tag des Jahres fest. Die 365 Tage bis zum nächsten Sirius-Tag unterteilten sie in zwölf Monate zu je 30 Tagen. An den letzten Monat wurden fünf zusätzliche Feiertage angehängt.

Das Jahr begann mit der **„Überschwemmungszeit“**, in der auf dem Feld nicht gearbeitet wurde. In dieser Zeit wurden viele religiöse Feste gefeiert. Außerdem wurden die Bauern von der Regierung zu vielen Arbeiten für den Pharao zwangsverpflichtet, vor allen Dingen zum Bau an den Pyramiden und Tempeln.
Sobald das **„Auftauchen der Felder aus dem Wasser“** begann, fingen die Bauern zu pflügen und zu säen an. Der Boden sollte dazu noch feucht und leicht zu bearbeiten sein. Ein Pflug wurde von zwei Kühen gezogen, die der Bauer mit einem Stock führte. Hinter ihm wurde das Saatgut ausgestreut, oft von seiner Frau. Die ausgestreuten Körner bedeckte der Bauer wieder mit Erde. Während das Getreide wuchs, mussten die Felder ständig mithilfe der Kanäle bewässert werden.

Die **„Trockenzeit“** war die Zeit der Ernte. Die Ernteerträge wurden in Vorratshäusern gespeichert, unter strenger Aufsicht der Beamten, die dem Pharao über den Fortgang der Ernte berichteten.

Q3 Loblied anlässlich einer Überschwemmungsfeier:

Preis dir, Nil, der du aus der Erde entspringst und hervorkommst, um Ägypten mit Leben zu begaben ... Du Schlamm Oberägyptens, der die Sümpfe tränkt, von Re (dem Sonnengott) erschaffen, um alle Durstigen zu erquicken ...

Wenn der Nil zu träge ist, dann verengen sich die Nasen (= die Luft geht aus) und jedermann verarmt.

... Wenn der Nil aber zu hoch ist, dann verringern sich die Menschen, denn er tötet sie durch die Seuche dieses Jahres. Man erblickt dann Theben wie ein Sumpfgebiet ...

Er ist ein Wasser, das über die Hügel strömt und nicht durch einen Damm begrenzt wird, sondern ganz nach eigenem Willen verläuft. Ihn begleiten die Jugend und Kinder. Man begrüßt ihn als einen König, dessen Gesetze beständig sind und der zu seiner Stunde kommt, um Ober- und Unterägypten zu füllen.

(In: Emma Brunner-Traut: Pharaonische Lebensweisheit, Herder, Freiburg 1985, S. 49–55. Bearbeitet)

ARBEITSAUFTRÄGE

1. Beschreibe die Landschaft auf B 1.
2. Erkläre mit B 2, mit welchen Mitteln die Ägypter nach der Nilschwemme Wasser auf ihre Felder leiteten.
3. Aus Q 3 geht hervor, dass die Nilschwemme den Ägyptern nicht immer Segen brachte. Erläutere dies.

B 2 Das ägyptische Bewässerungssystem

2. Der Pharao – den ägyptischen Staat leitet ein Gott

Über alle Menschen in Ägypten herrschte ein König. Wie war das Königsamt entstanden und welche Aufgaben hatte der König?

Der Fürst und die Gottheit – Um Deiche, Bassins und Kanäle zu bauen und zu erhalten, mussten sich die Menschen zu großen Gemeinschaften zusammenschließen. Diese bebauten ein abgegrenztes Gebiet des ägyptischen Kulturlands. An der Spitze einer solchen Gemeinschaft stand ein Fürst. Nach welchen Regeln lebten die Menschen zusammen?

Nur gemeinsame Arbeit nach einem Plan ermöglichte den Menschen, ein Bewässerungssystem zu bauen und Ackerbau zu betreiben. Der Fürst an der Spitze einer Gemeinschaft hatte die Aufgabe, die Arbeit der vielen Menschen zu organisieren. Jede Gemeinschaft verehrte eine Gottheit als Beschützerin. Sie war ein Sinnbild für die Naturgewalten, von denen die Menschen abhängig waren. Denn eine zu heftige Flut oder ihr langes Ausbleiben konnte die Ernteerträge vernichten. So errichtete der Fürst seine Wohnstätte in der Nähe des Tempels. Dort wollte er den Segen der Gottheit erflehen. Der Fürst hatte also auch durch sein enges Verhältnis zur Gottheit eine besondere Stellung. Oft bezeichnete man ihn deshalb als Sohn der Gottheit oder gar als Gott.

Ein König für ganz Ägypten – In der Frühgeschichte Ägyptens gab es viele Fürsten. Aber schon im 4. Jahrtausend v. Chr. hatten sich in Unter- und Oberägypten zwei Reiche mit eigenen Königen entwickelt. Wie wurde aus ihnen ein Staat mit einem einzigen Herrscher?

Früher stellten die Menschen ihre Auffassung von der Welt oft in Erzählungen von Göttern, den Mythen, dar. Ein bekannter **Mythos** ist der von OSIRIS: Er beherrschte Ägypten, wurde aber von seinem Bruder SETH aus Neid ermordet. HORUS, der Sohn des Osiris, und Seth kämpften um die Thronfolge. Schließlich griffen die ägyptischen Götter ein: Sie bestimmten zuerst, dass Seth Oberägypten und Horus Unterägypten erhalten sollte. Aber später übertrugen sie Horus allein das Erbe, da nur ein König Ägypten beherrschen sollte. In diesem Mythos bewahrten die Menschen die Erinnerung an die Vereinigung der beiden Reiche. Der Herrscher Ägyptens war für sie immer auch der Horus in Menschengestalt.

Tatsächlich fand die Vereinigung der beiden Reiche um 3000 v. Chr. statt, als der oberägyptische König NARMER auch Unterägypten eroberte. Der Herrscher

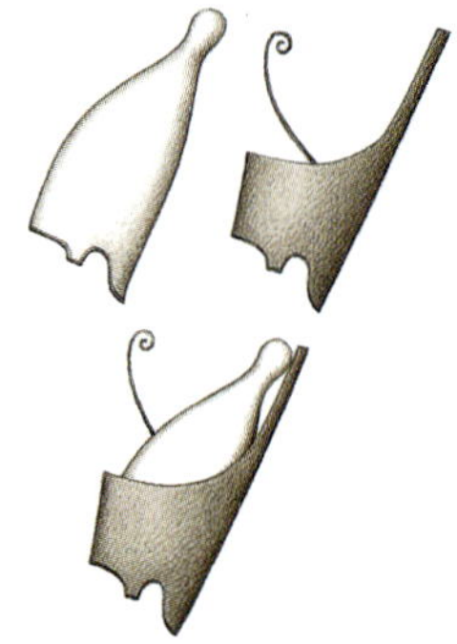

Kronen Oberägyptens und Unterägyptens (oben). Krone Gesamtägyptens (unten)

B1 Schminktafel des Königs Narmer, Rückseite (rechts oben). Ausschnitte der Vorderseite (links oben) und Rückseite (unten)

über das vereinigte Ägypten wurde **Pharao** genannt. Mit Narmer begann die lange Geschichte des ägyptischen Reichs, die erst mit der römischen Besatzung und dem Tod der letzten ägyptischen Herrscherin KLEOPATRA 30 v. Chr. endete.

Die Macht des Pharaos – In der Bezeichnung „Sohn Gottes" für den Pharao kommt dessen überragende Bedeutung zum Ausdruck. Wie mächtig war er?

Der Pharao war Herr über das ägyptische Land und alles, was darauf wuchs. Er verteilte den Boden, ließ Dämme und Kanäle bauen und die Arbeitskräfte für die großen Bauvorhaben lenken.
Alle Menschen Ägyptens waren ihm untertan: Vom Feldarbeiter bis zum Mitglied der Herrscherfamilie hatte jeder Ägypter die Aufgabe zu erfüllen, die der Pharao ihm zuwies. Er hatte an der göttlichen Macht teil, sodass ihm Einfluss auf das Steigen und Fallen des Nils zugeschrieben wurde. Er war auch oberster Priester des Staats. Mit seiner außerordentlichen Macht bewahrte der Pharao die Einheit und den Frieden Ägyptens.

Eine Richtschnur für den Pharao – Bei so viel Macht des Pharaos sollten wir nachfragen: Konnte er zum Wohl Ägyptens befehlen, was er wollte?

Die Ägypter waren überzeugt, dass die Götter die Ordnung der Welt geschaffen hatten. Zu dieser Ordnung gehörten der Lauf der Sterne am Himmel, das tägliche Auf- und Untergehen der Sonne, die jährliche Nilflut und die Jahreszeiten. Dazu gehörten aber auch Gebote für die Menschen: Sie sollten einträchtig miteinander leben, jeder Einzelne sollte wahrheitsliebend und gerecht sein. Die Ägypter verehrten diese Ordnung in der Göttin MAAT. Der Pharao als Sohn Gottes war dafür verantwortlich, dass die Maat im Staat verwirklicht wurde. Dies war seine Richtschnur.

Für die Ägypter war die Ordnung ihres Staats also göttlich und deswegen richtig. Sie sahen keine Notwendigkeit, diese Ordnung grundsätzlich zu verändern. So blieben Religion, Kunst, die staatliche Organisation und der Alltag in Ägypten über 3000 Jahre nahezu gleich.

B 2 Statue des Chephren mit Horus-Falke. 2580–2555 v. Chr.

B 3 Tut-anch-Amun mit Krummstab und Geißel. Ausschnitt aus seinem Sarkophag, 1332–1322 v. Chr.

ARBEITSAUFTRÄGE

1. Auf beiden Seiten der Schminktafel B 1 ist der König dargestellt, erkennbar an seiner Größe und an seiner Krone. Vergleiche die beiden Kronen. Erläutere, welcher Vorgang auf beiden Seiten dargestellt wird.
2. Beschreibe B 2. Erkläre mithilfe des Textes und Seite 77 die Bedeutung des Falken.
3. In B 3 ist der Pharao Tut-anch-Amun dargestellt. Beschreibe die Statue und überlege, woran man einen Pharao erkennt.

3. Die Untertanen – Abgaben für den Pharao

Den Aufbau des ägyptischen Staats kann man mit einer Pyramide vergleichen: Er hat eine breite Grundlage und eine kleine Spitze. An der Spitze stand der Pharao. Unter ihm standen in immer tieferen Rängen und immer größerer Anzahl ein Wesir, wenige hohe Beamte, Priester und Schreiber, viele Künstler und Handwerker und die große Masse der Bauern. Welche Aufgaben übernahmen diese Schichten der Bevölkerung?

Der Wesir – Außer dem Pharao konnte nur der Wesir in allen Angelegenheiten des Staats entscheiden. Er verwaltete die königliche Residenz, alle anderen öffentlichen Bauwerke und die Bewässerungsanlagen am Nil. Er beaufsichtigte die Künstler und Handwerker, die an den Bauwerken des Pharaos arbeiteten, und überwachte die königlichen Landgüter und Kornspeicher. Der Wesir war Vorgesetzter aller Beamten und Vorsitzender des höchsten Gerichtshofs. Und er befehligte Heer und Polizei. Beamten und Arbeitern teilte er Nahrungsmittel zu.

Die Priester – Der ägyptische Staat war aus einer Vielzahl von Dörfern und Bezirken zusammengeschlossen worden. Alle behielten ihre besonderen Götter, sodass in Ägypten bis zu 2000 Götter verehrt wurden. Die Pharaonen ließen für die wichtigsten Götter prächtige Tempel bauen. Die Gottheit wohnte dort in Form einer Statue in einem kostbaren Schrein. An den Tempeln waren viele Priester mit besonderen Aufgaben beschäftigt, z. B. als Astrologen, Vorlesepriester, Sänger, Musikanten, Verwaltungsbeamte und Tempeldiener.

B1 Ägyptischer Schreiber

Q 2 Der Steuerbeamte Amenemope an seine Kollegen:

Verrücke nicht den Markstein an den Grenzen der Felder, verschiebe nicht die Messschnur von ihrem Platz. Giere nicht nach einer Elle Acker, vergreife dich insbesondere nicht an den Ackergrenzen einer Witwe … Schädige keinen Menschen durch die Feder auf dem Papyrus, das ist für den Gott ein Abscheu … Stelle keine Steuer-Berechnung für den auf, der nichts hat … Wenn du einen großen Rückstand bei einem Armen findest, so mache daraus drei Teile: Erlasse ihm zwei davon und lass nur einen stehen …
Mindere einen Menschen nicht vor Gericht, und schiebe nicht den, der im Recht ist, beiseite. Neige dich nicht einem Gutgekleideten zu, doch bevorzuge auch nicht den, der in Lumpen geht. Nimm keine Bestechung von einem Mächtigen an und benachteilige ihretwegen nicht den Schwachen …

(In: Emma Brunner-Traut: Pharaonische Lebensweisheit, Herder, Freiburg/Basel/Wien 1985, S. 140, 144, 147. Bearbeitet)

Q 3 Aus einer Schülerbelehrung:

Denke daran, wie es dem Bauern geht, wenn man von seiner Ernte die Steuer berechnet. Wenn die Raupen die Hälfte des Korns auf den Feldern vernichtet haben; die Vögel lassen nicht ab zu plündern; das Vieh verschlingt es … Der Rest schließlich, der auf der Tenne liegt, wird ihm geraubt …
Der Schreiber landet am Ufer, um die Steuer von der Ernte zu berechnen. Die Wächter haben Gerten und Stöcke und sie sagen: „Gib Korn her!“ Hat er keins, schlagen sie ihn mit den Stöcken. Er wird gebunden und in den Kanal geworfen, er taucht bis zum Kopf unter. Seine Frau wird vor ihm gebunden, seine Kinder werden gefesselt. Die Nachbarn verlassen sie.

(In: W.W. Struve: Der Alte Orient, Volk und Wissen, Berlin 1959, S. 151)

Die Schreiber – Auf vielen Bildern des alten Ägypten sieht man Personen, die sich Notizen machen. Das sind die Schreiber. Schreiber hatten wichtige und gut bezahlte Positionen. Sie hielten die Anordnungen des Pharaos fest und verbreiteten auch seine Befehle im ganzen Land. Ihre Hauptaufgabe aber bestand darin, Abgaben von den Bauern und Handwerkern zu erheben. Ohne die Schrift und die Schreiber hätte der Pharao wohl nicht einen Tag lang regieren können.

Die Künstler und Handwerker – Der größte Teil der Bevölkerung waren Bauern, aber es gab auch zahlreiche Handwerker und Künstler. Von diesen wissen wir viel: Oft ließen hoch gestellte Personen die Wände ihrer Grabkammern mit Gemälden ausschmücken, die die Künstler und Handwerker bei ihrer Arbeit zeigen. Sie haben Erstaunliches vollbracht.

Steinmetze und Bildhauer schufen Gefäße und Statuen aus den härtesten Gesteinen wie Granit, Diorit oder Basalt. Sie erfanden die Herstellung von Glas. Sie formten Silber, Kupfer und Gold. Außerdem stellten Tischler Möbel, Wagen, Boote und Särge her. Schuster verarbeiteten Leder zu Sandalen. Die ägyptischen Frauen spannen Leinenfäden aus Flachs und webten Stoffe für Festgewänder und Mumienbinden.

B4 Herstellung einer Statue

Die Bauern – In Ägypten waren alle Erzeugnisse, soweit es nur möglich war, mit Abgaben an den Pharao belegt: Von den Herden der Hirten, der Ernte der Bauern und den Gebrauchsgegenständen der Handwerker musste ein großer Teil an den Staat abgegeben werden. Das Geld war noch nicht erfunden und Abgaben wurden in Erzeugnissen erhoben.

Haupteinnahmequelle aber waren die Ernteerträge der Bauern. Sie bewirtschafteten das Land des Pharaos oder der Tempel. Als Pacht mussten sie den größten Teil des geernteten Weizens, der Gerste oder des Flachses abliefern. Was die Familie des Bauern dann nicht selbst verbrauchte, konnte sie gegen bescheidene Luxusgegenstände, wie eine kleine Statue oder ein Amulett, eintauschen. ⓘ/2

Ägyptische Arbeiterin

B 5 Schreiber kontrollieren Arbeiter

ARBEITSAUFTRÄGE

1. Erläutere in Q 2, wovor die Beamten gewarnt werden. Schreibe ein Zeugnis über einen Beamten, in dem er von seinem Vorgesetzten gut beurteilt wird.
2. Fasse das Verhältnis von Bauer und Beamten nach Q 3 mit einem Satz zusammen. Denkt euch in Gruppen ein Gespräch aus: Drei Bauern sind mit ihren Steuerbeamten unzufrieden.
3. Einen der vielen Handwerksberufe findest du in B 4. Beschreibe, was die Handwerker tun, und nenne den Beruf.
4. Beschreibe die Handlung in B 5. Überlege, ob du dieser Darstellung glauben kannst.
5. Zeichne ein Dreieck und trage in diese „Pyramide“ die Gruppen der ägyptischen Gesellschaft ein.

4. Die Schrift – Zeichen für Götter und Menschen

In Mesopotamien können wir anhand der archäologischen Funde erkennen, wie sich die schriftlichen Aufzeichnungen von sehr einfachen Erinnerungshilfen zur Schrift entwickelten. Für Ägypten gibt es keine Funde aus der Entstehungszeit der Schrift. Wir wissen aber, dass die ägyptischen Schriftzeichen, die **Hieroglyphen**, seit etwa 3000 v. Chr. existieren.

Zeichen der göttlichen Weltordnung – Wenn wir bei den alten Ägyptern selbst nachfragen, wie ihre Schrift entstanden ist, dann erhalten wir die Antwort: Der Gott THOTH hat die Schrift geschaffen und sie den Menschen geschenkt. Aus dieser Erklärung wird deutlich, welche Wertschätzung die Ägypter den Hieroglyphen entgegenbrachten: Sie waren Bestandteil der von den Göttern geschaffenen Weltordnung.

Die Priester der Tempel machten aus den vielen Sprachen der Ägypter eine verbindliche Staatssprache, indem sie für Wörter Schriftzeichen festsetzten. Mit diesen Zeichen wurden vor allem Texte für Verrichtungen im Tempel geschrieben. Die Bedeutung der Zeichen erklärt den Namen: „Hieroglyphen" kommt aus dem späteren Griechischen und heißt „heilige Schriftzeichen". Auch auf Säulen und Wänden der Tempel und Grabanlagen sind Hieroglyphen zu finden.

Schrift für den Alltag – Welche Schrift benutzten nun die Schreiber, wenn sie ihre Steuerschätzungen aufschrieben, Warenverzeichnisse anlegten, Abgaben registrierten oder bei Gerichtsverhandlungen Protokolle schrieben?

Für diese alltäglichen Zwecke wurde aus den Hieroglyphen eine Schrift abgeleitet, mit der man rascher auf Papyrus schreiben konnte. Sie heißt **hieratische Schrift**. Vermutlich wurde sie zuerst von Priestern benutzt („hiereus" heißt im Griechischen „Priester").
Im 8. Jahrhundert v. Chr. wurde aus der hieratischen Schrift eine noch flüssigere Schreibschrift entwickelt, die **demotische**, d. h. volkstümliche Schrift. Sie setzte sich als Gebrauchsschrift in Ägypten durch.

1 Ernten der Papyrusstaude
2 Entfernen der Rinde
3 Mark in Streifen schneiden
4 Streifen in kreuzenden Lagen auf Stein legen
5 Decktuch darüber legen und mit Schlegel hämmern
6 Blatt mit Polierstein glätten
7 Blätter zu Rollen verkleben

B 1 Herstellung von Papyrus

Die Entzifferung der Hieroglyphen – Nachdem die Römer das Ägyptische Reich 30 v. Chr. erobert hatten, ging im Laufe der Jahrhunderte die Kenntnis der ägyptischen Schriften verloren.
Viel später, im 18. Jahrhundert, wurde man in Europa neugierig. Die schmucken Zeichen von Menschen, Tieren und Gegenständen auf den Säulen und Wänden der Tempel reizten die Forscher. Doch kein Versuch, die Hieroglyphen zu entschlüsseln, gelang.

1799 stießen französische Soldaten bei Arbeiten im nördlichen Teil des Nildeltas auf einen Basaltblock. Darauf war ein Text in drei verschiedenen Schriften eingemeißelt: in griechischer und in demotischer Schrift sowie in Hieroglyphen. Unter den Altertumsforschern brach große Aufregung aus: Griechisch konnten sie. Also musste der Schlüssel zur Entzifferung der ägyptischen Schriften zu finden sein.

Die entscheidende Erkenntnis gelang 1822 dem Franzosen JEAN FRANÇOIS CHAMPOLLION. In dem Text auf dem Stein wird der König PTOLEMAIOS (205 bis 180 v. Chr.) in besonderer Weise geehrt. Um nun den Namen Ptolemaios in dem hieroglyphischen Text zu finden, mussten die Forscher nach einem eingerahmten Namen suchen, denn in Ägypten wurden Königsnamen auf diese Weise hervorgehoben. Eine solche Einrahmung heißt **Kartusche**. Champollion fand die Kartusche von Ptolemaios und konnte im Vergleich ermitteln, welche Lautwerte die einzelnen Hieroglyphen hatten. ❸/3
Später entdeckte er auf einer Säule in Philae zum zweiten Mal die Kartusche von Ptolemaios und – die von KLEOPATRA, der Schwester und Frau des Ptolemaios. Durch den Vergleich ihrer Namen fand Champollion den Lautwert von 13 Hieroglyphen. Das war der Anfang unserer Kenntnis der ägyptischen Schrift.

ARBEITSAUFTRÄGE

1. Beschreibe mithilfe von B 1, wie Papyrus hergestellt wird.
2. Erläutere B 2 mithilfe des Textes. Finde auf dem Obelisken die Hieroglyphen des Königs Ptolemaios wieder.

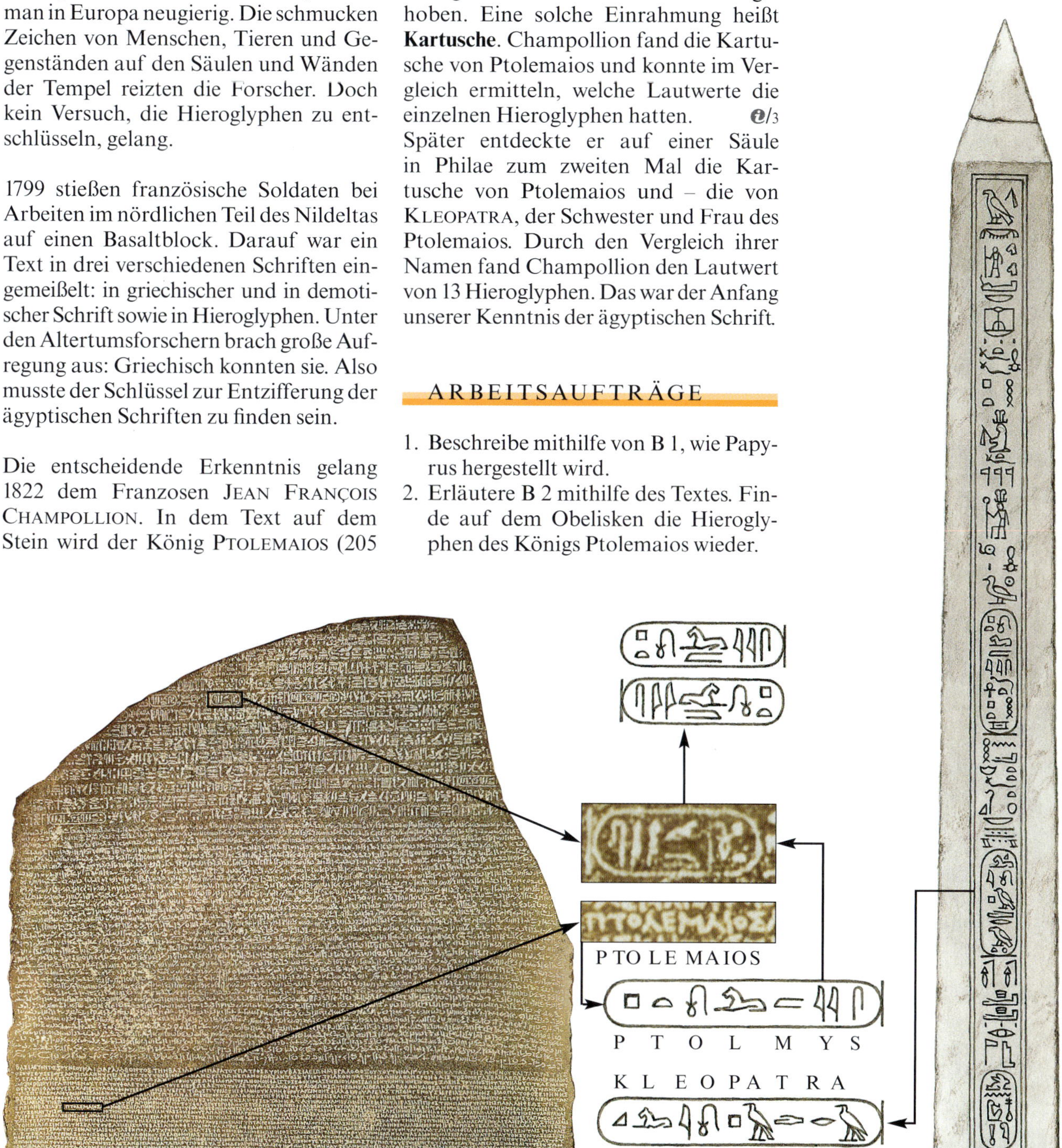

B 2 Entschlüsselung der Hieroglyphen: Stein von Rosette und Obelisk aus Philae

5. Die Familie – eine liebevolle Gemeinschaft

Viele Bilder und Skulpturen zeigen uns, wie wichtig für die Ägypter die Familie war. Vater und Mutter halten einander die Hände, und die Kinder gehören dazu. Die ägyptischen Ehepaare liebten ihre Kinder und waren stolz auf sie. Ein Grieche stellte bei einer Reise in Ägypten erstaunt fest, dass die ägyptischen Ehepaare alle Kinder, die ihnen geboren wurden, auch großzogen, anstatt einige auszusetzen. Wie lebten Kinder, Frau und Mann zusammen?

Frauen – In Ägypten hatte die Frau eine bessere Stellung als in vielen anderen alten Kulturen. Sie war innerhalb der Familie gleichberechtigt. Auch vor Gericht vertrat sie sich selbst. Ihre Besitzrechte verlor sie auch durch Heirat nicht an den Mann. Im Falle einer Scheidung hatte sie für ihren eigenen Unterhalt und den der Kinder Anspruch auf einen Teil des Vermögens ihres Mannes.

Die Frau eines hoch gestellten Ägypters war auch dessen Freundin und Ratgeberin. Nach der Heirat verwaltete sie das Vermögen der Familie. Frauen der anderen Bevölkerungsgruppen halfen ihrem Mann bei der Feldarbeit oder sie arbeiteten als Dienerinnen in den Häusern der Reichen, als Brotbäckerinnen, Bierbrauerinnen oder in den Spinn- und Webstuben.

Berühmt wurde Königin HATSCHEPSUT, die als eine der wenigen Pharaoninnen das Land regierte (um 1500 v. Chr.). Sie übernahm zuerst die Regierungsgeschäfte für ihren unmündigen Stiefsohn Thutmosis III. und regierte dann zwanzig Jahre als Alleinherrscherin.

Familie – Wenn ein junger Mann etwa 20 Jahre alt war, dachte er an die Gründung einer Familie. Die Frau war bei der Heirat jünger. Die Hochzeitszeremonie verlief ungefähr so: Die Braut stimmte in einem Spruch der Heirat zu und zog dann mitsamt ihrer Mitgift in das Haus des Bräutigams.

Ägypter hatten meist eine Frau. Nur die Pharaonen und hohe Beamte gingen mit mehreren Frauen die Ehe ein.
Zwischen den Eheleuten waren die Rollen verteilt. Der Mann ging seinem Beruf nach und hielt sich oft außerhalb des häuslichen Bereichs auf: auf dem Feld, in der Werkstatt oder in der Schreibstube. Die Frau führte das Haus als „Herrin des Hauses“. Weisheitsbücher, die den Männern das richtige Verhalten beibringen wollten, warnten sie davor, ihre Frauen im Haus herumzukommandieren. Frauen sollten den Haushalt ohne fremde Einmischung führen.

PERSONENLEXIKON

HATSCHEPSUT. Pharaonin von 1490–1468 v. Chr.

B1 Eine Magd mahlt Korn

B2 Eine Bauernfamilie beim Pflügen und Säen

B 3 Frauen beim Gastmahl

Kinder – Sofort nach der Geburt gaben die Eltern dem Kind einen Namen: Die Mädchen hießen z. B. Amanhatpe oder Sent, die Jungen hießen z. B. Ancheri oder Meru. Dann ließen sie das Kind bei den Beamten eintragen. Das Kleinkind wurde von seiner Mutter betreut. Nur die Kinder im Königshaus wurden fremden, hoch gestellten Personen anvertraut.

Ein wichtiges Ereignis im Leben des Kindes war die Einkleidung. Jungen bekamen einen Schurz und einen Gürtel, Mädchen ein Kleid. Die Jungen aus den höheren Schichten kamen dann in die Schule. Die Söhne der Bauern und Handwerker blieben im Haus und wuchsen in die Berufe ihrer Väter. Die Mädchen waren bis zu ihrer Heirat zu Hause.

Q 4 Die Ägypterin Naunachte erklärte vor einem Gerichtshof:

Was mich betrifft, so bin ich eine freie Frau in Pharaos Land. Ich habe diese acht Kinder aufgezogen und ihnen eine Ausstattung gegeben mit allem, was sich für Leute ihres Standes gehört. Aber nun bin ich alt geworden und sie kümmern sich gar nicht um mich. Demjenigen von ihnen, der mir beigestanden hat, dem will ich mein Eigentum geben, aber demjenigen, der mir nichts gegeben hat, dem will ich nichts von meinem Eigentum geben.

(In: Emma Brunner-Traut: Die Alten Ägypter, Stuttgart/Berlin/Köln/Mainz 1974, S. 203. Bearb.)

Q 5 Der Tempelschreiber Ani in einer Erziehungslehre über ein Gespräch mit dem Sohn Chonsuhotep:

Sohn: Ach, wenn ich doch so wissend wie du wäre! Dann würde ich nach den Lehren handeln, dann würde man den Sohn an die Stelle des Vaters setzen. Doch jeder verhält sich seiner Veranlagung entsprechend ... Ein Knabe handelt nicht nach der Erziehungslehre, auch wenn er die Bücher kennt.
Vater: Verlass dich nicht auf diese verfehlten Gedanken. Hüte dich vor dem, was du dir damit selbst bereitest ... Der grimmige Löwe legt seine Wildheit ab und wird einem Esel ähnlich ... Dieser Hund da gehorcht aufs Wort und geht hinter seinem Herrn her ... Sag du: „Ich werde wie alle Tiere tun", sei gehorsam und lerne von ihnen.
Sohn: Spiel deine Macht nicht so aus, indem du mich in dein Muster zwingst ... Keiner könnte seinen Sohn angemessen erziehen, wenn er sich allein für vernünftig hielte, die ganze Menge aber für töricht.

(In: Emma Brunner-Traut: Pharaonische Lebensweisheit, Herder, Freiburg 1985, S. 132–134. Bearbeitet)

ARBEITSAUFTRÄGE

1. B 1 und B 2 zeigen ägyptische Frauen bei der Arbeit. Beschreibe ihre Tätigkeit.
2. Beschreibe die unterschiedlichen Rollen der Frauen in B 3. Ordne den Frauen eine Gruppe der Gesellschaft zu, die du von S. 68/69 (Kapitel 3) kennst. Wie könnte das Gespräch heute verlaufen?
3. Aus der kurzen Erklärung der Naunachte in Q 4 wird viel über die Stellung der Frau im alten Ägypten deutlich. Wertet ihre Ausführungen über Kinder, Familie und Frauen daraufhin aus.
4. Lies Q 5. Gib mit eigenen Worten wieder, welche Meinung in dem Gespräch der Vater Ani und welche Meinung sein Sohn Chonsuhotep vertritt.

6. Pyramiden – die Gräber der Pharaonen

Von den Wohnhäusern der alten Ägypter blieb kaum etwas bis heute erhalten. Denn sie waren aus Lehmziegeln und Holz, also vergänglichen Materialien gebaut. Ihre Häuser waren für die Ägypter auch nur ein vorübergehender Aufenthaltsort. Wichtiger waren ihnen vermutlich ihre Gräber: Sie waren davon überzeugt, dass sie dort eine Ewigkeit wohnen würden. Den Tod hielten sie nämlich für den Übergang vom vergänglichen ins ewige Leben. Wie konnte der Tote für diese Ewigkeit vorbereitet werden?

Der Körper soll erhalten werden – Nach der ägyptischen Vorstellung verließ zwar die Seele den Körper des Menschen beim Tod. Doch sie konnte, wann sie wollte, in den Körper zurückkehren.

Für die gottähnlichen Pharaonen war es deshalb wichtig, dass ihr Körper nach dem Tod erhalten blieb. Der Tote wurde **mumifiziert**, d. h., sein Körper wurde mit chemischen Mitteln erhalten. Damit die Seele den Körper wiedererkennen konnte, wurde das Gesicht des Pharaos durch eine Maske nachgeformt. Die schönste erhaltene Mumienmaske ist die aus purem Gold gehämmerte Maske von Tut-anch-Amun.

Wenn die Mumie in den Sarg gelegt wurde, gab man ihr all die Dinge mit, die der Tote in seinem neuen Leben benötigen würde: Essen, Kleider, Möbel, Schmuck, Waffen und vieles andere mehr – und selbstverständlich die königlichen Herrschaftszeichen.

Das Grab wird geschützt – Nun brauchte man eine Grabanlage, die die Mumie und die Beigaben vor Grabräubern schützte. Die ersten Könige des geeinten Ägypten wurden in **Mastabas** bestattet. Das sind rechteckige Gebäude aus Lehmziegeln oder Steinen. Die eigentliche Sargkammer befindet sich etwa 15 Meter unter der Erde.

Durch den Pharao DJOSER, der etwa von 2690 bis 2670 v. Chr. lebte, erhielt die Grabanlage einen weiteren Sinn. Sie sollte durch ihre Größe die Menschen beeindrucken und ihnen die Macht des Pharaos vor Augen führen. Daher ließ Djoser eine hohe „Treppenmastaba" bauen, die wegen ihrer Ähnlichkeit mit den späteren Pyramiden auch „Stufenpyramide" genannt wird.
Die Nachfolger Djosers ließen in **Pyramidenform** gigantische Bauwerke aus tonnenschweren Steinblöcken errichten.

Die Pyramiden. Zum Vergleich: Funkturm in Berlin-Charlottenburg

1 ursprüngliche Mastaba
2 großer Schacht
3 Sarkophag
4 Nebenkammern
5 Zugang zur Grabkammer der Königin

6 Korridor zu den Sargkammern
7 große Galerie
8 Sargkammer mit Sarkophag
9 Konstruktion zur Verminderung des Drucks auf die Sargkammer
10 ursprüngliche Sargkammer
11 weitere vorgesehene Sargkammer
12 Luftschächte

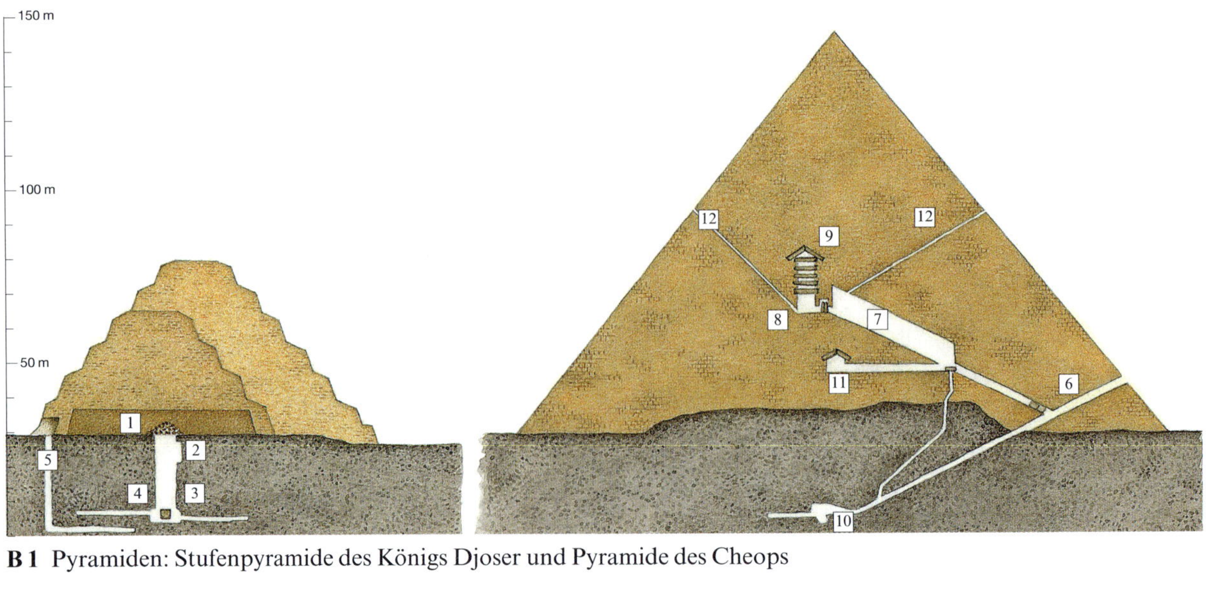

B 1 Pyramiden: Stufenpyramide des Königs Djoser und Pyramide des Cheops

B 2 Bau einer Pyramide. Rekonstruktionszeichnung

In den Steinbrüchen und beim Transport der Steinblöcke arbeiteten neben fremden Zwangsarbeitern auch Bauern. Der Dienst für den Pharao sicherte den Bauern die Speisung aus den staatlichen Vorratshäusern, aber auch die Gewissheit, dass der Herrscher später im Jenseits für sie sorgen würde.

Die größte Pyramide erhebt sich bei Giseh am Westufer des Nils. Der gewaltige Bau wurde etwa 2550 v. Chr. begonnen und sollte die Mumie und die Beigaben des Pharaos Cheops schützen. Etwa 2,3 Millionen Steinblöcke mit einem Gewicht von ungefähr 2,5 Tonnen wurden verwendet. Zum Vergleich: Ein heutiger Pkw wiegt etwa eine Tonne (= 1000 kg).

Obwohl die Pyramideneingänge fest verschlossen und von außen fast unsichtbar waren, wurden die Pyramiden schon bald von Grabräubern aufgebrochen und ausgeraubt. Wenn selbst solch gewaltige Bauten nicht ausreichten, um die Mumien der Könige zu schützen, was gab es dann noch, um sie vor Grabräubern in Sicherheit zu bringen? Die Pharaonen im Neuen Reich ab etwa 1540 v. Chr. kamen auf die Idee, ihre Grabanlagen in einem einsamen Tal bei Theben tief in den Felsen hineinhauen zu lassen. Weil viele Könige dort Felsengräber anlegen ließen, heißt es das Tal der Könige. /4

Q 3 Der griechische Geschichtsschreiber Herodot (um 450 v. Chr.) berichtete über die Mumifizierung:

Es gibt besondere Leute, die dies berufsmäßig tun. Zu ihnen wird die Leiche gebracht … Zuerst wird mit einem gekrümmten Eisendraht das Gehirn durch die Nasenlöcher herausgezogen, teils auch mittels eingegossener Flüssigkeiten. Dann macht man mit einem scharfen Stein einen Schnitt in die Weiche und nimmt die ganzen Eingeweide heraus. Sie werden gereinigt mit Palmwein und dann mit zerriebenen Gewürzen durchspült. Dann wird der Magen mit reiner geriebener Myrrhe, mit Zimt und den anderen Gewürzen … gefüllt und der Bauch zugenäht. Nun legen sie die Leiche siebzig Tage ganz in Natronlauge. Länger als siebzig Tage darf es nicht dauern … Sind sie vorüber, so wird die Leiche gewaschen, der ganze Körper mit Streifen von Leinwand umwickelt und mit Gummi bestrichen, was die Ägypter anstelle von Leim zu verwenden pflegen. Nun holen die Angehörigen die Leiche ab, machen einen hölzernen Sarg in Menschengestalt und legen die Leiche hinein …

(Herodot: Historien. Deutsche Gesamtausgabe, hg. von H. W. Haussig, übersetzt von A. Horneffer, Kröner, Stuttgart 1955, 2. Buch, S. 86. Bearbeitet)

ARBEITSAUFTRÄGE

1. Betrachte B 1. Schreibe eine Geschichte über Grabräuber, die ins Innere der Pyramide vordringen.
2. Beschreibe die Arbeitsvorgänge auf B 2. Überlege, ob der Aufwand deiner Meinung nach gerechtfertigt war.
3. Erläutere die Schritte der „Mumifizierung" in Q 3. Nenne Gründe, warum die Ägypter den Leichnam so behandelten.

7. Götter begleiten die Toten ins Jenseits

Die Ägypter waren der Überzeugung, dass sie nach dem Tod ein neues Leben erwartete. Sie erzählten auch davon in dem Mythos von Osiris.

Der Herrscher des Totenreichs – Dem Mythos zufolge war Osiris ein sehr mächtiger Herrscher Ägyptens. Nachdem sein Bruder Seth ihn ermordet hatte, wurde sein Leichnam zerstückelt und über ganz Ägypten verstreut.
Nach langem Suchen fand Isis, die Gattin des Osiris, gemeinsam mit ihrer Schwester Nephthys die Leichenteile. Sie fügte diese mithilfe des Totengottes Anubis wieder zusammen, wickelte sie in Leinentücher (wie eine Mumie) und erweckte sie durch Zaubersprüche zu neuem Leben. Osiris konnte nicht zur Erde zurückkehren, wurde aber Herrscher des Totenreichs und Gott der Auferstehung.

Isis empfing von Osiris einen Sohn, Horus. Dieser hörte später vom Schicksal seines Vaters, kämpfte mit Seth und besiegte ihn. So erkannten die Götter Horus das Recht zu, seinem Vater auf dem Thron Ägyptens nachzufolgen.
Jeder Pharao galt deshalb in Ägypten als Horus in Menschengestalt. Er trug den Titel **„Starker Horus“**. Nach seinem Tod wurde er, wie die Menschen glaubten, zu Osiris, also zum Herrscher des Totenreichs. So gab die Erzählung von Osiris den Ägyptern eine Gewissheit für ein Leben nach dem Tod, denn der Glaube wurde auf alle Verstorbenen bezogen. Allerdings musste sich der Tote auf dem Weg ins Jenseits in der Halle der Wahrheit einer Prüfung unterziehen, bevor ihn Osiris in sein Totenreich aufnahm.

Q 2 Hunefer auf einem Papyrus in seinem Grab:

Gegrüßt seist du, großer Gott ... Ich bin zu dir gekommen ... um deine Vollkommenheit zu schauen ...
Ich habe kein Unrecht gegen Menschen begangen ... Ich habe nicht Gott gelästert ... Ich habe keinen Diener bei seinen Vorgesetzten verleumdet ... Ich habe nicht getötet. Ich habe nicht zu töten befohlen ... Ich habe nichts vermindert am Ackermaß. Ich habe nichts fortgenommen am Ackerland ... Ich habe das Wasser während der Überschwemmung nicht abgeleitet ...
Ich habe getan, was die Weisheitslehrer gesagt haben und womit die Götter immer zufrieden sind ... Ich habe Brot gegeben dem Hungrigen und Wasser dem Durstigen, Kleider dem Nackten und eine Fähre dem Schifflosen. Ich habe den Göttern die Gottesopfer und den Toten die Totenopfer dargebracht.

(In: Walter Beyerlin (Hg.): Religionsgeschichtliches Textbuch zum Alten Testament, Vandenhoeck & Ruprecht, Göttingen 1975, S. 89–93. Bearbeitet)

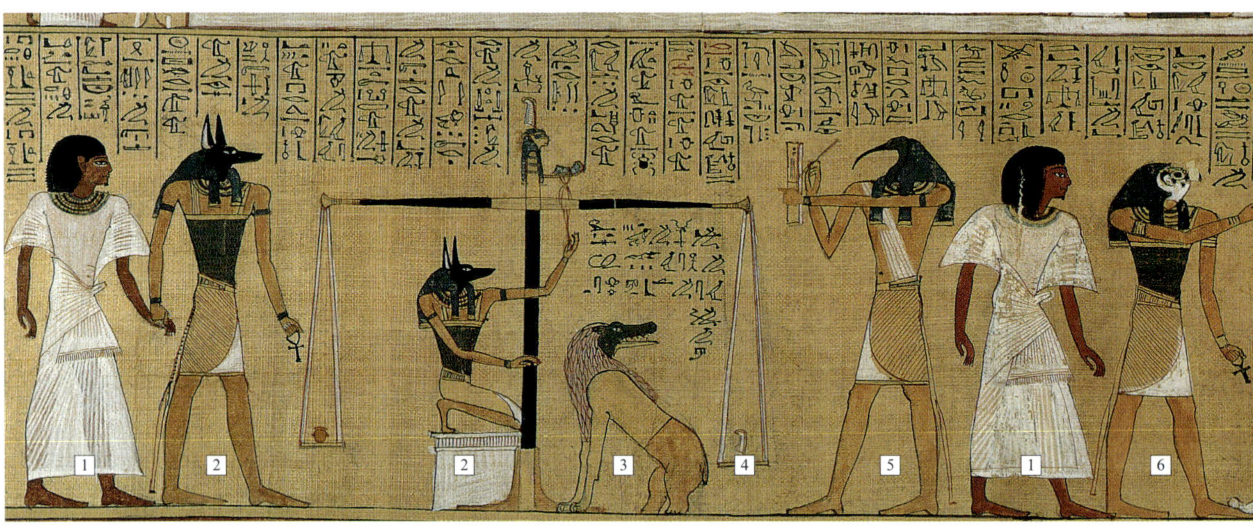

B 1 Totengericht des Hunefer. Papyrus, um 1300 v. Chr.

4 Maat

5 Thoth

6 Horus

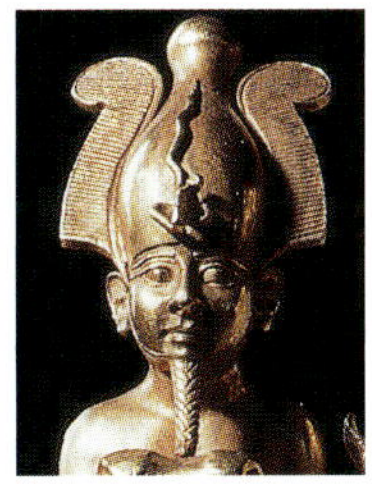

7 Osiris

Ägyptische Götter im Totengericht:

2 ANUBIS wird mit dem Kopf eines Schakals, eines fuchsähnlichen Raubtiers, dargestellt. Er ist der Balsamierer des Leichnams und erhält dadurch den besten Blick in dessen Inneres. Er bereitet den Verstorbenen für den Eintritt in das Totenreich vor.

3 Der Totenfresser AMMIT hat einen Krokodilkopf. Er hofft, den Verstorbenen verschlingen zu können, wenn dieser die Prüfung nicht besteht.

4 MAAT ist die Göttin der Wahrheit und Gerechtigkeit. Ihr Zeichen ist eine Straußenfeder auf dem Kopf. Sie verkörpert die richtige Ordnung der Dinge in allen Bereichen der Welt, des Staats und der Religion. Sie steht auch für die Rechtschaffenheit menschlichen Verhaltens. Die Feder der Maat liegt beim Totengericht auf einer Seite der Waagschale. Das Herz des Verstorbenen auf der anderen Seite muss leichter sein als die Feder, damit er die Prüfung besteht.

5 THOTH wird als Mensch mit dem Kopf eines Ibisses, eines storchenähnlichen Vogels, dargestellt. In den Händen hält er eine Schreibtafel und ein Schreibrohr. Er hat die Schrift und die Rede erfunden, die Berechnung der Zeit und die Geschichtsschreibung. Er ist der Sekretär bei jeder göttlichen Handlung.

6 HORUS wird mit einem Falkenkopf dargestellt.

7 OSIRIS trägt die Doppelfeder-Krone und einen geflochtenen Königsbart. In den Händen hält er den Krummstab und die Geißel.

8 ISIS war die beliebteste aller ägyptischen Göttinnen, weil sie als ideale Ehefrau galt und die Kinder beschützte. Sie trägt auf dem Kopf ihr thronförmiges Namenszeichen.

9 NEPHTHYS schützt Sarkophage. Auf dem Kopf hat sie die Hieroglyphe „Herrin des Hauses", einen Papyrusstängel mit Dolde. /5

1 Hunefer
2 Anubis
3 Ammit
4 Maat
5 Thoth
6 Horus
7 Osiris
8 Isis
9 Nephthys

ARBEITSAUFTRÄGE

1. Erzähle nach B 1, was im Totengericht mit Hunefer passiert. Lass die Beteiligten sprechen: „Hunefer betritt die Halle der Wahrheit. Dann …"
2. Lies in Q 2 die Rede, die Hunefer für sein Totengericht vorbereitet hat. Welche Verhaltensregeln hat er in seinem Leben befolgt, um das Totengericht zu bestehen? Beurteile, ob einige davon auch für uns heute noch wichtig sind.
3. Jeder Ägypter soll sich der Maat entsprechend verhalten. Nenne aus den letzten Kapiteln Beispiele für Verhalten, das der Maat gerecht wird und das ihr nicht gerecht wird.

Israel – ein Volk, das die Jahrtausende überdauerte

1. Ursprung und Religion Israels

Im Land zwischen JORDAN-Fluss und Mittelmeer lebte vor über 3000 Jahren ein Volk, dessen Nachfahren auch heute dort und in vielen anderen Ländern der Erde leben. Es nannte sich Volk ISRAEL, was so viel wie „Gott wird streiten" heißt. Die Israeliten waren das erste Volk, das nur an einen einzigen, allmächtigen Gott für alle Menschen glaubte. Was wissen wir über die Geschichte dieses Volkes und über seine Religion?

Vom Zweistromland nach Palästina – Um 2000 v. Chr. lebten zahlreiche Nomadenstämme im Land zwischen Euphrat und Tigris. Von einem dieser Stämme erzählt das Alte Testament der **Bibel**. Der Stammesvater ABRAHAM erhielt von seinem Gott JAHWE den Auftrag, er solle mit seiner Sippe vom Zweistromland in das Land zwischen Jordan und dem Mittelmeer, das damalige Land KANAAN, ziehen. Dort würden er und seine Sippe das „gelobte Land" finden. Dieses Versprechen war für die ursprünglich landlosen Nomaden von großer Bedeutung.

Der biblischen Erzählung nach schlossen Abraham und seine Sippe einen „heiligen Bund" mit Jahwe. Als Gegenleistung dafür, dass er ihnen das gelobte Land verheißen hatte, sollten sie streng nach den Weisungen Gottes leben und den anderen Völkern ein Vorbild sein. Befolgten sie die Weisungen Gottes nicht, würde Jahwe sie mit Gefangenschaft und Vertreibung strafen.

Diese biblische Geschichte von Abraham wurde über Jahrhunderte mündlich überliefert, bevor sie aufgeschrieben wurde. Man darf sie daher nicht wörtlich nehmen. Dennoch besitzt sie einen wahren Kern. Etwa um 1300 v. Chr. wanderten zahlreiche Nomadenstämme aus der Steppe Arabiens in das Gebiet um den Jordan ein und fanden dort fruchtbares Weideland für ihr Vieh. Ein Teil dieser Stämme wurde im Laufe der Geschichte zum Volk Israel, den Vorfahren der JUDEN. Was aus dem anderen Teil wurde, wissen wir nicht. Einige Forscher meinen, sie seien die Vorfahren der heutigen PALÄSTINENSER. Beide Völker berufen sich auf den gemeinsamen Vorfahren Abraham. Religiöse Juden beziehen sich auf Abrahams Sohn ISAAK, viele Palästinenser auf Abrahams Sohn ISMAEL. Trotzdem haben diese beiden Völker oft gegeneinander Krieg geführt, auch in unserem Jahrhundert.

Landnahme der israelitischen Stämme in Palästina (1300–1100 v. Chr.)

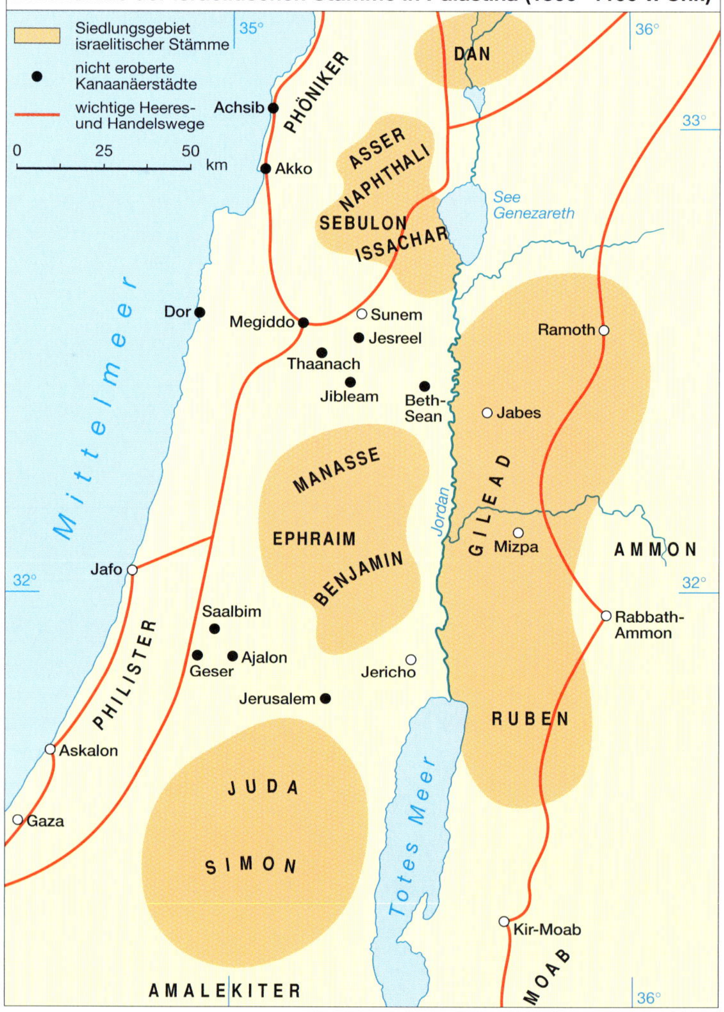

K 1

Die Zwangsherrschaft in Ägypten – Etwa ab dem 14. Jahrhundert v. Chr. wurden viele der eingewanderten Nomadenstämme in Kanaan, dem Gebiet des heutigen Palästina und Israel, sesshaft. Andere Stämme zogen wegen einer einsetzenden Dürre bis nach Ägypten weiter. Dort, am fruchtbaren Nil, stellte ihnen der Pharao Weideland zur Verfügung. Doch schon bald wurden die Israeliten zu schwerer Zwangsarbeit auf den Feldern und an den Pyramiden verpflichtet. Da erinnerten sie sich voller Wehmut an die alte Freiheit im „gelobten Land" und wollten heimkehren. Wie befreiten sich die Israeliten aus der Fremdherrschaft der Ägypter?

Die Flucht aus Ägypten – Der Führer der Israeliten in Ägypten war MOSES. Unter seiner Führung und nach Überwindung großer Gefahren gelang ihnen die Flucht aus Ägypten. Das war vermutlich in der Zeit des Pharaos Ramses II., der von 1279 bis 1213 v. Chr. regierte. Nach der Durchquerung des Roten Meeres und langer Wüstenwanderung gelangten sie wieder zurück zu den anderen israelitischen Stämmen in Kanaan und am Jordan.

Moses erneuert den Bund mit Jahwe – Die Israeliten glaubten, dass die Flucht aus der Zwangsherrschaft der Ägypter nur durch die Hilfe ihres Gottes Jahwe möglich war. Er hatte sein auserwähltes Volk aus dem „Sklavenhaus" Ägypten befreit. Moses, so berichtet die Bibel, erneuerte während der Flucht den alten Bund Abrahams mit Gott. Auf dem Berg Sinai soll er von Gott zwei Steintafeln mit den **Zehn Geboten** erhalten haben. Das sind die zehn wichtigsten Glaubensregeln der Juden, die später auch von den Christen übernommen wurden. Dadurch wurde Moses für die Juden und die Christen zum wichtigsten **Propheten** (= Verkünder des Wortes Gottes). In den fünf Büchern Moses, der **Torah**, sind die Zehn Gebote aufgeschrieben. Sie sind Teil der jüdischen und der christlichen Bibel.

Die Erinnerung an diese Geschichte vom Auszug aus Ägypten feiern die Juden in aller Welt noch heute mit dem Pessach-Fest.

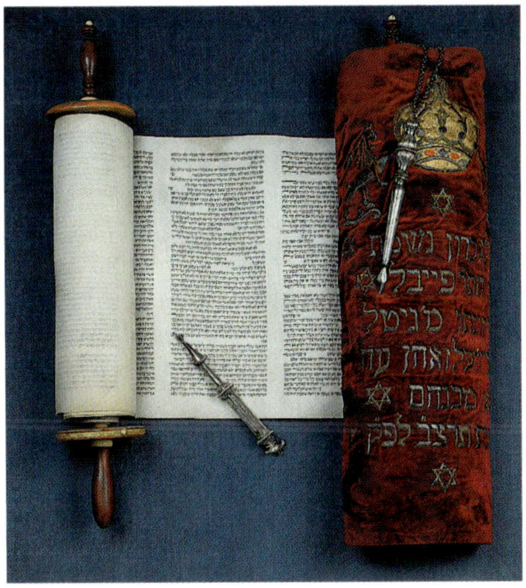

B2 Die Torah

Q3 Die Zehn Gebote der Torah und der Bibel:

1. Ich bin der Herr, dein Gott, du sollst keine anderen Götter haben und nichts anderes verehren.
2. Du sollst dir kein Bild von Gott machen, er ist für dich unerklärlich.
3. Du sollst mit dem Namen Gott nicht Böses oder Unrechtes gegen andere Menschen rechtfertigen.
4. Du sollst am Feiertag ausruhen und auch alle anderen Menschen und Tiere ausruhen lassen.
5. Du sollst deine Eltern, besonders im Alter, gut behandeln.
6. Du sollst nicht morden.
7. Du sollst nicht stehlen.
8. Du sollst nicht lügen und niemanden verleumden.
9. Du sollst nicht in anderen Familien Unfrieden stiften und die Ehe anderer Menschen stören.
10. Du sollst nicht neidisch sein und, was anderen gehört, haben wollen.

ARBEITSAUFTRÄGE

1. Betrachte die Karte auf Seite 54. Suche das Herkunftsland der israelitischen Stämme (der Bibel zufolge) und den Weg, den sie bis zum Land Kanaan zurückgelegt haben.
2. Betrachte K 1. Schreibe eine Liste der Völker, die zwischen 1300 und 1100 v. Chr. in dem Gebiet zwischen Wüste und Mittelmeer lebten. Liste auf, welche Staaten es heute auf dem Gebiet der Karte gibt. Benutze deinen Schulatlas.
3. Lies Q 3. Überlege, ob die Zehn Gebote des jüdischen und des christlichen Glaubens auch heute noch aktuell sind. Begründe deine Meinung am Beispiel von drei Geboten deiner Wahl.

2. Der Staat Israel entsteht

Die israelitischen Stämme organisierten sich am Ende des 11. Jahrhunderts v. Chr. in einem gemeinsamen Staat. Sie wurden durch ihre Religion, den Glauben an den allmächtigen Gott Jahwe, geeint. Wie entwickelte sich der Zusammenschluss vom Stammesbund zum Staat Israel?

Ein König siegt über Nachbarn – Die israelitischen Stämme wurden anfangs von mehreren angesehenen Priestern angeführt. Zwischen dem 13. und 11. Jahrhundert v. Chr. besiedelten die Stämme nach und nach einen großen Teil des Landes beiderseits des Jordans und bis zum Mittelmeer. Dabei kam es zu kriegerischen Auseinandersetzungen mit den anderen dort lebenden Völkern. Im Kampf mit dem starken Volk der PHILISTER schlossen sich die israelitischen Stämme endgültig zusammen und wählten zum ersten Mal einen König. Sein Name war SAUL. Was veränderte sich für die Stämme durch die Herrschaft eines Königs?

Nachfolger des Königs Saul war DAVID, der Anführer des Stammes Juda aus Hebron. Er gilt als eine der wichtigsten Gestalten in der Geschichte Israels. David eroberte JERUSALEM von den KANAANITERN und machte die Stadt, die in der Mitte der israelitischen Siedlungsgebiete lag, zu seiner Hauptstadt. David kämpfte auch erfolgreich gegen die Philister und gegen andere Nachbarn. Die großen Mächte in Ägypten und Mesopotamien, die bisher das Land oft beherrscht hatten, waren in innere Kämpfe verstrickt. Daher konnte König David Israel zum mächtigsten Staat zwischen Ägypten und dem Assyrer-Reich machen.

David ließ die **Bundeslade**, das war die Truhe, in der die zwei Steintafeln mit den Zehn Geboten aufbewahrt wurden, bei seinem Palast in einem Zelt aufstellen. Sie war das Zeichen für die Zusammengehörigkeit der Israeliten und wurde von den angesehensten Priestern gehütet. So stand das Zeichen für den besonderen Bund der Israeliten mit ihrem Gott neben dem Königspalast. Der König und auch die Stadt Jerusalem sollten dadurch eine besondere Nähe zu Gott erhalten. Jerusalem besitzt auch in unserer Zeit für die Juden eine besondere Bedeutung. Noch heute kommen sie aus aller Welt dorthin, um zu Gott zu beten. Aber auch für Christen und für religiöse Araber hat Jerusalem große religiöse Bedeutung. Die Stadt war daher oft Schauplatz von Konflikten.

Siebenarmiger Leuchter. 19. Jahrhundert

Das Reich Israel unter David und Salomo von ca. 990 bis 932 v. Chr.

K 1

Der Staat wird ausgebaut – Wie Ägypten und Mesopotamien war Israel um 1000 v. Chr. eine Hochkultur geworden. Nach dem Tod des Königs David 965 v. Chr. wurde sein Sohn SALOMO König. Unter Salomos langer Regierungszeit erlebte der Staat Israel eine Blütezeit. Wie baute er den Staat und seine eigene Macht aus?

Salomo förderte den Handel mit fernen Ländern. Kamelkarawanen brachten Weihrauch aus Südarabien. Holz erhielt er aus dem Libanongebirge, Pferde aus Kleinasien und Streitwagen aus Ägypten. Weit dehnte er das Reich aus. Zum Schutz des Landes schuf er ein starkes, jederzeit bereites Heer aus Berufssoldaten. Hauptkampfmittel waren Streitwagen, die von Pferden gezogen wurden. Klug vermied er Kriege mit den mächtigen Nachbarstaaten Ägypten und Assyrien. Im Innern sorgte Salomo für den Ausgleich mit den nichtjüdischen Bewohnern seines Reichs, denen er die freie Verehrung ihrer eigenen Götter gestattete.

Das ganze Land aber musste Abgaben und Dienste für den König leisten. Der König befahl im ganzen Land, überall waren seine Beamten. Mit den Abgaben legte er Festungen, Kasernen und Vorratshäuser an. In Jerusalem errichtete er einen prächtigen **Tempel** für den Gott. Das allerheiligste Innere des Tempels enthielt nur die Bundeslade mit den Zehn Geboten, aber keine Bilder oder Statuen von Jahwe. Denn gemäß den Zehn Geboten machen sich die Juden kein Bild von Gott; aus Respekt vor ihm sprechen sie nicht einmal seinen Namen aus. Im Vorraum des Tempels stand mit anderen Tempelschätzen ein siebenarmiger Leuchter, das Zeichen Israels.

König Salomo entwickelte auch die Städte und führte neue Techniken ein. Er ließ Kupfer- und Eisenerz abbauen. In der Landwirtschaft wurden vermehrt Eisenwerkzeuge benutzt. Damit waren die Felder besser zu bearbeiten als mit Holzwerkzeugen. Im ganzen Reich wuchs der Wohlstand und auch Kunst und Dichtung erlebten eine Blütezeit.

Q 2 Der Tempel Salomos:

Das Haus aber, das der König Salomo dem Herrn baute, war 60 Ellen (= Unterarmlänge bis zur Fingerspitze) lang, 20 Ellen breit und 30 Ellen hoch. Und er baute eine Halle vor dem Tempel, 20 Ellen nach der Breite des Hauses und 10 Ellen breit vor dem Hause her. Und er machte an das Haus Fenster mit festen Stäben davor. Und er baute einen Umgang an der Wand des Hauses ringsumher … und er deckte das Haus mit Balken und Tafelwerk von Zedern … Genauso machte er im Eingang des Tempels viereckige Pfosten von Ölbaumholz und zwei Türen von Tannenholz, dass eine jegliche Tür zwei Blatt hatte, … und machte Schnitzwerk darauf von Cherubim (= Engeln), Palmen und Blumenwerk und überzog es mit Gold.

(Bibel, 1. Buch Könige, 6. Kapitel)

E 3 *Uns wird erzählt*

Allen bösen Königen zur Warnung

König Ahab vom Nordreich Israels war eines Tages neidisch auf den schönen Weinberg eines Mannes namens Nabot. Er ging zu Nabot und sagte: „Nabot, verkauf mir deinen Weinberg." Aber Nabot wollte nicht verkaufen, er hing an seinem Familienbesitz. Die Königin sagte daraufhin zum König: „Du bist doch König, der mächtigste Mann hier. Nimm dir doch einfach, was du haben willst." König Ahab rief daraufhin die Richter und befahl, Nabot falsch anzuschuldigen. Er ließ Nabot zu Unrecht als Verbrecher anklagen und hinrichten. Aller Besitz von getöteten Verbrechern gehörte nämlich dem König. So bekam König Ahab den Weinberg sogar ohne Bezahlung. Gerade wollte er den neuen Weinberg anschauen, da trat ihm der Prophet Elia, der vom Volk als Bote Gottes verehrt wurde, in den Weg. „Halt", sagte der Prophet, „König Ahab, du hast die Gebote Gottes verletzt. Ich sage dir, Gott wird dich dafür strafen." – „Wirf Elia ins Gefängnis, er hat dich beschimpft", sagten die Freunde des Königs. Ahab aber wagte nicht, etwas gegen Elia zu tun, denn er wusste, auch der König soll die Gebote Gottes beachten, und es waren gleich mehrere, die er gebrochen hatte. Bald darauf wurde König Ahab in einem Kampf gegen seine Feinde erschlagen.

ARBEITSAUFTRÄGE

1. Beschreibe mit K 1 die Geschichte Israels bis nach Salomo.
2. Zeichne den Tempel Salomos nach der Beschreibung in Q 2.
3. Begründe, warum in E 3 der König Ahab den Propheten Elia nicht ebenfalls einfach töten ließ. Vergleiche die Stellung des Pharaos in Ägypten mit der Stellung des Königs in Israel.

3. Der Zerfall des Reichs und die Neugründung Israels

Nach Salomos Tod 928 v. Chr. zerfiel sein Reich in zwei Kleinstaaten, in ein Südreich Juda und in ein Nordreich Israel. Welche Auswirkungen hatte diese Schwächung?

Die Israeliten geraten unter Fremdherrschaft – Das Nordreich Israel wurde bald von den Assyrern, einem Volk aus Mesopotamien, unterworfen und zerstört. Um 700 v. Chr. griff der König von Assur, Sanherib, auch das Südreich Juda mit Jerusalem an, konnte es aber nicht erobern.

Nach den Assyrern übernahmen die Babylonier die Herrschaft in Mesopotamien. Sie wollten den Handelsweg zwischen dem Zweistromland im Nordosten und dem reichen Ägypten im Südwesten beherrschen. Dazu versuchten sie zuerst den jüdischen Kleinstaat zu erobern. 587 v. Chr. wurden Jerusalem und der Tempel Salomos vollständig zerstört. Ein großer Teil der Juden wurde nach Babylon verschleppt. Erst 50 Jahre später, als die Perser das Babylonische Reich besiegten, konnten die Juden in ihre Heimat zurückkehren. Aber auch in der babylonischen Gefangenschaft hielten sie an ihrem Glauben, ihrer Religion, fest.

Eroberung und Vertreibung durch die Römer – 63 v. Chr. eroberten die mächtigen Römer Jerusalem. Anfangs ließen sie den Juden alle Freiheiten der Religionsausübung. Herodes, der unter römischer Oberhoheit König der Juden war, ließ an der Stelle des alten Tempels Salomos einen prächtigen Bau nach den biblischen Texten errichten. Doch als um 40 n. Chr. ein römischer Kaiser verlangte, dass sein Standbild im jüdischen Tempel verehrt werden solle, kam es zum Aufstand der Juden. 70 n. Chr. wurde Jerusalem erneut von den Römern erobert, Stadt und Tempel wurden völlig zerstört, den Juden wurde das Betreten der Stadt verboten. Kurze Zeit später vertrieben die Römer die Juden auch aus dem Gebiet um Jerusalem. Von dem zerstörten Tempel blieb nur ein Teil der Tempelstützmauer erhalten. Sie wird „Klagemauer“ genannt und gilt bis heute als Heiligtum und Pilgerstätte der Juden aus aller Welt. Wie konnten die Juden ohne ihren Staat Israel, den die Römer im 2. Jahrhundert Palästina nannten, weiter existieren?

Q1 Ein assyrischer Keilschrifttext über den Feldzug des Sanherib:

Hiskia (der König von Juda) wollte meine Herrschaft nicht anerkennen. 16 seiner Städte belagerte und eroberte ich. Unendlich viele Leute machte ich dabei zu Sklaven. Ihn selbst schloss ich ein in Jerusalem wie einen Vogel im Käfig. Ich nahm ihm Land weg und gab es anderen Königen. Da unterwarf er sich mit seinen Soldaten und er schickte ein ungeheures Lösegeld von Gold, Silber, Edelsteinen und vieles andere mir nach in meine Hauptstadt Ninive.

(In: Grollenberg: Bildatlas zur Bibel, Gütersloh 1957, S. 89. Bearbeitet)

Q2 Die Bibel erzählt über denselben Feldzug:

Gott sprach über den König von Assyrien so: Er soll nicht in diese Stadt kommen und keinen Pfeil hineinschießen und sie nicht weiter belagern, sondern er soll den Weg zurück ziehen, den er gekommen ist … und in der Nacht fuhr aus der Bote Gottes und erschlug im Lager der Assyrer viele, viele Männer. Also brach Sanherib, der König von Assyrien, auf und kehrte um und blieb in Ninive (seiner Hauptstadt).

(Bibel, 2. Buch Könige, 20. Kapitel. Bearbeitet)

B3 Feier des Sieges über die Juden 70 n. Chr. in Rom. Relief

Leben in der Diaspora – Zwar lebten immer noch Juden in den römisch besetzten Gebieten ihrer Heimat, vor allem im Norden Israels. Aber die meisten von ihnen wurden vertrieben und lebten als Flüchtlinge in zahlreichen Ländern Europas, Asiens und Nordafrikas in der **Diaspora** (= Zerstreuung). Der religiöse Mittelpunkt, der Tempel in Jerusalem, war zerstört und verloren. Aber in vielen Ländern und Städten war die Zahl der dorthin vertriebenen Juden so groß, dass sie eigene **Synagogen** (= Versammlungsstätten) bauten. Hier versammelte sich die jüdische Gemeinde zum Gottesdienst. Religiöser Leiter jeder Gemeinde war der **Rabbiner** (= Religionslehrer), der die Torah vorlas und erklärte. So gelang es den Juden auch ohne Jerusalem als Mittelpunkt und ohne einen eigenen Staat, ihre Religion und Zusammengehörigkeit über Jahrhunderte zu erhalten.

Die Neugründung des Staats Israel – Fast zwei Jahrtausende lang lebten die Juden als Minderheit zerstreut in verschiedenen Ländern. Dort trugen sie zur wirtschaftlichen und kulturellen Entwicklung bei, erlitten aber auch immer wieder schwere Unterdrückung. Viele von ihnen wurden grausam getötet. Seit dem Ende des 19. Jahrhunderts entstand daher bei vielen Juden der Wunsch, in dem Gebiet der alten Heimat, in Palästina, einen neuen jüdischen Staat zu gründen. Seit dieser Zeit zogen zahlreiche Juden aus den verschiedensten Ländern der Welt als Siedler nach Palästina. Dadurch fürchteten die inzwischen dort seit Jahrhunderten lebenden Araber, zurückgedrängt zu werden. Streit und Gewalt dauern bis heute an. Der neue Staat wurde dort am 14. Mai 1948 gegründet. Die Juden gaben ihm den biblischen Namen Israel.

B5 Die Klagemauer, die Westmauer des Tempelbergs

ARBEITSAUFTRÄGE

1. Vergleiche Q 1 und Q 2. Beide Quellen berichten vom gleichen Ereignis. Überlege, warum die Darstellung unterschiedlich ist.
2. Betrachte B 3. Beschreibe die Gegenstände, die die Römer auf ihrem Siegeszug tragen. Erkläre die Bedeutung dieser Gegenstände für die Juden.
3. Betrachte B 4 und B 5. Wo könnte die Klagemauer, die in B 5 zu sehen ist, im Jerusalem zur Zeit des Königs David gestanden haben? Woher könnte der Name Klagemauer stammen?

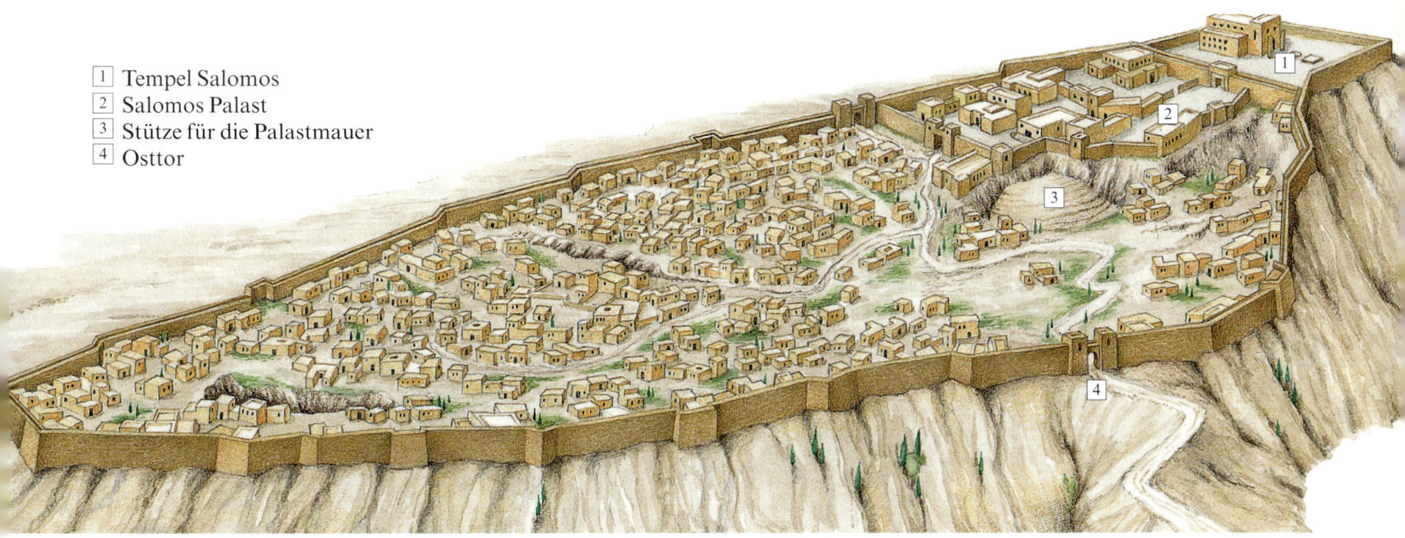

B4 So könnte Jerusalem, die Stadt Davids, vor 3000 Jahren ausgesehen haben. Rekonstruktionszeichnung

4. Die Juden werden unterdrückt

Viele Juden, die von den Römern aus Israel vertrieben worden waren, ließen sich an den Marktplätzen und in den Städten der wichtigen europäischen Handelswege nieder. Wegen ihrer Verbindungen zu den Juden in anderen Orten Europas und des Orients konnten sie den beschwerlichen Fernhandel aufrechterhalten. Davon hatten auch die Könige und Fürsten der neuen Heimatländer einen Nutzen, denn mit dem Fernhandel der Juden kamen wertvolle Güter, Reichtum und Nachrichten aus fernen Ländern in ihre Städte. Aber ab dem 11. Jahrhundert wurden sie in vielen Ländern Europas unterdrückt und verfolgt. Wie konnte es dazu kommen?

Tod oder Bekehrung zum Christentum – Jahrhundertelang hatten Juden und Christen in Europa friedlich miteinander gelebt. Das änderte sich Ende des 11. Jahrhunderts, als religiöse Fanatiker unter den Christen die Juden und alle Andersgläubigen von ihrem „Irrglauben befreien" und zum „einzig wahren" christlichen Glauben bekehren wollten. In vielen Städten Deutschlands wurden die jüdischen Gemeinden geplündert und niedergebrannt. Die Juden sollten entweder zum christlichen Glauben übertreten oder sie wurden getötet.

Die Ausgrenzung einer Minderheit – Die Fürsten und auch die Führer der christlichen Kirche taten nur wenig, um die Unterdrückung der Juden zu verhindern. Im Gegenteil: Bald durften die Juden nur noch in besonderen Stadtvierteln leben, den **Ghettos**. Und im Jahr 1215 beschlossen der Papst, die christlichen Bischöfe sowie königliche Gesandte auf einer Versammlung in Rom, dass die Juden schon durch ihre Kleidung erkennbar sein müssten und keine öffentlichen Ämter übernehmen dürften. Auch von der Ausübung vieler Berufe, besonders der Handwerksberufe in den Städten, wurden die Juden jetzt ausgeschlossen. Vielen Juden blieb daher nur noch der Geldverleih und das Pfandgeschäft als Erwerbstätigkeit.

B1 Judenverbrennung. Holzschnitt, 1493. Während der Pest 1348/49 wurden in 350 deutschen Städten Juden erschlagen und verbrannt.

Q2 Auf einer Versammlung in Rom beschließen 1215 der Papst, Bischöfe und königliche Gesandte:

In einigen Provinzen unterscheiden sich die Juden und die Sarazenen [die Türken] von den Christen durch die Kleidung. Aber anderswo ist eine solche Regellosigkeit eingerissen, dass sie durch keine Unterschiede kenntlich sind. Es kommt daher vor, dass irrtümlich Christen mit jüdischen oder sarazenischen und Juden oder Sarazenen mit christlichen Frauen sich vermischen. Damit also den Ausschweifungen einer so abscheulichen Vermischung in Zukunft die Ausflucht des Irrtums abgeschnitten werde, bestimmen wir, dass Juden und Sarazenen in jedem christlichen Land und zu jeder Zeit durch ihre Kleidung öffentlich sich von den anderen Leuten unterscheiden sollen.

(In: M. Wolffsohn und U. Puschner: Geschichte der Juden in Deutschland, Quellen und Kontroversen, München 1992, S. 158)

Q3 Ein Geistlicher aus Erfurt berichtet 1349 über die Judenverfolgung in Erfurt:

Die Juden in Erfurt wurden gegen den Willen des Rates von der Bürgergemeinde erschlagen, es waren ihrer hundert oder mehr. Mögen sie in der Hölle ruhen. Man sagte, sie hätten in Erfurt die Brunnen und die Gera vergiftet und auch die Heringe, sodass niemand in den Fasten davon essen wollte und keiner der reichen Bürger mit Wasser kochen ließ. Ob sie Recht haben, weiß ich nicht. Eher glaube ich, der Anfang des Unglücks war das unendlich viele Geld, das Barone und Ritter, Bürger und Bauern ihnen schuldeten.

(In: W. Kleinknecht und H. Krieger: Materialien für den Geschichtsunterricht, Bd. 3, Frankfurt/M. 1978, S. 309)

Juden werden zu „Sündenböcken“ – Einen Höhepunkt erreichte die Judenverfolgung im 14. Jahrhundert. Damals brach in vielen Städten und Ländern Europas die Pest aus: eine Krankheit, deren Ursache man damals nicht kannte und an deren Folgen etwa ein Drittel aller Menschen in Europa starb. Als von christlichen Predigern und Judenfeinden das Gerücht verbreitet wurde, an der Pest seien jüdische Brunnenvergifter schuld, wurden tausende Juden erschlagen und verbrannt.

Die Shoah – Die schrecklichste Verfolgung und Qual erlebte das jüdische Volk vor etwa 60 Jahren in Deutschland. Die nationalsozialistische Regierung unter HITLER (1933–1945) wollte alle Juden umbringen. In der Zeit des Zweiten Weltkriegs, 1939–1945, wurden in Deutschland, Polen, Holland und in anderen von deutschen Truppen besetzten Ländern Europas fast 6 Millionen Juden ermordet. Diesen schrecklichen Völkermord (hebr.: **Shoah,** oft auch **Holocaust** genannt) an den Juden dürfen wir nicht in Vergessenheit geraten lassen.

Q4 Das 14-jährige jüdische Mädchen Anne Frank notierte am 19. November 1942 in Amsterdam in ihr Tagebuch:

Wo sie (die Militärpolizei) einen Juden finden, nehmen sie die ganze Familie fest. Sie schellen an jeder Tür. Und ist es vergeblich, gehen sie ein Haus weiter. Manchmal sind sie auch mit namentlichen Listen unterwegs und holen dann systematisch die „Gezeichneten“ ... Es ist wie eine Sklavenjagd in früherer Zeit. Ich sehe es oft im Geiste vor mir. Reihen guter, unschuldiger Menschen mit weinenden Kindern, kommandiert von ein paar furchtbaren Kerlen, geschlagen, gepeinigt und vorwärts getrieben, bis sie beinahe umsinken ... Und alles, weil sie Juden sind!

(Das Tagebuch der Anne Frank, Frankfurt/M. 1980, S. 46 f.)

B5 Jüdische Deutsche. Foto, um 1940. In den Jahren 1939 bis 1945 wurden jüdische Bürger in ganz Europa von Deutschen und ihren Helfershelfern in Konzentrationslager transportiert und dort ermordet.

PERSONENLEXIKON

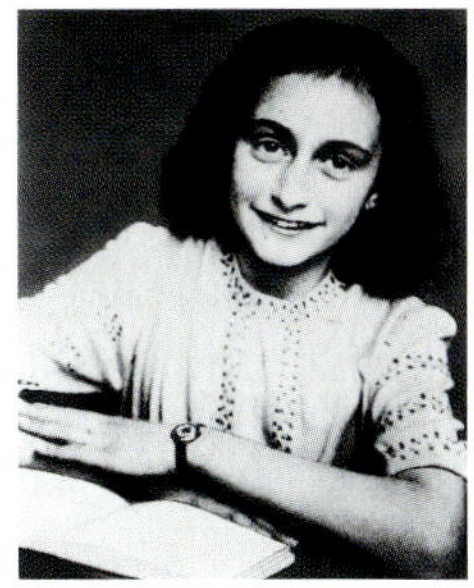

ANNE FRANK. 12. 6. 1929 bis März 1945. Die Familie floh 1933 aus Deutschland nach Holland. Im März 1945 starb Anne im Konzentrationslager Bergen-Belsen an Typhus.

Q6 Aus einer Rede des früheren deutschen Bundespräsidenten Richard von Weizsäcker aus dem Jahr 1985:

Der Völkermord (der Deutschen) an den Juden jedoch ist beispiellos in der Geschichte ... Der ganz überwiegende Teil unserer heutigen Bevölkerung war zur damaligen Zeit entweder im Kindesalter oder noch gar nicht geboren. Sie können nicht eine eigene Schuld bekennen für Taten, die sie gar nicht begangen haben ... Wer aber vor der Vergangenheit die Augen verschließt, wird blind für die Gegenwart. Wer sich der Unmenschlichkeit nicht erinnern will, der wird anfällig für neue Ansteckungsgefahren.

(Richard von Weizsäcker: Rede vom 8. Mai 1985. In: R. Grix und W. Knöll: Texte zum Erinnern, Verstehen und Weiterdenken, Ateha, Oldenburg 1987, S. 71 f.)

ARBEITSAUFTRÄGE

1. Lies im Text. Überlege, warum die vertriebenen Juden anfangs willkommen waren und seit wann sie verfolgt wurden.
2. Nenne die Begründungen, mit denen die Juden verfolgt wurden. Beurteile die in Q 2 und Q 3 genannten Gründe.
3. Gib mit deinen Worten die Vermutung wieder, die in Q 3 über den wahren Grund der Judenverfolgung geäußert wird.
4. Lies Q4. Überlege, was Anne Frank mit den „Gezeichneten“ meinte. Lies dazu auch noch einmal Q 2 und betrachte B 5.
5. Lest Q 6. Wie begründet Richard von Weizsäcker, dass wir den Holocaust nie vergessen dürfen? Diskutiert: Was können wir tun, damit sich das Schreckliche nie wiederholt?

5. Jüdische Bürger in der Bundesrepublik Deutschland

In der Bundesrepublik Deutschland leben heute wieder etwa 70 000 jüdische Bürger. Vor 1933 waren es etwa 500 000 gewesen. Besonders für die älteren von ihnen ist Deutschland eine schwierige Heimat. In den Jahren 1933 bis 1945 haben sie entweder selber unter der Verfolgung durch nichtjüdische Deutsche gelitten oder ihre Angehörigen wurden verfolgt, gequält und ermordet. Dennoch betrachten sie Deutschland als ihr Heimatland. Sie leben hier nach den Regeln ihres jüdischen Glaubens, so wie andere den christlichen Glauben praktizieren. Was weißt du über das Leben der jüdischen Bürger in der Bundesrepublik?

Jüdische Feiern und Festtage – Zentrum des jüdischen Gemeindelebens ist die Synagoge. Hier treffen sich die religiösen Juden am **Schabbat** (= 7. Tag der jüdischen Woche, entspricht dem Samstag) und zu den wichtigen religiösen Festtagen, zum Beispiel beim **Pessach-Fest** (Erinnerung an die Flucht aus Ägypten) oder an **Jom Kippur** (Versöhnungsfest). Mit der Feier „Bar Mizwah“ werden die jüdischen Mädchen und Jungen an ihrem 13. Geburtstag offiziell in die religiöse Gemeinschaft aufgenommen.

Koscher essen – Für einen frommen Juden ist es wichtig, auch die Speisegesetze der Torah einzuhalten. Entstanden sind diese Regeln zum Teil in alter Zeit, als die Israeliten noch Nomaden in der Wüste waren. Aber auch heute noch ist es so, dass viele Juden nur Fleisch von Tieren essen, die gespaltene Hufe haben und Wiederkäuer sind, zum Beispiel Rinder, Schafe und Ziegen. Auch Geflügelfleisch wie Huhn, Ente oder Gans essen Juden. Schweinefleisch gilt dagegen als unrein. Es ist, wie die Juden sagen, nicht „koscher“ und wird deshalb nicht gegessen. ⓔ/6

B1 Jüdischer Gottesdienst

B2 Jüdische Familie beim Pessach-Fest

B3 Jüdische Hochzeit

PERSONENLEXIKON

ALBERT EINSTEIN. 1879–1955. Berühmter Physiker und Nobelpreisträger. Er musste Deutschland wegen seiner jüdischen Herkunft 1933 verlassen.

ARBEITSAUFTRÄGE

1. Erkundigt euch, ob es in eurer Gemeinde eine Synagoge gibt. Vielleicht kommt der Rabbiner einmal in eure Klasse und erklärt die Gemeinsamkeiten und Unterschiede zwischen einem jüdischen und einem christlichen Gottesdienst.
2. Betrachte B 1, B 2 und B 3. Nenne ähnliche religiöse Feste in der christlichen Religion.

	Politik	Kultur	Alltag
0	30 v. Chr. / 70 n. Chr.: Römer erobern *Ägypten* und *Israel*, Vertreibung der Juden nach 333 v. Chr.: Griechen erobern *Mesopotamien*, *Israel* und *Ägypten*	Geburt Jesu Christi um 190 v. Chr. in *Ägypten*: Stein von Rosette 5. Jh.: Aufschreiben der fünf Bücher Mosis (Torah)	
500	539 v. Chr. in *Mesopotamien*: Eroberung durch die Perser Babylonische Gefangenschaft der Juden nach 600 v. Chr. in *Mesopotamien*: Babylonisches Reich	um 500 v. Chr. in *Mesopotamien*: Felsinschrift des Dareios I. bei Behistun um 800 v. Chr. in *Ägypten*: demotische Schrift	7. Jh. in *Mesopotamien*: Blütezeit Babylons
1000	1006–928 v. Chr.: Königreich *Israel* (David und Salomo) ab 11. Jh. v. Chr. in *Mesopotamien*: Assyrisches Reich	um 1200 in *Israel*: Entstehung der Zehn Gebote	um 1000 v. Chr. in *Mesopotamien* und *Israel*: Verwendung von Eisen
1500	1551–1075 v. Chr. in *Ägypten*: Neues Reich 1792–1595 v. Chr. in *Mesopotamien*: Babylonisches Reich 1792–1750 in *Mesopotamien*: Hammurabi	nach 1500 v. Chr. in *Ägypten*: Felsengräber (Tal der Könige) nach 1792 *Mesopotamien*: Gesetzessammlung des Hammurabi	um 1500 v. Chr.: Schaduf verbessert die Bewässerung in *Ägypten*: Familie als liebevolle Gemeinschaft; Frauen und Männer haben nahezu gleiche Rechte, ihre Aufgaben sind verteilt
2000	2040–1650 v. Chr.: Mittleres Reich in *Ägypten* ca. 2350 v. Chr. in *Mesopotamien*: Akkadisches Großreich unter Sargon	um 2000 v. Chr. in *Mesopotamien*: Zikkurat um 2300 v. Chr. in *Mesopotamien*: Akkadisch	in *Ägypten* und *Mesopotamien*: Schreiber wird angesehenster Beruf, es gibt Schulen für Schreiber
2500	ca. 2705–2180 v. Chr. in *Ägypten*: Altes Reich	um 2500 v. Chr. in *Ägypten*: erste Texte in Pyramiden ca. 2670–2555 v. Chr. in *Ägypten*: Bau der Pyramiden des Djoser, Cheops und Chephren	in *Mesopotamien*: Tempel sind wirtschaftliche und politische Zentren der Stadtstaaten
3000 v. Chr.	um 3000 v. Chr.: Stadtstaaten in *Mesopotamien* Vereinigung von Unter- und Ober*ägypten*	um 3000 v. Chr.: Hieroglyphen, Papyrus in *Ägypten* Anfänge der Keilschrift in *Mesopotamien*	um 3000 v. Chr. in *Mesopotamien*: Bronzeverarbeitung, Pflug; in *Ägypten*: Kalender mit 12 Monaten; 4. Jtsd. in *Mesopotamien*: Rad ab 5. Jtsd.: Bewässerung

Zusammenfassung – Frühe Hochkulturen

Im „**Fruchtbaren Halbmond**“ zwischen Ägypten und Mesopotamien besiedelten die Menschen nach 8000 v. Chr. die Flusstäler, um sie landwirtschaftlich zu nutzen. Dort herrscht ein trockenes und heißes Klima. Im Frühjahr aber strömt Hochwasser aus den Bergen flussabwärts. Die Menschen erfanden die Bewässerung: In Becken hielten sie Wasser zurück und mit dem Schaduf schöpften sie Wasser aus Kanälen auf die Felder.
Dadurch stiegen die Ernteerträge beträchtlich und mehr Menschen als früher konnten jetzt auf engem Raum zusammenleben. Es entstanden **Städte**. Diese schlossen sich friedlich oder kriegerisch zu Staaten zusammen: Ägypten wurde um 3000 v. Chr. vereinigt, in Mesopotamien eroberte Sargon nach 2350 v. Chr. das Akkadische Reich und Hammurabi nach 1792 v. Chr. das Babylonische Reich.

In den Städten oder Reichen herrschte nun ein **König**. Er sprach das Recht in der Gemeinschaft: entweder als Priesterkönig oder selbst als Gottkönig wie der Pharao. Er herrschte mit einer großen Zahl von **Beamten**. Die Masse der Untertanen waren **Bauern**. Ihre Erzeugnisse gehörten dem König. In Ägypten mussten sie bei den Bauten des Pharaos Zwangsarbeit leisten. Die Beamten waren als Schreiber tätig, um die Bauern zu kontrollieren und ihre Erzeugnisse zu verteilen. Für ihre Aufgaben entstand die Schrift. In Mesopotamien unter König Hammurabi und in Israel durch Moses wurden die **Gesetze** und Regeln für das Zusammenleben dann aufgeschrieben.
Wenn im menschlichen Zusammenleben Städte, Schrift und Gesetze entstanden sind, sprechen wir von einer **Hochkultur**.

Über die frühe Geschichte Israels wissen wir aus der Bibel. Die Herrschaft der Könige David und Salomo war durch den Gott Jahwe begründet. Die Juden verehrten nur einen einzigen Gott. Ihr Reich wurde durch die Römer zerstört, doch heute gibt es wieder einen Staat Israel.

ARBEITSAUFTRÄGE

1. Vergleiche Mesopotamien, Ägypten und Israel: Was zeichnet die Herrscher aus? Was wissen wir über die Untertanen?
2. Diskutiert, welche Vor- und Nachteile das Leben in großen Gemeinschaften für die Menschen hat.

ZUM WEITERLESEN

Naef, Thomas H.: Ameni, Sohn der Wüste. Arena 1994
Kustermann, Paul: Timus lange Flucht. Anrich 1991
Macauly, David: Wo die Pyramiden stehen, dtv junior, München 1996
Van den Dijk, Lutz: Die Geschichte der Juden, Campus, Frankfurt/M. 2001
Staszewski, Noemi: Mona und der alte Mann, Patmos 1997
Orlev, Uri: Das Sandspiel, Beltz & Gelberg 1997
@/1 www.mesopotamien.de
@/2 www.judithmathes.de/aegypten/arbeit/wirtschaft.htm
@/3 www.blinde-kuh.de/egypten/hieroglyphen.html
@/4 www.quarks.de/pyramiden/
@/5 www.mantho.de/goetter/index.htm
@/6 www.kindernetz.de/thema/religionen/judentum/index.html

Griechenland

In den Landschaften der griechischen Halbinsel entstand um 500 v. Chr. ein eigenartiges neues Gebäude. Die Bewohner bauten große Zuschauerreihen in rundem Bogen in einen Berghang. An diesem Schauplatz, dem Theater, wurden vor mehreren tausend Menschen Schauspiele gezeigt. Die Griechen hatten gelernt, über ihr Zusammenleben gemeinsam zu bestimmen. Jetzt konnten sie in den Spielen anschauen, wie Probleme im menschlichen Zusammenleben entstehen. So konnten sie besser darüber nachdenken.

Griechenland bis 750 v. Chr.

ARBEITSAUFTRAG

Betrachte die Siedlungsorte der Griechen. Gibt es einen Zusammenhang zwischen der Lage der Siedlungsorte der Griechen, der Landschaft Griechenlands und der Inselverteilung zwischen Griechenland und der Küste Kleinasiens?

1. Kreta – Anfänge der Geschichte Europas

In Europa lebten die Menschen noch lange verstreut in kleinen Dörfern. Die Spuren der ersten europäischen Hochkultur führen zur Insel Kreta im östlichen Mittelmeer. Dort wurden vor etwa 100 Jahren Paläste der untergegangenen Kultur der Minoer aus dem 2. Jahrtausend v. Chr. gefunden. Die Minoer hatten keine Schutzmauern um ihre Paläste gebaut. Sie waren vermutlich ein friedliches Volk, das keine Feinde fürchtete. Was erfahren wir über die kretische Hochkultur?

Der Palast ist Mittelpunkt – Die Archäologen entdeckten in den Palästen eine Vielzahl beschrifteter Tontäfelchen. Die Minoer hatten also schon eine Schrift. Wir können sie aber nicht entziffern. Deshalb müssen wir in den ausgegrabenen Mauerresten und Gebrauchsgegenständen „lesen".

B1 Palast von Knossos. Vorratskammern

Der größte Palast wurde in Knossos gefunden, einer Stadt im Norden Kretas. In einem der Prunkgemächer fand man dort einen Thron. Die Paläste waren aber nicht nur Wohnstätten für die Herrschenden. Hier lebten auch Verwaltungsbeamte und Bedienstete. Und es gab Arbeitsräume für Handwerker und Künstler. Ebenso wie in Ägypten wurden Ernteerträge, die die Bauern als Abgaben in den Palast brachten, in riesigen Vorratsräumen aufbewahrt. Darin standen über 400 große Krüge, die insgesamt 100 000 Liter Getreide oder Olivenöl fassten. Die Archäologen vermuten, dass die Tontäfelchen den minoischen Beamten als Listen für die Vorräte dienten.

Am Westhof wurden Sitzreihen für Publikum ausgegraben. Die Minoer führten hier Tänze zu Ehren ihrer Götter auf. Der Palast war also wahrscheinlich auch ein Ort für das religiöse Leben der Stadt.

1 Eingang
2 Mittelhof
3 Vorratskammern
4 Thronsaal
5 Heiligtum
6 Gefängnis
7 Lagerräume
8 Werkstätten
9 Wasserleitung
10 Halle der Doppeläxte
11 Wohnräume
12 Sanitäre Anlagen
13 Heiligtum der Doppelaxt

B2 Palast von Knossos, 1600–1400 v. Chr. Grundriss

Die Wirtschaft der Minoer – In der Mehrzahl lebten die Minoer als Bauern auf dem Land. Mit hölzernen Pflügen, die kurze bronzene Sicheln hatten, bewirtschafteten sie ihre Felder und bauten Weizen und Gerste an. Sie pflanzten Olivenbäume, Feigenbäume und Weinstöcke an. Große Schafherden lieferten Wolle und Fleisch.

Die meisten Städte lagen jedoch an den Küsten Kretas. Die Vielzahl der natürlichen Häfen bot den Schiffen Schutz.
Man kann sagen, dass die Minoer eine richtige Flotte aus Ruderschiffen besaßen, die auch schon mit Segeln ausgestattet waren. Mit dieser Flotte trieben sie regen Handel im ganzen östlichen Mittelmeer, der so genannten ÄGÄIS, und mit Ägypten. Minoische Schiffe brachten Kräuter, Keramik, Steinvasen, Wolle und gefärbte Stoffe nach Ägypten. Dafür erhielten sie Öl, Gold, Elfenbein, Schmuck und Edelsteine.
Die vielfältigen Handelsbeziehungen der Minoer erklären vielleicht, warum sie eine höher entwickelte Kultur hatten als die Bewohner des umliegenden Festlands. Die Minoer kannten z. B. schon eine Vielzahl spezialisierter Handwerksberufe. Steinvasenschneider, Siegelstecher, Zimmermänner, Goldschmiede, Weber und Färber hatten ihre Werkstätten in den Städten.

Die Religion der Minoer – In jedem Palast und in den größeren Häusern fanden die Archäologen einen Raum mit Steintisch und verschiedenen Figuren. Was wissen wir über diese Gegenstände?
Einige der Figuren sind Stierfiguren. Wandmalereien im Palast von Knossos zeigen ebenfalls Stiere. Dort sehen wir auch, dass es ein riskantes Stierspiel gab: Männer und Frauen packten den Stier bei den Hörnern und sprangen über seinen Rücken. Hörner von Stieren waren ein beliebter Schmuck. Selbst auf einigen Dächern des Palasts von Knossos sehen wir Verzierungen, die Stierhörnern ähnlich sind. Der Stier hatte für die Minoer eine große Bedeutung: Er wurde als heiliges Tier verehrt. Daran erinnert die Sage des MINOTAURUS.

Stierkopf. Palast von Knossos, 1600–1400 v. Chr.

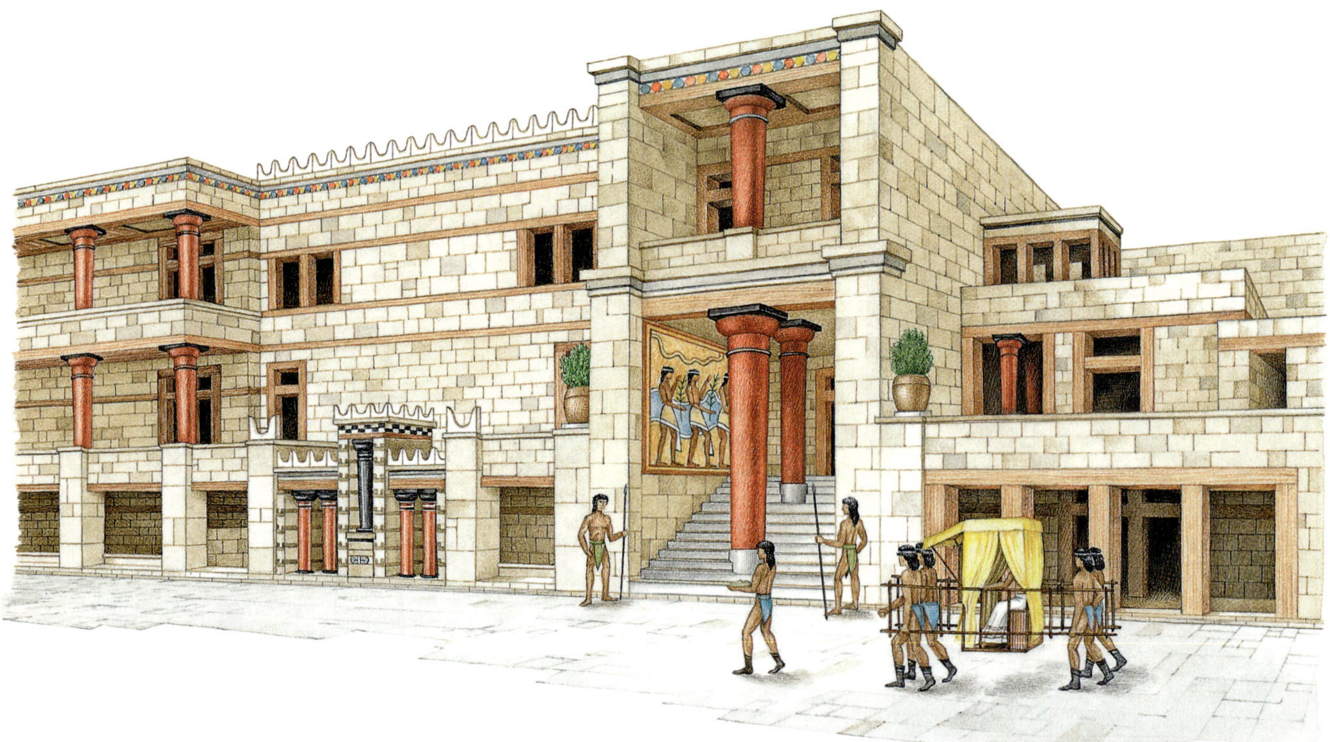
B3 Palast von Knossos, 1600–1400 v. Chr. Rekonstruktionszeichnung

Die Mykener auf Kreta – Etwa seit dem 15. Jahrhundert v. Chr. beherbergte der Palast von Knossos neue Herrscher, die Mykener. Woher kamen sie?
Die Mykener hatten sich um 2000 v. Chr. auf der griechischen Halbinsel Peloponnes niedergelassen. Sie errichteten große Burganlagen in den Siedlungen Mykene, Tiryns, Pylos und Theben.

Wand- und Vasenmalerei zeigen Soldaten, Waffen und Rüstungen. Anders als die Minoer waren sie ein kriegerisches Volk. Neben ihren Schwertern und Rüstungen hatten die Mykener eine neue Waffe: Pferde mit Streitwagen. Damit beherrschten die Burgherren das umliegende Land und die unterworfenen Bauern. Auch die Mykener besaßen eine Schrift. Man konnte sie entziffern und hat dabei ihre Verwandtschaft zum späteren Griechisch entdeckt. Wie die Mykener die Insel Kreta eroberten, ist nicht bekannt. Für etwa drei Jahrhunderte beherrschten sie mit ihrer Militärmacht die Halbinsel Peloponnes und die östlichen Inseln des Mittelmeers. Einen ihrer Kriegszüge beschreibt der Dichter Homer in der Erzählung vom Trojanischen Krieg.

Etwa um 1200 v. Chr. wurde der Palast von Knossos zerstört. Gleichzeitig ging die mykenische Kultur auf dem griechischen Festland unter. Über die Gründe wissen wir wenig. Vermutlich waren neue Einwanderer aus dem Norden Griechenlands auf den Peloponnes eingedrungen und hatten auch Kreta erobert.

B4 Goldene Gesichtsmaske eines mykenischen Fürsten. Lange Zeit glaubte man, es sei das Abbild des Agamemnon.

E5 *Uns wird erzählt*

Eine Sage der Griechen

Der erste König der Kreter hieß Minos. Er hatte einen Sohn, den Minotaurus, ein Geschöpf mit menschlichem Körper und dem Kopf eines Stieres. Um dieses Ungeheuer zu verbergen, ließ er in Knossos ein Gebäude mit vielen verwirrenden Gängen bauen, in denen man sich verlaufen konnte. Es wurde Labyrinth genannt. Nachdem in Athen ein anderer Sohn des Minos bei der Jagd getötet worden war, forderte der König von den Athenern alle neun Jahre sieben junge Männer und sieben junge Frauen, die er dem Minotaurus zum Fressen vorwarf. So brachte Minos großes Leid über die Athener. Schließlich entschloss sich der athenische Königssohn Theseus, nach Kreta zu fahren, um das Ungeheuer zu töten. Er hatte Glück. Als er den Hof des Minos betrat, begegnete er der Tochter des Königs, Ariadne, die sich in ihn verliebte. Auch er fühlte sich von ihrer Schönheit angezogen. Ariadne schenkte Theseus ein Zauberschwert und ein Wollknäuel. Die Wolle sollte er auf dem Weg zum Minotaurus abrollen, um später sicher aus dem Labyrinth zu finden. Zuversichtlich begab sich Theseus zusammen mit den Geiseln in die Gewölbe des Minotaurus. Mit der Zauberwaffe besiegte er das Untier. Erleichtert kehrten alle ins Freie zurück. Zusammen mit Ariadne flohen die Athener aus Kreta.

ARBEITSAUFTRÄGE

1. Betrachte den Grundriss und die Räume in B2. Was erfährst du über das Leben der Menschen im Palast von Knossos?
2. Beschreibe die Fassade in B3. Welche Gemeinsamkeiten und Unterschiede erkennst du gegenüber einem heutigen Haus?
3. Vergleiche die Sage in E5 mit dem Text. Welche Hinweise auf die Geschichte Kretas enthält die Sage?
4. Welche Gründe nennt der Text, warum die Kultur der Minoer höher entwickelt war als die ihrer Nachbarn?

B6 Stierspiel der Minoer. Wandmalerei im Palast von Knossos

2. Die Anfänge Griechenlands

Mit dem Untergang der Mykener waren auch ihre Kultur und Schrift verloren gegangen. Nur noch wenige Menschen lebten auf Kreta und der Halbinsel Peloponnes. Wer waren die Menschen, die wir heute als Griechen bezeichnen, und woher kamen sie?

Das Volk der Griechen – Anfangs lebten auf dem Gebiet des antiken Griechenland verschiedene Volksstämme, die erst allmählich zu einem Volk zusammenwuchsen. Die Mykener beispielsweise, die bis zum 12. Jahrhundert v. Chr. den Peloponnes und das östliche Mittelmeer beherrschten, gehörten zum Volksstamm der ACHÄER.

In ATTIKA und auf der Insel Euböa lebte zur gleichen Zeit der Stamm der IONER. In der Zeit um 1200 v. Chr. strömte von Norden aus ein weiterer Volksstamm nach Griechenland ein, die DORER. Mit ihren Eisenwaffen konnten sie große Teile des griechischen Festlands und der Halbinsel Peloponnes erobern. Später drangen sie bis nach Kreta, Rhodos und der südwestlichen Küste Kleinasiens vor. Wie konnte aus diesen verschiedenen Volksstämmen ein Volk entstehen?

Die von Norden einwandernden Dorer vermischten sich allmählich mit den anderen Volksstämmen. Es entstand eine einheitliche Sprache, man verehrte die gleichen Götter, feierte gemeinsameFeste und verwendete die gleiche Schrift. Aus der mykenischen Schrift entwickelten die Griechen im 8. Jahrhundert v. Chr. eine einfachere, leichter erlernbare Schrift mit 24 Buchstaben. Obwohl die einzelnen Stämme und Siedlungsgebiete durch Gebirge oder das Meer getrennt waren, entwickelten die Griechen eine gemeinsame Kultur und ein Zusammengehörigkeitsgefühl. Sie selbst nannten sich HELLENEN.

Quellen über die frühen Griechen – Wir wissen wenig über die Geschichte der frühen Griechen. Neben Grabungen sind die **Epen** (Einzahl: Epos) wichtige Quellen. Dies sind Erzählungen, die über Generationen von wandernden Sängern

PERSONENLEXIKON

H. SCHLIEMANN. 1822–1890. Kaufmann aus Mecklenburg. Als Schüler hatte er die Epen Homers gelesen und war begeistert. Was Homer so anschaulich und spannend beschrieben hatte, das musste nach seiner Überzeugung auch wirklich geschehen sein. Er fuhr an die Stätten und grub zur Überraschung seiner Zeitgenossen Troja und Mykene aus.

K 1 Die griechischen Stämme und ihr Siedlungsgebiet

mündlich weitergegeben wurden. Als die Griechen im 8. Jahrhundert v. Chr. die Schrift wiederentdeckten, schrieben der Dichter Homer und andere uns nicht bekannte Personen zwei berühmte Epen auf, die **„Ilias"** und die **„Odyssee"**. Die „Ilias" handelt vom Krieg der mykenischen Griechen gegen die von König Priamos regierte Stadt TROJA etwa um 1200 v. Chr. Aus den Epen sowie von Wand- und Vasenmalereien erfahren wir aber auch viel über das Leben der Bauern und der Herrschenden.

Bauern, Adel und Hausgemeinschaft – Homer berichtet über die Zeit der frühen Griechen, dass nahezu alle Mitglieder eines Stammes **Bauern** waren. Sie mussten den adligen Burgherren Abgaben leisten, zum Beispiel Getreide und Vieh. Die **Adligen** unterschieden sich von den Bauern durch ihre Waffen, einen kriegerischen Lebensstil sowie durch größeren Reichtum und Macht. Die mächtigsten von ihnen waren **Könige**. Es gab viele solcher griechischen Könige. Sie mussten ihre Macht in ständigem Wettstreit mit anderen Adligen sowie durch Tapferkeit und Umsicht im Kampf behaupten.

Die Griechen lebten in großen Hausgemeinschaften, den **Oikoi** (Einzahl: Oikos), zusammen. Dazu gehörten der Hausherr, seine Frau, die Kinder, nahe Verwandte und die **Sklaven**. Das waren Menschen, denen die persönliche Freiheit genommen worden war und die Eigentum des Hausherrn waren.

Q3 Homer erzählt vom letzten Treffen des trojanischen Königssohns Hektor mit seiner Frau Andromache:

Aber Andromache trat ihm in strömenden Tränen nah, drückte ihm innig die Hand und rief ihn beim Namen und sagte: „Schrecklicher Mann, dich tötet dein Mut, und du denkst nimmer voll Mitleid an das lallende Kind und mich in Jammer, die du bald wohl zur Witwe gemacht hast, wenn dich die Griechen in stürmischer Menge töten. Für mich aber wäre es besser, dass mich die Erde verschlänge, wenn du gestorben bist …"
Hektor, der Held mit funkelndem Helme, erwiderte ihr: „Mit Sorge bedenke auch ich, o Weib, das alles. Doch scheu ich arg die tadelnden Trojer und Frauen in den langen Gewändern, wenn ich mich so feig fern und abseits halte vom Kampfe; auch verbietet es mir mein Mut, denn ich lernte ja immer tapfer zu sein und zu kämpfen im vordersten Treffen der Trojer, danach trachtend, den leuchtenden Ruhm des Vaters mir selber zu bewahren. Dennoch weiß ich gar wohl in meinem Herzen: Einst wird der Tag kommen, wo das heilige Troja hinsinkt …"

(In: Homer: Ilias, übersetzt von T. von Scheffer, Dieterich'sche Verlagsbuchhandlung, Leipzig 1938, S. 145–147. Bearbeitet)

ARBEITSAUFTRÄGE

1. Lies Q 3 und gib wieder, warum Hektor die Bitte Andromaches nicht erfüllt. Was hältst du von seiner Begründung?
2. Warum fühlten sich die Griechen als Volk? Erkennst du Gemeinsamkeiten und Unterschiede zu heutigen Völkern?
3. Lest in einem Lexikon oder einem Buch der Schülerbibliothek über den Trojanischen Krieg. Erzählt darüber im Unterricht.
4. Im Text werden die Epen genannt. Können wir sicher sein, dass alle Ereignisse der Epen wirklich stattgefunden haben?
5. Vergleiche Tätigkeit und Stellung von Bauern und Adligen in B 2 und B 4 sowie im Text. Warum hatten Adlige mehr Macht?

B 2 Bauer mit Pflug. Vase, 6. Jh. v. Chr.

B 4 Leben der Adligen. Vase, 6. Jahrhundert v. Chr.

3. Die Religion der Griechen – Götter, Kulte, Feste

Wer die Epen Homers über den Krieg gegen Troja heute liest, wird erstaunt sein: Nicht nur die Menschen kämpften gegeneinander. In das Kriegsgeschehen waren der Darstellung zufolge auch die griechischen Götter verwickelt. Auch sonst begaben sich die Götter oft in die Welt der Menschen.

Menschen und Götter – Kam ein Grieche in einen dunklen Wald oder in eine geheimnisvolle Höhle, spürte er die Anwesenheit der Götter. Ereignete sich ein Gewitter, blitzte und stürmte es, sah er darin ein Zeichen des Gottes Zeus. Durch diese ständige Gegenwart waren die Götter den Griechen nah. Welche Vorstellung hatten sie von ihnen?

Für die Griechen sahen die Götter so aus wie die Menschen. Sie hatten Gefühle, konnten wütend werden, sich freuen, lieben oder hassen. Was sie jedoch zu Göttern machte, war ihre **Unsterblichkeit**. Während die Menschen nach dem Tod als Schatten in der Unterwelt bleiben mussten, lebten die unsterblichen Götter für immer auf dem Olymp, dem höchsten Berg Griechenlands.

Die wichtigsten Götter bildeten eine Familie. Hausvater war der Göttervater Zeus. Seine Frau hieß Hera. Die Göttinnen Athene, Artemis und Aphrodite waren ihre Töchter. Die Götter Apollon, Hephaistos und Ares waren ihre Söhne. Auch Poseidon, der Bruder des Zeus, und andere verwandte Götter lebten auf dem Olymp. Jede Göttin und jeder Gott hatte eine bestimmte Aufgabe. Auf Vasenbildern wurden sie mit Kennzeichen ihrer Tätigkeit dargestellt.

Die Götter werden gepflegt – Für die Griechen hatten die Götter Macht über das Leben der Menschen und die Natur. Deshalb war es wichtig, sich ihr Wohlwollen zu sichern. Wie aber konnte man die Götter günstig stimmen?

Q 1 Die Götter greifen in den Trojanischen Krieg ein:

Und dann kam der Tag, da Achilleus am skäischen Tor (Trojas) stand, mit einem mächtigen Feldstein die Tür zu sprengen versuchte und nicht einmal abließ, als Apollon selbst ihm den Zugang versperrte. Wahrlich, nicht zu Unrecht zürnte da ... Apollon, legte den Pfeil auf die silberne Sehne und schoss dem Peliden (Achilleus) in die verwundbare Ferse, dass er zusammenbrach. Schweigend saßen die Götter an ihrer Tafel im hohen Olymp: nur Apollon hatte sich abseits gesetzt und starrte finster zu Boden; die anderen aber schauten hinab auf die Erde und sahen, wie Ajas mit mächtigen Hieben die Troer vom Leichnam vertrieb und den Leib des Toten mit behutsamen Händen davontrug.

(In: Ilias und Odyssee, nacherzählt von Walter Jens, Ravensburger Buchverlag, Ravensburg 1992, S. 48–50. Bearbeitet)

B 2 Einige griechische Göttinnen und Götter

1 Zeus, der Göttervater
2 Poseidon, Gott der Meere
3 Athene, Kriegsgöttin und Schutzherrin von Athen
4 Apollon, Gott der Wissenschaft, der Kunst und der Klugheit
5 Hestia, Göttin des Herdes
6 Aphrodite, Göttin der Schönheit
7 Ares, Kriegsgott
8 Demeter, Göttin der Fruchtbarkeit

Wenn zum Beispiel in einer Familie ein Kind geboren wurde, trug der Vater es einmal um den Herd. Der Herd, an dem die Familie kochte und aß, war der heilige Ort der Göttin HESTIA.

Die Griechen brachten ihren Göttern auch **Opfer**. Sie gaben ihnen Gegenstände sowie Speisen oder Getränke, die für sie selten oder wertvoll waren. Brachte eine griechische Familie einem Gott ein Rind als Opfer dar, so gab sie ihm einen Teil ihres Vorrats an Fleisch. Man verbrannte Haut, Knochen und einen Teil des Fleisches zu Ehren des Gottes. Der Rest des Fleisches wurde bei einem Festmahl verzehrt. Geopfert wurde zu allen bedeutenden Ereignissen im Leben: wenn Früchte oder Getreide geerntet wurden oder wenn die Krieger zur Schlacht auszogen. Solche Tätigkeiten zur Verehrung eines Gottes nennen wir **Kult**. Für die Griechen waren die kultischen Handlungen meist mit Festen in der Familie oder in einem größeren Kreis verbunden.

Das Orakel von Delphi – Zu Ehren der Götter bauten die Griechen zahlreiche herrliche Tempel. Diese Tempel gehörten allen Griechen gemeinsam. Es waren Kultstätten der Opferfeste und des Gebets. Einige Tempel hatten noch eine besondere Bedeutung. Hier konnte man den Rat der allwissenden Götter einholen, zum Beispiel, wann die Zeit zum Beginn einer gefährlichen Reise günstig war und auch bei schwierigen Entscheidungen über die richtige Politik. Die Griechen nannten diese Tempelanlagen, in denen sie den Rat der Götter einholten, **Orakel**. Als Dank für den Rat überbrachten sie Geschenke.

B3 König Ägeus befragt die Pythia in Delphi. Trinkschale, 5. Jahrhundert v. Chr.

Das bedeutendste und angesehenste Orakel, zu dem die Griechen aus dem ganzen Land und selbst Könige anderer Völker reisten, war das Orakel von DELPHI. Eine Priesterin, die **Pythia**, beantwortete dort im Auftrag des Gottes Apollon die Fragen der Menschen. Sie saß auf einem hohen Stuhl aus Bronze und war in betäubende Dämpfe eingehüllt. Vielleicht wurde die Pythia durch Weihrauch in einen rauschartigen Zustand versetzt, sodass ihre Antworten oft zweideutig und rätselhaft waren. Dennoch galten die Orakelsprüche als sicher, sodass Delphi zu einem wichtigen Treffpunkt wurde.
Ein anderer bedeutender Ort, an dem die Griechen die Götter ehrten und Wettkämpfe abhielten, war OLYMPIA. /1

E4 *Uns wird erzählt*

Eine überlieferte Geschichte über das Orakel von Delphi
Einst schickte Krösus, mächtiger König über das Reich der Lydier, eine Gesandtschaft nach Delphi. Er ließ die Pythia um Rat fragen, wie er sich im Konflikt mit den Persern verhalten sollte. Die Perser bedrohten damals die Ostgrenze seines Reiches am Fluss Halys. Der Ratschlag der Pythia lautete: „Wenn Krösus den Fluss Halys überschreitet, wird er ein großes Reich zerstören." Dankbar für den günstig erscheinenden Orakelspruch überquerte Krösus den Grenzfluss Halys und griff die Perser mit einer großen Streitmacht an. Aber er wurde von den Persern besiegt und verlor sein Land. Der Orakelspruch der Pythia war in Erfüllung gegangen. Krösus hatte ein großes Reich zerstört – sein eigenes.

ARBEITSAUFTRÄGE

1. Betrachte die Götter in B 2. Erkläre, warum die Gegenstände, mit denen sie abgebildet sind, Erkennungsmerkmale sind.
2. Beschreibe, wie die Götter in Q 1 dargestellt sind. Überlege, welche Rolle sie im Trojanischen Krieg spielten.
3. Über den Eingang des Tempels in Delphi hatten die Griechen zwei Regeln für ihr Leben geschrieben: „Erkenne dich selbst!" und „Nichts im Übermaß!". Was hältst du von diesen Regeln? Lies auch E 4. Hätte Krösus anders handeln können?

4. Städte entstehen – die griechische Polis

Seit dem 8. Jahrhundert v. Chr. nahm die Bevölkerung in Griechenland zu. Welche Veränderungen brachte das für das Zusammenleben der Menschen?

Die Polis – Viele kleinere Siedlungen, die meist um einen befestigten Burgberg herum entstanden waren, wuchsen zu Städten. Der griechische Name für Stadt ist **Polis** (Mehrzahl: Poleis). Er bezeichnet das Stadtgebiet, das landwirtschaftlich genutzte Umland und die Gemeinschaft der Bewohner. Dort, wo ursprünglich die Burg gestanden hatte, wurden später Tempel für die Götter erbaut. Die Tempel lagen daher oft auf einem Hügel im Zentrum der Polis, auf der **Akropolis**. Meist am Fuß der Akropolis lag der Markt- und Versammlungsplatz, die **Agora**.

Viele Städte, keine Hauptstadt – Griechenland ist sehr gebirgig. Zwischen den Bergen liegen viele kleine Ebenen, wo die Menschen Getreide, Oliven und Wein anbauen und Vieh halten konnten. Hier entstanden die ersten Städte.
Aber auch an der Küste, wo von umliegenden Bergen geschützte Häfen die Schifffahrt und den Handel begünstigten, entstanden griechische Städte. Sie waren durch Gebirge voneinander getrennt und hatten nur wenig landwirtschaftlich nutzbares Umland. Was bedeutete das für die Entwicklung der Städte?

Um das 5. Jahrhundert v. Chr. existierten schon etwa 700 Städte. Aber wegen des kleinen, von Bergen umgebenen Umlands hatten sie meist nur zwischen 3000 und

B 1 Luftbildaufnahme Athens. 20. Jahrhundert n. Chr.

5000 Einwohner. Nur die Polis ATHEN zählte bereits zu dieser Zeit an die 290 000 Einwohner. Sie lebten im Stadtgebiet und in den umliegenden kleinen Siedlungen.

Obwohl sich alle Griechen als Hellenen bezeichneten, eine gemeinsame Sprache, Schrift und Religion hatten, bildeten sie keinen gemeinsamen Staat der Hellenen. Jede Polis war für sich ein eigener, unabhängiger Stadtstaat. Oft führten sie gegeneinander Krieg oder schlossen Bündnisse untereinander.

Wer herrschte in der Polis? – In der Polis gab es meist keinen König mehr, der allein herrschte. An seine Stelle waren die Adligen getreten. Das waren Angehörige vornehmer und mächtiger Familien, die sich durch Reichtum, großen Landbesitz und kostbare Waffen von den Bauern und Handwerkern unterschieden.
Die Adligen hatten die Macht untereinander aufgeteilt und bekleideten die wichtigen **Ämter**: Richter, Feldherr und Priester. Alle bedeutsamen Entscheidungen traf der **Rat** der adligen Familienoberhäupter. Diese Herrschaft nennt man **Aristokratie**.
In einer griechischen Polis lebten auch viele Sklaven. Sie mussten auf den Feldern, in den Bergwerken und Steinbrüchen arbeiten.

Die Götter der Polis – Jede Polis hatte eine Schutzgottheit, die das Wohl ihrer Gemeinschaft sichern sollte. Für die Pflege der Stadtgötter waren die Priester zuständig. Das war ein Amt für eine bestimmte Zeit, kein Beruf für das ganze Leben.
Die Göttin Athene, Lieblingstochter des Zeus, war Schutzgöttin der Stadt Athen. Kein Krieg wurde geführt, kein Gesetz beschlossen, ohne dass die Athener ihre Göttin um Schutz angerufen hätten. Ihr zu Ehren feierten die Athener jedes Jahr ein großes Fest, die **Panathenäen**. Die Stadt OLYMPIA hatte Zeus als Schutzgott gewählt. Ihm zu Ehren wurden in der Stadt alle vier Jahre die **Olympischen Spiele** gefeiert.

Q 2 Der griechische Dichter Hesiod kritisiert das Handeln und die Rechtsprechung des Adels:

O ihr Herrscher, wollt ihr nicht selber im Herzen bedenken solches Gericht! Denn nah sind unter den Menschen die Götter. Und die Unsterblichen schauen, wer alles ohne Rücksicht auf das Recht einer dem anderen schadet, nicht achtend göttlicher Rache. Und die Gerechtigkeit stammt von Zeus. Sie ist heilig und hoch geehrt von den göttlichen Himmelsbewohnern. Wenn einer sie kränkt und sie durch Hinterlist misshandelt, setzt sie sich sogleich zur Seite des göttlichen Vaters, ihm die böse Gesinnung der Menschen zu klagen. Das Volk dann büßt die Frevel der Herrscher, die in ihrer Bosheit das Recht durch falsche Sprüche verderben. Dies beachtet, ihr Herrscher, und macht eure Worte gerade!

(Hesiod: Werke und Tage. In: Erinnern und Urteilen, Bd. 1, Klett, Stuttgart 1977, S. 3/4)

Q 3 Der griechische Philosoph Aristoteles erläutert den Ursprung der griechischen Polis:

Hiernach ist also klar, dass der … Mensch von Natur aus nach der Gemeinschaft der Polis strebt. Denn das ist dem Menschen eigentümlich im Gegensatz zu den Tieren: Der Mensch allein ist fähig, sich vom Guten und vom Schlechten, vom Recht und vom Unrecht eine Vorstellung zu machen. Die Gemeinschaftlichkeit dieser Vorstellungen führt aber dazu, dass die Menschen das Haus (Oikos) und den Staat (Polis) gründen.

(Aristoteles: Politik 1253q. In: Aristoteles: Politik, hg. von N. Tsouyopoulos und E. Grassi, Rowohlt, Reinbek 1965. Bearbeitet)

ARBEITSAUFTRÄGE

1. Betrachte B 1, es zeigt eine aktuelle Luftbildaufnahme der Stadt Athen. Welche Bauwerke aus der Zeit der griechischen Polis erkennst du?
2. Welche Gründe kannst du nennen, warum die meisten griechischen Städte viel kleiner waren als unsere modernen Städte?
3. Lies Q 2. Warum kritisiert Hesiod die adligen Herrscher? Überlegt in der Klasse gemeinsam, welche Gründe damals oder heute zu einem ungerechten Urteil führen. Schreibt diese Gründe an die Tafel oder in euer Heft.
4. Lies Q 3. Welchen Grund nennt Aristoteles für die Entstehung der griechischen Städte? Welcher andere Grund wird im Text genannt?
5. Der Philosoph Aristoteles ist der Auffassung, nur der Mensch kann zwischen Gut und Böse unterscheiden. Warum handeln die Menschen dann trotzdem böse, wenn sie doch erkennen können, dass sie Unrecht tun? Diskutiert darüber in der Klasse.

5. Olympia – Fest und Wettstreit für die Götter

Alle vier Jahre feierten die Griechen die **Olympischen Spiele**. Tausende Menschen, Wettkämpfer und Zuschauer, strömten aus allen Regionen Griechenlands nach Olympia, dem Zeusheiligtum auf der Halbinsel Peloponnes. Welche Bedeutung hatten die Wettkämpfe für das Zusammenleben der Griechen?

Der Ursprung der Spiele – Die Idee des Wettkampfes wurde ursprünglich von den griechischen Adligen geschaffen. Im Krieg erwarben sie Ruhm durch Mut und Geschicklichkeit. Im Wettkampf mit anderen versuchten sie stets der Erste und Beste zu sein. Aus diesem Drang nach Sieg und Ehre entstanden friedliche Wettkämpfe, von denen die bedeutendsten die Olympischen Spiele waren. Als Wettkämpfer durften sich nur freie griechische Männer anmelden. Nichtgriechen, Sklaven und auch die griechischen Frauen waren von der Teilnahme ausgeschlossen.
Wir wissen nicht genau, wann die ersten Olympischen Spiele stattfanden. Ab dem Jahr 776 v. Chr. wurden Siegerlisten geführt. Im Jahr 394 n. Chr., also über tausend Jahre später, verbot der römische Kaiser Theodosius I. die Spiele. Die Tempelanlagen in Olympia wurden zerstört. Erst vor etwa hundert Jahren, 1896, fanden in Athen die ersten Spiele der Neuzeit statt.

Der Olympische Frieden – Die griechischen Städte führten oft Krieg gegeneinander. Doch während der Spiele sollten alle Kämpfe eingestellt werden. Im Umkreis Olympias war das Tragen von Waffen verboten. Als SPARTA, eine bedeutende griechische Polis, den heiligen Olympischen Frieden im Jahr 419 v. Chr. durch das Aussenden eines Heeres verletzte, wurden die Spartaner von der Olympiade ausgeschlossen. Außerdem mussten sie zur Strafe dem Schutzgott Zeus eine große Geldsumme opfern.

Das Programm: Wettkampf und Kult – Die Olympischen Spiele dauerten etwa fünf Tage. Sie begannen mit der feierlichen Eröffnung und dem olympischen Eid, den alle Athleten vor der Statue des

1 Aschenaltar des Zeus
2 Zeustempel
3 Heratempel
4 Sitz der Organisatoren
5 Schatzhäuser der Städte
6 Haus der Kampfrichter
7 Rathaus
8 Halle der Gesandtschaften
9 Stadion
10 Ringerschule
11 Wohnhäuser der Priester
12 Gästehaus
13 Gymnasium (Übungsstätte für Sportler)

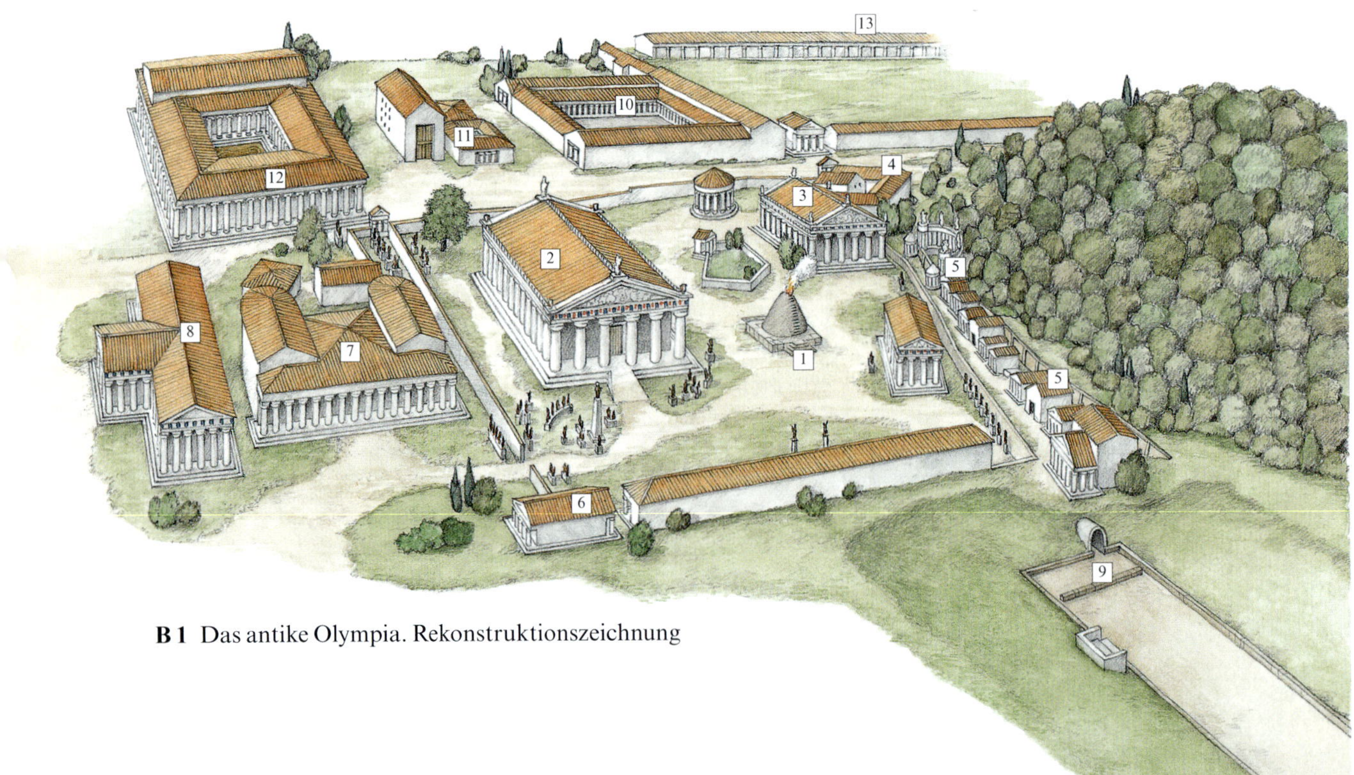

B 1 Das antike Olympia. Rekonstruktionszeichnung

Zeus ablegten. Am dritten Tag wurden zu Ehren des Zeus am großen Altar 100 Rinder geopfert.
Die meisten Wettkämpfe fanden am zweiten und vierten Tag statt. Zu den Höhepunkten zählten die Laufwettbewerbe: Stadionlauf über 600 Fuß (192 m), Waffenlauf über 1200 Fuß (384 m) und der Langlauf. Der Fünfkampf war die schwierigste Disziplin: Die Athleten maßen sich beim Stadionlauf, im Diskus- und Speerwerfen, im Weitsprung und Ringkampf. Sehr viele Zuschauer lockte auch das Wagenrennen. Olympiasieger wurde allerdings nicht der siegreiche Wagenlenker, sondern der Besitzer der Pferde.

Am fünften Tag fanden die Siegerehrungen statt. Geehrt wurde nur der Gewinner. Er erhielt einen Kranz vom heiligen Ölbaum am Zeustempel. Für den Athleten und für seine Heimatstadt war der Sieg eine große Ehre. Meistens machte sich ein Sieg auch finanziell bezahlt. In Athen regelte ein Gesetz, dass jeder Olympiasieger 500 Drachmen aus der Stadtkasse bekam. Das war für die damalige Zeit ein Vermögen, denn ein Schaf kostete nur etwa zehn Drachmen. /2

B2 Waffenlauf. Vase, 6. Jahrhundert v. Chr.

B3 Wagenrennen. Vase, 5. Jahrhundert v. Chr.

Q4 Isokrates (436 bis 338 v. Chr.) über den Brauch der griechischen Feste:

Diejenigen, welche die Festversammlungen stifteten, werden mit Recht gelobt, weil sie uns eine solche Einrichtung überlieferten. Während eines gegenseitigen Waffenstillstands kommen wir an demselben Ort zusammen. Bei Darbietung gemeinschaftlicher Gebete und Opfer erinnern wir uns unserer Verwandtschaft, erneuern alte Freundschaften und schließen neue.

(Isokrates: Panegyricus 12. In: Lust an der Geschichte, Leben im antiken Griechenland, hg. von R. Rilinger, Piper, München 1993, S. 431. Bearbeitet)

Q5 Avery Brundage, Vorsitzender des Olympischen Komitees bis 1972, vergleicht damals und heute:

Im Altertum unterbrachen die Nationen ihre Kriege, um bei den Spielen zu kämpfen. Heute brechen wir die Olympischen Spiele ab, um unsere Kriege fortzuführen.

Q6 Der Grieche Xenophanes urteilte über das Ansehen der Olympiasieger in Athen:

Nun gut, wenn einer (in Olympia) einen Sieg erringt, wird er einen Ehrensitz bei den Veranstaltungen erhalten und er erhält Speisung aus öffentlichem Vermögen und ein Geschenk als kostbaren Besitz ... Nein, dieser Brauch ist durchaus willkürlich, und es ist nicht recht, Stärke höher zu schätzen als nützliche Weisheit. Denn einer mag tüchtig sein im Volk als Fünfkämpfer oder das Ringen verstehen oder den Schnelllauf ... Dadurch ist die Stadt nicht in besserer Verfassung als vorher und es bereichert die Kammern der Stadt nicht.

(Xenophanes: Die Fragmente, hg. und übersetzt von E. Heitsch, Artemis, München 1983, S. 19, 21. Bearbeitet)

ARBEITSAUFTRÄGE

1. Betrachte die Anlage von Olympia in B1. Welche Aussagen lassen sich über die Spiele machen? Welche Unterschiede zu modernen Wettkämpfen kannst du nennen?
2. Betrachte B3. Welchen Grund hatten die Griechen, den Besitzer der Pferde und nicht den Wagenlenker als Sieger zu ehren?
3. Lies Q4 und Q5. Welche Unterschiede werden deutlich zwischen der Haltung der Griechen und der Menschen heute?
4. Welche Bedeutung hatte ein Olympiasieg damals für den Athleten? Vergleiche mit heute. Lies auch Q6. Wie urteilt Xenophanes über die Bedeutung des Olympiasiegers?

6. Die Kolonisation – neue Städte und Horizonte

In der Zeit vom 8. bis 6. Jahrhundert v. Chr. verließen zahllose Griechen ihre Heimat. Entlang der griechischen Handelsrouten an den Mittelmeerküsten und am Schwarzen Meer gründeten sie viele Städte. Diese wurden **Kolonien** (Ansiedlungen) genannt. Was brachte so viele Griechen dazu, von zu Hause fortzugehen?

Kolonien werden gegründet – Starb in einem Oikos der Vater, wurde das Land gleichmäßig auf die Söhne verteilt. Nach diesem griechischen Erbrecht verkleinerten sich also die Land- und Ackerflächen der Familien immer weiter, bis sie schließlich zu klein waren, um die Mitglieder eines Oikos ausreichend zu ernähren.

Auch der Bevölkerungsanstieg in Griechenland ab dem 8. Jahrhundert v. Chr. ließ das ohnehin spärliche Ackerland noch knapper werden. Viele Familien, besonders die Bauern, hatten nicht genug Nahrung. Oft mussten sie Schulden machen. Wie sollte eine Stadt diese Probleme lösen? Als Ausweg blieb nur, dass ein Teil der Bewohner aus der Polis auswanderte.

Sie entschieden, den Informationen der Fernhändler zu folgen und an den Küsten anderer Länder neue Siedlungsplätze und Städte (Kolonien) zu gründen. Das war ein riskantes Unternehmen. Deshalb war es üblich, sich abzusichern und vor einer Gründung das Orakel in Delphi zu befragen. Die Pythia sammelte hilfreiche Informationen und gab sie weiter.

Ein günstiger Siedlungsplatz war ein Ort auf einer leicht zu verteidigenden Landzunge mit Hafen und mit fruchtbarem Umland. Die Begegnung der Siedler mit den Einheimischen reichte vom friedlichen Ansiedeln bis zum gewaltsamen Streit um das Land. Am neuen Wohnort erhielt jeder Siedler ein nach Qualität und Größe gleiches Stück Land. Dadurch waren anfangs alle gleichgestellt. Nur der adlige Führer der Kolonie hatte eine hervorgehobene Stellung.
Später entwickelten sich neue Unterschiede zwischen den Siedlern einer Kolonie. Diese beruhten aber mehr auf dem wirtschaftlichen Erfolg einzelner Familien und nicht, wie in den Mutterstädten, auf adliger Geburt.

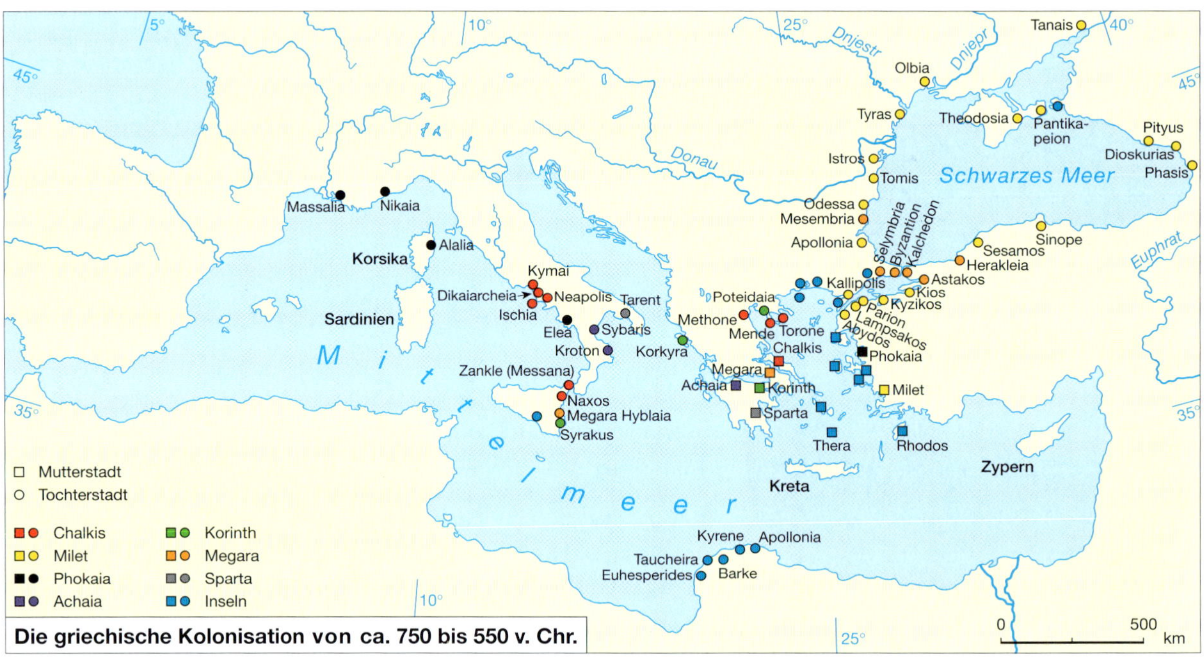

K 1 Die griechische Kolonisation von ca. 750 bis 550 v. Chr.

Methodenseite: Arbeit mit Geschichtskarten

Karten begegnen uns überall in unserem Alltag: bei der Planung der Urlaubsfahrt, als Stadtplan oder als Wetterkarte. Sie helfen uns bei der Orientierung: Wir können uns mit ihrer Hilfe unsere Umgebung, unser Land oder die Erde insgesamt besser vorstellen.

Wie eine Karte aufgebaut ist, kannst du anhand von K 1 sehen. Die Überschrift sagt dir, was die Karte darstellt, ihr **Thema**. Manche Karten geben Auskünfte über die Landschaft, andere über die Bevölkerung eines Gebiets, über die Feldzüge eines Herrschers oder über die Koloniegründungen eines Volkes.

In einer Ecke der Karte findest du die **Legende**. Hier wird dir erklärt, wie du die Karte lesen musst: Verschiedene Farben können geographische Besonderheiten zeigen, zum Beispiel Ebenen oder Gebirge, oder auch Staaten und Herrschaftsgebiete. Auf der Karte der gegenüberliegenden Seite markieren die farbigen Punkte Mutter- und Tochterstädte zur Zeit der griechischen Kolonisation. Kartenlegenden sind nicht immer gleich ausführlich. Einige erklären alle Kartenelemente, andere nur die Besonderheiten der gerade abgebildeten Karte.

Wichtig für den Umgang mit Karten ist eine genaue Vorstellung von den dargestellten Entfernungen. Dabei hilft dir die **Maßstabsleiste**. Hier kannst du sehen, wie viele Zentimeter der Karte wie vielen Kilometern in der Wirklichkeit entsprechen. Solche Erklärungen sind in jeder Karte neu!

Mit einem Lineal kannst du die Entfernung zwischen zwei Orten in Zentimetern auf der Karte abmessen und dann umrechnen, wie viel das in Kilometern ist.

Bei deiner bisherigen Arbeit mit Geschichtskarten hast du schon gemerkt, dass Geschichtskarten etwas anders aussehen als geographische Karten. Anhand einer Geschichtskarte machen wir uns deutlich, wie ein Gebiet früher ausgesehen hat. Es sind z.B. oft andere Städte und Länder eingetragen, die es heute nicht mehr gibt. Man kann in der Geschichtskarte aber auch Entwicklungen über Jahre oder Jahrhunderte hin darstellen. So vollzog sich die griechische Kolonisation um das Mittelmeer und das Schwarze Meer herum über einen Zeitraum von 200 Jahren.

K 1

WORAUF DU ACHTEN MUSST

1. Was ist das Thema der Karte? Welche Frage kannst du mit der Karte beantworten?
2. Für welchen Zeitpunkt oder Zeitraum gilt die Karte?
3. In welchem Maßstab ist die Karte angelegt? Hier können die tatsächlichen Entfernungen ermittelt werden. Vergleiche zu deiner besseren Orientierung auch mit den Städten und Ländern in einem heutigen Atlas.
4. Mit welchen Farben und Zeichen wird das Thema dargestellt? Welche Erklärungen findest du dafür in der Legende?
5. Was erfahre ich aus der Karte? Wird meine Frage ausreichend beantwortet?

Die Kolonien verändern das Mutterland – Die neue Ordnung der Koloniestädte, in denen weniger adlige Herkunft und dafür mehr der Erfolg zählte, hatte auch Einfluss auf einige Mutterstädte. Diese nahmen sich das Zusammenleben der Kolonisten zum Vorbild und gaben den Wohlhabenden mehr Einfluss gegenüber dem Adel.

Q2 Die Bewohner der Insel Thera gründeten um 631 v. Chr. die Kolonie Kyrene in Libyen. Die Ratsversammlung in Thera beschließt:

Da Apollon dem Battos und den Theraiern (Bewohner von Thera) durch das Orakel aufgetragen hat, Kyrene zu gründen, scheint es für die Theraier bestimmt zu sein, den Battos als Führer und König nach Libyen fortzusenden. Als Gefährten sollen 200 Theraier mitziehen. Dazu soll aus jedem Oikos ein erwachsener Sohn ausgewählt werden. Sie sollen zu völlig gleichen Rechten mitziehen. Von den übrigen Theraiern sollen die mitziehen, die wollen, wenn sie Freie sind. Wenn die Siedler dann aber die Kolonie in festem Besitz haben, soll jeder von den Familienangehörigen, der später in Libyen ankommt, auch die gleichen Rechte bekommen. Und er soll von dem Land, das noch nicht einem Besitzer zugewiesen worden ist, einen Teil durch Los erhalten. Wenn sie aber die Kolonie nicht halten können und auch die Theraier ihnen nicht zu Hilfe kommen können, sondern sie fünf Jahre von Not bedrückt werden, dann sollen sie ohne Angst aus dem Land fortgehen und in Thera Bürger sein. Wenn aber einer nicht ziehen will, wenn die Polis ihn fortschickt, soll er getötet werden und sein Besitz Gemeingut sein.

(Inschrift im Tempel des Apollon von Delphi in Kyrene, 4. Jahrhundert v. Chr. In: Oswyn Murray: Das frühe Griechenland, dtv, München 1982, S. 151/152. Bearbeitet)

Die Kolonien nutzten den Reichtum ihrer neuen Umgebung für den Handel mit ihren Mutterstädten und untereinander. Sie lieferten Getreide, Käse, Silber, Elfenbein und andere Produkte, aber auch Sklaven. Dafür erhielten sie Wein, Öl, Keramik und andere Waren und Güter. Der intensive Handel brachte Wohlstand für beide Seiten.

Die griechischen Stadtstaaten saßen nach den Worten des Griechen Sokrates nun „wie die Frösche um einen Teich“. Im 5. Jahrhundert lebten in den Kolonien etwa 3 bis 4 Millionen Griechen. Das wa-

E3 *Uns wird erzählt*

Aufbruch zu neuen Ufern

Im Morgengrauen verließen zwei mit Saatgut, Vieh und Hausrat schwer beladene Ruderschiffe den Hafen der Stadt. An Bord waren etwa 150 Kolonisten – unter ihnen Kyrnos und Megakles. Kyrnos war der jüngste Sohn eines Bauern. Und er hatte noch keine Frau und Kinder. So hatte sein Vater ihn dazu bestimmt, den Oikos zu verlassen. Der Abschied machte Kyrnos traurig, aber er freute sich auch: In der neuen Siedlung gab es genug Ackerland. Bald wäre er selbst Herr eines Oikos und vielleicht wohlhabender als die Bauern zu Hause. Megakles war Kaufmann. Er hatte Keramik in seinem Gepäck, die er den Einheimischen verkaufen wollte: Sie kannten vielleicht andere Getreidesorten und Anbauweisen oder stellten unbekannte Waren her. Megakles war unsicher, wie er den Einheimischen begegnen sollte, aber er war auch neugierig auf ihre Lebensweise.

B4 Modell eines griechischen Handelsschiffs, 5. Jahrhundert v. Chr.

ren genauso viele wie im Mutterland. Mehr als tausend Kilomenter trennten Städte wie Tanais am Schwarzen Meer und Neapolis in Unteritalien voneinander. Dennoch verstanden sich die Auswanderer in den Kolonien weiterhin als Hellenen. Für sie war es wichtig, ihre Sprache, Religion und Lebensweise zu bewahren.

Die Griechen und andere Kulturen – Durch die Kolonisation und durch den Handel mit Ägypten, Syrien, Kleinasien, Sizilien und Süditalien lernten die Griechen andere Kulturen und ihre Lebensweisen kennen. Schon im 9. Jahrhundert v. Chr. hatten die Griechen von den Phöniziern das **Alphabet** übernommen und schließlich zu ihrer eigenen Schrift weiterentwickelt. Nach dem Vorbild der Lyder in Kleinasien begannen sie im 7. Jahrhundert v. Chr. **Münzen** zu prägen.

Auch im Bereich der Religion, der Kunst und der Wissenschaft gaben andere Völker den Griechen Anregungen: die Phönizier, die Babylonier, die Perser und die Ägypter. Dennoch nannten die Griechen alle Menschen mit einer fremden Sprache und Lebensweise seit dem 6. Jahrhundert v. Chr. **Barbaren** (griech.: Stammler). Die Bewohner der Kolonien grenzten sich von den Einheimischen ab. Später glaubten die Griechen sogar, Barbaren natürlicherweise zu Sklaven machen zu dürfen.

Phönizische (links), griechische (Mitte) und lateinische Schrift

𐤓	Ρ	R(ho)	R
𐤊	Κ	K(appa)	K
𐤀	Α	A(lpha)	A
𐤁	Β	B(eta)	B
𐤃	Δ	D(elta)	D
𐤄	Ε	E(psilon)	E
𐤌	Μ	M(y)	M
𐤏	Ο	O(mikrom)	O
𐤔	Σ	S(igma)	S

B5 Die Entwicklung des Alphabets

B6 Tetadrachme aus Syrakus, um 485 v. Chr. Der Wagen auf der Vorderseite verweist auf die Olympischen Spiele. Die Rückseite zeigt die Göttin Arethusa, von Delphinen umgeben.

B7 Silbermünze aus Athen, 5. Jh. v. Chr. Die Vorderseite zeigt eine Eule, das Wappentier Athens, die Rückseite die Göttin Athene.

ARBEITSAUFTRÄGE

1. Erläutere die Ausbreitung der Griechen: Was lässt sich anhand von K 1 über den Verlauf und die Gebiete der Kolonisation sagen?
2. Hier ist eine Liste mit Namen heutiger Städte: Crotone, Istanbul, Marseille, Ruinenstadt Milet, Neapel, Nizza. Suche die Städte in einem Atlas und vergleiche dann mit K 1. Fertige eine Tabelle an, in die du den heutigen Namen der Stadt, den griechischen Namen und das Land einträgst, in dem die Stadt heute liegt.
3. Lies Q 2. Welche Rechte und welche Pflichten hatten die Aussiedler von Thera? Warum hat die Stadt Thera Männer, die sich dem Ratsbeschluss widersetzten, so hart bestraft?
4. Erarbeite mithilfe des Textes sowie E 3 und B 4, wie und warum Kolonien gegründet wurden.
5. Überlege mit B 5, woher der Name „Alphabet" kommt. Welche andere Bezeichnung kennst du?
6. Beschreibe die Münzen in B 6 und B 7. Nenne mögliche Gründe, warum auf der Rückseite jeweils eine Göttin abgebildet ist.

7. Athen – Streit um die Macht in der Polis

Im 6. Jahrhundert v. Chr. war der Gegensatz zwischen den armen Bauern und den reichen Adligen in Athen so groß geworden, dass eine gewaltsame Auseinandersetzung drohte. Wie war es dazu gekommen und welchen Weg fanden die Athener, um den Konflikt zu lösen?

Die Bauern leben in Elend – Das Wachstum der Bevölkerung und das Erbteilungsrecht hatten dazu geführt, dass die Ackerflächen der Bauern immer kleiner geworden waren. Durch Missernten wurde deren Not noch vergrößert, sodass die Bauern Saatgut oder Geld von den adligen Großgrundbesitzern oder reichen Kaufleuten leihen mussten. Zahlte ein Bauer seine Schulden mit der nächsten Ernte nicht zurück, musste er als **Schuldknecht** für den Schuldherrn arbeiten. Oft verlor er sein Land und konnte sogar als Sklave verkauft werden. Deshalb forderten sie, dass alle Schulden erlassen und das Ackerland neu und gerechter verteilt werden sollte.

Die wohlhabenderen Bauern stellten sich an die Seite der armen. Denn sie befürchteten ein ähnliches Schicksal und wollten den Adligen mehr politische Rechte und Mitbestimmung abtrotzen.

Solon sucht eine Lösung – Auch unter den Adligen und reichen Kaufleuten erkannten einige die Gefahren. Wenn die Bauern verarmten oder zu Schuldsklaven wurden, dann fehlte es im Kriegsfall an Bürgern, die Schild, Helm, Panzer, Schwert oder Lanze anschaffen konnten. Auch fürchteten sie, dass ein gewaltsamer Umsturz ihren ganzen Reichtum bedrohen könnte. Die Athener einigten sich daher 594 v. Chr. auf den Adligen SOLON als Schiedsrichter. Solon fand einen Kompromiss. Er linderte die Not der Bauern: Ihre Schulden wurden erlassen, die Schuldknechtschaft wurde verboten, die bereits versklavten und verkauften Bauern wurden auf Kosten der Polis freigekauft. Aber Solon respektierte den Grundbesitz des Adels: Die von den Bauern geforderte Neuverteilung des Ackerlands führte er nicht durch.

Die politische Ordnung des Solon – Auch bei der Mitbestimmung der Bürger in den Angelegenheiten der Polis und bei ihren Pflichten für das Heer führte Solon Reformen durch. Dazu teilte er die Bevölkerung in **vier Vermögensklassen** ein. Grundlage für die Einteilung war der Ernteertrag.

PERSONENLEXIKON

SOLON.
Ca. 640–561 v. Chr.
Schiedsrichter zwischen Bauern und Adligen sowie Gesetzgeber

K 1

Die Ausdehnung Athens im 6. Jahrhundert v. Chr.

Q2 Solon wird zum Schiedsrichter zwischen den streitenden Parteien berufen:

Endlich taten sich die stärksten der bedrohten Bauern zusammen und ermahnten einander, nicht länger zuzusehen, sondern einen zuverlässigen Mann zum Führer zu wählen, die Verarmten aus der Schuldknechtschaft zu befreien, das Land neu aufzuteilen und die politische Ordnung der Polis umzustürzen. Da aber wandten sich die Einsichtigsten unter den Adligen an Solon, einen Mann, der am ehesten außerhalb des Konfliktes stand, weil er sich weder in ungerechter Weise bereichert hatte noch selbst in Not geraten war. Sie baten ihn, dem Wohl des Ganzen zu Hilfe zu kommen und dem Streit ein Ende zu machen. So wurde Solon zum Schiedsrichter und Gesetzgeber gewählt.

(Plutarch: Solon 13, 14. In: Geschichte in Quellen, Band 1, BSV, S. 155 f. Bearb.)

In die erste Klasse stufte er die ein, deren Einkommen den Wert von 500 Scheffel (etwa 500 Zentner) Getreide übertraf. Sie waren für den Bau und Unterhalt der Kriegsschiffe zuständig. Die Bürger der ersten Klasse hatten die meisten Rechte. Nur sie konnten **Archonten** (griech.: Oberbeamte) werden und im Krieg den Oberbefehl über das Heer führen.
Die Bürger der zweiten Klasse hatten Einkommen im Wert von 300 bis 500 Scheffel Getreide. Im Heer dienten sie mit Rüstung, Waffen und Pferd als Offiziere (Ritter). Bis auf das Archontenamt konnten sie in alle Ämter gewählt werden.

In der dritten Klasse waren die Bürger mit einem Einkommen von 200 bis 300 Scheffel Getreide. Im Heer bildeten sie die schwer bewaffneten Hopliten. Die dritte Klasse war zahlenmäßig am stärksten. Ihr gehörten vor allem die wohlhabenden Bauern und Handwerker an. Auch sie konnten alle Ämter bis auf das Archontenamt bekleiden.
Die vierte Klasse bildeten diejenigen, die wenig oder keinen Besitz hatten: die armen Kleinbauern und Lohnarbeiter. Im Heer konnten sie nur als Leichtbewaffnete oder als Ruderer auf den Kriegsschiffen dienen. Bis auf das Volksgericht blieben ihnen alle anderen Ämter verschlossen.

Vor der Reform Solons hatten die Adligen alle politischen Ämter besetzt. Jetzt konnte ein Athener ein Amt erwerben, wenn er vermögend genug war. Ausgeschlossen von den politischen Rechten waren die Frauen. Das galt auch für die Metöken (= Fremde, die in Athen lebten) und für Sklaven.

Ein Tyrann ergreift die Macht – Weder der Adel noch die Bauern waren lange mit der Reform Solons zufrieden. Die einen wollten die Adelsherrschaft **(Aristokratie)** wiederherstellen, die anderen wollten mehr politische Rechte für die einfachen Bürger. Diesen Streit machte sich der Adlige PEISISTRATOS zunutze. Mithilfe fremder Soldaten und seiner An-

Q 3 Aristoteles beurteilt Solons Reformen:

Das Volk hatte gemeint, er würde den gesamten Besitz aufteilen, und der Adel, er würde die bisherigen Verhältnisse beibehalten oder doch nur wenig verändern. Solon aber stellte sich beiden entgegen. Obwohl es ihm möglich gewesen wäre, sich mit einer der Parteien zu verbinden, zog er es vor, sich mit beiden zu verfeinden, das Vaterland zu retten und die bestmöglichen Gesetze zu geben.

(Aristoteles: Staat der Athener, 11. In: Aristoteles: Politik und Staat der Athener, übersetzt von O. Gigon, Artemis, Zürich, 1955, S. 335. Bearbeitet)

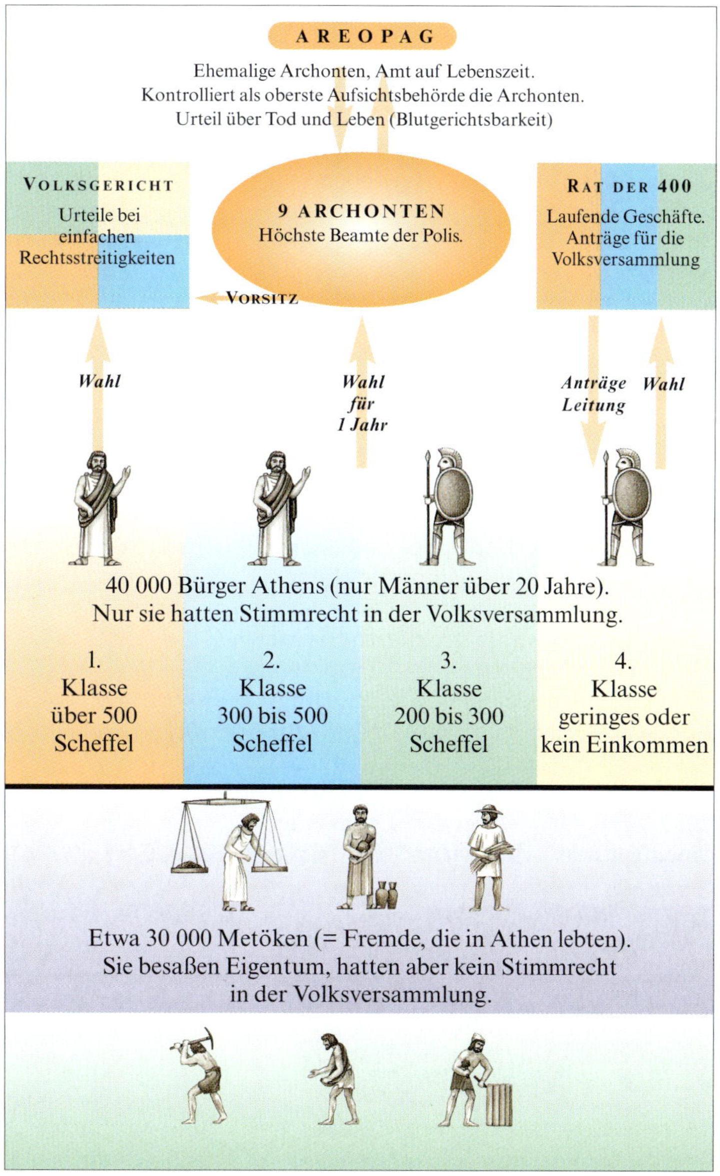

B 4 Die soziale und politische Ordnung in Athen um 600 v. Chr.

hänger im Volk machte er sich 546 v. Chr. zum Alleinherrscher. Er missachtete die Volksversammlung, die Gerichte und alle politischen Ämter. Im Griechischen heißt diese Herrschaftsform **Tyrannis**.

Kleisthenes ordnet die Polis neu – Im Jahr 508 v. Chr. wurde der Adlige KLEISTHENES Archon. Er machte die Volksversammlung der Athener wieder zum Ort der Entscheidungen über die Angelegenheiten der Polis. Wie sah die politische Ordnung des Kleisthenes aus?

Solon hatte die Bürger Athens in vier Vermögensklassen aufgeteilt. Je nachdem, welcher Klasse sie angehörten, hatten sie mehr oder weniger Rechte. Kleisthenes dagegen teilte die etwa 40 000 wahlberechtigten Bürger in zehn Gruppen ein, die **Phylen**. In jeder Phyle waren Bewohner der Stadt Athen, des Umlands und der Küste vereint, und zwar unabhängig von ihrem Reichtum. Jede der zehn Phylen entsandte 50 Mitglieder durch Losentscheid in den **Rat**, der aus 500 Bürgern bestand. Alle Ämter wurden durch Wahl oder Losentscheid besetzt. Nur das Amt des Archons blieb weiterhin den reichen Bürgern vorbehalten.

Zwar gab es weiterhin Adlige und Nichtadlige, reiche und weniger reiche Bürger. Aber bei der politischen Mitbestimmung waren die wahlberechtigten Bürger Athens jetzt gleichberechtigt. Eine politische Ordnung, in der alle gleichberechtigt mitbestimmen können, heißt **Demokratie** (griech.: Volksherrschaft). Kleisthenes erließ auch das Gesetz des Scherbengerichts. Damit wollte er der Gefahr einer neuen Tyrannis vorbeugen.

B 5 Tonscherbe. Der Athener Aristeides, Sohn des Lysimachos, wurde 482 v. Chr. durch das Scherbengericht verbannt.

E 6 *Uns wird erzählt*

Das Scherbengericht

Noch in der Nacht brechen die Bauern Tolmides und Aikidos aus Eleusis nach Athen auf. Denn dort findet bei Sonnenaufgang das Scherbengericht statt. Im Januar hatte die Volksversammlung das Scherbengericht beantragt, weil einige Bürger zu mächtig geworden waren. Die beiden erreichen den Marktplatz. Er ist brechend voll. Da das Scherbengericht nur einmal im Jahr stattfindet, sind mehr Bürger gekommen als sonst.

Die Gespräche der Menschen werden leiser, als der Vorsitzende Nikomachides die Versammlung eröffnet: „Bürger von Athen, ich begrüße euch. Wir wollen heute entscheiden, wer von uns die Stadt für 10 Jahre verlassen muss.“ Die Beamten teilen Tonscherben aus. Jeder schreibt den Bürger auf, den er verbannen will. „Hast du dir schon überlegt, welchen Namen du auf deine Scherbe schreibst, Tolmides?“ – „Den adligen Grundbesitzer Kallias. Er ist zu reich, und er hat viele Gefolgsleute in der Volksversammlung, die immer nur seine Anträge unterstützen.“ – „Aber er will dafür sorgen, dass die kleinen Bauern mehr Land bekommen. Das hört sich doch gut an.“ – „Ach, Aikidos, der will doch nur die Macht in der Polis. Denk an Peisistratos. Sollen wir für Land auf unsere politischen Rechte verzichten? Nicht umsonst nennt man Kallias auch den Freund der Tyrannen.“ – „Na ja, vielleicht hast du Recht, Tolmides.“ Sorgsam ritzt Aikidos den Namen Kallias in den Ton. Dann gehen die beiden zu den Beamten, um ihre Scherben abzugeben. Als die Beamten alle Scherben haben, zählen sie als Erstes, wie viele abgegeben worden sind. Nur bei mindestens 6000 Scherben ist die Entscheidung gültig. Es sind 8468 Scherben. Jetzt werden die Namen gezählt. Kurz vor Mittag gibt der Vorsitzende das Ergebnis bekannt: Die Mehrzahl der Bürger hat entschieden. 6234 Bürger haben Kallias aufgeschrieben. Tolmides ist zufrieden: „Jetzt kann Kallias der Polis nicht mehr gefährlich werden. Er behält zwar sein Geld und sein Land, aber schon heute muss er Athen verlassen.“

ARBEITSAUFTRÄGE

1. Lies Q 2. Warum wurde Solon zum Schiedsrichter gewählt?
2. Gib mit deinen Worten wieder, wie Aristoteles in Q 3 die Reform des Solon beurteilt.
3. Betrachte B 4. Nenne die Ämter zur Zeit Solons. Welche Aufgaben hatten die Amtsinhaber?
4. Erkläre mithilfe von B 5 und E 6 den Ablauf des Scherbengerichts. Wie beurteilst du das Scherbengericht? Gibt es Vor- und Nachteile?
5. Wir gebrauchen das griechische Wort Demokratie noch heute. Was verstehst du unter Demokratie?

8. Athen – die Polis als Zentrum der Bürger

Seit 462 v. Chr. wurden die Beamten der Polis nicht mehr vom Areopag, sondern direkt von der Volksversammlung kontrolliert. Damit wurden die Rechte der Bürger noch weiter gestärkt. Seit dieser Zeit nannten die Athener die Verfassung ihrer Polis **demokratia** (griech.: Volksherrschaft). Wie funktionierte die Volksherrschaft in Athen?

Die Bürger machen die Politik – Die Polis Athen umfasste die gesamte Halbinsel Attika. Manche Einwohner mussten bis zu 40 km zurücklegen, um die Stadt Athen zu erreichen. Von den etwa 290 000 Einwohnern der Polis durften nur die etwa 40 000 männlichen Bürger über 20 Jahre an der **Volksversammlung** teilnehmen. Keine politischen Rechte hatten die 100 000 Sklaven, 30 000 Metöken sowie die 120 000 Frauen und Kinder der attischen Bürger. Damit unterscheidet sich die athenische Demokratie von den modernen demokratischen Staaten, in denen alle erwachsenen Männer und Frauen ein Parlament wählen, das ihre Interessen vertritt.

Die Volksversammlung fand etwa 40-mal im Jahr auf der PNYX statt, einem flachen Felsabhang im Südwesten der Stadt Athen. Hier entschieden die Bürger über Kriege, über die Getreideversorgung, über die Amtsführung der Beamten und vieles mehr. Jeder Bürger konnte den Rednerstein besteigen und vor der Volksversammlung sprechen. Abgestimmt wurde mit Handzeichen oder mit Stimmsteinen. Nicht alle Bürger Athens hatten immer Zeit, an der Volksversammlung teilzunehmen. Bei wichtigen Beschlüssen mussten mindestens 6000 Bürger abstimmen.

Q2 Der Politiker Perikles über die athenische Demokratie:

Unsere Verfassung heißt Demokratie, weil sie nicht auf wenigen, sondern auf allen Bürgern beruht. Das Ansehen eines Bürgers wird durch seine Leistungen bestimmt und nicht durch seine Herkunft. Auch der Ärmste kann zu öffentlichen Ehren und Würden kommen, wenn er für den Staat etwas leistet. ... Unsere Bürger kümmern sich um die Staatsangelegenheiten genauso wie um ihre Geschäfte. Denn in Athen hält man einen Mann, dem die Politik gleichgültig ist, nicht für einen ruhigen Bürger, sondern für einen unnützen Menschen. Unser Volk entscheidet selbst in allen politischen Fragen und bevor man einen Beschluss fasst, wird die Sache gründlich diskutiert.

(In: Thukydides: Geschichte des Peloponnesischen Krieges, übersetzt von G. P. Landmann, dtv/Artemis, München 1976, S. 140, 142. Bearbeitet)

B 1 Die Pnyx: Ort der Volksversammlung. Rekonstruktionszeichnung

Die demokratische Ordnung Athens – Rund um den Marktplatz Athens, die AGORA, lagen die öffentlichen Gebäude der Polis. Dort saßen die Beamten, die Ratsmitglieder und die Richter. Welche Aufgaben hatten die Beamten, wie wurden sie gewählt und wie kontrolliert?

Im Ratsgebäude traf sich fast täglich der **Rat der 500**. Die Ratsmänner wurden aus der gesamten Bürgerschaft Attikas ausgelost. Sie hörten die Anträge und bereiteten die Volksversammlung vor. Der Rundbau daneben war das Regierungsgebäude. Hier saß der **Rat der 50 (Prytanie)**. Für ein Zehntel des Jahres führte er den Vorsitz. Dann wechselte er mit anderen Mitgliedern aus dem Rat der 500.
Jeden Morgen wurden die 6000 Richter des Volksgerichts auf dem Markt versammelt und per Los auf verschiedene Gerichte verteilt. Das Hauptgerichtsgebäude fasste etwa 1500 Menschen. Alle Prozesse und die meisten Ratssitzungen waren öffentlich, die Bürger konnten zuhören.
Die höchsten Beamten der Polis waren die neun **Archonten**. Anfangs wurden sie für ein Jahr gewählt, später durch Losentscheid bestimmt. Die Archonten waren zum Beispiel für die Staatskasse, für die öffentlichen Gebäude, die religiösen Feste oder für die Bergwerke verantwortlich. Ehemalige Archonten wurden zu Mitgliedern des **Areopags**. Aber anders als zu Zeiten des Solon lag die Kontrolle der Beamten jetzt nicht mehr beim Areopag, sondern bei der Volksversammlung. Nur die **Strategen**, die militärischen Oberbefehlshaber, wurden immer durch Wahl bestimmt. Ihre Macht war auch in Friedenszeiten groß.

Politik kostet Zeit und Geld – Etwa 500 Ratsherren, 700 Beamte und mehrere tausend Richter wurden jeden Tag gebraucht, um das politische Tagesgeschäft zu erledigen. Wovon sollten ärmere Bürger leben, wenn sie während ihrer Amtszeit keine Einkünfte hatten? Daher wurden die Beamten, Ratsleute und Richter etwa ab 450 v. Chr. bezahlt. Ab Anfang des 4. Jahrhunderts v. Chr. bekamen sogar

T 3 Einnahmen und Ausgaben Athens um 450 v. Chr.:

Ausgaben:	
Kosten für das Heer und für die Flotte:	300 Talente
Bezahlung der Beamten, Richter und Ratsmitglieder:	250 Talente
Tempelbauten, Theater, Schulen:	150 Talente
Summe:	**700 Talente**
Einnahmen:	
Landwirtschaft, Handwerk und Handel:	270 Talente
Silberbergwerke und andere Minen:	180 Talente
Abgabesteuern für Metöken und Fremde:	50 Talente
Abgabesteuern der reichen Bürger Athens:	150 Talente
Tributzahlungen:	460 Talente
Summe:	**1010 Talente**

Durch die Tributabgaben der Bundesgenossen hatte Athen jedes Jahr etwa 300 Talente Überschuss für die eigene Staatskasse.
1 Talent = 6000 Drachmen; 1 Drachme = 6 Obolen.
Eine griechische Familie brauchte pro Tag etwa 2 Obolen zum Leben.
Ein Beamter oder Richter erhielt pro Tag etwa 2 Obolen Diäten.

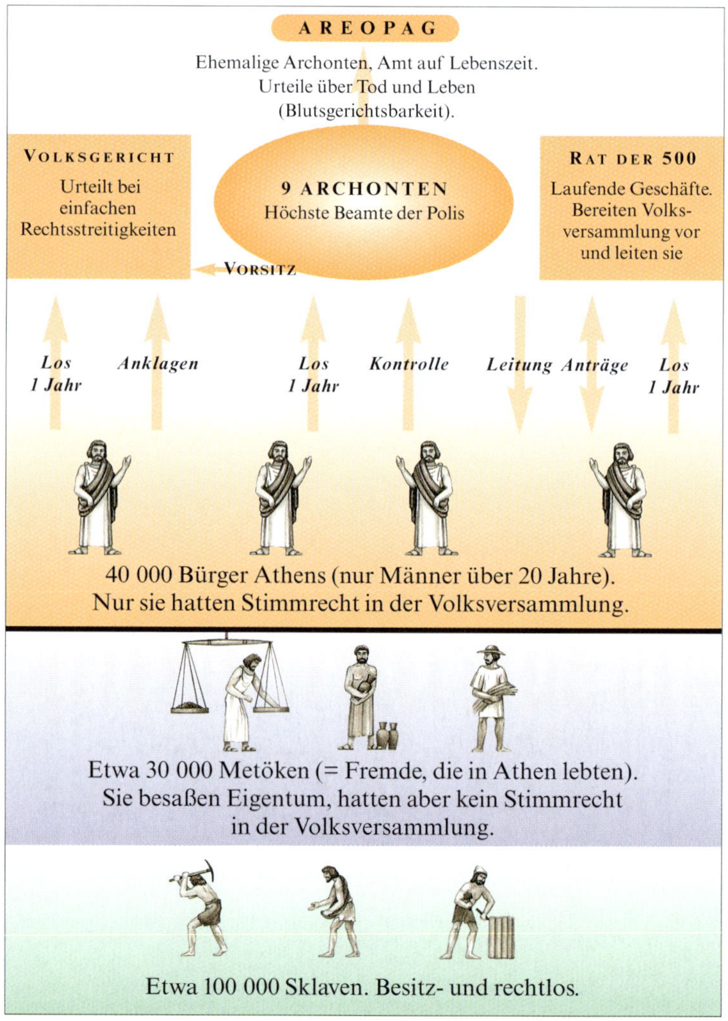

B 4 Die soziale und politische Ordnung in Athen um 500 v. Chr.

die Teilnehmer der Volksversammlung **Diäten** (griech.: Tagegelder).

Redner bestimmen die Politik – Der führende Politiker Athens im 5. Jahrhundert v. Chr. war PERIKLES. Von 443 bis zu seinem Tod 429 v. Chr. wurde er Jahr für Jahr zum Strategen gewählt. Was hob ihn aus der Masse der Bürger hervor?

Neben seinen Verdiensten als Feldherr war Perikles auch ein ausgezeichneter Redner. Das war in Athen eine wichtige Gabe und Voraussetzung für den Erfolg als Politiker. Die Volksversammlung entschied, nachdem sie Rede und Gegenrede angehört hatte. Wer seine Auffassung am mitreißendsten und geschicktesten vortrug, gewann die Stimmenmehrheit. Die dafür notwendigen Voraussetzungen – Selbstbewusstsein und eine gute Bildung – hatten anfangs nur die Adligen. Am Ende des 5. Jahrhunderts v. Chr. betraten aber auch Nichtadlige den Rednerstein. Meist waren es erfolgreiche Handwerker oder Kaufleute, die ihr Geschäft durch einen Verwalter führen ließen und sich der Politik zuwandten. Einer von ihnen, der Gerber KLEON, erwarb Ansehen in der Volksversammlung, weil er die Stimmung und Meinung des Volkes erkundete und danach seine Politik ausrichtete. Die Griechen nannten solche Politiker **Demagogen.** ❷/3

Q 5 Der Geschichtsschreiber Thukydides über die Demokratie in Athen:

Perikles war mächtig durch sein Ansehen und seine Einsicht und in Gelddingen unbestechlich. Er bändigte das Volk in Freiheit; selber führend, nicht von der Masse geführt. Denn er redete ihr nicht zu Gefallen, weil er Macht erwerben wollte, sondern hatte genug Ansehen, ihr wohl auch im Zorn zu widersprechen. Sooft er bemerkte, dass die Masse leichtsinnig wurde, traf er sie mit seiner Rede so, dass sie ängstlich wurden, und bei unbegründeter Angst machte er ihnen Mut.

(Thukydides: Geschichte des Peloponnesischen Krieges, übersetzt v. G. P. Landmann, dtv/Artemis, München 1976, S. 162. Bearbeitet)

PERSONENLEXIKON

PERIKLES. Bedeutender Politiker und Redner Athens. 443–429 v. Chr. militärischer Oberbefehlshaber. Er starb 429 v. Chr. an der Pest.

ARBEITSAUFTRÄGE

1. Betrachte B 1. Beschreibe den Ort der Volksversammlung. Achte darauf, wer teilnimmt und wer ausgeschlossen ist. Welche Bevölkerungsgruppen hatten Stimmrecht in der Volksversammlung?
2. Betrachte B 4. Nenne die Ämter und die politischen Einrichtungen. Suche in K 6, wo sie tagten.
3. Lies Q 2. Welche Eigenschaften zeichnen die Demokratie und einen guten Bürger nach Perikles aus?
4. Lies Q 5. Welche Eigenschaften besitzt Perikles nach Darstellung des Thukydides? Wie beurteilst du den Perikles?
5. Studiere T 3. Woher stammten die Haupteinnahmen Athens um 450 v. Chr.? Wie viele Beamte, Richter und Ratsmitglieder wurden im Jahr bezahlt, wenn sie pro Tag 2 Obolen erhielten?
6. Vergleiche B 4 mit B 4 auf Seite 107. Was hat sich verändert?

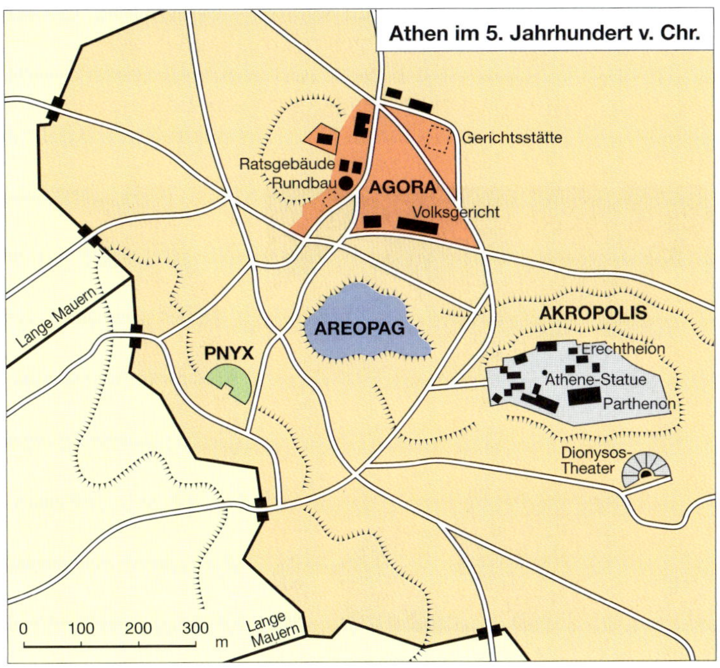

K 6

9. Athen – Alltag in der Polis

In der Polis Athen lebten Bürger mit ihren Familien, Metöken und Sklaven. Welchen alltäglichen Beschäftigungen gingen sie nach?

Die Bauern – Seit der Frühzeit waren die freien Griechen Bauern. Fruchtbares Ackerland war kostbar. Es durften nur Bürger der Polis, nicht aber Metöken Land besitzen. Denn die Griechen verstanden sich als Bauern. Wie lebten sie von ihrer Wirtschaft?

In den wenigen fruchtbaren Ebenen wurde Gerste, wenig Weizen und Flachs angebaut. Obwohl die meisten Athener Ackerbauern waren, reichte der Getreideertrag nicht für alle Bewohner Attikas aus. Athen führte deshalb Getreide aus Ägypten und vom Schwarzen Meer ein. Nur einige Athener Bauern bauten Wein und Oliven an. Denn die Anlage von Weinstock- und Olivenbaumpflanzungen war sehr aufwendig und teuer. Sie ernteten aber oft mehr, als sie verbrauchten, und verkauften Olivenöl und Wein auf dem Athener Markt. Wenige Bauern besaßen so viel Land, dass sie Rinder weiden lassen konnten. Viele besaßen Schafe und Ziegen, die auch in den Bergen noch Futter fanden. Die meisten Bauern Attikas erwirtschafteten gerade genug, um sich und ihre Familie zu ernähren.

Die Handwerker – Im 5. Jahrhundert v. Chr. zogen viele Handwerker aus Attika und von außerhalb in die Stadt Athen. Denn dort gab es viel zu tun: Die Akropolis war während der Perserkriege zerstört worden. Deshalb hatte Perikles ein großes Bauprogramm veranlasst: Zimmerleute, Bildhauer, Kupferschmiede, Elfenbeinschnitzer und viele andere arbeiteten daran, die Tempel prachtvoll wiederaufzubauen. Viele der fremden Handwerker ließen sich in Athen nieder und lebten dort als Metöken.

Die Arbeit der Handwerker trug viel zur wirtschaftlichen Blüte Athens bei. Trotzdem war ihre Arbeit bei den Athenern gering angesehen. Denn im Gegensatz zur Landarbeit galt sie als unnatürlich und schädlich für den Körper. So wurde ein Handwerker weniger geachtet als ein Landbesitzer, auch wenn er Bürger und nicht Metöke war. Das galt selbst für einen Bürger, der eine große Werkstatt hatte und allein von deren Gewinn leben konnte.

Die Händler – Athen war vor allem nach dem Ausbau des Hafens PIRÄUS Zentrum des Mittelmeerhandels geworden. Seehandel war ein gewinnträchtiges Geschäft, aber die Schiffe waren Wind, Wetter und Piraten ausgeliefert. Wer setzte sich solchen Risiken aus?

Amphore, um 500 v. Chr. Beliebte griechische Vasenform, hier mit einem Bild der Stadtgöttin Athene.

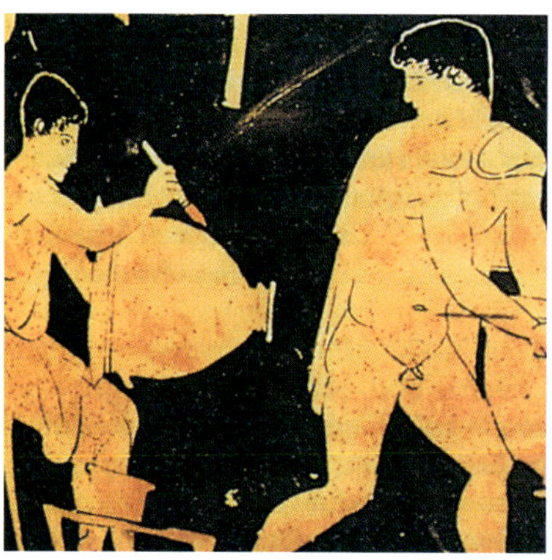

B1 Töpferei. Vase, 5. Jahrhundert v. Chr.

B2 Schmiede. Vase, 6. Jahrhundert v. Chr.

Viele Händler waren Bürger mit geringem Vermögen, die auf Reichtum hofften, oder Metöken. Sie kauften die Waren ein und suchten dann einen Platz auf einem Handelsschiff nach KARTHAGO, SYRAKUS oder einer anderen Stadt. Manche Händler waren auch Schiffseigentümer, die auf eigene Rechnung Waren kauften und verkauften. Bei der Ein- und Ausfahrt in den Piräus zahlten die Händler **Zölle** an die Polis Athen.

Die Athener handelten mit Wein, Öl, Marmor und Keramik. Fremde Händler brachten dafür Getreide, Bauholz, Sklaven, Eisen und Kupfererz, Parfüm und edle Stoffe in die Stadt. Seit dem Ende des 5. Jahrhunderts v. Chr. tauschten immer weniger Händler ihre Waren und zahlten stattdessen mit Geld.

Die Sklaven – In Athen gab es viele Sklaven. Diese sicherten mit ihrer Arbeit den Lebensunterhalt zahlreicher Bürger. Wie hart ihr Leben war, bestimmten die Besitzer. Oft mussten sie sehr anstrengende Arbeit auf den Feldern oder in den Bergwerken verrichten. Es wurde kaum Rücksicht auf ihre körperlichen Kräfte genommen. Sklaven wurden nach ihren Fähigkeiten eingesetzt. Ein Sklave, der sein Handwerk und das Rechnen beherrschte, konnte Verwalter in der Werkstätte seines Herrn werden. Aber nur wenige lebten auf diese Weise besser. Sie blieben abhängig von ihrem Herrn.

E5 *Uns wird erzählt*

Die Sklaven des Athener Nikias

In den Olivenhainen des reichen Nikias ernten die Sklaven Amilkas und Smerdis die Früchte. Likymnios, ein neuer Sklave, kommt zu ihnen.

L.: Hallo, ich bin Likymnios aus Illyrien.

A.: Hallo, ich heiße Amilkas und bin Thraker.

S.: Und ich bin Smerdis vom Schwarzen Meer.

L.: Seid ihr schon lange bei Nikias?

A.: Na ja, der Herr hat uns im letzten Sommer gekauft.

L.: Bitte erzählt doch mal, wie es hier ist.

S.: Also, die Landarbeit strengt uns schon sehr an. Unser Herr ist zwar fast nie auf dem Hof. Aber sein Verwalter, ein Sklave wie wir, treibt die Leute unbarmherzig zur Arbeit an. Er hofft, vom Herrn freigelassen zu werden. – Aber ich will nicht klagen. Denn was sollen die über tausend Mietsklaven sagen, die der Herr für viel Geld an die Bergwerksbesitzer in Laureion verleiht. Sie leiden sehr, vor allem die Kinder.

A.: Das ist wahr. Am besten haben es doch die Haussklaven wie der Koch. Oder der Erzieher des jungen Herrn. Aber leider kann ich weder Griechisch lesen und schreiben wie der Erzieher noch gut rechnen wie der Verwalter. So werde ich wohl weiter Landarbeit machen müssen.

L.: Vorsicht, der Verwalter kommt. Lasst uns weiterarbeiten.

ARBEITSAUFTRÄGE

1. Erkläre die Tätigkeiten in B1 bis B4 und nenne die benutzten Werkzeuge.
2. Lies E5. Stelle die Lebens- und Arbeitsbedingungen der verschiedenen Sklaven des Nikias zusammen und bewerte sie anschließend.

B3 Tongrube. Terrakotta, 7. Jh. v. Chr.

B4 Handel. Vase, 6. Jahrhundert v. Chr.

Der Alltag der Frauen – Nach den Vorstellungen der Athener sollten ihre Frauen sich in der Öffentlichkeit zurückhalten und das Haus möglichst wenig verlassen. Was machten die Frauen, während ihre Männer Politik trieben oder ihrem Beruf nachgingen?

Frauen waren verantwortlich für den Haushalt. In einer wohlhabenden Familie wurden sie von Haussklavinnen unterstützt. Oft musste für mehr als zehn Personen Getreide gemahlen, Brot gebacken, gekocht und gewaschen werden. Die Herstellung der Kleider vom Wollespinnen, Stoffweben bis zum Nähen lag in der Hand der Frauen. Sie erzogen auch die Kinder. Trotzdem verließen auch die Frauen das Haus. Sie nahmen an Festen teil, z. B. den Panathenäen. Frauen hatten auch eigene religiöse Feste, wie die THESMOPHORIEN, ein Fest, das im Herbst zu Ehren der Demeter stattfand. Frauen aus armen Familien arbeiteten als Marktfrauen, Geburtshelferinnen oder Ammen.

Eine Frau war zuerst ihrem Vater und dann ihrem Ehemann untergeordnet. Sie konnte keine Geschäfte abschließen und nicht selbst vor Gericht aussagen. Doch wenn sie keinen Bruder hatte, erbte sie nach dem Tod ihres Vaters den Oikos.

Bronzespiegel. Dodona, 5. Jahrhundert v. Chr.

B 6 Griechisches Haus im 4. Jahrhundert v. Chr. Rekonstruktionszeichnung

Hatte diese **Erbtochter** einen Sohn, ging der Besitz ihres Vaters an ihn.

Die Kinder – Kinder lebten bis zum 7. Lebensjahr im Haus. Welcher Lebensweg lag vor ihnen, wenn sie größer wurden?

Ein Junge ging zur Schule: Der Unterricht sollte ihn auf die Rolle als Bürger vorbereiten. Ein Sklave, sein **paidagogus** (griech.: Kinderbegleiter), führte ihn. In der Schule lernten Jungen Lesen, Schreiben, Rechnen und Musikmachen. Ihr Schulbuch waren die Epen Homers. Jeder Schüler konnte einen Teil davon auswendig.

Den Griechen war es wichtig, auch den Körper zu trainieren. Deshalb besuchten die Jungen das **Gymnasium**. So hieß in Athen die Sporthalle. Mit 18 Jahren galt der Junge als erwachsen. Das bedeutete in Athen, dass er in die Bürgerliste eingetragen wurde. Danach war der junge Mann **Ephebe** (griech.: Jüngling). Zwei Jahre lang musste er nun militärische Dienste für die Stadt ausüben.

Die Mädchen wurden von Müttern und Sklavinnen auf die Führung des Haushalts vorbereitet. Erwachsen zu werden hieß für ein Mädchen zu heiraten. Mit etwa 14 Jahren heirateten die meisten Mädchen einen etwa 30-jährigen Mann. Diese Ehe war keine Liebesheirat, sondern ein Vertrag zwischen dem Vater des Mädchens und dem zukünftigem Ehemann. Vorher verhandelten die Männer über das Vermögen des Mannes und die Mitgift der Braut, also die Güter, die der Vater seiner Tochter mitgab. Der Ehemann verwaltete die Mitgift, solange seine Frau mit ihm verheiratet war. Bei einer Scheidung oder dem Tod ihres Mannes erhielt sie diese zurück. So war ihr Lebensunterhalt stets gesichert. ⓔ/4

Q 7 Der Grieche Ischomachos über die Aufgaben von Männern und Frauen:

Zu (den) häuslichen Verrichtungen gehört aber zunächst die Erziehung der neugeborenen Kinder, sodann die Bereitung der Speisen aus den Früchten; endlich die Herstellung der Kleidung aus der Wolle.
Da nun aber beide, Geschäfte drinnen und die Geschäfte draußen, teils getan, teils geleitet sein wollen, so hat Gott von vornherein auch die Natur dafür eingerichtet … Denn Kälte, Hitze, Märsche, Feldzüge besser zu ertragen, dazu hat er den Leib und die Seele des Mannes eingerichtet und demgemäß übertrug er ihm die Geschäfte draußen; sofern aber Gott dem Weibe einen für diese Arbeiten minder kräftigen Körper gegeben hat, scheint er ihr die Geschäfte im Innern aufgegeben zu haben.

(Xenophon: Ökonomikus 7. In: Lust an der Geschichte, Leben im antiken Griechenland, hg. von Rolf Rilinger, Piper, München 1990, S. 215)

B 8 Frauen am Brunnen. Vase, um 500 v. Chr.

ARBEITSAUFTRÄGE

3. Beschreibe das griechische Haus in B 6. Erläutere, wo sich die Familienmitglieder hauptsächlich aufhalten.
4. Lies Q 7. Welche Aufgaben sollen Frauen und Männer erfüllen? Welche Gründe nennt Ischomachos für die Aufgabenverteilung? Formuliere deine eigene Meinung dazu.
5. Stell dir vor, du bist eine dieser Frauen in B 8. Erzähle den anderen, wie ein normaler Tag für dich aussieht. Was möchtest du ändern?

10. Athen – Kultur in der Demokratie

Noch heute können wir in Griechenland die Überreste der alten Bauwerke, der Tempel und Theater der antiken Griechen bewundern. Mit der Demokratie begann in Griechenland eine Blütezeit der Kultur. Welche Rolle spielten Bauwerke, Theaterspiel und das Nachdenken für die Menschen in der Polis?

Architektur und Bildhauerei – Die griechischen Städte wetteiferten darin, die schönsten Tempel und Standbilder zu errichten. Ihre Künstler stellten diese so dar, wie sie nach Auffassung der Griechen sein sollten. Statuen und Vasenbilder zeigen oft junge Männer mit trainiertem Körper und ebenmäßigen Gesichtszügen. So sah für die Griechen ein Mensch aus, der schön und gleichzeitig klug und gebildet war.

Das Theater – Die ersten Theaterstücke wurden zu Ehren des Gottes Dionysos, dem Gott des Weines und der Lebensfreude, aufgeführt. Sie fanden in einem **Amphitheater**, einem Theater im Freien, statt. Das **Theatron** (griech.: Zuschauerraum) des Dionysostheaters in Athen fasste etwa 17 000 Besucher. Im Mittelpunkt der Theaterspiele stand der Wettstreit der Dichter um das beste Stück und um die Ehre des Gottes. Zehn ausgeloste Richter wählten den Besten und ehrten ihn mit einem Myrtenkranz.

Es wurden **Komödien** (Lustspiele) und **Tragödien** (ernste Stücke) gezeigt. Die Tragödien handelten meist davon, dass Menschen gegen göttliche Gesetze verstoßen. Die Tragödie „ANTIGONE" des Dichters SOPHOKLES zum Beispiel erzählt davon, dass der Bruder der Königstochter Antigone im Kampf gegen seine eigene Heimatstadt Theben fiel. Kreon, der König von Theben, verweigerte dem Toten die Beerdigung. Damit handelte er

B 2 Die Akropolis heute

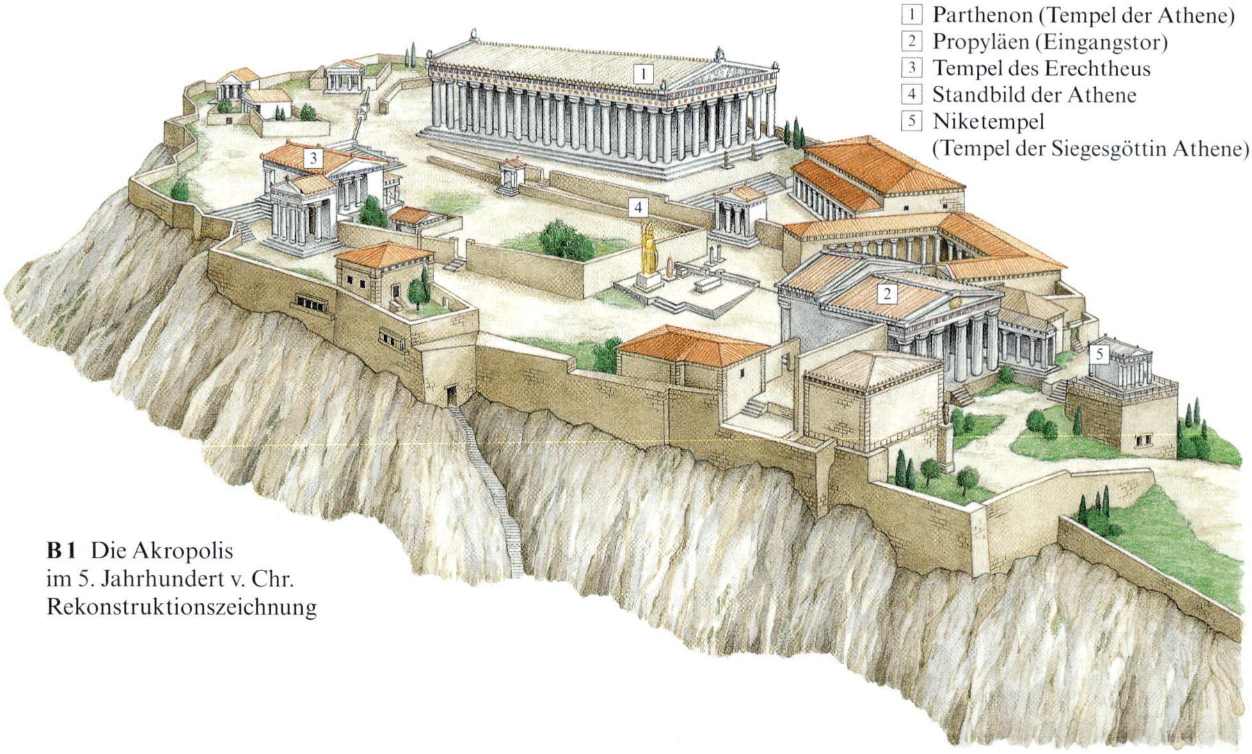

1 Parthenon (Tempel der Athene)
2 Propyläen (Eingangstor)
3 Tempel des Erechtheus
4 Standbild der Athene
5 Niketempel (Tempel der Siegesgöttin Athene)

B 1 Die Akropolis im 5. Jahrhundert v. Chr. Rekonstruktionszeichnung gegen die Gesetze der Götter. Antigone beerdigte ihren Bruder trotzdem und riskierte die Todesstrafe. Die Liebe zu ihrem Bruder und der Wille der Götter waren ihr wichtiger. Neben **Mitleid** mit den Hauptfiguren sollten die Zuschauer **Furcht** vor den Göttern empfinden. Auch wurde ihnen gezeigt, wie sie selbst zu leben und zu handeln hatten.

Die Komödien dagegen griffen Alltagsprobleme der Zuschauer auf. Oft wurden durch das Mittel der Übertreibung auch politische Missstände und menschliche Schwächen kritisiert. In den Komödien war es erlaubt, sich über die Mächtigen lustig zu machen. Einer der bedeutendsten Komödienschreiber war ARISTOPHANES (um 445–386 v. Chr.).

Die Schauspieler trugen Masken, die die verschiedenen „Seelenzustände“ der von ihnen dargestellten Figuren zum Ausdruck brachten. Nur Männer konnten Schauspieler werden, sie übernahmen auch die Frauenrollen in den Stücken. Die Schauspiele wurden von Musik und Tanz begleitet auf die Bühne gebracht.

B 3 Ein Schauspieler. Vase, 4. Jh. v. Chr.

Q 5 Gespräch zwischen Kreon, König von Theben, und seinem Sohn Haimon, dem Verlobten Antigones, aus der Tragödie „Antigone“ von Sophokles:

Haimon: Das Volk von Theben sagt einmütig: Nein!
Kreon: So sagt das Volk mir, wie ich herrschen soll? ...
Wer hat das Recht zu herrschen, wenn nicht ich?
Haimon: Der Staat gehört doch nicht alleine dir.
Kreon: Ist nicht der Staat das Eigentum des Herrschers?
Haimon: Allein herrschst du am besten in der Wüste ...
Ich sehe, dass du dich am Recht versündigst.
Kreon: Wenn ich die Herrscherwürde heilig halte?
Haimon: Heilig? – Du trittst das göttliche Gesetz mit den Füßen!

(In: Sophokles, Antigone, S. 735 ff., Reclam, Stuttgart 1955)

B4 Das Dionysostheater in Athen

Ein unbequemer Frager – Der Athener SOKRATES sagte, Athen sei wie eine träge Stute. Er dagegen sei wie eine Bremse, die ihr in die Flanke steche, um sie wach zu halten. Was meinte er damit?

Sokrates war von Beruf Steinmetz. Doch meist hielt er sich auf dem Marktplatz auf, wo er Gespräche mit den Athenern anfing. Er stellte ihnen immer wieder Fragen: Was ist richtig, was ist falsch? Worin besteht die Gerechtigkeit? Was nutzt der Polis? Mit solchen Fragen wollte er seine Mitmenschen zwingen, ihre Meinungen und Haltungen immer neu zu überdenken. Von sich selbst sagte er: „Ich weiß, dass ich nichts weiß.“ Die Athener nannten ihn einen **Philosophen** (griech.: Freund der Weisheit).

Sokrates glaubte nicht daran, dass die Götter untereinander stritten oder sich in das Leben der Menschen einmischten. Weil er mit dieser Auffassung die Jugend verderbe, wurde er von der Mehrheit der 501 Geschworenen 399 v. Chr. zum Tode durch den Giftbecher verurteilt. Sokrates hätte zwar fliehen können, aber er wollte seiner Überzeugung treu bleiben. Es wird erzählt, dass er ganz ruhig und ohne Furcht den Giftbecher trank. e/5

Die ersten Wissenschaftler – Die Philosophen stellten nicht nur Fragen nach Gut und Böse. Vielmehr suchten einige von ihnen die Entstehung der Welt und bestimmte Naturereignisse mithilfe der **menschlichen Vernunft** zu erklären. Bisher hatten die Mythen den Menschen Antworten auf diese Fragen gegeben und die Welt durch die Götter erklärt.

Einer der Philosophen, die sich mit der Erforschung der Natur beschäftigten, war THALES VON MILET (um 625–546 v. Chr.). Er erklärte das Wasser zum Urgrund der Welt. Thales entdeckte, dass sich in der Natur bestimmte Zahlenverhältnisse stets wiederholen. Einige seiner mathematischen Lehrsätze sind auch heute noch gültig. So bewies er, dass der Durchmesser eines Kreises diesen immer in zwei gleich große Hälften teilt.

ARBEITSAUFTRÄGE

1. Beschreibe die Akropolis in B 1. Welche Bauwerke erkennst du in B 2 wieder?
2. Nenne mithilfe von B 3 und B 4 Ähnlichkeiten und Unterschiede zwischen dem antiken und dem heutigen Theater. Bedenke auch, in welche Stadien heute so viele Menschen passen wie damals in ein Theater.
3. Gib die unterschiedlichen Meinungen von Kreon und Haimon zu politischer Herrschaft in Q 5 wieder. Überlege, was die Zuschauer aus der Tragödie lernen sollten.
4. Erkläre, was Euthydemus in Q 6 unter Arm und Reich versteht. Wie bringt Sokrates seine Meinung ins Wanken?
5. Überlege, was Sokrates mit seinem Ausspruch „Ich weiß, dass ich nichts weiß“ gemeint haben könnte.

PERSONENLEXIKON

SOKRATES. 470–399 v. Chr. Philosoph

Q 6 Sokrates unterhält sich mit dem jungen Euthydemus, der ein führender Staatsmann werden möchte:

S.: Da du dich anschickst, einem demokratisch verwalteten Staat vorzustehen, weiß du doch sicher, was eine Volksherrschaft eigentlich ist.
E.: Ja durchaus.
S.: Hältst du es nun für möglich, die Volksherrschaft zu kennen, ohne das Volk zu kennen?
E.: Nein, gewiss nicht.
S.: Also weißt du, was das Volk ist?
E.: Ich glaube, es zu wissen.
S.: Was verstehst du denn unter dem Volk?
E.: Ich verstehe darunter die Armen unter den Bürgern.
S.: Du kennst also auch die Armen?
E.: Wie sollte ich nicht?
S.: Kennst du auch die Reichen?
E.: Nicht weniger als die Armen.
S.: Welche nennst du arm, … welche nennst du reich?
E.: Arm nenne ich die, welche nicht genügend besitzen, um ihren Bedürfnissen nachzukommen, reich diejenigen, welche mehr besitzen als was genügt.
S.: Hast du aber nicht schon bemerkt, dass manchen das ganz Wenige, das sie besitzen, nicht nur genügt, sondern dass sie davon noch zurücklegen? Dass hingegen manchen anderen viel nicht ausreicht?
E.: Du hast sicher Recht …

(In: Xenophon: Erinnerungen an Sokrates, 4. Buch, 2, 36–39, übersetzt von R. Preiswerk, Rascher, Zürich 1953, S. 210/211. Bearbeitet)

	Politik	Kultur	Alltag
400	Athen: Demokratie 443–429: Perikles Stratege	Sokrates, Blütezeit des Theaters, Parthenon, Propyläen	Frauen unter Vormundschaft ihrer Ehemänner; Erziehung der Jungen in Schule und Gymnasium, der Mädchen im Haushalt
			Geld als Zahlungsmittel im Handel, Athen: Zentrum des Mittelmeerhandels
500	508/7 Athen: Kleisthenes Neuordnung der Bürgerschaft	Ausbau der Akropolis	
	546–510 Athen: Tyrannis		Athener Münzen
600	594 Athen: Solons Neuerungen: Ämter, Volksgericht		
	750–550: Kolonisation		
700		Orakel von Delphi, Abgrenzung der Griechen von den Barbaren um 750: Aufschreiben von Ilias und Odyssee	
	Polis, Adlige herrschen	776: Olympische Spiele	reger Handel zwischen Mutterstädten und Kolonien
800	1200–800: Vorgeschichte: Einwanderung griechischer Volksstämme, adlige Reiterkrieger im Wettstreit, Könige		Bevölkerungsanstieg Oikos als Hausgemeinschaft von Familie, Gefolgschaft und Sklaven
2200 v. Chr.	2200–1200 Vorgeschichte: Paläste als Herrschaftszentren (Minoer, Mykener)	2200–1200 Vorgeschichte: Schrift (Minoer, Mykener)	

Zusammenfassung – Griechenland

Im 2. Jahrtausend v. Chr. entstand auf der Insel Kreta die **erste Hochkultur Europas**. Etwa zur gleichen Zeit drangen von Norden kriegerische Stämme nach Griechenland ein und vermischten sich mit den dort siedelnden Menschen. Die verschiedenen Stämme entwickelten eine einheitliche Sprache und eine gleiche Schrift. Sie verehrten die gleichen Götter und feierten gemeinsame Feste wie die Olympischen Spiele. Die gemeinsame Kultur machte sie zum **Volk der Hellenen**.

Ab dem 8. Jahrhundert v. Chr. entstanden zahlreiche, voneinander unabhängige Stadtstaaten: die griechischen **Poleis**. In der Hafenstadt Athen in Attika bildete sich ab dem 6. Jahrhundert v. Chr. die erste **demokratische Ordnung** heraus. Die politische Mitbestimmung bezog sich jedoch nicht auf die gesamte Bevölkerung, sondern nur auf die männlichen Bürger. Frauen, Fremde und Sklaven waren von den Bürgerrechten ausgeschlossen.

Seit der Frühzeit waren die freien Griechen Bauern; die meisten erwirtschafteten gerade so viel, dass sie sich und ihre Familie ernähren konnten. Andere verdienten als Handwerker oder Händler ihren Lebensunterhalt. Frauen aus armen Familien arbeiteten auf dem Markt, als Geburtshelferinnen oder Ammen; ansonsten hielten Frauen sich in der Öffentlichkeit zurück, sie waren vielmehr für den Haushalt verantwortlich.

Als zwischen dem 8. und dem 6. Jahrhundert v. Chr. die Bevölkerung anstieg und das Ackerland knapp wurde, verließen viele Griechen ihre Heimat und gründeten entlang der Mittelmeerküste und am Schwarzen Meer Städte. Durch die **Kolonisation** breitete sich die griechische Kultur aus.

Architektur, Bildhauerei, Theater und Philosophie der hoch entwickelten griechischen Kultur prägen bis heute die kulturelle Entwicklung Europas.

ARBEITSAUFTRÄGE

1. Benenne Unterschiede zwischen der griechischen und der modernen Demokratie.
2. Die Leistungen und die Kultur der antiken Griechen haben auch heute noch Bedeutung für uns. Nenne einige Beispiele.

ZUM WEITERLESEN

Garfield, L./ Blishen, E.: Die Götter des Olymp, Gabriel, Wien 1998
Griechische Sagen, bearb. v. R. Carstensen. Ensslin, Reutlingen 1995
Inkiow, D.: Die Abenteuer des Odysseus, Gabriel, Wien 1999
Powell, A.: Das Buch vom alten Griechenland. Arena, Würzburg 1994
@/1 www.bosold.de/sagen/
@/2 olympia.hessonline.de/
@/3 www.info-antike.de/athen.htm
@/4 www.meinebibliothek.de/Texte/html/kinder.html
@/5 www.info-antike.de/sokrates.htm

Rom und Römisches Reich

In einer Talsenke mitten in Rom liegt das Forum, der Mittelpunkt des alten Roms. Hier wurde ursprünglich Handel getrieben. Heute sehen wir Reste von Gebäuden, die der Politik dienten. Dort standen z. B. ein Haus für den Senat, eine Rednertribüne, Gerichtsgebäude, Tempel und Triumphbögen, die die Kaiser sich nach siegreichen Feldzügen bauen ließen. Der Platz mit all seinen Gebäuden sollte das mächtige Rom als Hauptstadt eines Weltreichs schmücken. Er soll großartig gewirkt haben.

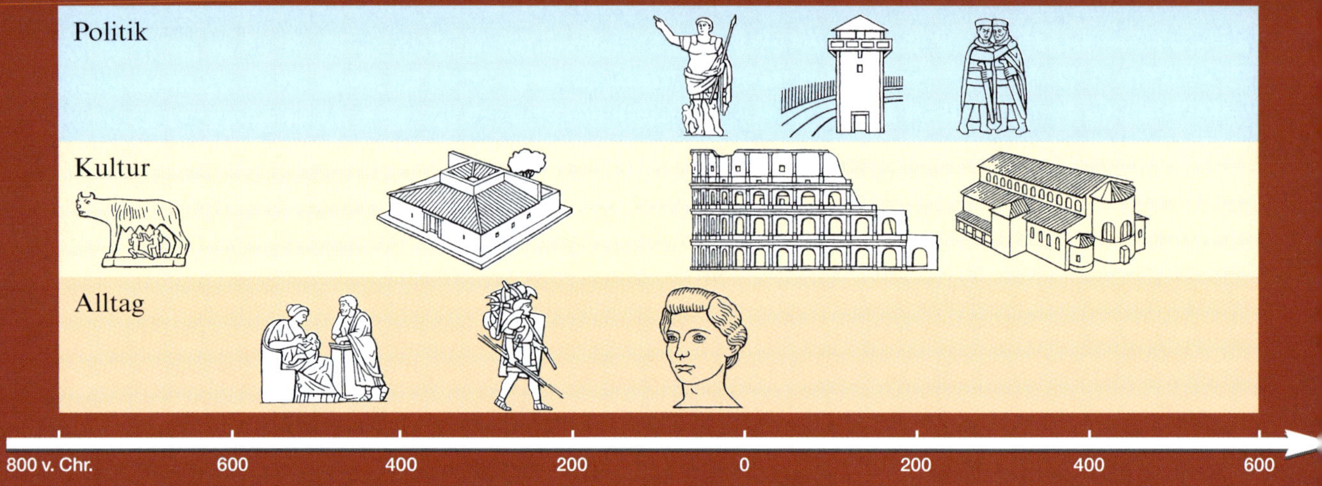

Das Römische Reich bis 117 n. Chr.

ARBEITSAUFTRAG

Erläutere mit der Karte, in welchen Schritten sich das Römische Reich ausdehnte. Suche in einem Atlas die Staaten, die heute auf dem Gebiet des Römischen Reichs liegen.

1. Die Stadt Rom entsteht

Die Römer beherrschten über Jahrhunderte große Teile Europas, Kleinasiens, des Vorderen Orients und Nordafrikas. In der Kultur Europas haben sie tiefe Spuren hinterlassen, z.B. in den Sprachen vieler Länder und in Städtegründungen. Wer waren die Römer?

Die Siedlung am Tiber – Rom liegt an der letzten Furt am Unterlauf des Tiber. Die Hügel in der sumpfigen Niederung am linken Ufer eigneten sich als Siedlungsland. Ausgrabungen haben gezeigt, dass sich auf zweien, dem ESQUILIN und dem PALATIN, um 800 v. Chr. Viehzüchter vom Volk der LATINER niederließen. Die Latiner gehörten zu den ITALIKERN, nach denen die Halbinsel ITALIEN benannt ist.

Der Tiber bildete die Grenze zwischen den Siedlungsgebieten der Italiker im Süden und der ETRUSKER im Norden der Halbinsel. Die Etrusker verfügten über bedeutende Erzlagerstätten und waren geschickte Metallhandwerker, Baumeister und Kaufleute. Sie trieben Handel mit den Griechen in Süditalien und kauften Salz, das an der Tibermündung gewonnen wurde. ⓔ/1

K 2

B 1 Modell der Latinersiedlung auf dem Palatin

Die Furt am Tiber weckte das Interesse der Etrusker. Hier ließ sich der Fluss auf dem Weg zu den griechischen Kolonien in Süditalien leicht überqueren. Auch das Salz konnte von der Tibermündung bequem mit Schiffen flussaufwärts transportiert werden – ein idealer Handelsplatz in Italien.

Die Etrusker wollten deshalb ihre Herrschaft auf die bäuerlichen Siedlungen am Tiber ausdehnen. Ihre mächtige Stadt VEJI lag nicht weit entfernt. Etwa um 600 v. Chr. übernahmen die Etrusker die Herrschaft in der Siedlung. Ein König aus ihren Reihen wurde bestimmt.

Doch waren Bewohner der latinischen Siedlung an der Herrschaft beteiligt. Ein Rat der einheimischen adligen Familien, der **Senat**, durfte den **König** beraten. Die etruskischen Könige entfalteten in ihrer Herrschaft eine besondere Pracht. Sie trugen ein Purpurgewand und schmückten sich mit einem Goldkranz. Als Zeichen ihrer Macht trugen zwölf Diener, die Liktoren, Rutenbündel und Beile vor ihnen her. Die Römer haben später diese Sitte beibehalten.

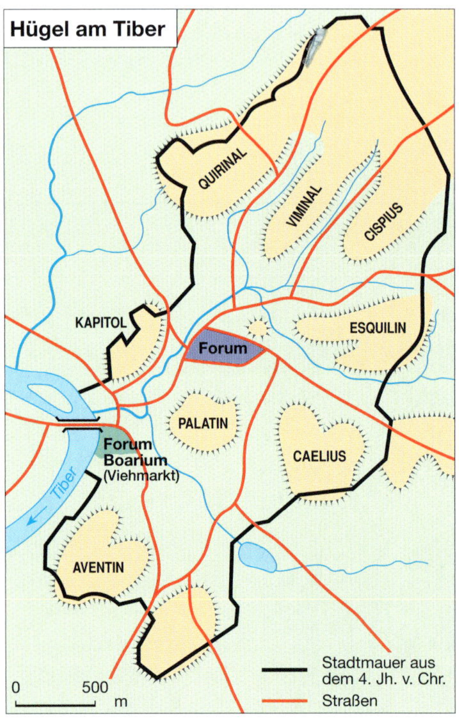

K 3

B 4 Das etruskische Heer. An einem Tempel in Veji um 600 v. Chr.

Etrusker bauen eine Stadt – Die Siedlung konnte jetzt zusammenwachsen. Ihre Grenze zogen die Etrusker mit einem Ochsenpflug. Niemand durfte diese heilige Linie verletzen. Sie sollte alles Böse und Feindliche von der Stadt fern halten. Deshalb durften auch keine Bewaffneten diesen inneren Bereich der Stadt betreten. Heeresversammlungen fanden außerhalb der Stadt auf dem Gelände des Kriegsgottes Mars, dem Marsfeld, statt.

Rom entwickelte sich jetzt rasch. Durch einen groß angelegten Entwässerungsgraben, die **Cloaca maxima** (lat.: großes Abwasser), wurde die sumpfige Ebene trockengelegt. Nun konnten hier neue Straßen und Gebäude entstehen. Der Kapitol-Hügel wurde durch eine Burg befestigt. Unterhalb des Burghügels entstanden ein gepflasterter Markt, das **Forum** (lat.: Markt), und eine feste Hauptstraße. Ziegelgedeckte Häuser lösten die strohgedeckten Lehmhütten ab. Eine erste Brücke überspannte den Tiber. Der Gott Mars und der etruskische Gott JUPITER erhielten steinerne Tempel.

Viele etruskische Wörter fanden Eingang in die lateinische Sprache. Dazu gehört wohl auch der Name Rom. Nach Ansicht vieler Forscher geht er auf ein etruskisches Familiengeschlecht, die „Ruma", zurück.

Das Ende der Etruskerherrschaft – Die etruskische Königsherrschaft endete etwa um 500 v. Chr. Auf welche Weise änderten die Römer aber die Regeln ihres Zusammenlebens?

Später lernten die Römer die Geschichte so, dass ihre Vorfahren den letzten König TARQUINIUS SUPERBUS aus der Stadt vertrieben hatten. Wahrscheinlich hatten die adligen Familienchefs den König schon vorher allmählich entmachtet.

Die adligen Römer aus dem Senat teilten sich nun die Macht. Sie setzten einen Oberbeamten, einen **Magistrat**, aus ihren Reihen ein, der aber nur für jeweils ein Jahr regieren durfte. Die Adligen fürchteten nämlich, einer aus ihren Reihen könnte sich selber zum König machen und wieder die ganze Macht an sich reißen.

Die **res publica** (lat.: gemeinsame Angelegenheit der Stadt) lag nun in ihren Händen. Einen Staat ohne König nennen wir bis heute eine **Republik**.

B6 Die römische Wölfin. Statue auf dem Kapitol

E5 *Uns wird erzählt*

Zu den Sagen, von denen Livius in Q 7 spricht, gehört auch die folgende Geschichte über die Anfänge ihrer Stadt: Romulus und Remus waren die Zwillingssöhne des Kriegsgottes Mars. Ihr Onkel betrog sie um die Herrschaft über die Stadt Alba Longa. Er ermordete ihre Mutter Rea Silvia und warf die Kinder in den Tiber, um sie zu ertränken. Der Fluss spülte sie jedoch ans Ufer. Dort fand sie eine Wölfin. Wölfe waren aber dem Gott Mars heilig. Das Tier trug die Jungen deshalb in seine Höhle unter dem Palatin und säugte sie dort. Schließlich fand ein Hirte die Kinder und zog sie in seiner Hütte groß.

Auf dem Palatin gründete der erwachsene Romulus im Jahr 753 v. Chr. die Stadt Rom. Mit einem Pflug markierte er den Verlauf von Mauer und Graben. Wer diese Stadtgrenze verletzte, sollte verloren sein. Remus sprang darüber, um seinen Bruder zu verspotten. Romulus aber tötete voller Zorn den eigenen Bruder. Damit war für alle klar: So würde es in Zukunft jedem ergehen, der die Grenze der Stadt nicht respektierte.

Q7 Der römische Geschichtsschreiber Livius (59 v. Chr. bis 17 n. Chr.) über Sagen:

Was über die Zeit vor und bei der Gründung der Stadt, dichterisch ausgeschmückt, in Sagen überliefert wird, will ich weder bestätigen noch widerlegen. Das Altertum hat schon immer Göttliches und Menschliches verbunden und damit die Anfänge der Städte geehrt. Und wenn es überhaupt einem Volke erlaubt ist, die Anfänge auf göttliche Gründer zurückzuführen, dann gewiss den Römern; denn die Völker ertragen ihre Herrschaft gelassen und dulden genauso, dass die Römer den Kriegsgott Mars als ihren Vater und als Vater ihres Gründers ansehen.

(Livius: Römische Geschichte, Vorwort § 6 f.)

ARBEITSAUFTRÄGE

1. Beschreibe B 1 und K 3. Vergleiche die Siedlung des frühen Roms mit einer Siedlung in der Steinzeit.
2. Erläutere K 2. Suche die zwei größten Siedlungsgebiete und nenne wichtige Nachbarn Roms.
3. Schreibe eine Geschichte zu B 4: Das Volk der Etrusker trifft auf die Römer aus der Siedlung in B 1.
4. E 5 und B 6 zeigen, wie die Römer sich selbst später sahen. Gib die Romulus-Erzählung E 5 mit deinen Worten wieder. Überlege, warum der Gott Mars für die Römer so wichtig war. Vergleiche dann die Darstellung mit den Informationen im Text.
5. Diskutiert mithilfe von Q 7 die Geschichte von der Gründung Roms in E 5.

2. Die Römische Republik findet ihre Ordnung

Nach dem Sturz der Könige lag die Macht in Rom in den Händen der Adligen. Doch wie sah diese Herrschaft aus? Gab sich das Volk damit zufrieden? Wie können wir uns das Zusammenleben in der frühen Republik vorstellen?

Die Zweiteilung der römischen Gesellschaft – Die römische Gesellschaft war in zwei Gruppen geteilt: die Patrizier und die Plebejer. **Patrizier** (lat.: Väter) nannten sich die Adligen. Sie waren die Oberhäupter der alten Grundbesitzerfamilien und sahen sich als Väter der Stadt.

Die große Mehrzahl der römischen Bevölkerung zählte zu den **Plebejern** (lat. plebs: das Volk). Das waren hauptsächlich Bauern, aber auch Handwerker, Kaufleute und Tagelöhner. Innerhalb dieser Schicht gab es große Unterschiede. Die wohlhabendsten Plebejer waren so reich, dass sie wie der Adel als **Ritter** mit einem Pferd in den Krieg ziehen konnten. Andere waren in der Lage, sich eine schwere Rüstung zu leisten wie die Hopliten in Griechenland. Die Masse konnte sich nur leicht bewaffnen oder war sogar dazu zu arm. Denn viele Plebejer litten unter drückenden Schulden. Ihnen drohte die Sklaverei, eine Situation ähnlich der in Griechenland zur Zeit Solons.

Die meisten Plebejer standen in einem besonderen Schutzverhältnis zu einem der adligen Patrizier. Sie wurden **Klienten** (lat.: Gehorchende) genannt, der Patrizier hieß **Patron** (lat.: Vater). Der Patron bot rechtlichen Schutz und gewährte wirtschaftliche Unterstützung. Dafür unterstützten die Klienten die Interessen des Patrons in der Politik. Für die Klienten begann der Tag oft mit dem wichtigen Besuch beim Patron in dessen geräumigem Stadthaus.

In Familien herrschen „Väter“ – Die Adligen schützten die Klienten wie Familienangehörige. In Rom herrschte der Vater über die Familie wie ein König.

Römisches Ehepaar

B 1 Einfaches Atriumhaus

1 Haustür
2 Atrium
3 Regenbecken
4 Schlaf-, Wohn- und Wirtschaftsräume
5 Esszimmer
6 Garten

Zur Familie gehörten nicht nur seine Frau und die Kinder. Auch **Freigelassene** (ehemalige Sklaven) und Klienten zählten dazu. Wenn die Söhne heirateten, blieben sie zusammen mit ihrer Frau und ihren Kindern in der Familie des Vaters. Wenn die Töchter heirateten, traten sie in die Familie ihres Mannes oder seines Vaters ein. Erst nach dem Tod des Vaters hatten die Söhne eine eigene Familie.

Die Mädchen heirateten im Alter zwischen 13 und 17 Jahren, die Jungen im Alter zwischen 18 und 22 Jahren. Über die Ehe entschieden die Väter. Die Ehefrauen waren angesehene Partnerinnen ihres Mannes. Die Frauen der Patrizier leiteten als Herrinnen des Hauses die Erziehung der kleinen Kinder und den gesamten Haushalt mit den Sklaven. Dennoch mussten die Römerinnen bis in das 1. Jahrhundert v. Chr. ihr Vermögen dem Ehemann übergeben, wenn sie heirateten.

Der Vater entschied darüber, ob ein neugeborenes Kind in seine Familie aufgenommen oder aber ausgesetzt wurde. Er konnte seine Kinder sogar verkaufen.

Schulen für alle gab es in Rom nicht. Die Reichen leisteten sich für den Unterricht der Söhne **Privatlehrer**. Oft waren das gelehrte Männer aus dem griechischen Osten, die versklavt worden waren. Um seine Söhne kümmerte sich der Patron aber auch selbst. Sie nahmen an seinem Tagesablauf teil und lernten durch das Beispiel des Vaters.

E 3 *Uns wird erzählt*

Ein Morgen von Klient und Patron

Gaius Caecilius Albus ist Schmied. Bevor er in seiner Werkstatt mit der Arbeit beginnt, eilt er frühmorgens in das Haus des Senators Marcus Metellus Benignus, seines Patrons. Heute wird Gaius wohl einen lästigen Auftrag erhalten: Er soll dem Patron nachts den Weg beleuchten. Dafür erhält er ja keinen Lohn! Gern würde er einmal einen der Aufträge ablehnen. Aber das ist völlig ausgeschlossen! Schon sein Vater war Klient des Marcus Metellus und Gaius wurde es automatisch auch. Und kürzlich hatte ihm doch Metellus nach dem Brand seines Hauses mit einer Geldsumme sehr geholfen. Und schickte er ihm nicht manchmal neue Kunden?

Metellus wird nach dem Frühstück seine Klienten empfangen. Er hat hunderte Klienten von seinem Vater geerbt. Auch die Einwohner einer italienischen Stadt, die sein Vater als Feldherr unterwarf. Heute muss er noch einmal mit dem Bauern Sextus sprechen, der im Streit den Sklaven eines Senators verletzt hat. Lieber würde er einen Tag auf der Jagd als im Gericht verbringen. Kümmert er sich aber nicht darum, schadet es seinem Ansehen in der Stadt. Und die Chancen, das nächste Konsulat zu bekommen, wären vertan. Sein Sklave Lucius hält das Tagegeld für die Klienten bereit. Denn am Nachmittag sollen sie seine Gerichtsrede bejubeln. Und vorher muss er zur Senatssitzung auf das Forum.

ARBEITSAUFTRÄGE

1. Beschreibe B 1. Vergleiche das römische Haus mit den Hütten auf dem Palatin in Kapitel 1.
2. Beschreibe B 2. Vergleiche den Alltag von Erwachsenen und Kindern damals und heute.
3. Erläutere mit E 3, wie ein Römer Klient wurde. Stelle die Verpflichtungen von Klient und Patron gegenüber.

B 2 Familienszene. Relief auf einem Grabstein

Der Adel regiert, die Plebejer bestimmen mit – Die Versammlung der Patrizier im Senat bestimmte zuerst ganz allein die Politik. Wie konnten die Plebejer politischen Einfluss erlangen?

Der Adel regierte zwar allein, aber er war auf die Plebejer angewiesen. Ohne die plebejischen Soldaten hätte Rom seine Kriege nicht bestehen können. Die Plebejer forderten daher mehr Rechte und politische Mitsprache. So wurde im 5. Jahrhundert eine Volksversammlung eingerichtet, die aus der Heeresversammlung hervorging. Teilnehmer waren alle erwachsenen männlichen Bürger: Patrizier und Plebejer.

Ihr Stimmrecht richtete sich – wie die Rangstellung im Heer – nach dem Vermögen. Das römische Heer war in Abteilungen gegliedert, die man **Zenturien** (lat.: Hundertschaften) nannte. Hundertschaften der weniger gut Bewaffneten konnten auch weit mehr als 100 Mitglieder haben. Trotzdem hatte in den **Zenturiatskomitien** (lat.: Volksversammlung) jede Hundertschaft nur eine Stimme. Die Patrizier nahmen über ihre Klientel auch in den übrigen Zenturien Einfluss.

Die Plebejer erkämpfen mehr Rechte – Trotz Volksversammlung lag die Macht beim Adel. Das Ringen zwischen Patriziern und Plebejern dauerte 200 Jahre. Stärkstes Druckmittel der Plebejer war die Verweigerung des Heeresdienstes. Sie zogen aus der Stadt, gründeten eine eigene Plebejerversammlung und wählten eigene Beamte. Diese **Volkstribunen** wurden von ihnen für unverletzlich erklärt. Die Patrizier mussten nachgeben. Die Volkstribunen erhielten das Recht, gegen die Maßnahmen der anderen Beamten einzuschreiten. Sie mussten nur rufen: „Veto!“ (lat.: „Ich verbiete es!“)

Die Plebejer erreichten schließlich auch den Zugang zu den Beamtenstellen. Im Jahr 367 v. Chr. wurde der erste Plebejer Konsul. Doch wollten die Patrizier keinen Plebejer allein regieren lassen. Deshalb wurden mindestens zwei Beamte für jedes Amt gewählt: je ein Patrizier und ein Plebejer. Jeder konnte die Anordnung seines Kollegen außer Kraft setzen. Vor allem reiche Plebejer erhielten die Ämter. Aus der alten Führungsschicht und den neuen plebejischen „Spitzenpolitikern“ entstand ein neuer Adel: die **Nobilität.**

T 5 Die Zenturiatskomitien:

Zenturien	Mitglieder	Vermögen der Mitglieder	Ihr Dienst im Heer
18	ca. 100	Reiche	Reiter
80	einige 100	Wohlhabende	Schwerbewaffnete
90	über 1000	weniger Wohlhabende	leichter Bewaffnete
4	Tausende	Arme	Signalbläser, Pioniere
1	Zehntausende	Besitzlose	kein Kriegsdienst

B4 Abstimmung in einer Zenturie. Jede Zenturie umgab ein Zaun. Die Abstimmungsurne für jede Zenturie stand außerhalb. Die Stimmtafel trägt ein „V“ für „U“ = „Uti rogas“ (lat.: „Wie der Beamte beantragt“).

Im Jahr 287 v. Chr. wurde den Beschlüssen der Plebejerversammlung Gesetzeskraft zuerkannt. Damit hatte die Republik ihre endgültige Ordnung gefunden.

Die Politik in der Republik – Am Ende der Kämpfe zwischen Patriziern und Plebejern stand eine Einigung. Wie funktionierte nun die republikanische Ordnung? Wie war die Macht in Rom verteilt?

Den römischen Staat leiteten die **Magistrate** (= Beamte). Die **Quästoren** waren die Finanzbeamten Roms. Sie verwalteten die staatlichen Einkünfte und Ausgaben. Für die Verwaltung Roms waren die **Ädile** zuständig: Sie kümmerten sich um die Polizei, öffentliche Gebäude, Märkte, die Feuerwehr und andere lebenswichtige Bereiche. Die **Prätoren** leiteten das Gerichtswesen des römischen Staats.

Die beiden **Konsuln** waren die obersten Beamten Roms. Die anderen Beamten mussten ihnen bedingungslos gehorchen. In Notzeiten konnte einer der Konsuln für ein halbes Jahr vom Senat zum **„Diktator auf Zeit"** bestimmt werden. In dieser Zeit hatte der Diktator unbeschränkte Macht.

Über diese Magistrate hinaus gab es die **Zensoren**. Sie teilten die Bürger in Vermögensklassen ein, kontrollierten die Staatsfinanzen und auch die Sitten der Bürger Roms. Die Zensoren hatten ein hohes Ansehen und großen Einfluss. Nur ehemalige Konsuln konnten dieses Amt bekleiden.

Senatoren hatten ihr Amt auf Lebenszeit. Sie sollten die Magistrate beraten. Doch zu allen wichtigen Fragen fassten sie Beschlüsse. Die Konsuln und die Volkstribunen waren daran beteiligt. Es war undenkbar, einen vom Senat beschlossenen „Rat" nicht auszuführen.

Und doch sorgten das Einspruchsrecht der Volkstribunen und die Gesetzgebung der Plebejerversammlung dafür, dass die Rechte des Volkes in der Politik Berücksichtigung fanden. e/2

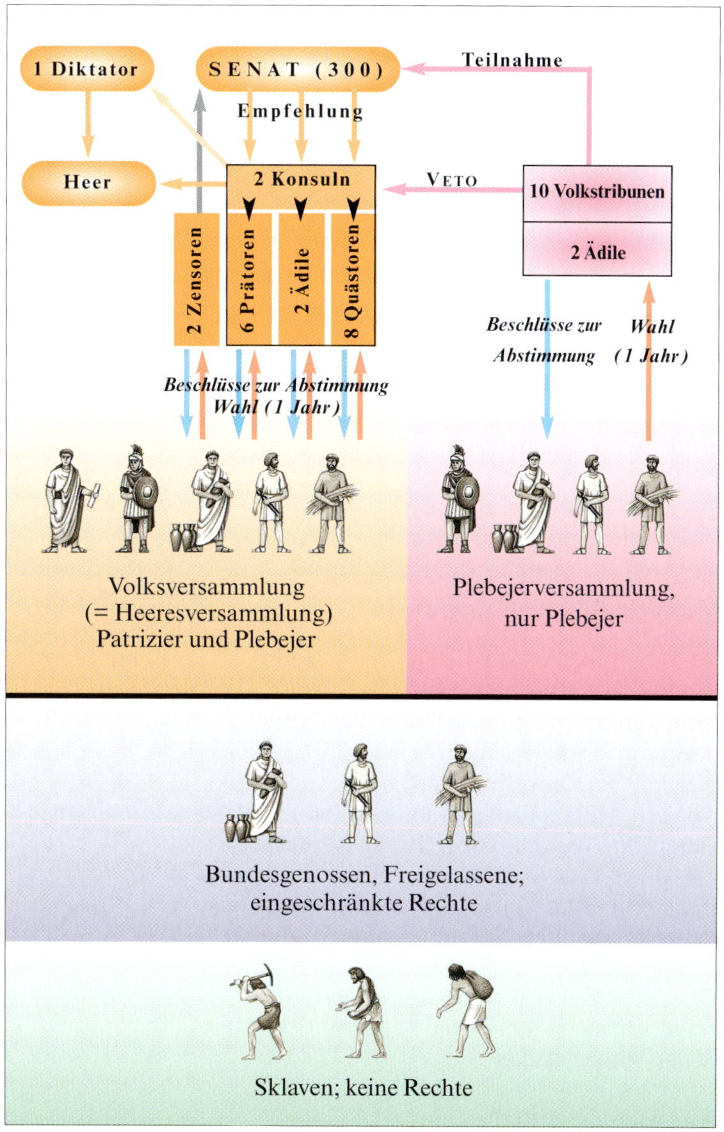

B6 Die Verfassung der Römischen Republik im 2. Jahrhundert v. Chr.

ARBEITSAUFTRÄGE

1. Beschreibe B4. Was zeigen die Darstellungen auf den Münzen? Überlege, wie in deiner Klasse eine Wahl zum Klassensprecher abläuft. Was ist in Rom anders?
2. Erläutert T5. Spielt folgende Situation: Ein Konsul soll einen Beschluss in der Volksversammlung über einen Krieg mit einer Nachbarstadt herbeiführen. 3 Zenturien stimmen ab: Zenturie „A" hat 3 Mitglieder, Zenturie „B" 5 Mitglieder, Zenturie „C" alle übrigen. Wie kann der Konsul seinen Beschluss sicher erreichen? Achtung: Jede Zenturie hat nur eine Stimme!
3. Erläutere mit B6, wie die Verfassung Interessen ausgleicht. Vergleiche mit der Entwicklung in Athen.

3. Das Römische Reich – Rom erobert und herrscht

Nach der Vertreibung der etruskischen Könige um 500 v. Chr. war Rom nur ein Stadtstaat unter vielen auf der italienischen Halbinsel. Wie gelang es der Stadt Rom, in etwa 400 Jahren zur „Herrin der Welt" aufzusteigen?

Rom herrscht in Italien – Die Römer hatten sich von der etruskischen Herrschaft befreit. So entstand ein Dauerkonflikt mit den Etruskern. Nach 100 Jahren eroberten die Römer im Bund mit den übrigen Latinern 396 v. Chr. die mächtige etruskische Nachbarstadt Veji. Sie zerstörten die Stadt, vertrieben die Einwohner und verdoppelten so das Herrschaftsgebiet Roms.

Weil die Latiner Roms steigende Macht fürchteten, verließen sie bald den Bund. Rom konnte sie unterwerfen und verleibte auch ihre Städte seinem Herrschaftsgebiet ein. Die Einwohner durften aber dort wohnen bleiben und sich auch selbst regieren. Sie wurden sogar Bürger Roms, allerdings ohne Stimmrecht. Doch mussten sie in Roms Heer dienen. Mit den meisten besiegten Städten schloss Rom Bündnisse ab. Untereinander und mit Dritten waren den **Bundesgenossen** Verträge verboten. Bei Bedarf mussten sie Rom Truppen stellen.

An wichtigen Stellen gründete Rom **Kolonien** als Stützpunkte. Dort wurden Befestigungen errichtet und Bauern aus Rom angesiedelt. So bewachten sie die einstigen Gegner. Die Kolonisten waren ebenfalls zur Abstellung von Truppen verpflichtet.

Soldaten sind Roms Stärke – Die Römer trieben Ackerbau und Viehzucht. Wie konnten sie gleichzeitig ihre erfolgreiche Armee aufbauen? Roms Armee bestand jahrhundertelang aus den wehrpflichtigen Bauern. Sie mussten ihre Ausrüstung selbst kaufen und dienten ohne Sold. In Kriegszeiten begann ihr Dienst nach der Aussaat und endete vor der Ernte.

Q 1 Der griechische Schriftsteller Polybios (um 200–120 v. Chr.) über Strafen im römischen Heer:

Wenn sich ein Soldat eines Vergehens schuldig gemacht hat, tritt sofort das Gericht der Tribunen (Offiziere) zusammen, und wenn der Soldat verurteilt wird, so ist die Strafe das Fustuarium, das folgendermaßen vollzogen wird: Der Tribun nimmt einen Holzstock und berührt damit den Verurteilten. Darauf schlagen alle Soldaten im Lager mit Stöcken und Steinen auf ihn ein. Die meisten der Verurteilten finden schon im Lager den Tod, wenn es aber einem gelingt hinauszukommen, bedeutet das auch keine Rettung. Er kann weder in seine Heimatstadt zurückkehren noch würde es einer seiner Verwandten wagen, ihn in sein Haus aufzunehmen. …
Wenn eine ganze Einheit im Kampf ihren Platz verlassen hat, ruft der Tribun die Legion zusammen, lässt die Deserteure in die Mitte treten und lost schließlich jeden zehnten Mann aus. An diesen wird unerbittlich die Todesstrafe des Fustuariums vollstreckt.

(Polybios: Historien 6, 37 ff. Übersetzt und vereinfacht: M. Polfer)

Roms Herrschaft in Italien um 218 v. Chr.

K 2

Ihren Erfolg verdankten Roms Truppen einem harten Training und einer Disziplin, die mit brutalen Strafen erzwungen wurde. Das Heer bewältigte 30 km Weg am Tag, in Ausnahmefällen bis zu 50 km. Dabei trugen die Soldaten 50 kg Gepäck. Nach jedem Marsch hatten sie ein befestigtes Lager zu errichten.

Ein Rivale in Sizilien – Rom und KARTHAGO, die führende Handels- und Seemacht im westlichen Mittelmeerraum, waren über 200 Jahre vertraglich verbunden. Warum kam es zum Krieg zwischen Rom und dieser Stadt?

Ein römischer Vorstoß nach Sizilien führte zum Zusammenprall mit karthagischen Truppen. Aus einem zunächst kleinen Konflikt entwickelte sich der erste große Krieg zwischen Rom und Karthago (264–241 v. Chr.). Nach erbitterten wechselvollen Kämpfen fand Rom einen Weg, die überlegene Flotte Karthagos zu besiegen. Der lange Krieg endete danach mit dem Rückzug der Karthager von Sizilien. Die Insel wurde zur ersten römischen Provinz: Sie war von Rom abhängig und wurde von einem römischen Beamten, einem Prätor, verwaltet.

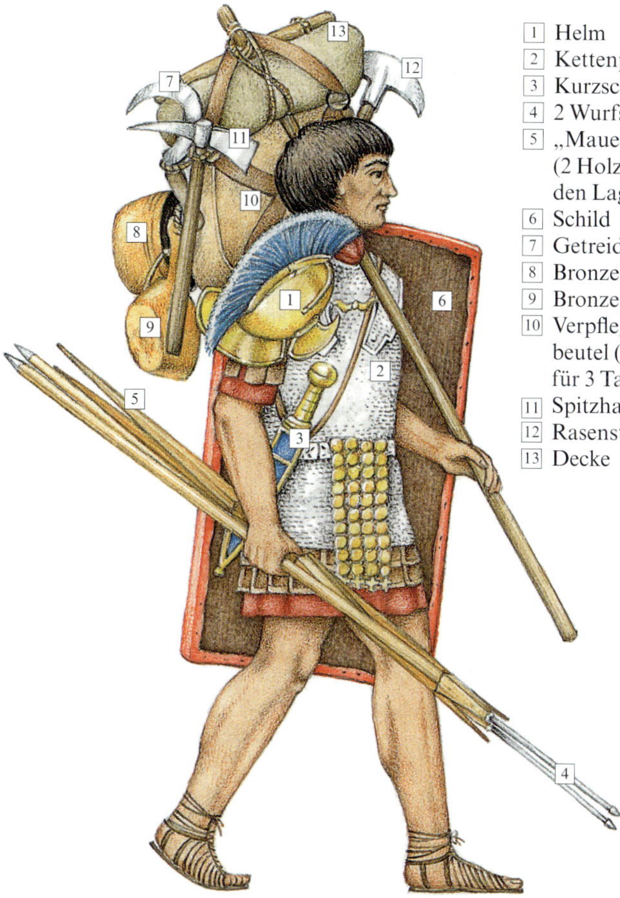

1 Helm
2 Kettenpanzer
3 Kurzschwert
4 2 Wurfspeere
5 „Mauerspeere" (2 Holzpfähle) für den Lagerwall
6 Schild
7 Getreidesichel
8 Bronzekessel
9 Bronzepfanne
10 Verpflegungsbeutel (Proviant für 3 Tage)
11 Spitzhacke
12 Rasenstecher
13 Decke

B4 Legionär mit vollständiger Ausrüstung

B3 Legionäre beim Bau eines Marschlagers

Karthago bedroht Rom – Den zweiten Krieg mit Karthago (218–201 v. Chr.) begann Rom, als Karthago sein Reich nach Spanien ausdehnte. Daraufhin fiel Karthagos Feldherr HANNIBAL 218 v. Chr. überraschend mit 60 000 Söldnern und 37 Kriegselefanten in Italien ein. Von Spanien aus zog er über die Alpen in Richtung Rom. ❷/3

Die Römer erlitten katastrophale Niederlagen. Allein bei CANNAE verloren sie 80 000 Soldaten. Fast jede Familie beklagte Tote. Der Ruf „Hannibal vor den Toren“ entsetzte Rom. Drohte nun der vernichtende Angriff? Alte und Kinder mussten die römischen Legionen auffüllen. Hannibal wollte Rom weiter schwächen und zog durch Italien, um die Bundesgenossen für sich zu gewinnen. Roms Heer folgte Hannibals Truppen. Einer Schlacht wich das römische Heer zwar aus, es schüchterte aber die Bundesgenossen ein.

Die Römer zogen Gegenangriffe in Spanien vor und setzten am Ende sogar nach Afrika über. Karthago rief Hannibal zurück. Vor den Mauern Karthagos verlor er 202 v. Chr. seine erste Schlacht gegen die Römer. Jetzt war Karthago besiegt. Es musste auf alles Militär verzichten. In Spanien wurden zwei römische Provinzen errichtet.

Doch vielen Römern genügte der Sieg nicht. Sie verziehen Karthago und Hannibal die Bedrohung nicht. Noch Jahrzehnte später wurde im Senat gefordert, Karthago zu zerstören. 146 v. Chr. wehrte Karthago sich gegen räuberische Nomaden. Das reichte Rom als Kriegsgrund. In drei Jahren wurde Karthago ausgehungert und dann dem Erdboden gleichgemacht.

Eroberte Staaten werden Provinzen – Nach dem Sieg über Hannibal eroberte Rom in sechzig Jahren fast alle Staaten im Osten des Mittelmeers. Aus dem Stadtstaat wurde ein Weltreich. Wie ging Rom mit den riesigen Gebieten um?
Die Einwohner eroberter Städte wurden von Roms Feldherren oft als Sklaven verkauft. In der griechischen Landschaft EPIRUS wurden 168 v. Chr. 150 000 Einwohner versklavt, weil sie mit den Makedonen gegen Rom gekämpft hatten. Der König von PERGAMON in Kleinasien vererbte sein Reich 133 v. Chr. den Römern, um dem Volk die Leiden der Eroberung zu ersparen.

PERSONENLEXIKON

HANNIBAL.
247 (246)–183 v. Chr.
Karthagischer Oberbefehlshaber

B5 Karthago besiegt Roms Heer

Rom nahm Besiegte außerhalb Italiens nicht als Bundesgenossen an. Wie im Fall Siziliens mussten die eroberten Gebiete als **Provinzen** vor allem Abgaben an Rom leisten. Jährlich erhielt ein römischer Prätor eine Provinz als Statthalter. Steuerpächter trieben die Abgaben ein. Sie waren **Ritter**, reiche Römer. Statthalter und Steuerpächter beuteten die Provinz rücksichtslos aus. Den Statthalterstellen verdankten viele Senatoren ihren Wohlstand, den sie in Grundbesitz anlegten.

Q 6 König Mithradates von Pontos (✝ 60 v. Chr.) über die Römer:

Sie haben einen einzigen Grund, mit allen Staaten und Völkern Krieg zu beginnen: unermessliche Gier nach Macht und Reichtum. Die Römer führen ihre Waffen gegen alle Völker, die schärfsten gegen die, deren Unterwerfung die meiste Beute einbringt. Mut, Täuschung und eine endlose Kette von Kriegen machten sie groß. Sie werden jeden vernichten oder selbst vernichtet.

(Sallust: Historien, IV, 69. In: Geschichte in Quellen, Band 1, BSV, S. 505. Bearbeitet)

Q 8 Der Grieche Diodor über den Aufstieg der Römer:

Die Römer errichteten ihre Weltherrschaft durch die Tapferkeit ihrer Heere und die … ungewöhnlich anständige Behandlung der Unterworfenen. Und sie blieben frei von aller Grausamkeit und Rachsucht den Unterworfenen gegenüber, dass man hätte glauben können, sie kämen nicht zu ihnen wie zu Feinden, sondern … zu Freunden.

(Diodor XXXII, 4, 4. In: Geschichte in Quellen, Band 1, BSV, S. 413. Bearbeitet)

ARBEITSAUFTRÄGE

1. Lies Q 1. Bilde dir ein Urteil zu den Strafen.
2. Erkläre mithilfe des Textes, wie Rom seine Herrschaft in Italien aufbaute. Formuliere Stichpunkte und beschreibe damit K2.
3. Beschreibe B 3 und B 4. Suche die Werkzeuge aus B 3 in B 4 und beschreibe die Arbeit, die mit ihnen ausgeführt wurde. Beurteile, ob die Abbildungen Erklärungen für Roms militärische Erfolge liefern.
4. Beschreibe B 5. Was könnte ein römischer Legionär vom Kampf gegen Kriegselefanten berichtet haben? Schreibe einen Brief des Legionärs an seine Familie. Überlege, warum Rom keine Kriegselefanten für seine Armee übernahm.
5. Erkläre mit B 7, warum Rom mit seinem Landheer Karthagos Flotte schlagen konnte. Achte auf Besonderheiten an den römischen Schiffen.
6. Gib den Inhalt von Q 6 und Q 8 in deinen Worten wieder. Vergleiche die Aussagen. Überprüfe sie mithilfe des Sachtextes.

B 7 Rom besiegt Karthagos Flotte

4. Die Republik verändert ihr Gesicht

Aus den Provinzen flossen hohe Abgaben, billiges Getreide und ein Strom von Sklaven nach Rom und Italien. Wie wirkte sich der Reichtum dort aus?

Senatoren werden Gutsbesitzer – Den Senatoren waren seit 218 v. Chr. Handels- und Geldgeschäfte untersagt. Der Senat wollte verhindern, dass sich im Adel zu große Unterschiede entwickelten.

Die Senatoren kauften mit ihren Gewinnen als Feldherren und Statthalter daher neue Landgüter in Italien. Bald verfügten sie über riesigen Grundbesitz, wodurch sich die Landwirtschaft in Italien veränderte. Bewirtschaftet wurden die Güter von hunderttausenden Sklaven aus den eroberten Gebieten. Statt Getreide, das billig eingeführt werden konnte, wurden nun Wein und Oliven angebaut. ℹ/4

Q2 Die Lage der Bauern um 130 v. Chr. aus der Sicht des Volkstribuns Tiberius Gracchus:

Die wilden Tiere, die in Italien leben, haben ihre Höhlen und kennen ihre Lagerstätten und Schlupfwinkel. Die Männer aber, die für Italien kämpfen und sterben, haben nichts als Luft und Licht. Unstet, ohne festen Wohnsitz, ziehen sie mit Frau und Kind im Land umher.
Die Feldherren lügen, wenn sie in der Schlacht ihre Soldaten ermahnen, Gräber und Heiligtümer gegen die Feinde zu verteidigen. Denn keiner von diesen armen römischen Bürgern hat einen Hausaltar von seinen Vätern geerbt, keiner eine Grabstätte seiner Vorfahren. Für Wohlleben und Reichtum anderer kämpfen und sterben sie im Krieg. Herren der Welt werden sie genannt. In Wirklichkeit aber besitzen sie nicht das kleinste Stückchen Land.

(Plutarch: Römische Heldenleben, Stuttgart 1953. Übers. nach W. Ax)

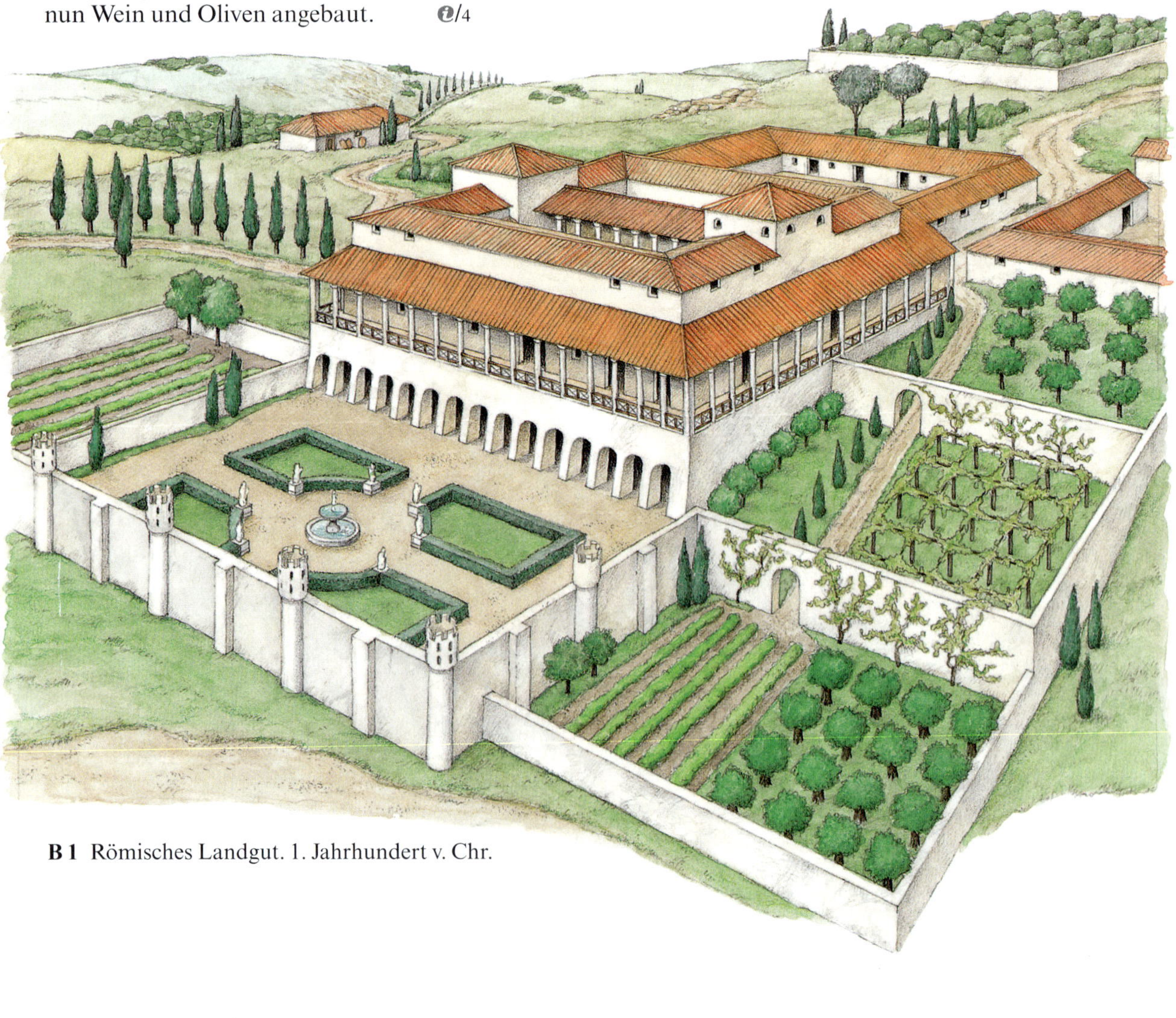

B 1 Römisches Landgut. 1. Jahrhundert v. Chr.

Bauern werden Proletarier – Die Römer kämpften immer länger außerhalb Italiens. Was bedeutete das für die Bauern?

Hannibal hatte auf seinem Feldzug viele Höfe Italiens verwüstet. Die Bauern fehlten während der Kriegszüge längere Zeit bei Aussaat und Ernte. Frauen und Kinder konnten die Höfe auf Dauer nicht allein bestellen. Die Bauern ernteten nicht mehr genug und verschuldeten sich. Starben die Männer im Krieg, mussten die Familien die Höfe ganz aufgeben.

Billige Getreideeinfuhren und die Sklavenwirtschaft auf den großen Ländereien der Reichen ruinierten die Bauern. Ihre Höfe kauften dann die Senatoren. Die verarmten Menschen hießen **Proletarier**, denn ihnen blieben nur ihre Kinder (lat. proles).

Sklaven arbeiten in Italien – In den letzten zwei Jahrhunderten v. Chr. stieg die Zahl der Sklaven von 0,6 auf 3 Millionen bei einer Gesamtbevölkerung von 7,5 Millionen Einwohnern. Welches Los erwartete die Sklaven?

Sklaven, die in Stadtvillen dienten, die Haussklaven, hatten es noch am besten. Sie arbeiteten z. B. als Köche oder Ärzte oder waren in Handwerk und Handel sogar selbstständig. Sie lebten oft deutlich besser als die römischen Proletarier.

Die Masse der Sklaven aber leistete härteste Arbeit in der Landwirtschaft, in den Bergwerken, Steinbrüchen oder als angekettete Galeerensklaven. Von mehreren großen **Sklavenaufständen** ist der bekannteste der Aufstand des Spartakus 73–71 v. Chr. Spartakus stammte aus Asien und wurde in Capua zum Gladiator ausgebildet. Von dort brach er aus und wurde zum Führer eines Sklavenheers, das sich in vielen Schlachten gegen senatorische Truppen behauptete. Am Ende wurden die Sklaven besiegt. Spartakus fiel in der Schlacht. Tausende Sklaven wurden zur Abschreckung auf der Straße von Rom nach Capua ans Kreuz geschlagen. /5

B3 Sklavenmarke: „Asellus (Esel), Sklave des Prejectus vom Ministerium für Märkte, geflohen aus Rom. Einfangen! Entlaufener Sklave! Abzugeben in der Straße der Barbiere, beim Tempel der Flora."

B4 Freilassung von Sklaven vor dem Prätor durch Übergabe des „pilleus", der Freigelassenenmütze

ARBEITSAUFTRÄGE

1. Beschreibe B 1. Erläutere, wozu die Teile der Gutsanlage dienen.
2. Lies Q 2. Wie beurteilt Tiberius Gracchus die Lage der Bauern?
3. Untersuche mit B 3, wie sich der Besitzer dem Sklaven gegenüber verhielt. Woran erinnert dich die Sklavenmarke?
4. Beschreibe B 4. Benenne die abgebildeten Personen und deute ihre Gesten. Sprecht darüber, was „Sklaverei" bedeutet.

5. Die Republik wird zerstört – Feldherren machen Politik

Mit der Ausdehnung zum Weltreich hatte sich die Republik im Innern verändert. Konnte die alte Herrschaftsordnung damit fertig werden?

Reformen für Proletarier scheitern – Die Verarmung und das Verschwinden des Bauernstands brachte Roms Heer in Gefahr. Es beruhte ja auf dem Grundsatz, dass jeder selbst für seine Ausrüstung aufkommen musste.

Der Volkstribun TIBERIUS GRACCHUS schlug vor, mittellosen Römern Land zu geben. Doch gutes Ackerland war in Italien knapp geworden. Nach römischem Recht durfte Staatsland zu persönlichen Zwecken genutzt werden. Senatoren hatten auf diese Weise riesige Ländereien mit ihrem Privatbesitz verschmolzen. Nun sollten auf diesem Staatsland Proletarier als Bauern angesiedelt werden. Die Senatoren wehrten sich heftig, doch die Volksversammlung nahm 133 v. Chr. den Plan des Gracchus als **Ackergesetz** an. Das Programm der Landverteilung hatte zeitweilig Erfolg. Doch gelang es nicht, dauerhaft eine ausreichende Zahl von Bauernwirtschaften für den Personalbedarf des Heeres zu erhalten.

Aufgebrachte Senatoren ließen Tiberius Gracchus und seine Anhänger erschlagen. Auch die Reformversuche seines Bruders GAIUS GRACCHUS endeten später in einem Blutvergießen. Anders als in den früheren Auseinandersetzungen zwischen Plebejern und Patriziern kam es nicht zu einem Interessenausgleich. Stattdessen spaltete sich der Adel in zwei Parteien: Die **Popularen** (von lat. populus: das Volk) setzten auf Reformen und die Volksversammlung. Die Senatsmehrheit der **Optimaten** (lat. optimi: die Besten) lehnte dies ab. Die Probleme blieben bestehen.

Feldherren gewinnen an Einfluss – 105 v. Chr. bedrohten germanische Stämme Italien. Woher sollte man ein schlagkräftiges Heer nehmen, wenn es nicht mehr genügend Bauern gab?

Der Konsul MARIUS, ein Populare, bewaffnete auf Staatskosten Proletarier. Er versprach ihnen guten Sold und einen Bauernhof für 16 Jahre Wehrdienst. Das war eine Art Altersversorgung für verdiente Soldaten. Das Heer bestand nun aus **Berufssoldaten**, nicht mehr aus dienstpflichtigen Bauern.

PERSONENLEXIKON

GAIUS MARIUS. 157–86 v. Chr. Mehrfacher Konsul und Feldherr

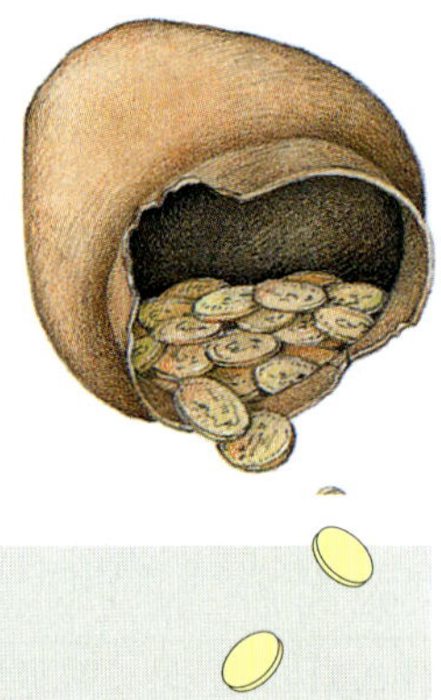

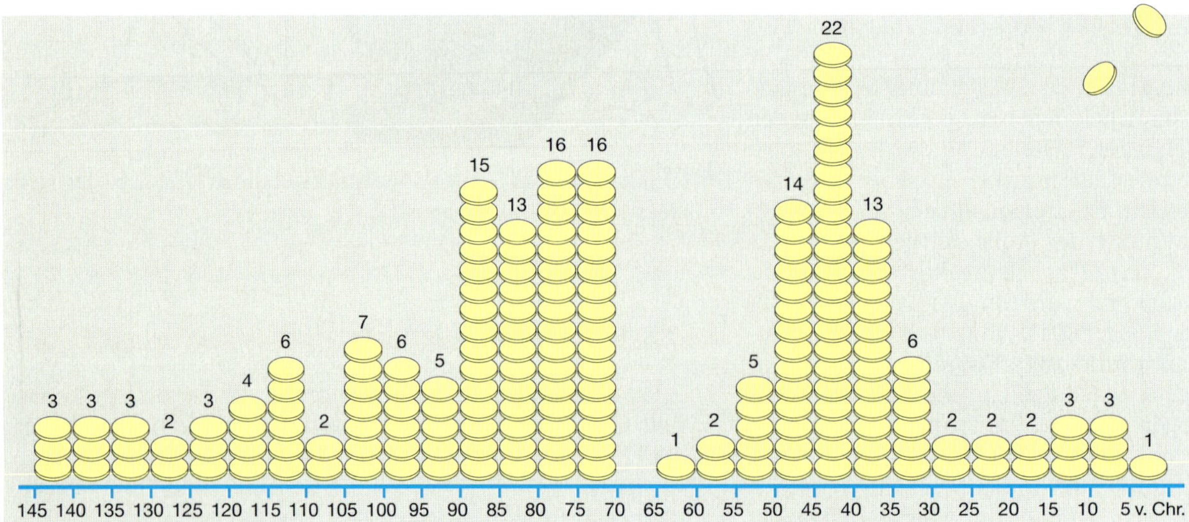

B1 Mengen gefundener Münzhorte aus Italien sowie die Jahreszahlen, in denen die gefundenen Münzhorte versteckt wurden. In Münzhorten wurde Geld versteckt, weil sich die Besitzer bedroht fühlten.

Die Heeresreform des Marius veränderte die Beziehungen zwischen Feldherren und Soldaten: Die Soldaten mussten vom Feldherrn versorgt werden und waren ihm dafür als Patron treu – wie Klienten. Damit wuchs den Feldherren immer mehr Macht zu.

Die republikanische Ordnung zerfällt – Das Land für die ehemaligen Soldaten musste der Senat bewilligen – immer wieder ein Anlass für neue Konflikte zwischen Popularen und Optimaten. Gab es noch eine Rettung für die Republik?

Im Jahr 88 v. Chr. kam es zum Streit um das Kommando für einen Feldzug in Asien. Der Senat übertrug die Aufgabe an den Optimaten SULLA. Die Volksversammlung bestimmte Marius. Sulla besetzte mit seinem Heer Rom. Anhänger des Marius, darunter ein Volkstribun, wurden hingerichtet, Marius vertrieben.

Während Sullas Kriegszug im Osten festigte sich die Position der Popularen erneut. Das nahmen die Optimaten nicht hin. Nach Sullas Rückkehr ernannte ihn der Senat (82 v. Chr.) zum **Diktator auf Dauer**. Sulla sollte die Macht des Senats wiederherstellen. Die Rechte der Volkstribunen und der Volksversammlung wurden massiv eingeschränkt. Die wichtigsten politischen Gegner wurden regelrecht vernichtet. Ihre Namen wurden auf Listen (lat. **Proskriptionen**) ausgehängt. Wer die Gegner verriet oder ermordete, erhielt ein Kopfgeld. Tausende römischer Bürger kamen so ums Leben.

Sullas Macht gründete sich auf seine Veteranen (ehemalige Soldaten), denen er auf Kosten seiner Gegner Land verschaffte. Sein Beispiel zeigte: Wer das Kommando über die Soldaten bekam, konnte die Politik diktieren. Die eigene Partei war von ihm abhängig. Der „starke Mann“ konnte seinen Willen durchsetzen. Damit wurde auch die Macht des Senats ausgehöhlt. Es gelang nicht mehr, die Ordnung der Republik zu stabilisieren. Nach Sullas Rückzug ins Privatleben gingen die Kämpfe weiter.

Caesars Aufstieg zum Alleinherrscher – Es schien nur noch eine Frage der Zeit, bis es wieder einem Mann gelingen würde, die Macht an sich zu reißen. Wer war dieser Mann und wie ging er vor?

GAIUS JULIUS CAESAR (100–44 v. Chr.) stammte aus einer alten Patrizierfamilie, gehörte politisch aber zu den Popularen. Mit großem persönlichem Einsatz betrieb er seine Karriere. Als Prätor war er Provinzstatthalter in Spanien. Nach seiner Rückkehr schloss er 60 v. Chr. ein politisches Bündnis mit POMPEIUS, damals der berühmteste Heerführer, sowie mit CRASSUS, einem der reichsten Männer Roms.

Dieser „Dreimännerbund“ (lat. **Triumvirat**) war eine private Absprache zur Durchsetzung der jeweiligen Interessen. Besiegelt wurde das Bündnis durch die Verheiratung von Caesars Tochter Julia mit Pompeius. Pompeius war vom Senat enttäuscht, weil dieser seinen Soldaten das versprochene Land verweigert hatte. Er unterstützte Caesars Wahl zum Konsul für das Jahr 59. Kaum war dieser im Amt, setzte er das Anliegen von Pompeius durch.

PERSONENLEXIKON

LUCIUS CORNELIUS SULLA. 138–78 v. Chr. Feldherr und Diktator

GNAEUS POMPEIUS MAGNUS. 106–48 v. Chr. Feldherr

B2 Münze Caesars, 45 v. Chr. Umschrift: „Caesar, Diktator auf Dauer“. Das Diadem ist Zeichen für einen König.

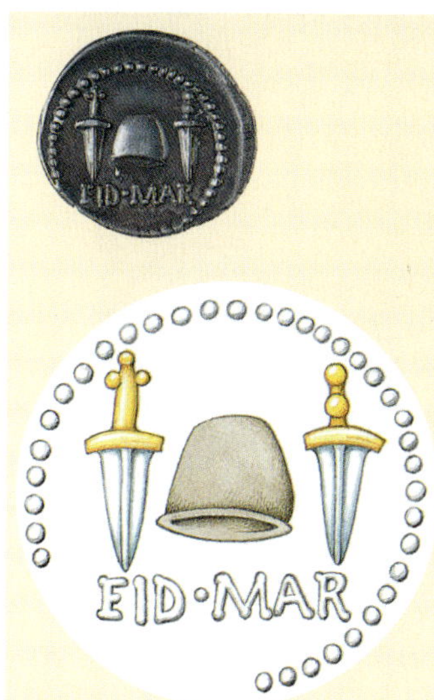

B3 Münze der Caesarmörder, 43 oder 42 v. Chr. Umschrift: „Iden des März“ = 15. März

Nach dem Konsulat erhielt Caesar ein militärisches Kommando in Gallien und eroberte das gesamte keltische Stammesgebiet bis zum Rhein (58–52 v. Chr.). Am Ende seines Kommandos war Caesar berühmt, reich und verfügte über ein ihm persönlich ergebenes Heer. Damit war er zum großen Rivalen seines Partners Pompeius geworden, der sich wieder mit dem Senat verbunden hatte. Als der Senat von Caesar verlangte, seine Truppen zu entlassen, weigerte sich dieser und zog gegen Rom. Das bedeutete **Bürgerkrieg**. Caesar besiegte zunächst Pompeius, danach dessen Anhänger in den Provinzen.

Caesars Machtstellung war unangefochten. 45 v. Chr. wurde er durch Senatsbeschluss **Diktator auf Lebenszeit**. Im Senat besaß er als Einziger einen goldenen Amtssessel, im Theater gar einen Thron. Magistrate ernannte er ohne Wahlen.

Gegen die Alleinherrschaft Caesars verschworen sich 60 Senatoren und stachen ihn am 15. 3. 44 v. Chr. in aller Öffentlichkeit nieder. Doch es gab keine Rückkehr zur Republik, nur einen neuen Bürgerkrieg. 31 v. Chr. siegte OCTAVIAN, Caesars Adoptivsohn. Wieder war ein Heerführer im Besitz aller Macht.

B4 Gaius Julius Caesar. Statue auf dem Kapitol

Q5 Appian über den Beginn des letzten Bürgerkriegs:

Dem Heer wollten sie (Octavian, Antonius und ihr Verbündeter Lepidus) Hoffnung auf Siegeslohn machen und ihm die Überlassung von 18 italienischen Städten ... versprechen, die mit Grundbesitz und Gebäuden verteilt werden sollten ...
Bei ihrer Zusammenkunft fertigten die drei Männer ein Verzeichnis von den zum Tode bestimmten Mitbürgern an. Vorerst wurden die Mächtigeren, denen sie misstrauten, verzeichnet, später die persönlichen Feinde. Andere wurden wegen besonderen Reichtums in die Liste aufgenommen ...
Die Köpfe der Ermordeten wurden abgeschnitten, um sie vorzeigen zu können und den Lohn zu erhalten. Die Verfolgten versteckten sich in Brunnen, in Räucherkammern unter dem Dach oder saßen stillschweigend dicht unter den Dachziegeln, denn sie fürchteten sich vor ihren Weibern und Söhnen, vor ihren Freigelassenen und Sklaven oder Nachbarn.

(Appian: Bürgerkriege, IV. In: H. D. Schmid: Fragen an die Geschichte, Bd. 1, Berlin 1983, S. 103 f.)

ARBEITSAUFTRÄGE

1. Erläutere B1. Im Text findest du Gründe für die Zu- und Abnahme von Münzhorten in bestimmten Zeiträumen. Fasse dein Ergebnis in einem Satz zusammen.
2. Beschreibe B2 und B4. Was sagen die Darstellungen darüber aus, wie Caesar in Rom gesehen werden wollte?
3. Beschreibe die Münze B3. Nutze dazu B4 auf Seite 135. Wie wollten die Mörder Caesars gesehen werden?
4. Lies Q5. Nenne die wichtigste Aussage Appians. Welche heutigen Beispiele für Bürgerkriege kennst du? Nimm Stellung zu dem Satz: „Bürgerkriege sind die schlimmsten aller Kriege."

6. Kaiser Augustus – alle Macht in einer Hand

Caesar hatte sehr offen die alleinige Macht für sich in Anspruch genommen und die Anhänger der Republik damit vor den Kopf gestoßen. Octavian war darauf bedacht, Caesars Schicksal zu vermeiden. Wie war es aber möglich, über alle Macht zu verfügen, ohne es allzu deutlich zu zeigen?

Die Ausgangslage für Octavian – In der Republik war der Senat das Machtzentrum gewesen. Hier wurde über die wichtigsten Fragen der Politik entschieden. Dabei wurden die Interessen der verschiedenen Gruppen und die Stimmung im Volk berücksichtigt. Trotz der inneren Kämpfe hatten die römischen Bürger in vielen Kriegen zusammengehalten und Siege errungen. Erst mit der Entwicklung zum Weltreich hatte sich die alte Ordnung als nicht mehr ausreichend erwiesen. Der Senat selbst hatte seine Feldherren mit immer mehr Macht ausgestattet. Und diese stützten sich nicht nur auf ihre Soldaten, sondern verschafften sich mit aufwendigen öffentlichen Bauten und Spielen „Popularität" (lat.: Ansehen beim Volk). Die Caesarmörder erhielten nicht die erwartete Anerkennung, weil Caesar als „Wohltäter des Volkes" in Erinnerung blieb. Für Octavian lautete deshalb die Frage: Wie konnte er beide – den Adel im Senat und das Volk – auf seine Seite ziehen?

Aus Octavian wird Augustus – Nach seinem endgültigen Sieg im Bürgerkrieg gab Octavian 27 v. Chr. alle seine außerordentlichen Vollmachten an den Senat zurück. Dann sorgte er dafür, dass die Einrichtungen der Republik wieder arbeiteten wie vor den Bürgerkriegen: An die Spitze des Staats traten erneut jährlich wechselnde Konsuln, Octavian erhielt vom Senat den Ehrentitel **Augustus** (der Erhabene). Fortan nannte er sich **Caesar Augustus**. Der Name Caesar blieb als Titel der römischen Herrscher erhalten. Daraus wurde in der deutschen Sprache später „**Kaiser**".

Die militärische Macht erhielt Augustus auf einem Umweg zurück: Die Verwaltung der Provinzen teilte er sich mit dem Senat. Zehn befriedete Provinzen wurden nun jährlich an senatorische Statthalter verlost. Augustus erhielt auf Dauer die Befehlsgewalt über zwölf gefährdete Grenzprovinzen. Dort befanden sich alle Legionen des Römischen Reichs. Er erhielt auch die Amtsgewalt eines Volkstribunen. So konnte er die Volksversammlung leiten und Gesetze veranlassen. Augustus war aber auch selbst Konsul.

Der Kaiser sorgt für das Reich – Die Macht des Augustus war gesichert. Doch wodurch konnte der Kaiser das römische Volk für sich gewinnen?

Augustus entließ ein Drittel der Armee, etwa 80 000 Soldaten. Diese versorgte er mit Land und Geld. Die Soldaten aller römischen Legionen wurden seine Klienten und erhielten Geldgeschenke. In Festungen an der Reichsgrenze sicherten die Truppen die Herrschaft Roms. Die Provinzen dankten ihm, dass er ihre Steuern senkte und begrenzte. Die Statthalter und Steuerbeamten erhielten feste und begrenzte Gehälter. Jetzt durften sie sich nicht mehr in der Provinz bereichern. So sorgte Augustus für eine längere Zeit des Friedens im Römischen Reich.

In Rom übertrumpfte der Kaiser mit glanzvollen „**Spielen**" im Theater alle Magistrate und Senatoren in der Unterhaltung des Volkes. Augustus gab zahllose Bauten für Rom in Auftrag: Prächtige neue Plätze, Tempel und Theater schmückten die Stadt. Unübersehbar verkündeten sie Größe und Erfolg seiner Herrschaft. Der Senat verlieh ihm den Titel **„Vater des Vaterlands"**.

Der Caesar als erster Bürger? – Die Ausübung der Macht durch Augustus begründete eine neue Staatsform. Augustus achtete in Rom streng die Regeln der Republik. Alle Entscheidungen wurden im

B1 Octavian Caesar Augustus.
Statue in Prima Porta

Zusammenspiel von Magistraten, Senat und Volksversammlung gefällt. Augustus nannte sich selbst nur „Princeps", d. h. „der Erste". Danach bezeichnet man seine Herrschaft als **Prinzipat**. Als Herr der Armee und mit den ihm übertragenen Vollmachten hatte er eine Macht wie nur die Könige früher. Nach seinem Tod wurde er als göttergleich verehrt.

ARBEITSAUFTRÄGE

1. Die Statue B 1 gab Augustus ca. 10 Jahre nach Beendigung des Bürgerkriegs in Auftrag. Wie wollte er gesehen werden? Untersuche Haltung und Ausrüstung.
2. Untersuche B 2. Bestimme das dargestellte Ereignis und unterscheide Personengruppen. Achte auf die Kinder: In welcher Reihenfolge sind sie abgebildet und welche Rolle spielten sie in der Kaiserfamilie?
3. Vergleiche die Aussagen von Q 3 und Q 4. Erkläre die unterschiedlichen Sichtweisen von Augustus und Tacitus.

Q 3 Aus dem Tatenbericht des Augustus:

Mit 19 stellte ich als Privatmann ein Heer auf. Damit gab ich dem Staat, der durch die Gewaltherrschaft einer Gruppe unterdrückt wurde, die Freiheit wieder. Die Mörder meines Vater trieb ich in die Verbannung … (und) besiegte sie in zwei Schlachten. Nachdem ich den Bürgerkrieg beendet hatte, gab ich den Staat aus meiner Gewalt der Entscheidungsfreiheit von Senat und Volk (zurück) … Für all meine Verdienste gab mir der Senat den Titel „Augustus". Danach übertraf ich alle an Ansehen. An Macht besaß ich nicht mehr als meine Kollegen im jeweiligen Amt.

(Augustus: Res gestae, 1, 22 f., 34 f. Übersetzt u. bearbeitet v. Helmut Willert)

Q 4 Der Senator Tacitus schrieb später über Augustus:

Die Soldaten gewann er durch Geschenke, das Volk durch (kostenloses) Getreide, alle durch den Frieden. Er übernahm die Rechte des Senats, der Beamten und machte die Gesetze. Gegner fand er nicht. Die Tapfersten (Senatoren) waren gefallen oder Opfer von Proskriptionen und die Übrigen erhielten je mehr Geld und Ämter, desto bereitwilliger sie sich unterordneten.

(Tacitus: Annalen, I, 2. Übersetzt und bearbeitet von Helmut Willert)

B 2 Die Kaiserfamilie im Jahre 13 v. Chr. Friedensaltar des Augustus

1 Liktoren des Augustus, 2 Augustus († 14 n. Chr.), 3 Priester, 4 Agrippa, Feldherr und zweiter Ehemann der Julia, vorgesehen als Nachfolger des Augustus († 12 v. Chr.), 5 Gaius Caesar, Sohn des Agrippa und der Julia († 2 n. Chr.), 6 Julia, Tochter des Augustus aus früherer Ehe († verm. 14 n. Chr.), 7 Tiberius, erster Sohn der Livia aus früherer Ehe, von Augustus zum Nachfolger bestimmt und adoptiert († 37 n. Chr.), 8 Antonia (Nichte des Augustus), 9 Germanicus, Sohn Antonias, von Tiberius adoptiert und zum Nachfolger bestimmt († 19 n. Chr.), 10 Drusus, Livias zweiter Sohn aus früherer Ehe, Ehemann Antonias († 9 v. Chr.)

Methodenseite: Arbeit mit schriftlichen Quellen

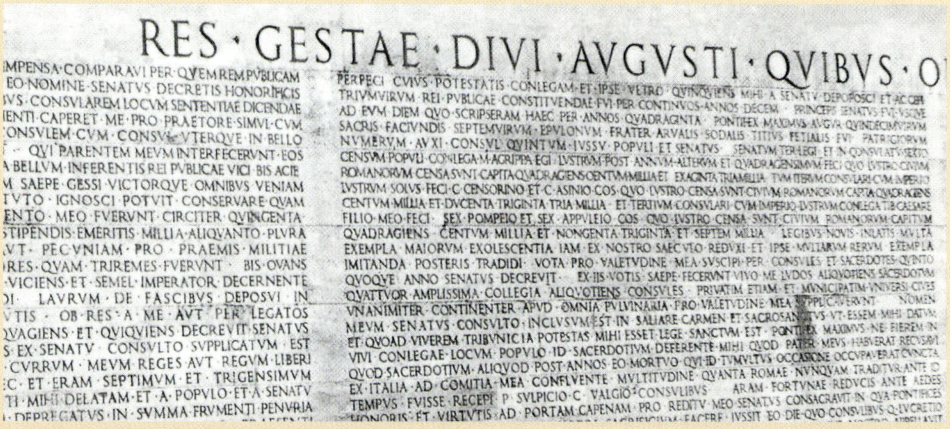

B 1 Lateinischer Text des „Tatenberichts" des Augustus

Du weißt seit Klasse 5, dass alle Zeugnisse der Vergangenheit als **Quellen** bezeichnet werden. Dabei unterscheiden wir Bildquellen, gegenständliche Quellen, mündliche Quellen und auch **schriftliche Quellen**.

Mithilfe dieser Quellen gelingt es den Historikern, Ereignisse und Geschehen aus der Vergangenheit zu rekonstruieren und aus ihren Erkenntnissen versuchen sie Geschichte zu schreiben. Geschichte ist also schon eine gedeutete Vergangenheit. Deshalb wollen wir lernen, auch mit schriftlichen Quellen umzugehen und ihnen Informationen zu entnehmen.

Als Geschichtsforscherin oder -forscher findest du einmal mehr, einmal weniger schriftliche Quellen über ein Ereignis. Du solltest nicht alles glauben, was aufgeschrieben wurde. Manchmal wurde nämlich etwas nicht vollständig oder einfach falsch aufgeschrieben und uns dann so überliefert. Viele Texte müssen aus fremden Sprachen übersetzt werden, wobei Fehler unterlaufen können. Die Information des Textes muss man also prüfen. Oft wird ein Ereignis in mehreren Quellen beschrieben. Dann kannst du die Darstellungen miteinander vergleichen.

Q 3 und Q 4 auf der linken Seite (Kap. 6) berichten über die Regierungszeit des Augustus. Augustus selbst und Tacitus haben die Quellen verfasst. Augustus hat seinen Bericht öffentlich aufstellen lassen (B 1), sodass alle ihn lesen konnten. Ob er sich damit besser darstellen wollte als er war? Tacitus sagt das. Er wirft Augustus sogar vor, die Senatoren ausgeschaltet zu haben. Wusste es Tacitus, der selbst Senator war, genauer? Oder machte er Augustus ungerechte Vorwürfe? Wir wissen es nicht ganz genau. Du musst also darauf achten, viele Beteiligte, also mehrere Quellen zu befragen.

Um mithilfe einer schriftlichen Quelle Antworten zu finden, kannst du nach den unten am Beispiel von Q 3 des Kapitels 6 beschriebenen Schritten vorgehen.

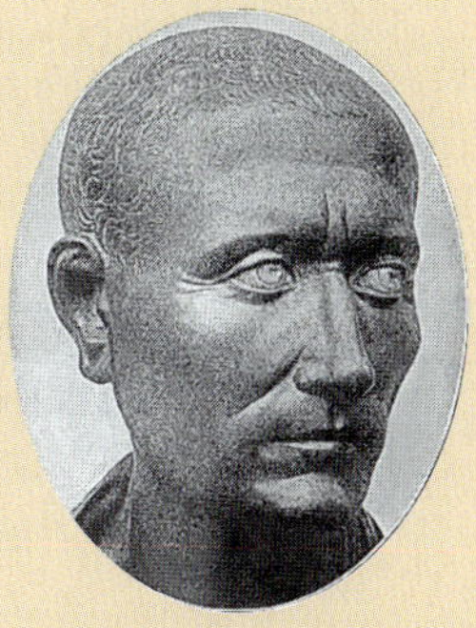

B 2 Cornelius Tacitus. Um 55–120 n. Chr. Politiker und bedeutendster Geschichtsschreiber Roms

WORAUF DU ACHTEN MUSST

1. Lies Q 3 des Kapitels 6 durch und kläre danach dir unbekannte Begriffe. Kannst du die Begriffe Staat – Bürgerkrieg – Senat – Volk – Titel „Augustus" erklären?
2. Formuliere mit eigenen Worten, worum es in der Quelle geht. Was steht in ihr?
3. Schreibe den Inhalt nun in einem Satz auf. Hier hast du einen Formulierungsvorschlag: Augustus berichtet über seine Politik.
4. Beantworte jetzt folgende Fragen: Wer hat die Quelle geschrieben? Wann hat er sie geschrieben? An wen könnte sie gerichtet sein?
5. Versuche nun die Absicht zu erklären, also warum der Verfasser sie geschrieben hat.
6. Übe die einzelnen Schritte nun an Q 4 (Kap. 6). Vergleiche Q 4 mit Q 3. Was stellst du dabei fest? Wie könnte dies zu erklären sein?

7. Rom – die Hauptstadt der Kaiser

Das Stadtmodell zeigt, wie das Zentrum der Stadt Rom um 350 n. Chr. ausgesehen hat. Es ermöglicht, wie aus einem Flugzeug aus ca. 600 m Höhe, auf die antike Millionenstadt zu blicken. Die Stadtfläche war um ein Mehrfaches des Bildausschnitts größer. Auch die Mauer, die Kaiser AURELIAN 272 n. Chr. um den Stadtkern legen ließ, ist hier nicht zu sehen. Jenseits der Mauer lagen Villenvororte, die allmählich ins flache Land übergingen.

Das Rom der Kaiser prunkte mit prächtigen Marmorfassaden. Mit Großbauten und Plätzen gestalteten die Kaiser die Hauptstadt ihres Weltreichs neu. Augustus hatte damit begonnen. Er wurde deshalb „der zweite Stadtgründer“ genannt.

B 1 Modell der Stadt im 4. Jahrhundert n. Chr.

Bauten aus der Zeit der Republik:

1 Kapitol-Hügel mit Jupitertempel
2 Forum Romanum mit Plätzen und Säulenhallen für Senatssitzungen, in der Kaiserzeit erweitert
3 Tempel der Roma und der Venus

Bauten aus der Kaiserzeit:

4 Theater mit 20 000 Plätzen
5 Circus Maximus mit 250 000 Plätzen
6 Palatin-Hügel mit Kaiserpalästen
7 Triumphbogen des Konstantin
8 Wasserleitung des Claudius
9 Colosseum, Amphitheater mit 50 000 Plätzen
10 Thermen des Trajan, Badeanlage mit 330 x 315 m Seitenlänge

Thermen – Die Thermen waren große öffentliche Bäder. Die Kaiser bauten Thermen als Treffpunkte zur Unterhaltung der römischen Bevölkerung. Zur Ausstattung gehörten Dampfbäder, kalte und warme Schwimm- und Wannenbäder sowie Heizungen in Fußböden und Wänden. Auch Sportstätten, Bibliotheken und Kunstsammlungen, Masseure und Friseure erwarteten die Besucher bei freiem Eintritt – selbst für Sklaven.

Konstantinsbogen – Der Bogen wurde für Kaiser KONSTANTIN im Jahr 315 n. Chr. nach einem Sieg über einen Rivalen errichtet. Rom feierte wichtige Siege mit dem **Triumph**: Die Feldherren zogen mit Soldaten, Kriegsgefangenen und Kriegsbeute zum Jupitertempel. Dort opferten sie dem Jupiter. In der Zeit der Republik erhielten siegreiche Konsuln diese Ehre, seit der Zeit des Augustus nur Mitglieder der Kaiserfamilie. Zur Erinnerung an einen wichtigen Sieg wurde ein Triumphbogen errichtet. Reliefs zeigten die Siege der Kaiser.

Colosseum – Das Amphitheater wurde im 1. Jahrhundert n. Chr. gebaut. Es hatte 50 000 Plätze für Spiele, wie z. B. Tierhetzen und Kämpfe auf Leben und Tod. Die Römer liebten den Nervenkitzel und das Gefühl ihrer Macht: Bei Verwundung oder Aufgabe der **Gladiatoren** lag die Entscheidung über Tod und Leben beim Kaiser. Aber er entschied nach dem Willen der Zuschauer.

ARBEITSAUFTRÄGE

1. Suche aus B1 auffallende Gebäude heraus. Welche Gebäude kennst du aus der griechischen Geschichte, welche Gebäude sind für dich neu? Erkläre, wozu sie benutzt wurden. Nutze dafür auch B2, B3 und B4.
2. Beschreibe das Gebäude auf B2. Kennst du ähnliche Gebäude in deiner Heimatstadt? Vergleiche.
3. Entwirf mit B1 einen Stadtrundgang durch Rom für germanische Touristen. Begründe deine Auswahl.

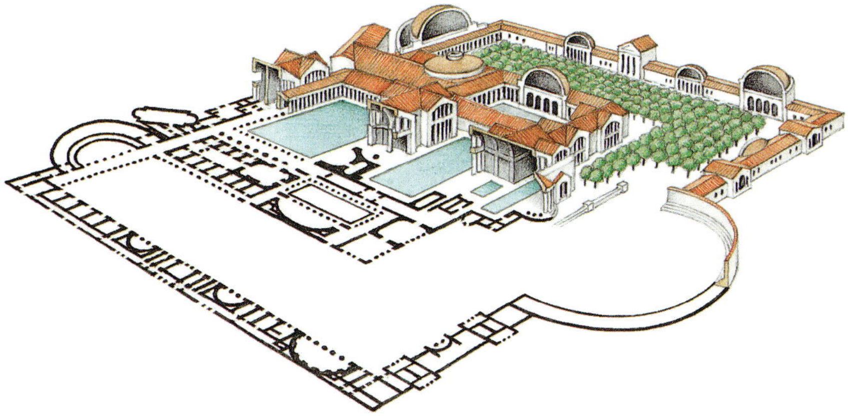

B2 Die Thermen des Trajan. Rekonstruktionszeichnung

B3 Colosseum

B4 Konstantinsbogen

E5 *Uns wird erzählt*

Begrüßung in Rom

Paulus, ein Neuankömmling aus Pompeji, will in Rom sein Glück machen. In der Taverne „Doppelanker“ kommt er mit Römern ins Gespräch.

Rufus: So, dich zieht es aus Pompeji an den Tiber?

Paulus: Ja, ich habe eine Kupferschmiede geerbt und suche eine Mietwohnung.

Rufus: Die schäbigste kostet viel Geld!

Marcus: Wie oft brechen Mietshäuser zusammen! Mit dünnen Stützbalken wollen die Hausverwalter Einstürze aufhalten. Tiefe Risse werden nur verputzt. Schon heißt es: „Ist repariert! Schlaft gut!“

Paulus: Wie hoch hier die Häuser sind!

Rufus: Und wie oft Ziegel vom Dach fallen. Oder zerbrochenes Geschirr aus dem Fenster! Glücklich, wen nur der Inhalt der Nachttöpfe trifft.

Livius: Das Schlimmste ist die Brandgefahr! Neulich weckten mich Schreie nach Wasser. Über mir schleppten sie schon die Habseligkeiten heraus. Im 3. Stock qualmte es. Unterm Dach aber schlief alles. Diesmal kam die Feuerwehr rechtzeitig!

Marcus: Auch Schlafmangel wegen Lärm bringt einen um. Tagsüber hat Caesar alle Wagen verboten. Nachts fahren sie scharf um die Kurven. Auf Karren schwanken Bauholzstämme oder Marmorblöcke. Was bleibt von dir, wenn du unter umkippende Karren gerätst?

Rufus: Den Sänften der Reichen macht die Menge Platz. Wir Fußgänger aber erhalten Fußtritte und Stöße mit Ellenbogen oder Amphoren von allen Seiten! Hüte dich vor Soldatenstiefeln. Schnell durchbohren ihre Nägel deinen Zeh. Ständig spritzt einem der Schlamm ungepflasterter Straßen an die Beine.

Livius: Verlauf dich ja nicht im Gewirr der Gassen. Sie winden sich planlos um die Hügel. Straßennamen helfen dir nicht.

Marcus: Sei auch nachts auf der Hut. Dann versinkt Rom in Dunkelheit. Die kaiserliche Wache kann nicht alle Wege kontrollieren. Wer keine 20 Sklaven zum Leuchten hat, den erwarten Raub, Schlägerei und Mord. Schließe dich nachts ein!

Marcus: Hier verlor Caesar seine erste Schlacht…

Livius: … gegen den Müll! Er befahl ohne Erfolg, ihn in den Straßen zu beseitigen!

B6 Modell zweier „Inseln“ aus Ostia

„Inseln" und Villen – Wie sahen die ungezählten Häuser der Römer aus?

Proletarier und ärmere Römer wohnten in **„Inseln"**, bis zu sechs Stockwerke hohen Mietshäusern mit bis zu 400 Bewohnern. Inselgleich füllten sie ganze Blocks zwischen den Straßen: Sie wirkten, als ob sie vom Verkehr umspült wurden.

Die Erdgeschosse enthielten Läden und Gaststuben. Die Zimmer im nächsten Stockwerk bewohnten die Betreiber der Läden. Darüber gab es nur Wohnungen. Eine Begrenzung der Bauhöhe auf 20 m scheiterte am Widerstand der Besitzer, die mehr Wohnungen vermieten und damit höhere Einnahmen erzielen wollten. Ein berühmter „Wolkenkratzer" hatte mehr als zehn Stockwerke. Viele Familien bewohnten nur einen Raum. Die „Inseln" hatten weder Heizung noch Toiletten oder Wasser. Dafür gab es städtische Brunnen und öffentliche Toiletten. Diese hatten Wasserspülung und Sitze für 20 Personen – ohne Trennwände.

Stadtvillen der reichen Römer umfassten dagegen 20 bis 50 Räume. Diese Häuser hatten nur zwei Geschosse. Sie waren in die Breite gewachsene Atriumhäuser, denn sie besaßen zwei Innenhöfe. Fließendes Wasser und Springbrunnen waren üblich. Ein Raum in der Villa wurde von 2 bis 4 Menschen bewohnt – nur Sklaven mussten mit mehr Personen in einem Raum unterkommen.

Um 350 n. Chr. gab es in Rom neben dem Kaiserpalast über 40 000 Inseln und etwa 1600 Stadtvillen.

ARBEITSAUFTRÄGE

1. Schreibe aus E 5 heraus, welche Gefahren in Rom auf Paulus warteten.
2. Läden und Wohnungen befinden sich in einem Haus: Belege dies an B 6. Benenne Vor- und Nachteile für die Bewohner – heute und in römischer Zeit.
3. Römische Wohnungen waren möbliert. Aus dem Steinsarg B 7 erfahren wir etwas darüber. Benenne Einrichtungsgegenstände und ihre Aufgaben. Diskutiert: Auf welche Vorstellungen vom Tod lässt die Ausgestaltung des Sarges schließen?

B 7 Römischer Sarkophag

8. Römische Frauen – Haushalt und politischer Einfluss

Roms Männer beherrschten zur Zeit des Augustus die ihnen bekannte Welt. Wie aber gestaltete sich das Leben der Römerinnen?

Frauen in Familie und Staat – Mittelpunkt des Lebens römischer Frauen sollten Haushalt und Familie sein. Mädchen lernten Haus und Hof zu säubern, Kranke zu pflegen, Obst zu ernten und zu konservieren, Getreide zu mahlen, zu backen und vor allem zu weben. Viele Mädchen gingen wie die Jungen für etwa vier Jahre in eine Schule. Frauen führten als Ganztagsberuf die Aufsicht über das Haus. Weniger reiche Frauen arbeiteten auch anderswo. Eine Berufsausbildung erhielten nur Sklavinnen.

Wichtigste Aufgabe der römischen Frau war, dem Mann Kinder zu gebären. Damit erfüllte sie die Pflicht, das Weiterleben seiner Familie zu sichern. Kinderlosen Frauen drohte rasche Scheidung. Augustus nahm diese Pflicht so wichtig, dass er Frauen emanzipierte, also aus der Gewalt von Mann oder Vater entließ, wenn sie drei Kinder bekommen hatten. Wollten Frauen selbstständig sein, half ihnen ihr Recht auf Scheidung. Die Kinder gehörten aber immer dem Mann.

Römerinnen bewegten sich frei in der Öffentlichkeit, auch im Theater. Hohes Ansehen genossen wohlhabende Frauen als Priesterinnen, z. B. der VESTA, der Göttin des Herdfeuers. Von Ämtern und Wahlen waren Frauen jedoch ausgeschlossen. Dennoch benutzten die Familienväter schon zwölfjährige Töchter und Enkelinnen im Kampf um politischen Einfluss. Durch Heiraten mussten sie politische Bündnisse ihrer Väter sichern. Ihr

Frau auf dem Markt

B 1 Römerin mit Kosmetikflasche. 1. Jahrhundert n. Chr.

E 2 *Uns wird erzählt*

Ein Tag von Plancia

Plancia ist 13 Jahre alt. Sie teilt mit fünf Geschwistern und Plancus, dem Vater, einen Raum im 5. Stock einer „Insel". Plancus ist Getreideempfänger. Seit Mutters Tod versorgt Plancia die Familie. Das ist nicht leicht. Heute Morgen muss sie die Familie wieder beruhigen. Die Kleinen maulen: „Haferbrei, schon wieder Sklavenessen!" „Wir sind freie Römer, Herren der Welt!", brummt Plancus. „Ja, Herr!", sagt Plancia und nimmt seinen leeren Holzteller, um ihm eine neue Portion zu geben. Vier Teller, ein Eisenkessel und eine Öllampe waren Mutters Mitgift. Viel mehr Einrichtung gibt es immer noch nicht und für die Lampe nicht einmal Öl.

Heute ist es eiskalt im Zimmer. Es gibt ja keinen Fenstereinsatz! Gegen Mittag wird es sehr heiß sein. Also verstopft niemand die Löcher im Dach, durch die es regnet. Plötzlich ist Geschrei von unten zu hören. Ihre sieben Jahre alte Schwester, Plancia die Jüngere, hat den Nachttopf auf die Straße entleert. Zur Strafe wird sie heute das Brunnenwasser holen.

Plancia hilft heute wieder in der Wäscherei von Drusilla. Das bringt Plancus ein paar Münzen. Das meiste davon verschlingt Julius' Schulbesuch. Plancus kann nur den Lieblingssohn Julius zur Schule schicken. Plancia würde gerne lesen lernen, aber sie kennt kein Mädchen, das lesen kann. Plancias Traum aber ist ein eigener Laden. Daran muss sie immer denken. Doch was hat Plancus mit ihr vor? Wäre die jüngere Schwester kräftiger, hätte Plancus sie schon verheiratet. Das macht Plancia auch Angst. Wer wird sie denn ohne eine Mitgift wollen? Sie freut sich heute erst einmal auf die Freundinnen, die in der Wäscherei mit ihr arbeiten.

Einfluss im Staat war nicht gering. Berieten Senatoren sich vor Senatssitzungen, zogen sie ihre Frauen hinzu. Soweit wir wissen, setzten Roms Frauen einmal, 195 v. Chr., ihren Willen politisch und eigenständig durch. Sie demonstrierten erfolgreich gegen ein Gesetz, das das Tragen von Schmuck verbot.

Frauen in der Familie des Kaisers – Ehefrau und Tochter des Augustus befanden sich im Zentrum der Macht. Welche Einflussmöglichkeiten hatten sie?

Als Octavian, der spätere Augustus, 24 Jahre alt war, traf er LIVIA: Sie verband Liebe auf den ersten Blick. Um einander heiraten zu können, ließen sich beide scheiden. Livia hatte einen Sohn, TIBERIUS, und war im 6. Monat schwanger. Ihre Ehe mit Augustus blieb kinderlos, doch sie hielt lebenslang. Livia erhielt eigenes Vermögen. In der Öffentlichkeit verhielt sie sich, wie Augustus es wünschte: als Vorbild für eine sittsame Hausfrau. Zugleich war sie seine wichtigste Ratgeberin. Frauen oder Mütter von Kaisern übten auch später großen Einfluss aus.

Aus seiner vorhergehenden Ehe besaß Augustus eine Tochter: JULIA. Zweijährig verlobte er sie mit dem Sohn seines politischen Partners ANTONIUS. Nachdem dieser gestorben war, wurde sie mit Thronfolgern verheiratet. Diese sollten durch die Heirat ausgezeichnet und mit der Familie des Augustus verbunden werden: Mit 14 Jahren erhielt sie Augustus' Neffen MARCELLUS zum Mann, mit 16 Jahren dann Augustus' 39-jährigen Freund AGRIPPA. Mit ihm, den sie liebte, hatte sie fünf Kinder. Ihre Ältesten adoptierte Augustus nach Agrippas Tod als seine Nachfolger. Sie starben aber frühzeitig. In dritter Ehe wurde Julia mit TIBERIUS verheiratet: Tiberius war Livias Sohn aus erster Ehe, von Augustus adoptiert. Die Ehe verlief unglücklich. Mehrfach widersetzte sich Julia Mann und Vater. Schließlich schied Augustus die Ehe wegen Ehebruchs und verbannte seine Tochter. Tiberius wurde dank Livias Einfluss Nachfolger des Augustus.

B3 Livia, Ehefrau des Augustus. 1. Jahrhundert v. Chr.

B4 Eine Römerin wird bedient. 2. Jahrhundert n. Chr.

ARBEITSAUFTRÄGE

1. Beschreibe Kleidung, Schmuck, Frisur und Haltung der Römerin in B1. Ist eine Herrin, eine Verkäuferin oder eine Dienerin dargestellt? Begründe.
2. Untersuche mit E2 und dem Text, ob es Gemeinsamkeiten im Leben der Töchter des Plancus und der Tochter des Augustus gibt.
3. Beschreibe Gesicht und Frisur der Livia in B3. Erläutere, welchen Eindruck diese im Reich weit verbreitete Darstellung der Kaiserin beim Betrachter bewirken konnte.
4. Benenne die in B4 abgebildeten Frauen und ihre Aufgaben. Diskutiert, ob sie eher gemeinsame oder unterschiedliche Interessen hatten.

9. Zentrum Rom – die Hauptstadt versorgt sich

Roms Kaiser herrschten über riesige Räume. Die Südgrenze Ägyptens war 3000 km von Rom entfernt, Britanniens Nordgrenze 2000 km. Wie konnten die Römer diese Entfernungen überwinden? Welchen Nutzen hatte die Hauptstadt Rom von ihrem Reich?

Alle Wege führen nach Rom – Rom hatte seit dem 3. Jahrhundert v. Chr. sein Reich weit ausgedehnt. Wie konnten die Römer ihre Herrschaft über dieses Reich sichern?

Ein Netz von Straßen verband Rom zuerst mit seinen Kolonien und Bundesgenossen, dann mit seinen Provinzen. Auf den Straßen konnten bei Bedarf Legionen schnell in bedrohte Teile des Reichs verlegt werden. Die erste feste Straße hatte Konsul APPIUS CLAUDIUS 312 v. Chr. in Richtung Süditalien gebaut. Sie heißt nach ihrem Erbauer „Via Appia“. Die Straßen wurden sorgfältig angelegt und gut unterhalten. Das Pflaster der Via Appia hält noch heute dem Verkehr stand.

Im Interesse der Sicherheit des Reichs wurden die Heerstraßen ständig ausgebaut. Auf den Straßen wurden nun

T 2 Postlaufzeiten:

von *Rom* nach	Reisetage (privat)	Reisetage (kaiserlich)
Arpinum	2 (120 km)	
Antium	1 (56 km)	
Neapel	4–6	
Brindisi	27–34	7
Syrien	50–100	40
Byzanz		25
Alexandria		45

(Angaben nach: Karl-Wilhelm Weeber: Alltag im Alten Rom, Zürich 1995, S. 281)

B 3 Via Appia bei Rom

B 1 Bau der Via Appia. Rekonstruktionszeichnung

Beamte und Nachrichten für die kaiserliche Verwaltung zwischen Rom und den Provinzen befördert. Wo immer es möglich war, führten die Straßen schnurgerade durch das Reich. Wenn die Städte, durch die sie führten, weit auseinander lagen, wurden Pferdewechselstationen eingerichtet. Damit waren Tagesreisen mit dem Pferd von bis zu 200 km möglich. Diese Stationen dienten auch als Gasthöfe für die Reisenden.

Güter werden mit Schiffen beschafft – Die Natur hatte die Provinzen des Römischen Reichs hinsichtlich des Klimas und der Bodenschätze höchst ungleich ausgestattet. Daher unterschieden sich ihre Wirtschaft und Landwirtschaft. Wie konnte Rom die jeweiligen Vorzüge der Provinzen für sich nutzen?

Trotz ihres guten Zustands waren Roms Straßen für Transporte von schweren Gütern schlecht geeignet. Das lag an den Fahrzeugen: mit Pferden oder Ochsen bespannte Karren. Die schwerfälligen Ochsenkarren brauchten sehr viel länger als die kaiserlichen Kuriere. Auch konnten sie nur wenige Fässer, Amphoren oder Säcke transportieren. Der Transport von Massengütern wie Wein oder Getreide auf den Straßen war deshalb über lange Strecken zu teuer. Und zerbrechliche Güter nahmen bei Fahrten auf dem unebenen und harten Straßenbelag leicht Schaden. Schiffe dagegen waren viel schneller als Ochsenkarren und sie fassten viel mehr Ladung. Bei Segelschiffen genügte eine kleine Besatzung zum Transport. Die wichtigsten Handelswege Roms führten daher über das Mittelmeer. Der römische Feldherr Pompeius hatte es 70 v. Chr. von gefährlichen Piraten befreit. Die Flotten der Kaiser sorgten dafür, dass es so blieb.

Viele Schifffahrtswege führten nach OSTIA, Roms Hafen an der Tibermündung. Zwischen Ostia am Mittelmeer und den Lagerhäusern in Roms Stadthafen pendelten Hunderte von Binnenschiffen auf dem Tiber. Selbst im Binnenland transportierte man die meisten Güter bevorzugt auf Flüssen. Auch Rhein, Donau und Nil wurden zu Hauptverkehrsadern des Reichs.

Römischer Postwagen. Rekonstruktion. Römisch-Germanisches Museum, Köln

ARBEITSAUFTRÄGE

1. Erläutere mit B 1 und B 3 die Anlage römischer Straßen. Vergleiche sie mit heutigen Straßen. Begründe, warum Rom Legionäre als Bauarbeiter einsetzte.
2. Vergleiche in T 2 die Laufzeiten von Staatspost und privater Post. Überlege, wie schnell Rom auf Schwierigkeiten in Provinzen, z. B. Aufstände, reagieren konnte.
3. Erläutere die Vor- und Nachteile eines Warentransports nach Rom auf dem Meer mit einem Schiff wie in B 4.

B4 Ein Seeschiff: die „Isis“ des Geminus. Die Isis ist verkleinert, die Personen sind vergrößert dargestellt.

Kaufleute und Schiffseigner – Fluss- und Seeschiffe Roms bildeten eine große Handelsflotte. Wer aber waren die Menschen, die Handel betrieben?

Der Bau eines Seeschiffs erforderte viel Geld. Nur wer sehr reich war, konnte die Verluste bei einem Schiffsuntergang verkraften. Die Seeschiffe gehörten deshalb Großkaufleuten (meistens Rittern). Kapitäne und Besatzungen der Schiffe arbeiteten gegen Bezahlung. Doch wurden auch Sklaven eingesetzt. Ein Flussschiff dagegen kostete weniger. Oft steuerten es die Besitzer selbst.

An Land besaßen die Großkaufleute auch Werkstätten. Dort stellten Sklaven Handelsgüter her, die in die Provinzen geliefert wurden, zum Beispiel das beliebte römische Tongeschirr oder Waffen für die Armee. Ihren Seehandel wickelten die Kaufleute mit Geschäftspartnern in anderen Handelsstädten wie Alexandria, Antiochia oder Massilia ab. Bei ihnen informierten sie sich auch über die Preisentwicklung in den unterschiedlichen Reichsteilen, woraus sich geschäftliche Vorteile ziehen ließen.

Häufig betrieben die Ritter neben dem Handel auch Geldgeschäfte. Viele ihrer Betriebe oder Geschäfte leiteten zuverlässige Sklaven oder Freigelassene für sie. Dabei musste die Belieferung der kleinen Händler organisiert werden, bei denen sich die Bevölkerung Roms versorgte. Zu den Hauptabnehmern in Rom zählte aber die kaiserliche Verwaltung. Sie kaufte zum Beispiel riesige Weizenmengen für die 200 000 Empfänger von Getreidespenden oder Güter zur Versorgung der 250 000 Soldaten. Bisweilen zogen sich erfolgreiche Ritter aus dem Handel zurück. Bei genügend großem Besitz konnten sie dann in den Senat gelangen. In der Republik genügte hierzu eine erfolgreiche Wahl zum Quästor, einem der Finanzbeamten Roms. In der Kaiserzeit benötigte ein Ritter vor allem gute Beziehungen zum kaiserlichen Hof.

Flüsse auf Brücken – Römerstraßen führten oft über Steinbrücken. Die Römer waren sehr gute Baumeister. Hunderte der größten Brücken im Reich dienten aber anderen Zwecken. Sie leiteten fließendes Wasser. Wozu diente dieser technische Aufwand?

Terra sigillata. Mit diesen Tonwaren wurde im ganzen Reich gehandelt.

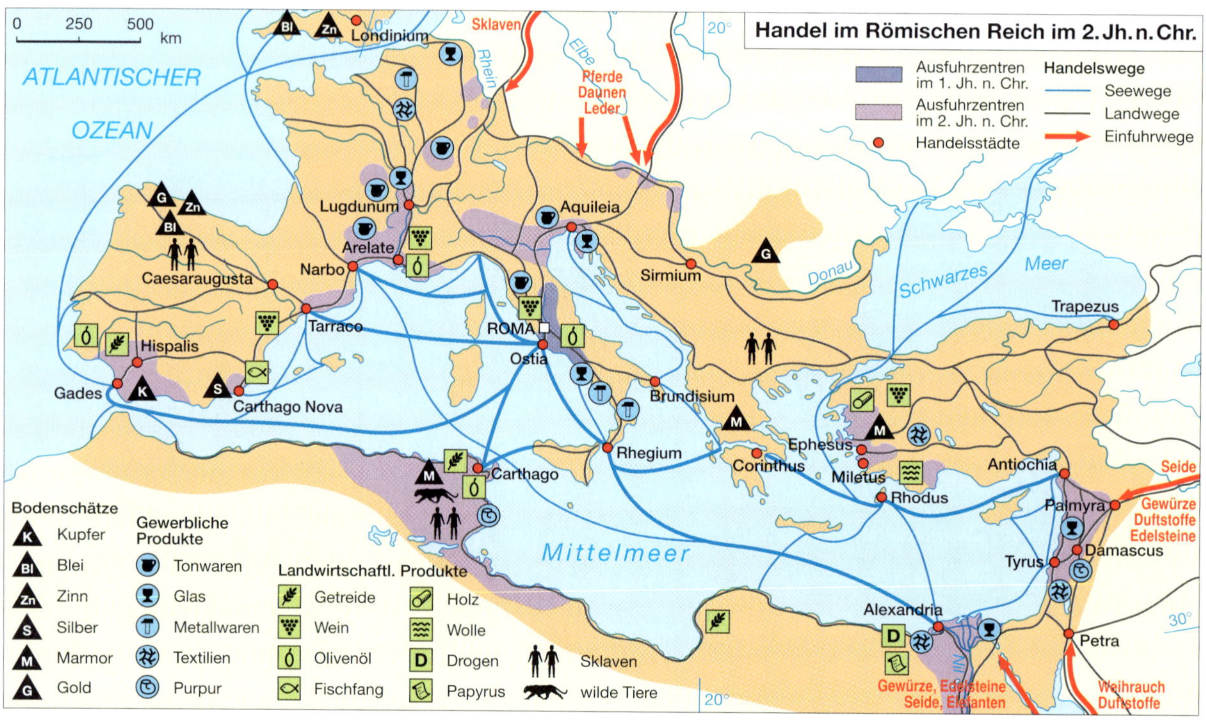

K 5

Die Römer legten größten Wert auf wohlschmeckendes, sauberes Trinkwasser. Fluss- und Brunnenwasser genügte ihnen nicht. KÖLN z. B. erhielt sein Wasser aus der Eifel. Oft wurden über 200 km entfernte Quellen angezapft. Dann musste die Wasserleitung Berge und Täler überwinden, um das Wasser in die Städte zu bringen. Zu diesem Zweck wurden die **Aquädukte** (lat.: Wasserleitungen) gebaut.

Damit das Wasser floss, mussten Aquädukte überall ein leichtes Gefälle (5 m auf 1 km) besitzen. In die Täler aber durfte das Wasser nicht hinunterfließen. Deshalb waren die Aquädukte nötig. Berge hingegen mussten umgangen oder untertunnelt werden. Bei dieser Arbeit übte die Armee das Untergraben von Stadtmauern. Gefährliche Arbeiten erledigten Bergwerkssklaven.

In den Städten musste die Verteilung geregelt werden. Von einem großen Verteilerbecken aus, einem „Wasserschloss“, wurden immer zuerst öffentliche Anlagen bedient. Privatanschlüsse erhielten Wasser dann, wenn es in ausreichender Menge in die Stadt geflossen war.

ARBEITSAUFTRÄGE

1. Du bist ein Kaufmann aus Antiochia in der Provinz Syrien. Überlege mit K 5, welche Güter du auf welchem Wege am sichersten und schnellsten nach Rom transportieren könntest.
2. Erläutere mit B 6 und B 7 die Wasserversorgung römischer Städte. Begründe, ob du den Aufwand für angemessen hältst.

B 7 Pont du Gard – Aquädukt der Wasserleitung für die Stadt Nîmes in Südfrankreich

B 6 Bau eines Aquädukts

10. Die Provinzen – aus Beherrschten werden Römer

Die Römer hatten durch ihre Eroberungskriege viele fremde Stämme und Völker besiegt und deren Länder besetzt. Viele Einheimische nahmen im Laufe der Zeit die römische Lebensweise an und fühlten sich schließlich als Römer. Diesen Vorgang nennt man **Romanisierung**. Auf welche Weise ging diese Übernahme der römischen Kultur vonstatten?

Die Armee liefert Vorbilder – Um ihre Eroberungen zu schützen und die neuen Reichsgrenzen zu sichern, stationierten die römischen Kaiser ihre Legionen im ehemaligen Feindesland. Welche Auswirkungen hatte das?

Die Soldaten trafen mit Einheimischen zusammen und man lernte sich gegenseitig kennen. Viele römische Soldaten lebten mit einheimischen Frauen zusammen. Sie blieben nicht nur für die 25 Jahre ihres Militärdienstes in den eroberten Gebieten, sondern auch nach ihrer Entlassung. Zuerst lebte der Soldat im Lager, die Frau mit den Kindern in einer Siedlung davor. Dorthin zog er dann meist nach dem Ende seiner Dienstzeit. Spätestens die Kinder eines aus Spanien stammenden römischen Legionärs und einer Germanin sprachen Latein. Am Rhein fühlten sie sich als Römer.

Dem Heer folgten römische Kaufleute und Handwerker. Die Soldaten wollten es in ihrem Lager genauso bequem haben wie zu Hause. So gelangten Wein- und Obstbau, Ziegelhäuser, Straßen, Aquädukte, Thermen, Tempel und Theater in die eroberten Länder. Die Armee gründete in den Provinzen auch viele Städte nach römischem Vorbild.

Seit der Regierung von Kaiser Augustus waren die Männer der eroberten Länder in der Armee dienstpflichtig. Die Reichsgrenzen sollten dadurch wirksam geschützt werden, dass die einheimischen Soldaten als Hilfstruppen die römischen Legionen unterstützten. In der Armee lernten diese Soldaten römische Gebräuche und die lateinische Sprache kennen. Nach ihrer Entlassung wurden sie römische Bürger.

Römisches Glas. Gefunden in Köln, Trier und Mainz

B 1 Modell der Stadt Trier

Rom herrscht von Städten aus – Die Verwaltungszentren der Römer waren Städte. Aber in den eroberten Gebieten im Norden und Westen gab es zunächst keine Städte. Mit welchen Mitteln wurde dies von den Römern geändert?

Zur Verwaltung der Provinzen waren römische Statthalter eingesetzt. Das Land wurde von ihnen in Bezirke eingeteilt. Vom Zentrum der Bezirke aus beherrschten meist neu gegründete Städte das Land. Oft wurden die einheimischen Adligen mit Zwang in den Städten angesiedelt, damit sie das Land von dort aus regierten. So stellte Rom die Steuerzahlungen und die Aushebung der Hilfstruppen bei den unterworfenen Stämmen oder Völkern sicher. Im ganzen Römischen Reich gab es etwa 1000 Städte.

In Gallien hatten die Römer als Eroberer ältere Burgsiedlungen zerstört. Sie gründeten 60 neue Städte. Doch war der Zusammenhalt in den gallischen Stämmen sehr stark. Die Römer ließen deshalb den Adligen der gallischen Stämme einen Teil der Macht und nutzten diese für ihre Herrschaft. Eine der neuen gallischen Städte war Augusta Treverorum (lat.: Augustusstadt des Trevererstammes = Trier). Trier brachte es auf 30 000 Einwohner. Keine Stadt erreichte jedoch Roms Größe. /6

Beherrschte werden Bürger – Wurde die römische Herrschaft von der einheimischen Bevölkerung anerkannt?

Zahlreiche Landbewohner in den Provinzen wurden Stadtbürger. Zunächst besuchten sie vielleicht nur Märkte in den Städten. Mancher zog aber bald freiwillig in die Stadt. Hier war das Leben komfortabler und Erfolge und Ansehen waren leichter zu gewinnen. Die Bevölkerung passte sich langsam der römischen Lebensweise an. Die Adligen in Gallien wandelten ihre Höfe nach römischem Vorbild in Gutswirtschaften um.

B 2

In Städten, die Rom besonders treu waren, erhielt die Führungsschicht vom Kaiser das römische Bürgerrecht. Damit öffnete sich ihnen auch der Weg in den Senat. Im 2. Jahrhundert n. Chr. kam sogar ein Kaiser, TRAJAN (98–117 n. Chr.), aus Spanien. Die ehemals Besiegten fühlten sich zum Römischen Reich gehörig. Im Jahr 212 n. Chr. wurden alle freien Bewohner des Römischen Reichs römische Bürger.

Q3 Aus einer Senatssitzung unter Kaiser Claudius (48 n. Chr.):

Führende Gallier, die das Bürgerrecht besaßen, wollten Senatoren werden. Die waren empört: Noch sei Italien nicht so heruntergekommen, dass es die Mitglieder für den Senat nicht stellen könne! ... Mit dem alten Gemeinwesen brauche man nicht unzufrieden zu sein. Solle man sich durch einen Haufen Ausländer zu deren Gefangenen machen? Alles beschlagnahmten jene reichen (Gallier), deren Großväter unsere Heere niedergemacht und Caesar belagert hätten! Sie sollten sich über ihr Bürgerrecht freuen!

Der Kaiser antwortete: „Unser Gründer Romulus war so klug, viele Völker am selben Tag erst zu Feinden und dann als Bürger zu haben. Unsere Könige waren Ausländer! Jetzt, da (die Gallier) unsere Sitten und Bildung angenommen haben, sollen sie ihren Reichtum lieber (als Senatoren) zu uns bringen als für sich allein zu besitzen. Alles, was man jetzt für uralt betrachtet, ist einmal neu gewesen“ ...

Nach der Rede beschlossen die Senatoren: Die (Gallier vom Stamme der) Häduer erhielten als Erste das Recht der Senatorenwürde.

(Tacitus: Annalen XI, 23–25, In: Tacitus: Annalen XI–XVI, übersetzt v. Walther Sontheimer, Stuttgart 1967. S. 18–20. Bearbeitet)

B4 Frühere germanische Siedlung und spätere Villa in Mülheim-Kärlich (römisches Germanien)

ARBEITSAUFTRÄGE

1. Beschreibe die Anlage Triers in B1. Vergleiche sie mit Rom auf Seite 142.
2. Auch die Asterix-Bilder in B2 beschreiben die Romanisierung. Erläutere die Bilder. Erkläre, warum sie zum Lachen reizen.
3. Erkläre anhand von Q3, wessen Interessen Kaiser und Senatoren vertreten. Bestimme das siegreiche Argument der Diskussion.
4. Die Villa in B4 wurde von einem Germanen gebaut. Vergleiche mit B1 auf Seite 126.

Methodenseite: Arbeit mit Rekonstruktionen

Manche von euch haben vielleicht einmal eine Ausgrabungsstätte oder ein Museum besucht und waren ein wenig enttäuscht. Da hieß es: „Römische Villa“, aber zu sehen waren nur ein paar Mauerreste.

Ihr wisst schon, wie man bei einer archäologischen Untersuchung vorgeht. Manchmal erstellen die Geschichtsforscherinnen und -forscher danach eine **Rekonstruktion** (lat.: Wiederherstellung). B 4 auf der linken Seite (Kap. 10) zeigt dir die Rekonstruktionszeichnung einer solchen Villa aus der Zeit zwischen dem 1. und 4. Jahrhundert n. Chr. Ein Zeichner hat sie wie von einem Turm aus, d. h. aus der Vogelperspektive dargestellt.

Aber so ist das Haus eines offenbar recht wohlhabenden Besitzers in der römischen Provinz von den Archäologen nicht vorgefunden worden. Nach den Überresten der Ausgrabung (B 2) haben die Archäologen einen genauen Grundriss angefertigt (B 3). Aus anderen Ausgrabungen kennen sie die Bauweise und Baustoffe der Römer (B 1). Mit diesem Wissen hat der Zeichner ein Bild des Hauses gemalt: So könnte es ausgesehen haben.

Eine Rekonstruktion ist also kein Fantasiegebilde. Sie ist eine Nachgestaltung des früheren Zustands. Sie mag nicht in allen Einzelheiten stimmen, aber vermittelt uns im Ganzen eine Vorstellung von der Villa. Gelegentlich wird auch ein Neubau erstellt (zum Beispiel im Archäologischen Park in Xanten). So können wir uns noch besser vorstellen, wie die Menschen damals gelebt haben.

B 2 Grundmauern einer römischen Villa in Mülheim-Kärlich bei Koblenz

Vermutete Nutzung:
1 Empfangshalle
2 Innenhof
3 Büro
4 Geschäft
5 Speicher
6 Küche
7 Schlafräume
8 Wohnraum
9 Bäder

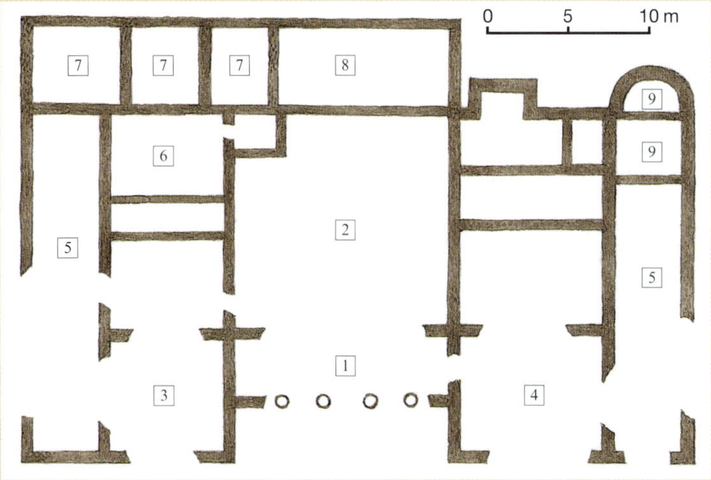

B 3 Mauern der Villa im Grundriss

B 1 Römische Ziegel

WORAUF DU ACHTEN MUSST

1. Was zeigt die Rekonstruktionszeichnung? Bestimme alle Einzelheiten, die du sehen kannst.
2. Wie groß war das gezeichnete Gebäude in Wirklichkeit? Nutze dazu die Maßstabsleiste.
3. Was wusste der Zeichner über das Gebäude? Überprüfe, welche Informationen er für die Zeichnung benutzt hat.
4. Was sagt die Zeichnung insgesamt über den Zweck des Gebäudes? Überlege, von wem die verschiedenen Teile des Gebäudes genutzt wurden. Stelle dir den Alltag dort vor.

11. Die Germanen – Roms Gegner und Nachbarn

Der Norden des Römischen Reichs wurde von den Germanenstämmen ständig bedroht. Seit den Einfällen der KIMBERN und TEUTONEN am Ende des 1. Jahrhunderts v. Chr. kam es oft zu Auseinandersetzungen mit germanischen Stämmen. Wer waren die Germanen und was unternahm Rom gegen die Germanen?

Rom sichert Grenzen – Augustus wollte die Germanen unterwerfen. Zwischen RHEIN und ELBE sollte der Statthalter VARUS ab 7 n. Chr. eine neue Provinz einrichten. Dieser Plan schien aufzugehen. Da führte 9 n. Chr. ARMIN, ein Adliger des Stammes der CHERUSKER, einige Stämme und Truppen zum Aufstand gegen die Römer. Varus und seine drei Legionen wurden in unwegsames Gelände gelockt und besiegt. Nur einzelne Soldaten retteten sich an den Rhein. Lange Zeit hielt man den TEUTOBURGER WALD in OSTWESTFALEN für den Ort der Schlacht. Bei DETMOLD erinnert ein Denkmal an

K 2

B1 Wall, Graben und Turm des Limes. Rekonstruktionszeichnung

den siegreichen Cheruskerfürsten. Neue Ausgrabungen deuten aber auf den Kalkrieser Berg bei Bramsche nördlich von Osnabrück als wahrscheinlichen Ort der Schlacht hin. Neben zahlreichen militärischen Gegenständen wurden dort auch Münzen mit dem Stempel des Varus gefunden. Nach der Niederlage gab Rom die Eroberungspläne für das Gebiet jenseits des Rheins und der Donau auf.

Stattdessen wurde die Grenze gesichert. Vor allem die Lücke zwischen Rhein und Donau war schwer zu schützen. Die römische Armee verschloss sie ab 85 n. Chr. mit einem 550 km langen, durchgehenden Wallgraben (im südlichen Teil mit einer Steinmauer), dem **Limes** (lat.: Grenze). Wachttürme sorgten zusätzlich dafür, dass kein Heer unbemerkt den Limes überwinden konnte. Hinter dem Wall lag eine Kette von 82 befestigten **Kastellen** (lat.: kleine Festungen) mit je 600 Soldaten Besatzung. Die Truppen entlang des Rheins und der Donau lebten in großen befestigten Lagern. e/7

Q4 Tacitus um 100 n. Chr. über die Germanen:

Es sind große Gestalten mit wilden blauen Augen und rötlichem Haar. Sie taugen nur zum Angriff. Für Anstrengungen fehlt ihnen die Ausdauer. Aber sie sind gegen Kälte und Hunger durch das Klima abgehärtet … Getreide wächst, Obst dagegen nicht. Es gibt viel Vieh. Die Herden sind ihr liebster Besitz. Gold und Silber enthielten die Götter ihnen aus Gnade oder Zorn vor. Der Besitz dieser Metalle reizt sie nicht besonders. Selbst die Könige haben keine unbeschränkte Gewalt. Heerführer erreichen mehr durch Beispiel als Befehle. Über wichtige Angelegenheiten entscheidet das Volk: Man versammelt sich bewaffnet. Missfällt ein Vorschlag, weist man ihn durch Murren ab. Findet er jedoch Beifall, schlägt man die Speere aneinander. Wenn (die Germanen) keinen Krieg führen, verbringen sie ihre Zeit mit Jagen, Nichtstun, Essen und Schlafen. Die Sorge für Haus und Hof überlassen sie den Frauen und Alten … Sie wohnen nicht in Städten, sondern jeder für sich, wo es ihm gefällt. Auch in den Dörfern umgibt jeder Haus und Hof mit freiem Raum. (Zum Bauen) verwenden sie unbehauenes Holz, ohne auf ein freundliches Aussehen zu achten. Als Kleidung (für Männer und Frauen) dient ein Umhang. Den hält eine Spange zusammen. Frauen tragen öfters Leinenumhänge, die mit Purpurstreifen verziert sind. Man trägt auch Tierfelle. (Ihr) Getränk ist ein Saft aus Getreide. Durch Gärung wirkt er wie Wein. Das Essen ist einfach: wildes Obst, frisches Wildbret und geronnene Milch.

(In: Tacitus: Germania, herausgegeben und übersetzt von Manfred Fuhrmann, Stuttgart 1971, 4 f., 7, 11,15 ff., 23. Bearbeitet)

1 Wohnteil
2 Herd
3 „Windauge“
4 Strohdach
5 Viehpferche
6 Fußboden aus gestampftem Lehm
7 Wand aus Weidengeflecht mit Lehmbewurf
8 „mäusesicherer“ Getreidespeicher
9 Ziehbrunnen

B3 Germanisches Hofgebäude im Gebiet des heutigen Niedersachsen. Rekonstruktionszeichnung

Germanen leben in Stämmen – Germanien bedeckten endlose und unzugängliche Eichen-Buchen-Urwälder. Wie lebten die Germanen in diesem Gebiet?

Eingestreut in das Waldgebiet lagen gerodete Flächen mit Siedlungen und Einzelhöfen. Die Bewohner benachbarter Flächen bildeten einen **Stamm**. Dieser zählte höchstens 20 000 Köpfe. Jeder Stamm besaß ein auffallendes Kennzeichen: SUEBEN trugen Haarknoten, die LANGOBARDEN Langbärte.

Ein germanischer Stamm hatte keine feste und dauerhafte Ordnung. Nach schweren Niederlagen verschwand mancher Stamm spurlos aus der Geschichte. Seine Mitglieder schlossen sich erfolgreicheren Stämmen an. Eine Verwaltung, die Steuern eintrieb, oder Beamte, die Recht sprachen, gab es nicht. Das Leben des Einzelnen war nur durch die Großfamilie, die **Sippe**, geschützt: Wurde ein Mitglied der Sippe ermordet, drohte sie Blutrache an. Die Blutrache konnte durch Zahlung von Vieh abgewendet werden.

Über Krieg und Frieden entschied die Versammlung der waffenfähigen Männer, das von Adligen geleitete **Thing**. Einige Stämme hatten **Könige** als Heerführer und Priester. Königlose Stämme führte im Krieg ein Adliger, der zum **Herzog** (= Heerführer) gewählt wurde.

Mächtige Adlige besaßen große Höfe. Sie gaben anderen Stammesangehörigen Land: Diese mussten ihnen dafür als halbfreie **Hörige** gehorchen. Waffen waren ihnen verboten. Freie Bauern dagegen hatten eigene Höfe. Dort lieferten Rinder Fleisch und Milch und wurden für die Bestellung des Ackers eingesetzt. Reitpferde besaß nur der Adel. Eisen- und Waffenherstellung war eine Geheimkunst. Die Schmiede standen deshalb in hohem Ansehen.

Die Macht der Adligen hing auch von der Größe ihrer **Gefolgschaft** ab. Junge Adlige schworen dem Gefolgsherrn Beistand und erwarteten dafür von ihm reiche Geschenke. Das zwang die Herren ständig zu Beutezügen – auch gegen römisches Gebiet.

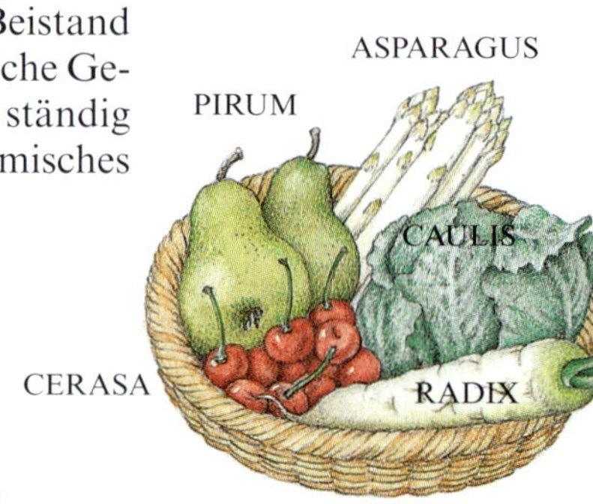

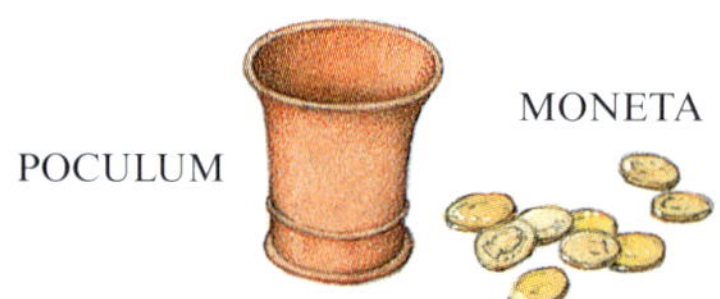

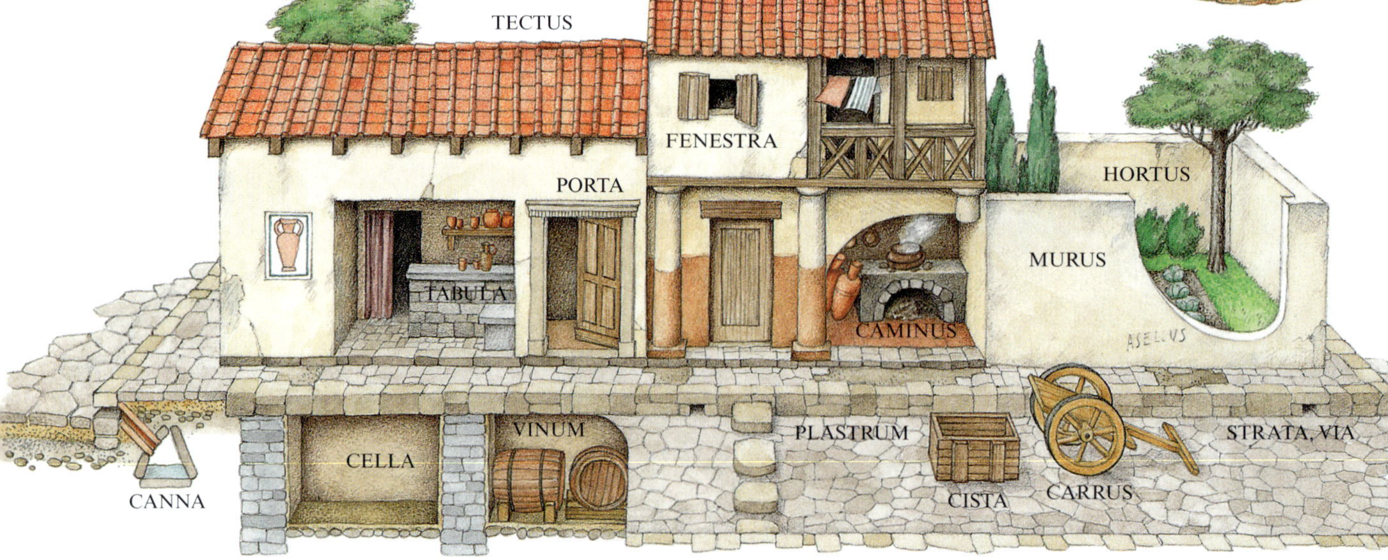

B 5 Wörter, die aus der lateinischen Sprache stammen

Der Limes verbindet Römer und Germanen – In Friedenszeiten war der Limes durchlässig. Wie nutzten die Menschen diese Freizügigkeit an der Grenze?

Am Limes und in den römischen Legionsstädten wurden regelmäßig Märkte abgehalten. Viele Germanen verkauften dort Waren: Vieh, Bier und Honig. Und sie kauften von den Römern, was ihnen fehlte, z. B. kostbaren Schmuck und Stoff, gutes Geschirr, Wein und Öllampen. Bei den Römern konnten die Germanen vieles entdecken: Häuser aus Ziegeln, warme Bäder, künstliche Flüsse, seltsame Kleidung, ungewöhnliches Essen, Haustiere, die lästige Mäuse fangen konnten, waffenklirrende Truppenübungen, unbekannte Götter.

Von römischer Seite aus unternahmen Offiziere Jagdausflüge und verhandelten mit germanischen Stammesführern. Kaufleute drangen tief nach Germanien vor. Sie kauften Sklaven, Bernstein oder wilde Tiere wie Elche, Auerochsen und Bären für Roms Theater.

Zwei Germanen in Roms Armee – In den römischen Hilfstruppen dienten ARMIN und FLAVUS, die Söhne des Cheruskerfürsten Segimer, als Offiziere. Welchen Lebensweg hatten sie als römische Soldaten, die Latein sprachen?

Als ihr Vater SEGIMER starb, kehrte Armin im Rang eines römischen Ritters heim. Flavus hielt Roms Kaisern die Treue. Armin heiratete THUSNELDA, die Tochter des Cheruskerfürsten SEGESTES. Gegen den Willen ihres Vaters, aber mit ihrem Einverständnis hatte er sie entführt. Das verzieh Segestes Armin nie. Den Aufstandsplan Armins gegen die Römer und ihren Statthalter Varus verriet er. Auch raubte er Armin Thusnelda. Als Armin Segestes darauf mit seinen Truppen angriff, mussten Roms Truppen diesen retten. Thusnelda nahmen sie als Geisel. Zusammen mit ihrem dreijährigen Sohn wurde sie in Rom im Triumphzug gezeigt. Segestes sah als Ehrengast zu. Armin hat den Sohn nie gesehen.

Sein Bruder Flavus blieb römischer Offizier. Armin strebte nach der Königsherrschaft bei den Cheruskern. Sein Onkel INGOMER ließ ihn aus Neid ermorden. König der Cherusker wurde am Ende ITALICUS, der in Rom erzogene Sohn des Flavus.

B6 Germanen übergeben den Römern Kinder als Geiseln. Ihnen drohte bei Friedensbruch der Tod.

ARBEITSAUFTRÄGE

1. Verfolge den Verlauf des Limes auf einer Atlaskarte. Durch welche heutigen Bundesländer führt er?
2. Beschreibe B 1. Begründe, warum Rom den Limes lange Zeit mit wenigen Truppen sichern konnte.
3. Für die Germanen waren Pferde und Rinder sehr wertvoll. Erläutere dies anhand von B 3. Vergleiche das germanische Haus mit dem römischen Haus auf Seite 154.
4. Lies Q 4. Bewundert oder verachtet Tacitus die Germanen? Suche für beide Auffassungen Hinweise in der Quelle. Formuliere deine Meinung.
5. Finde für die lateinischen Begriffe in B 5 jeweils das deutsche Wort. Beachte die Lebensbereiche, denen die Worte entstammen. Was verrät ihre Übernahme über das Verhältnis der Germanen zur römischen Kultur?
6. Beschreibe B 6. Erläutere, warum die Geiselnahme geschah. Erfinde eine Geschichte über die Erlebnisse der Kinder.

12. Das Christentum – eine Religion wird mächtig

Heute gibt es etwa 2 Milliarden Christen. Ihre Religion entstand im Römischen Reich. Wie stieg das Christentum zur größten Weltreligion auf?

Jesus verkündet das „Reich Gottes" – Das Christentum beginnt mit JESUS, einem Juden aus NAZARETH im römisch besetzten JUDÄA. Sein vermutetes Geburtsjahr wurde später sogar zum Beginn unserer Zeitrechnung gemacht. Was wissen wir von seinem Wirken?

Am meisten erfahren wir von Jesus aus den **Evangelien** (griech.: gute Botschaft) der Bibel, der Heiligen Schrift der Christen. Zunächst wurden die Geschichten über Jesus mündlich weitergegeben. Die erste schriftliche Zusammenstellung erfolgte um 70 n. Chr., etwa 40 Jahre nach seinem Tod. Wir wissen deshalb nicht, was Jesus wirklich gesagt und getan hat, sondern nur, was die frühen Christen über ihn wussten und woran sie glaubten.

Nach den Berichten der Bibel wanderte Jesus mit einer Gruppe von Anhängern, seinen **Jüngern,** durch seine Heimat und verkündete dabei immer wieder seine Botschaft: „Tut Buße, denn das Reich der Himmel ist genaht" (Matthäus-Evangelium 4,2). Damit meint Jesus das **Reich Gottes**. Um daran teilzuhaben, sollen die Menschen ihr Denken und Handeln ändern: Nächstenliebe üben und nach der Gerechtigkeit Gottes streben.

Der römische Statthalter PILATUS ließ Jesus um 30 n. Chr. in Jerusalem kreuzigen. Er wurde als Gefahr für die römische Ordnung angesehen, obwohl er nie gegen die römische Herrschaft gepredigt hatte.

Eine neue Religion entsteht – Nach Jesu Tod sammelten sich dessen Anhänger und bildeten die **urchristliche Gemeinde**. Diese war mit dem Judentum noch eng verbunden. Wie entwickelte sich daraus das Christentum als eigenständige Religion?

Der Name Christen kommt von **Christos**, der griechischen Übersetzung von **Messias** (hebr.: der Gesalbte). Die Christen glauben an Jesus Christus als den Sohn Gottes. Er sei von den Toten auferstan-

PERSONENLEXIKON

JESUS VON NAZARETH. Begründer des Christentums. Diese Darstellung stammt von Rembrandt van Rijn, einem Maler des 17. Jahrhunderts.

B1 Christliche Grabinschrift. „ICHTHYS ZONTON" (griech.): „Fisch der Lebenden".
Das griechische Wort für Fisch, **ICHTHYS**, galt als Abkürzung für: „**I**esous **Ch**ristos **Th**eou **Y**ios **S**oter" – Jesus Christus, Gottes Sohn, der Retter.

B2 Altar und Kultraum des Mithras

den und in den Himmel aufgefahren, von wo aus er wiederkommen und Gericht über die Welt halten werde. Die Auferstehung Jesu feiern die Christen noch heute mit dem **Osterfest**. /8

Zum wichtigsten Verbreiter der christlichen Religion wurde Paulus aus Tarsos in der Provinz Cilicia. Paulus hatte großen Anteil an der Entwicklung der christlichen Glaubenslehre. Danach hat Jesus mit seinem Tod am Kreuz und seiner Auferstehung den Menschen den Weg zu Gott geöffnet. Er hat alle Sünden der Welt auf sich genommen und den Menschen das Heil im himmlischen Gottesreich ermöglicht. Paulus löste die Christen von der jüdischen Religion und sorgte selbst auf mehreren Reisen für die Verbreitung des **Christentums**.

Die Christen und die römische Religion – Das Christentum verbreitete sich in allen römischen Provinzen. Auch in Rom gab es schon um 60 n. Chr. eine Christengemeinde. Wie reagierte der römische Staat darauf?

Der römische Götterglaube war von früh an durch die Begegnung mit anderen Völkern beeinflusst worden. Rom duldete auch die Ausübung fremder religiöser Bräuche. So wurde der persische Kult des Mithras unter den Soldaten Roms sehr beliebt, weil diese Religion Erlösung von den menschlichen Leiden nach dem Tod versprach. Rom verlangte aber von allen Reichsbewohnern, den Kaiser als Gott zu verehren. Die Christen glaubten wie die Juden an nur einen einzigen Gott. Deshalb wollten sie dem Kaiser nicht opfern. Das galt als Verbrechen.

Im christlichen Gottesdienst las und erklärte man die Bibel, sang Lieder und betete. Für Bedürftige wurden Spenden gesammelt und verteilt. Die Gottesdienste fanden in Privathäusern statt. Bei vielen Römern erweckte die Absonderung der Christen Misstrauen. Handelte es sich hier vielleicht um einen Geheimbund, der eine Verschwörung gegen den Staat betrieb?

B 3 Das Abendmahl – wichtigster Teil christlicher Gottesdienste. Elfenbeinplatte, 10. Jahrhundert

1 Altar
2 Priester
3 Abendmahlsschale mit Hostien (Brot)
4 Abendmahlskelch mit Wein
5 Bibel
6 Chor

ARBEITSAUFTRÄGE

1. Erläutere B 1: Welche Hoffnung setzte Licinia, der dieser Grabstein gesetzt wurde, in ihren christlichen Glauben?
2. Vergleiche B 2 und B 3. Achte besonders auf Altar und Raum. Erläutere, was die christliche Abendmahlsfeier von der Opferhandlung für Mithras unterschied.

Christen werden verfolgt – Wegen ihrer Ablehnung der religiösen Kaiserverehrung wurden die Christen als Staatsfeinde betrachtet. Welche Konsequenzen ergaben sich daraus?

Unter Kaiser NERO wurden die Christen 64 n. Chr. für den Brand Roms verantwortlich gemacht. Er leitete die erste große Christenverfolgung ein. Die Christen Roms wurden festgenommen, lebendig verbrannt oder in der Arena wilden Tieren vorgeworfen. Doch kam es danach nicht zu einer dauerhaften Verfolgung durch den Staat.

Die kaiserliche Politik gegenüber den Christen war zwiespältig. Am Anfang des 2. Jahrhunderts n. Chr. ließ Kaiser TRAJAN alle die hinrichten, die als Christen angezeigt wurden und die dann dem Kaiser das verlangte Opfer verweigerten. Er verbot aber, dass Beamte aktiv nach Christen suchten. Ähnlich wie Trajan verfuhren auch die folgenden Kaiser.

Als im 3. Jahrhundert Kriege und Bürgerkriege das Römische Reich zu zerstören drohten, wurde die Ursache darin vermutet, dass viele Bürger von den alten Göttern abgefallen waren. Damit begann eine allgemeine Christenverfolgung. Jeder Bürger musste dem Kaiser vor Zeugen opfern. Wer dieses Opfer verweigerte, wurde als Christ zum Tode verurteilt.

Das Christentum wird erlaubt – Trotz der Verfolgung wuchs die Zahl der Christen weiter an. Welche politischen Schlussfolgerungen zogen die Kaiser aus dieser Entwicklung?

Im Jahr 312 n. Chr. kam es in Rom zu einer entscheidenden Schlacht zwischen zwei Konkurrenten um den Kaiserthron, KONSTANTIN und MAXENTIUS. Konstantin gewann die Schlacht und ließ das Christentum 313 n. Chr. als Religion im Römischen Reich zu.

Von Konstantin selbst wissen wir nichts über den Zusammenhang zwischen dem Verlauf der Schlacht und seiner für das Christentum so wichtigen Entscheidung. Später wurde aber erzählt, dass der Kaiser vor der Schlacht einen Traum gehabt habe. Darin habe er erfahren, dass seine Truppen siegen würden, wenn sie das Kreuz und die Anfangsbuchstaben des Christusnamens auf ihren Schilden anbrächten.

Unabhängig vom Wahrheitsgehalt dieser Legende hatte Konstantin am Christentum auch ein politisches Interesse. Trotz der Verfolgung war die christliche **Kirche** im ganzen Reich fest organisiert. Schon im 1. Jahrhundert hatten die Christen der einzelnen Städte Gemeinden gebildet. **Diakone** (griech.: Gehilfen) übernahmen die Armenfürsorge, **Priester** Gottesdienst und Lehre. Seit dem 2. Jahrhundert leiteten gewählte **Bischöfe** (Aufseher) die Christen einer Stadt. Der Bischof von Rom, der **Papst** (lat.: Vater), besaß den Vorrang unter ihnen. Ihre Ämter blieben seit dem 2. Jahrhundert nur Männern vorbehalten. Die Christen und ihre Organisation konnten helfen, die kaiserliche Herrschaft zu stabilisieren. Daher förderte Konstantin die Kirche und wurde schließlich selbst Christ.

Hinrichtung eines Christen: Tod durch Raubtiere. Schale, 4. Jahrhundert n. Chr.

B4 Steinzeichung aus einer Schule für kaiserliche Diener in Rom. Unterschrift: „Alexamenos betet zu seinem Gott."

Das Christentum wird Staatsreligion – Die staatliche Förderung des Christentums brachte diesem noch mehr Zuwachs. Damit nahm auch die politische Bedeutung der christlichen Religion für die Aufrechterhaltung der Einheit des Reichs noch zu. Welche Folgen ergaben sich daraus für das Verhältnis zwischen Kaisern und Kirche?

Die Kaiser stifteten seit dem 4. Jahrhundert Versammlungsgebäude für die Christen. Sie mussten groß genug sein, um alle Mitglieder der Gemeinde aufnehmen zu können. Anders als antike Tempel waren sie nicht den Priestern vorbehalten. Als Vorbild diente daher die riesige römische Markt- und Gerichtshalle, die **Basilika**. Wo vorher der Richterstuhl gestanden hatte, fand nun der Altar seinen Platz.

Die Christen nutzten die neue Gunst der Kaiser, um die anderen Religionen zu verdrängen. 394 n. Chr. verbot Kaiser THEODOSIUS jede nichtchristliche Religionsausübung: Tempel wurden zerstört oder in Kirchen verwandelt. In Griechenland wurden die Olympischen Spiele verboten, weil sie zu Ehren des Zeus stattfanden. Erst vor etwa hundert Jahren, 1896, fanden in Athen wieder die ersten Spiele der Neuzeit statt.

Q6 Mailänder Religionsgesetz der Kaiser Konstantin und Licinius von 313 n. Chr.:

Da wir all das, was dem Volk zum Vorteil gereicht, erwogen haben, haben wir zuallererst die Verordnungen beschlossen, die sich auf die Ehrung des Göttlichen beziehen, um den Christen und allen Menschen freie Wahl zu geben, der Religion zu folgen, welcher immer sie wollten. Es geschah in der Absicht, dass jede Gottheit und jede himmlische Macht uns und allen, die unter unserer Herrschaft leben, gnädig sein möge. Keinem Menschen (soll) die Freiheit versagt werden, Brauch und Kult der Christen zu befolgen. Es ist unserer Zeit angemessen, dass jeder die Freiheit hat, gemäß seinem Willen eine Gottheit zu erwählen und zu verehren. Dies haben wir verfügt, damit es nicht den Anschein erweckt, als würde irgendeine Religion durch uns zurückgesetzt.

(Eusebios: Kirchengeschichte 10,5. In: Bardenhewer, O., Zellinger, I.: Bibliothek der Kirchenväter, übersetzt von P. Haenser, 2. Reihe, Bd. 1, München 1932, S. 461–463. Bearbeitet)

ARBEITSAUFTRÄGE

1. Beschreibe B4. Überlege mögliche Folgen der Zeichnung für Alexamenos.
2. Beschreibe B5. Erläutere, wie sich darin das Verhältnis des Christentums zum Staat ausdrückt. Überlege die Wirkung einer großen Kirche auf die Gläubigen. Untersuche, was in Dorf- oder Stadtkirchen an diese römische Kirche erinnert.
3. Untersuche mit Q6, wie die Kaiser zum Christentum standen und welche Hoffnungen sie mit ihrem Gesetz verbanden.

B5 Santa Sabina in Rom, eine der ältesten Kirchen

13. Gefahren für das Reich – schaffen Reformen Abhilfe?

Seit dem Ende des 2. Jahrhunderts n. Chr. wurde das Römische Reich immer wieder angegriffen. Im Norden drängten Stämme der Germanen und die Goten in das Reichsgebiet. Im Osten entstand unter SCHAPUR I. das neue Perserreich. Konnte Rom dieser Bedrohung begegnen?

Soldaten bestimmen, wer Kaiser wird – Noch im 2. Jahrhundert n. Chr. ernannten die Kaiser ihre Nachfolger und ließen sie vom Senat bestätigen. Im 3. Jahrhundert n. Chr. erhoben meistens die Truppen die Kaiser. Wie kam es zu dieser Machtverlagerung?

Als die Kriege immer zahlreicher wurden, hielten die Soldaten ihren Sold für zu niedrig. Unzufriedene Legionen eines Grenzabschnitts riefen ihren Befehlshaber einfach zum Kaiser aus. Von ihm erhofften sie sich Solderhöhungen. Andere Truppen antworteten mit der Ausrufung von Gegenkaisern. Die Sieger in den folgenden Schlachten um den Kaiserthron werden **Soldatenkaiser** genannt: Kaiser wurde und blieb, wer die meisten Legionen an sich band.

Das Reich gerät in eine Krise – Konnten die Bürger des Römischen Reichs die Belastungen der Kriege tragen?

Wenn die Steuern erhöht wurden, um mehr Sold zahlen zu können, hoben Händler und Handwerker die Preise für ihre Produkte einfach an. Steigende Preise aber lösten neue Soldforderungen der Soldaten aus. Immer öfter nahmen die Soldaten mit Gewalt, was sie zum Leben brauchten. Viele Bauern verließen deshalb das unsichere Land. Das Lebensmittelangebot ging zurück. Darum stiegen die Preise nochmals weiter.

Die Wirtschaft im Römischen Reich wurde auch durch Einfälle germanischer Stämme gestört. Städte gingen in Flammen auf. Viele Römer verloren Hab und Gut oder gar das Leben. Immer weniger Bürger konnten die verlangten Steuern zahlen.

Im Osten des Reichs waren die Angriffe der Perser nicht weniger folgenreich. Im Krieg gegen den Perserkönig Schapur I. wurde Kaiser GORDIAN III. von den eigenen Offizieren ermordet. Kaiser PHILIPP brauchte Truppen gegen die Germanen an der Donau. Er erkaufte sich den Frieden vom persischen König. Das Geld fehlte ihm dann aber, um sich die Treue der Donaulegionen zu sichern. Die Folge war, dass diese DECIUS zum Kaiser ausriefen. Kaiser VALERIAN geriet gar in persische Gefangenschaft.

T 1 Römische Kaiser:

2. Jahrhundert n. Chr.	3. Jahrhundert n. Chr.
🟦 Trajan (98 – 117) † (von Kaiser Nerva adoptiert)	🟥 Pertinax (193) ✓
🟦 Hadrian (117 – 138) † (von Kaiser Trajan adoptiert)	🟥 Didius Julianus (193) ✓
🟦 Antoninus Pius (138 – 161) † (von Kaiser Hadrian adoptiert)	🟥 Pescennius (193 – 194) ✓
🟦 Marc Aurel (161 – 180) † (von Kaiser Antoninus Pius adoptiert)	🟥 Clodius Albinus (193 – 195) ✓
🟦 Commodus (180 – 192) ✓ (leiblicher Sohn Kaiser Marc Aurels)	🟥 Septimius Severus (193 – 211) †
	🟦 Geta (211 – 212) ✓
	🟦 Caracalla (211 – 217) ✓
	🟦 Macrinus (217 – 218) ✓
	🟥 Elagabal (218 – 222) ✓
	🟥 Severus Alexander (222 – 235) ✓
	🟥 Maximinus Thrax (235 – 238) ✓
	🟥 Gordian I. (238) ✓
	🟥 Gordian II. (238) ✗
	🟦 Balbienus (238) ✓
	🟦 Pupienus (238) ✓
	🟥 Gordian III. (238 – 244) ✓
	🟥 Philipp d. Araber (244 – 249) ✓
	🟥 Decius (249 – 251) ✗
	🟥 Trebonian (251 – 253) ✓
	🟥 Aemilian (253) ✓
	🟥 Valerian (253 – 260)
	🟥 Gallienus (260 – 268) ✓
	🟥 Claudius II. (268 – 270)
	🟥 Aurelian (270 – 275) ✓
🟥 durch das Militär erhoben	🟦 Tacitus (275 – 276) ✓
🟦 vom Senat erhoben	🟥 Florianus (276) ✓
	🟥 Probus (276 – 282) ✓
† natürlicher Tod	🟥 Carus (283) ✗
✓ ermordet	🟥 Numerian (283 – 284) ✓
✗ gefallen	🟥 Carinus (283 – 285) ✓

Im 3. Jahrhundert drohte Rom in einem Strudel von Krieg, Bürgerkrieg, Plünderung und Verarmung zu versinken.

Teilreiche entstehen – Der Kaiser konnte nicht persönlich alle bedrohten Grenzen zugleich sichern. Wie halfen bedrohte Provinzen sich selbst?

In der Nähe der persischen Grenze lag die römische Oasenstadt PALMYRA. Dort herrschten keine Statthalter Roms, sondern seit etwa 265 n. Chr. ein von Rom ernannter arabischer König. Karawanen von und nach Persien benötigten Palmyras Brunnen zur Versorgung mit Trinkwasser. Der Wasserverkauf hatte Palmyra zu ungeheurem Reichtum verholfen. Einen Angriff der Perser auf das Römische Reich unter Schapur I. hatte Palmyra zurückgeworfen.

266 n. Chr. billigte Rom zunächst die Übernahme der Herrschaft durch ZENOBIA, die tatkräftige Witwe des Königs. Ihre Truppen schützten weiterhin die Ostprovinzen des Reichs. Große Teile Kleinasiens, Syriens und Ägyptens unterstellten sich Zenobias Herrschaft. 273 n. Chr. erklärte Zenobia sich zur Kaiserin. Das nahm Kaiser AURELIAN nicht hin. Ungeachtet der Gefahr, die von den Germanen drohte, verließ er die Westgrenzen, zog gegen Palmyra und schlug Zenobia. In goldenen Ketten führte er sie im Triumph durch Rom.

Auch im Westen gab es zur gleichen Zeit ein Sonderreich. Sein Herrscher schützte von Trier aus Gallien und Britannien gegen die Germaneneinfälle. Er führte den Kaisertitel und betrachtete sein Gebiet als eigenes Reich. Das aber nahm Kaiser Aurelian genauso wenig hin wie bei Zenobia.

ARBEITSAUFTRÄGE

1. Erläutere mit T 1 die Unterschiede der Kaiserherrschaft im 2. und 3. Jahrhundert.
2. Beschreibe B 2. Beachte die Haltung der römischen Kaiser: Warum hat Schapur das Relief anfertigen lassen? Und ist die Darstellung zutreffend?

B 2 Siegesrelief des Perserkönigs Schapur I. (241–272)

1 Schapur I.
2 Kaiser Philipp, der Araber
3 Kaiser Gordian III.
4 Kaiser Valerian

Reichsreform und Zwangsstaat – 284 n. Chr. erhob das Heer einen neuen Kaiser, den Offizier DIOKLETIAN. Er wollte den Frieden und die verlorene Ordnung erneuern. Auf welche Weise konnte er die Grenzverteidigung stärken und gleichzeitig die Armee von neuen Bürgerkriegen abhalten?

Diokletian lernte vom Beispiel Zenobias. Mehrere Kaiser konnten das Reich besser schützen als einer. Sie mussten aber einig sein und untereinander Frieden halten. Zuerst erhob Diokletian seinen Freund MAXIMIAN zum Mitkaiser.
Beide (Ober-)Kaiser **(Augusti)** wählten dann jeder für sich noch einen Unterkaiser **(Caesar)**. Dieser sollte auch ihr Nachfolger werden. Alle vier Kaiser erhielten eigene Reichsteile im Osten und Westen. So wurden Armeen an vielen Stellen des Reichs gleichzeitig wirksam eingesetzt. Ließen sich auch die Soldaten zufrieden stellen?

Gegen weitere Preissteigerungen setzte Diokletian 301 n. Chr. eine Obergrenze der Preise für Waren und Arbeiten fest. Die Preise für Nahrungsmittel und Handwerksprodukte wurden niedrig gehalten. So konnten sich Soldaten für ihren Sold viel kaufen. Preiserhöhungen waren bei Todesstrafe verboten. Bauern und Handwerkern blieb nur noch sehr

Q4 Der Zeitgenosse Lactantius über die Politik Diokletians:

Um alles mit Schrecken zu erfüllen, wurden … die Provinzen in Stücke geteilt. Statthalter in Menge mit zahlreichen Unterbeamten übten den Druck ihrer Herrschaft über jedes Gebiet aus … Die Menge der Steuerbeamten … brachte alles in Aufruhr … Es waren Bilder des Schreckens wie beim Einfall von Feinden und Wegführen von Gefangenen. Die Äcker wurden schollenweise abgemessen, Weinstöcke und Bäume gezählt, jede Art von Haustieren verzeichnet, die Kopfzahl der Bewohner vermerkt … Von da ab musste man … Steuer für den Kopf entrichten. Mittlerweile verminderte sich die Zahl der Tiere, Menschen starben weg, trotzdem mussten auch für die Verstorbenen Abgaben entrichtet werden. Kurz, umsonst konnte man nicht mehr leben und nicht einmal mehr sterben.

(Lactantius: De mortibus persecutorum, VII, 23. In: Geschichte in Quellen, Band 1, BSV, S. 735 f.)

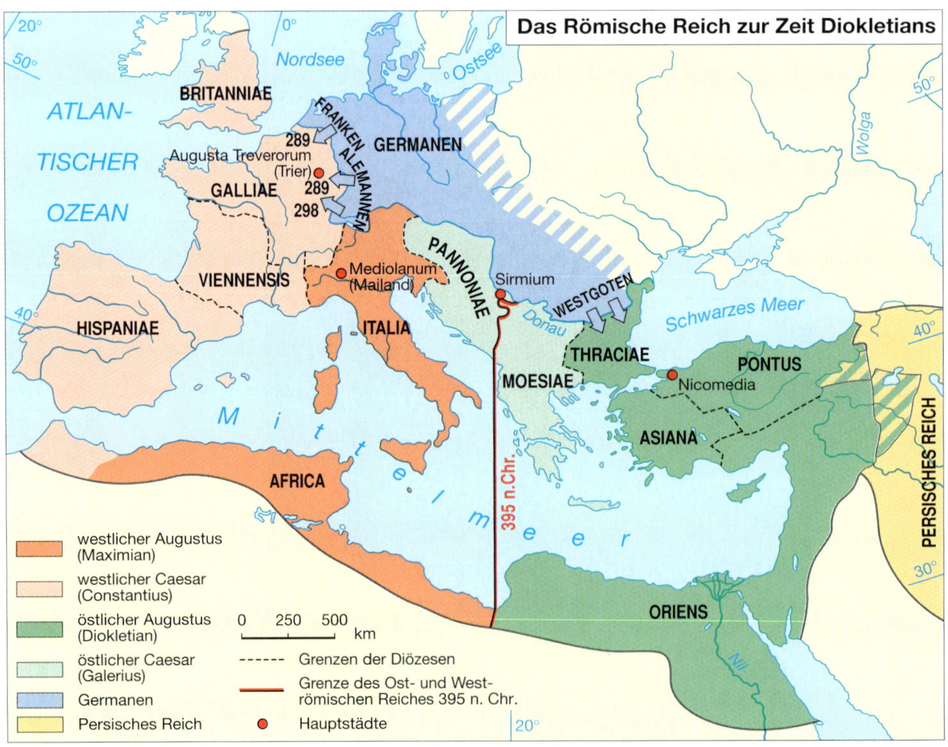

K 3

geringer Verdienst für ihre harte Arbeit. Viele weigerten sich, zu den niedrigen Preisen überhaupt etwas zu verkaufen. Sie verließen ihre Berufe und versuchten oft in die Armee einzutreten.

Mit neuen kaiserlichen Zwangsmaßnahmen sollte die Versorgung mit Nahrung, Handwerkswaren und Diensten gesichert werden. Um die Flucht aus Handwerk und Landwirtschaft zu stoppen, wurden Berufswechsel verboten. Kinder mussten die Berufe der Väter ergreifen. Zuletzt verboten die Kaiser den **Kolonen** (lat.: Pachtbauern) der großen Landgüter, ihre Höfe zu verlassen. Damit unterschieden sich Pächter der Gutsbesitzer kaum noch von Sklaven.

Neue Verbündete und neue Gefahren – Im 4. Jahrhundert n. Chr. erhöhte sich der Druck auf Roms Grenze. Konnte es Hilfe zur Sicherung der Grenze geben?

Kaiser KONSTANTIN schloss im Jahr 324 n. Chr. ein Bündnis mit den WESTGOTEN nördlich der Donau. Sie sollten dafür sorgen, dass die Grenze gegenüber den Germanen sicher blieb. Solche Stämme wurden **Foederaten** (lat.: Verbündete) des Römischen Reichs genannt.

Die Westwanderung der HUNNEN, eines Stammes von Reiternomaden aus Zentralasien, erschütterte das Reich von neuem. 375 n. Chr. flüchteten die germanischen Westgoten vor ihnen in das Römische Reich. Im Jahr 378 n. Chr. vernichteten die Westgoten bei ADRIANOPEL in Thrakien ein römisches Heer. Sogar Kaiser Valens wurde getötet. Die Goten lebten danach als Foederaten im Reich – aber sie erhielten eine eigene Verwaltung. In Gallien siedelten die Römer FRANKEN und BURGUNDER als weitere Foederaten an.

Im Jahr 395 n. Ch. wurde das Reich unter die Söhne des Theodosius, ARKADIUS und HONORIUS, in ein West- und ein Ostreich aufgeteilt. Diese Aufteilung sollte nur vorübergehend sein, doch machte es die Entwicklung im Westreich unmöglich, die Reichseinheit wiederherzustellen.

B 5 Diokletian, Maximian und ihre Unterkaiser (um 300)

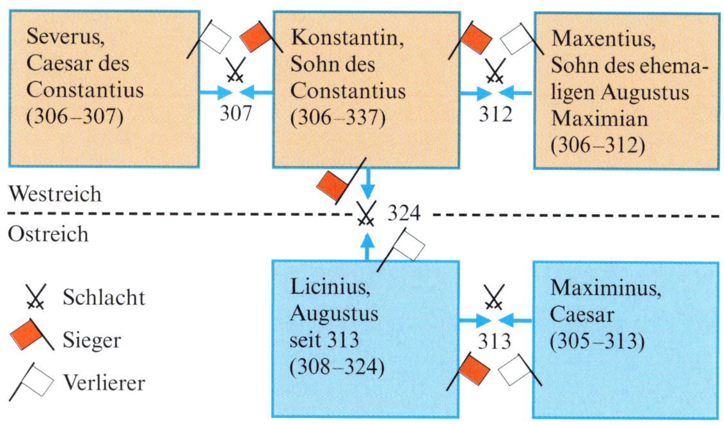

B 6 Römische Kaiser von 306–337

ARBEITSAUFTRÄGE

1. Stelle in K 3 fest, welche Gebiete die Teilreiche im 4. Jahrhundert umfassten. Überlege Vor- und Nachteile der Lage der Hauptstädte. Denke an andere Völker und ihre Gebiete.
2. Benenne in Q 4 die Maßnahmen Diokletians. Erläutere, was Lactantius dazu meinte. Könnte man sie auch anders sehen?
3. Untersuche B 5. Erläutere, was die Kaiser mit der Skulptur wohl darstellen wollten.
4. Untersuche mit B 6, wie viele Kaiser 306, 314 und 325 herrschten. Gab Diokletians Nachfolgeregelung Rom innere Einheit, Stabilität und Frieden?

14. Die Germanen – neue Reiche im Weströmischen Reich

Das Weströmische Reich kam nach der Reichsteilung nicht mehr zur Ruhe. Kaiser HONORIUS machte 402 n. Chr. die norditalienische Stadt Ravenna zur neuen Hauptstadt. Durch Sümpfe gut geschützt, bot sie mehr Sicherheit vor den Westgoten, die jetzt unter König ALARICH nach Italien drängten. Der Oberbefehlshaber des Kaisers, der Germane STILICHO, versuchte durch Geldzahlungen, Alarich zur Zusammenarbeit zu bewegen, wurde aber 408 n. Chr. ermordet. 410 wurde Rom von Alarich nach langer Belagerung erobert und geplündert. Die Westgoten zogen wieder ab. Doch war das Weströmische Reich noch zu retten?

Germanen erobern Reiche – Die Römer mussten die Germanen in dem Gebiet ihres Reichs dulden. Wie gestaltete sich das Verhältnis zwischen Römern und Germanen?

Im Weströmischen Reich entstanden mehrere germanische Königreiche. Die Westgoten z.B. lebten seit 418 n.Chr. unter ihrem König und nach ihrem eigenen Recht in Südwestgallien. Die Römer blieben als Mehrheit im Land neben den Goten wohnen. Statt römischer Statthalter beherrschte sie nun der Gotenkönig als Vertreter des Kaisers. Vergeblich hofften die einheimischen Gutsbesitzer und Senatoren auf die Vertreibung der Goten durch die weströmischen Kaiser. Weiteren Germaneneinfällen ließ sich von Ravenna aus kein Einhalt gebieten. Hilflos ertrugen die Kaiser die Wanderungen immer neuer Völker durch das Reich.

Am Ende des 5. Jahrhunderts bedeckten Germanenreiche die gesamte Fläche des ehemaligen weströmischen Reichs. In Italien setzten germanische Söldner 476 n. Chr. den letzten Kaiser Westroms ab.

Germane

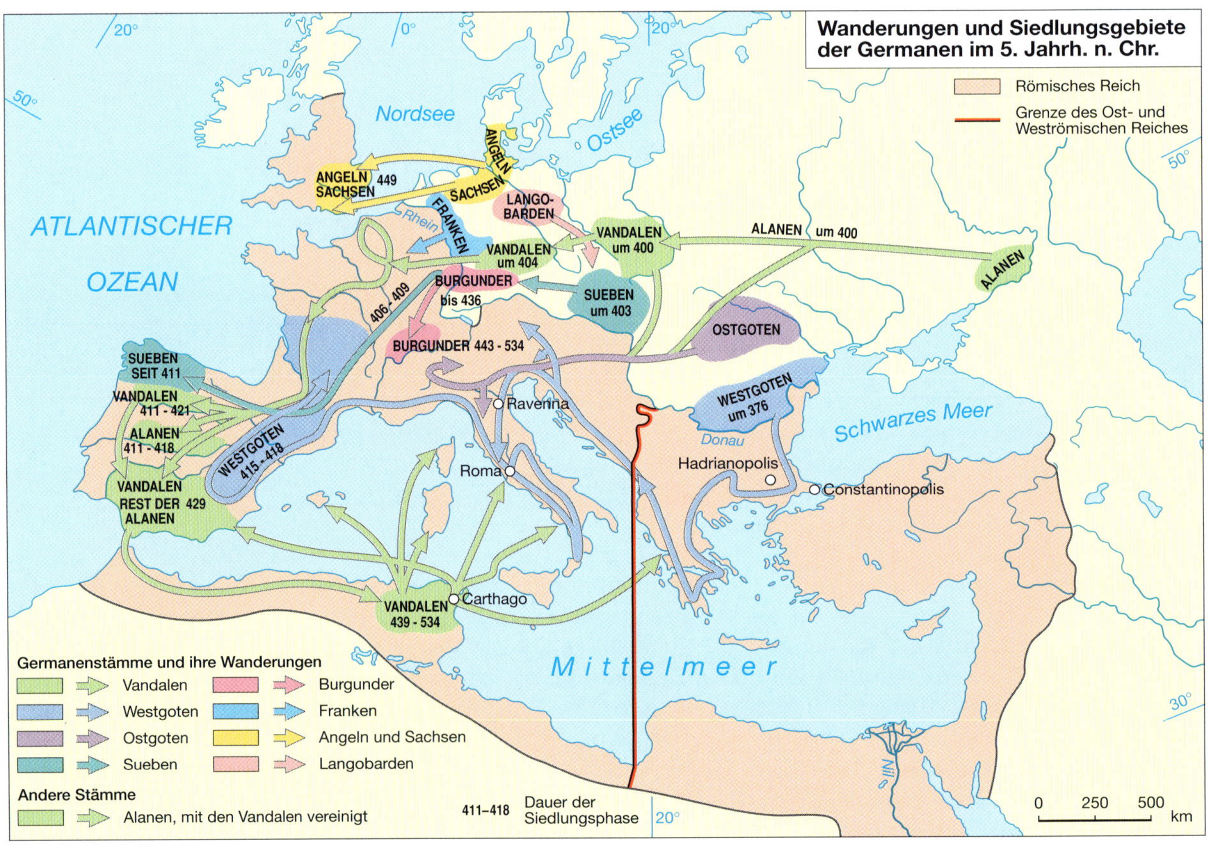

K 1

Alte und neue Herrschaft – Welche Folgen hatte der Herrschaftswechsel für die römischen Bürger?

Die meisten Menschen bemerkten das Verschwinden des Weströmischen Reichs kaum. Die es bemerkten, haben es – abgesehen von den Senatoren – kaum bedauert. Die Römer des Westens sprachen weiterhin Latein. Daraus entstanden die heutigen romanischen Sprachen Französisch, Italienisch, Portugiesisch und Spanisch. Die Eroberer waren fast überall in der Minderheit. Für die Römer galt auch in den Germanenreichen weiterhin das alte römische Recht.

Geldwirtschaft und Städte verfielen weiter. Die Kolonen, die unfreien Pachtbauern, berührte das wenig. Sie bebauten für dieselben Abgaben weiter dasselbe Land. Einige erhielten neue germanische Gutsherren. Viele Senatoren aber wurden wichtige Berater der Germanenkönige.

Für die Menschen im späten Römischen Reich wurde oft die Kirche wichtiger als der Staat. Sie erhob keine Steuern, sondern half Not zu lindern. Ihren Bischöfen vertrauten die Römer. Die Kirche überdauerte den Untergang des römischen Staats ohne großen Schaden. Die neuen germanischen Herren suchten die Bischöfe als Helfer zur Verwaltung zu gewinnen.

Eine Kaisertochter zwischen Germanen und Römern – GALLA PLACIDIA war die Tochter des Kaisers THEODOSIUS I. (gest. 395 n. Chr.). Wie verlief ihr Leben im unruhigen 5. Jahrhundert?

Nach der Reichsteilung folgte Galla Placidia ihrem Bruder Honorius in das Westreich. Dort wurde sie mit dem Sohn von Stilicho verlobt. STILICHO war der Stellvertreter der beiden jugendlichen Kaiser. Beim Durchzug der Westgoten durch Italien fiel Galla als Geisel in die Hände von König ALARICH. Sein Nachfolger ATHAULF heiratete die Kaisertochter, die damit Königin der Westgoten wurde. Aber auch Athaulf wurde ermordet. Als Galla nach Ravenna zu Honorius zurückkehrte, musste sie aus politischen Gründen seinen Mitkaiser Constantius heiraten. Doch auch dieser starb und Galla wurde nach Konstantinopel verbannt. Nach dem Tod ihres Bruders übernahm Galla die Regentschaft im Westreich für ihren noch zu jungen Sohn.

PERSONENLEXIKON

GALLA PLACIDIA mit ihren Kindern Valentian III. und Honoria

ARBEITSAUFTRÄGE

1. Überlege mit K1, warum germanische Völkerschaften im 5. Jahrhundert in römische Gebiete eindrangen. Vergleiche mit dem heutigen Zuzug ausländischer Menschen nach Europa.
2. Beschreibe B2. Vergleiche Ravenna mit der Stadt Rom (B1 auf Seite 142) und der Kirche in Byzanz (B2 auf Seite 170).

B2 Ravenna: Sitz des Ostgotenkönigs Theoderich. Mosaik, 6. Jahrhundert

15. Byzanz – Erbin Roms im Oströmischen Reich

Anders als das Weströmische Reich überstand die östliche Reichshälfte die Germanengefahr. 487 n. Chr. schloss der oströmische Kaiser ZENON mit dem ostgotischen König THEODERICH einen Vertrag. Danach sollte dieser die Herrschaft im Westreich übernehmen, „bis der Kaiser dort hinkomme“. Theoderich erkämpfte die Macht in Italien und wurde von seinen Truppen als König über Goten und Römer ausgerufen. Welche Herrschaft konnte der oströmische Kaiser jetzt noch im Weströmischen Reich ausüben?

Ein zweites Rom – Die oströmischen Kaiser sahen sich als Erben des gesamten Römischen Reichs. Konnten sie diesen Anspruch noch einlösen?

Kaiser JUSTINIAN (527–565 n. Chr.) versuchte das Reich zurückzugewinnen. Seine Generäle eroberten Nordafrika und die Inseln im Mittelmeer zurück.

B2 Inneres der Kirche Hagia Sophia heute

B1 Konstantin (r.) und Justinian (l.):
Sie übergeben Konstantinopel und die Kirche Hagia Sophia an Jesus Christus und seine Mutter Maria.

Den Westgoten entrissen sie Südspanien. Auch die Ostgoten, die sein Vorgänger nach Italien geschickt hatte, wurden in langen Kriegen völlig besiegt. Dadurch waren Oströmisches und Weströmisches Reich für kurze Zeit ein letztes Mal zusammengefügt. Eine neue germanische Staatsgründung auf italienischem Boden durch den Stamm der Langobarden konnte nach Justinians Tod aber nicht verhindert werden.

Schon Kaiser Konstantin hatte die alte Stadt Byzanz ausbauen lassen und 330 n. Chr. feierlich als „neues Rom" geweiht. Die neue Hauptstadt erhielt den Namen Konstantinopel. Die Einwohnerzahl stieg auf 600 000. Dank der Lage am Bosporus und an den Handelswegen zum Orient übertraf Konstantinopel Rom als Handelszentrum weit. Kaiser Justinian verkündete Größe und Anspruch der Stadt und seines Reichs durch ein gewaltiges Bauwerk. Er krönte Konstantinopel mit einer Kirche: der Hagia Sophia mit ihrer riesigen Kuppel. Statt Tempeln besaß Konstantinopel nur noch Kirchen und Klöster.

Q3 Aus der Gesetzessammlung Justinians:

- Beweise muss erbringen, wer etwas behauptet, nicht wer etwas bestreitet.
- Im Zweifelsfall für den Angeklagten.
- Niemand soll ohne Anhörung verurteilt werden.
- Wegen bloßer Gedanken wird niemand bestraft.
- Eine Strafe wird nur verhängt, wenn sie im Gesetz für ein Verbrechen vorgesehen ist.
- Auf bloßen Verdacht darf niemand verurteilt werden.
- Die Strafe wird verhängt, um den Menschen zu bessern.
- Bei Verbrechen kommt es auf die Absicht an, nicht den Erfolg.

(Corpus Iuris Civilis, Auswahl. In: Geschichte in Quellen, Band 1, S. 845–847. Bearbeitet)

Die Bevölkerung Konstantinopels war durch die christliche Staatsreligion an die Kaiser gebunden. Justinian legte die Reichsverwaltung in die Hände der Armee. Viele Wirtschaftsbereiche übernahm der Staat. Erfolgreich war die Einführung der Seidenherstellung, für die Justinian Seidenraupen aus China herausschmuggeln ließ. Ihre Zucht wurde staatlich gefördert.

Ostrom bewahrte Roms vorbildliche Gesetze und Gerichte. Justinian ließ alle Gesetze zu einer umfassenden Sammlung, dem **Codex Iustinianus** (lat.: Buch des Justinian), zusammentragen. Sie bildet noch heute den Grundstein für Europas Gesetzbücher.

Das Oströmische Reich wird griechisch – Seit dem Ende Westroms wahrte die christliche Kirche den Zusammenhalt der Reichshälften. Ostroms Kaiser verstanden sich als von Gott eingesetzte Herrscher, auch über die Kirche. Beamte, Soldaten und Kirche sollten gehorsame Befehlsempfänger sein. Der Papst in Rom und die Bischöfe des Westens nahmen das nicht hin. Darauf zerbrach die Kirche 1054 n. Chr. in eine **katholische** (griech.: alle Gläubigen umfassende) Westkirche und die **orthodoxe** (griech.: rechtgläubige) Ostkirche.

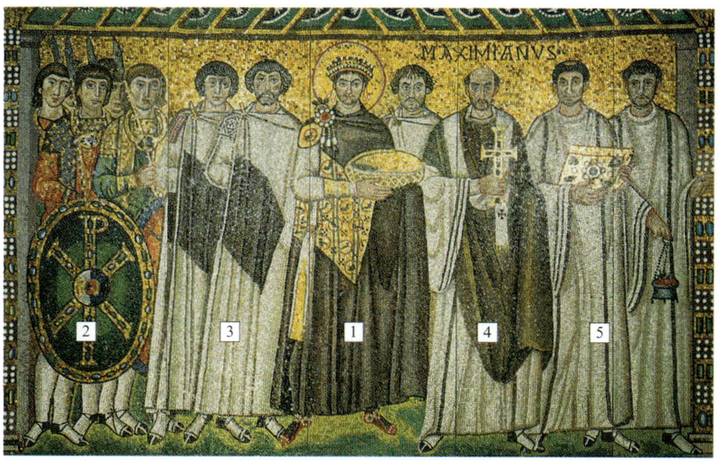

B4 Kaiser Justinian als Stifter einer Kirche in Ravenna. Mosaik, 10. Jahrhundert

1 Justinian, 2 Leibwachen, 3 hohe Beamte, 4 Erzbischof Maximinian von Ravenna, 5 Diakone

Anstelle des Lateins machten Justinians Nachfolger Griechisch zur neuen Amtssprache. Selbst die Hauptstadt Konstantinopel erhielt ihren alten griechischen Namen BYZANZ zurück.

Ostroms Einfluss – Ostrom überlebte das Westreich um fast 1000 Jahre. Welche Wirkungen hinterließ dieses griechisch geprägte Römische Reich?

Das Byzantinische Reich erhielt im 7. Jahrhundert n. Chr. mit dem ISLAM einen neuen Gegner im Osten. Mit Mühe konnten im 10. Jahrhundert Kleinasien und der Südbalkan behauptet werden. Im 15. Jahrhundert drangen die islamischen TÜRKEN bis Byzanz vor. Seine Eroberung beendete 1453 die lange Geschichte des Römischen Reichs auch im Osten.

Der Einfluss von Byzanz ist noch heute nicht nur in Griechenland, sondern auch in weiten Teilen Osteuropas spürbar. Die orthodoxen Kirchen in RUSSLAND, SERBIEN, RUMÄNIEN und BULGARIEN sind aus der Kirche Ostroms hervorgegangen. Sie gehen zurück auf das Wirken der byzantinischen Missionare METHODIOS und KYRILLOS. Beide versuchten im 9. Jahrhundert im Auftrag des oströmischen Kaisers die Slawen zum Christentum zu bekehren. Die Kirche brachte auch die von der griechischen Schrift abgeleitete kyrillische Schrift nach Russland, Bulgarien und Serbien.
Nach 1453 sahen sich die russischen Großfürsten von Moskau als Erben Ostroms. Sie übernahmen die Herrschaftsweise der byzantinischen Kaiser: Sie herrschten mithilfe der orthodoxen Staatskirche, führten den Titel **Zar** (= Caesar) und betrachteten Moskau als „Drittes Rom“.

Nach 1453 flohen viele oströmische Gelehrte nach Italien. Sie retteten unschätzbare Schriften und das in Byzanz bewahrte Wissen der Römer und Griechen. So trug das Ende des Oströmischen Reichs zu neuer kultureller Blüte der alten weströmischen Gebiete bei.

Q5 Eine Gesandtschaft wird beim Kaiser empfangen:

Der Haushofmeister meldet die Ankunft [der Gesandten] und der Kaiser befiehlt gütig, sie hereinzulassen. Da wundert sich die Schar beim Betreten der hohen Hallen und beim Anblick der riesigen Wächter. Staunen erregen die Helmbüsche, die goldenen Schilde und Spieße, die glänzenden Helmspitzen. Da glauben sie, der Palast des römischen Kaisers sei ganz gewiss ein zweiter Himmel … Sobald der Vorhang weicht und die inneren Türen sichtbar werden und die goldene Decke des Empfangssaales gleißt und vom kaiserlichen Haupt die Krone blitzt, da beugen der Anführer und seine Begleiter dreimal die Knie und bringen auf dem Boden niedergestreckt ihre Huldigung dar, vom Schrecken gerührt. Sie fallen auf ihr Gesicht, die Stirn am Boden, bis der gütige Kaiser sie aufstehen heißt und sie seinem Befehl folgen.

(Corippus: In laudem Justiniani, III, S. 231 ff. In: H. D. Schmid: Fragen an die Geschichte, Band 1, Cornelsen, Berlin 1983, S. 156)

B 6 Orthodoxe Kirche in Russland

ARBEITSAUFTRÄGE

1. Untersuche B 1: Wie sahen Ostroms Kaiser ihre Herrschaft?
2. Vergleiche die Kirche in B 2 mit der Basilika B 5 auf Seite 163.
3. Erläutere die Regeln in Q 3. Erzähle eine Geschichte: Ein Streit zwischen Nachbarn, bevor eine dieser Regeln galt …
4. Beschreibe B 4. Vergleiche das Auftreten des Kaisers mit dem Auftreten des Augustus in B 2 auf Seite 140. Fasse zusammen: Was hat sich verändert seit Augustus?
5. Erläutere anhand von Q 5 die Stellung des Kaisers. Welche Wirkung erzielte der Empfang bei den Besuchern?
6. Vergleiche die Kirche in B 6 mit B 2. Nenne Hauptmerkmale und Unterschiede.

16. Das Erbe der Antike

Noch heute bewundern wir Bau- und Kunstwerke, Epen und Theaterstücke, philosophische Abhandlungen und wissenschaftliche Erkenntnisse aus Griechenland und Rom. Welche Bedeutung haben die Leistungen der damaligen Menschen vor allem im Bereich von Wissenschaft und Technik für uns heute?

Wissen wird gesammelt – In der von dem griechischen König ALEXANDER 331 v. Chr. gegründeten Hafenstadt Alexandria wurde erstmals ein **Museion** (lateinisch/deutsch: Museum) gebaut, ein Haus, das den Göttinnen der Kunst, den MUSEN, gewidmet war. In einer riesigen **Bibliothek** im Museion übersetzten Gelehrte alte und neue Texte und trugen das Wissen der damaligen Zeit auf etwa 500 000 Schriftrollen zusammen. Die Bibliothek gilt als antiker Vorläufer aller modernen großen Staatsbibliotheken.

Naturlehre, Mathematik und Technik – Griechische Philosophen und Forscher suchten nach Erklärungen, Regeln und Gesetzen für Vorkommnisse in der Natur. Die Welt sollte nicht mehr durch Mythen erklärt werden, durch Erzählungen von den Göttern, sondern durch den **Logos** (griech.: sinnvolles Wort, Vernunft). Der Grieche ANAXAGORAS zum Beispiel erklärte Gewitter nicht mit dem Zorn des Göttervaters Zeus, sondern suchte die Ursachen dafür in der Natur selbst.

Der Ingenieur HERON erkannte im 1. Jahrhundert n. Chr. den Druck von Wasserdampf und erfand eine „Wundermaschine“: Er erhitzte Wasser und nutzte den entstehenden Dampf als Kraft, um zum Beispiel Tempeltüren zu öffnen.

Im 3. Jahrhundert v. Chr. wurde auf der Insel Pharos, die der Hafenstadt Alexandria vorgelagert war, ein 100 Meter hoher Leuchtturm errichtet. Sein Feuer wurde durch einen Hohlspiegel verstärkt, sodass es 50 km weit entfernt zu sehen war. Er galt als eines der sieben Weltwun-

K 1

B 2 „Wundermaschine“ des Heron von Alexandria: Sich selbst öffnende Tempeltüren. Rekonstruktionszeichnung

1 Das Feuer erwärmt die Luft in dem nach oben abgeschlossenen Raum. Die Luft dehnt sich aus.
2 Die Luft drückt das Wasser durch die Röhre in einen Behälter.
3 Der Behälter füllt sich mit Wasser und wird schwerer.
4 Der Behälter sinkt und über das Seil werden die Türachsen gedreht: Die Türen öffnen sich.

der der Antike und wurde zum Vorbild für Leuchttürme, Kirchtürme und Minarette. Er zerfiel im 14. Jahrhundert n. Chr.

Ein neues Bild von der Erde – Geographen und Astronomen untersuchten die Beschaffenheit der Erde und ihre Beziehung zu den Sternen. ARISTARCHOS VON SAMOS fand im 3. Jahrhundert v. Chr. heraus, dass die Erde in einem Kreis um die Sonne lief und nicht umgekehrt, wie die meisten Menschen bis zum Ende des Mittelalters glaubten.

ERATOSTHENES VON KYRENE (275–194 v. Chr.) beschäftigte sich wie THALES VON MILET (ca. 624–547 v. Chr.) und PYTHAGORAS (ca. 580–500 v. Chr.) mit mathematischen Fragen. Du kennst aus dem Mathematikunterricht vielleicht das „Sieb des Erathosthenes", mit dem die Primzahlen ermittelt werden.

Eratosthenes gelang es, den Umfang der Erde zu errechnen. Er kam auf etwa 46 250 km und lag damit nur 6241 km über dem tatsächlichen Erdumfang. Er las auch verschiedene Reiseschriftsteller und sammelte Informationen von Kaufleuten über die bewohnte Welt. Seine Erkenntnisse fasste er in einer neuen Weltkarte zusammen.

Viele der Erkenntnisse der Griechen wurden von den Römern weiterentwickelt. Von ihrer Ingenieurkunst zeugen unter anderem der Bau von Straßen und Aquädukten.

Q3 Eid des Hippokrates, den Ärzte leisten mussten, um 400 v. Chr.

Was ich in meiner Praxis sehe oder höre ... darüber werde ich schweigen ... Und ich werde die Grundsätze der Lebensweise nach bestem Wissen und Können zum Heil der Kranken anwenden, dagegen nie zu ihrem Verderben und Schaden. Ich werde auch niemandem eine Arznei geben, die den Tod herbeiführt, auch nicht, wenn ich darum gebeten werde.

(In: Hippokrates, Der wahre Arzt, Zürich 1959, S. 8 f. Gekürzt)

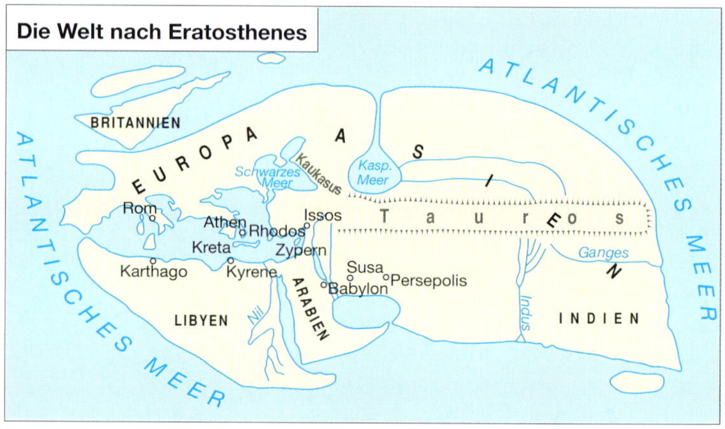

K 4

B5 Aquäduktbrücke einer römischen Stadt (Segovia, Spanien)

ARBEITSAUFTRÄGE

1. Erläutere den Stadtplan von Alexandria (K 1). Stelle einen Stadtrundgang zusammen. Benenne die Bevölkerungsgruppen, die in der Stadt miteinander lebten.
2. Erkläre mit B 2, wie die „Maschine" des Heron funktionierte.
3. Auch heute noch leisten Ärzte mit einigen Abwandlungen den Hippokratischen Eid (Q 3). Überlege, warum das wichtig ist.
4. Vergleiche Eratosthenes' Weltbild in K 4 mit einer modernen Weltkarte aus deinem Atlas. Worin unterscheiden sie sich?
5. Lies in deinem Mathematikbuch nach, wie mithilfe des „Siebes des Eratosthenes" die Primzahlen ermittelt werden.
6. Außer dem Leuchtturm von Alexandria gab es noch weitere Weltwunder der Antike. Informiert euch im Lexikon und durch das Internet über die Weltwunder (www.raetsel-der-menschheit.de/wewu/) und präsentiert eure Ergebnisse auf einem Plakat.
7. Wiederhole mit B 5 das Prinzip der römischen Wasserleitungen.

	Politik	Kultur	Alltag
500 n. Chr.	476: Untergang des Westreichs	nach 550: Gesetzessammlung Justinians, Hagia Sophia	germanische Völker siedeln sich in vielen Teilen des Westens an
400	395: Ost- und Westreich	391: Christentum Staatsreligion	Kolonen, keine freie Berufswahl, Festlegung von Preisen und Löhnen
300	324–337: Alleinherrschaft Konstantins seit 284: Zwangsstaat Diokletians, Tetrarchie	313: Ende der Christenverfolgungen	Reichskrise: Einfälle fremder Völker, Verarmung
200	193–284: Soldatenkaiser	Romanisierung erfasst weite Teile des Westens	
100		Ausbreitung des Christentums	große Thermen Colosseum
0	70: Zerstörung Jerusalems 9 n. Chr.: Armin besiegt Varus	um 30: Kreuzigung Jesu Ausbau Roms	eigenständigere Stellung der Ehefrauen
100	31 v.–14 n. Chr.: Augustus 73–71: Sklavenaufstand ca. 130–31: Bürgerkriege	starker griechischer Einfluss, Sklaven erziehen Kinder der Oberschicht	Wasserversorgung, „Inseln“ und Villen, Sklavenarbeit auf Gütern, Verarmung römischer Bauern
200	201: Sieg über Karthago		
300	287: Ende der Kämpfe zwischen Patriziern und Plebejern		
400	367: erster plebejischer Konsul 396: Eroberung Vejis		um 450: Ehen zwischen Plebejern und Patriziern möglich, Veröffentlichung des Rechts
500	um 490: Volkstribune des Plebs um 500: Sturz des Königs		Klientelwesen, Familie
600			um 600: Rom ist Stadt
700	um 700: Beginn der Etruskerherrschaft	erste Tempel in Rom Einwanderung der Etrusker	seit 700: Aufschwung von Handwerk, Technik, Steinbau
800 v. Chr.			um 800: erste Dörfer latinischer Bauern

Zusammenfassung – Rom und Römisches Reich

Unter etruskischer Herrschaft entwickelte sich seit 700 v. Chr. aus einer latinischen Bauernsiedlung am Tiber die Stadt Rom. Um 500 v. Chr. stürzten die Adligen Roms ihren etruskischen König. Die adligen Patrizier entschieden im Senat über die Angelegenheiten ihrer Stadt. Die Plebejer, das einfache Volk, erzwangen nach heftigen Kämpfen schrittweise ihre politische Gleichberechtigung. Die Römer nannten ihren Staat „Republik".

Die Städte und Völker Italiens gewann Rom nach Kriegen als **Bundesgenossen**. Zusammen mit ihnen unterwarf es ab 264 v. Chr. in 200 Jahren den gesamten Mittelmeerraum. Die Senatoren erwarben auf diese Weise riesige Landgüter. Sie wurden von Sklaven bewirtschaftet. Viele römische Bauern verarmten, da sie lange Jahre als Soldaten dienen mussten. Seit 104 v. Chr. stellten die Römer eine Armee aus Berufssoldaten auf. Ehrgeizige **Feldherren** benutzten ihre Soldaten im Kampf um die Macht in Rom.

Die Zeit der **Bürgerkriege** beendete **Augustus** 31 v. Chr. Er begründete eine neue Staatsform, den Prinzipat. Als Herr der Armee trat der Kaiser neben den Senat. Zwei Jahrhunderte sicherte das Kaiserreich den Frieden (Pax Augusta) und Wohlstand seiner Einwohner. Die eroberten Völker übernahmen die römische Lebensweise und Sprache.

Im 3. Jahrhundert n. Chr. griffen mächtige äußere Feinde das Römische Reich an. Vom Heer erhobene Kaiser kämpften um die Macht. Diokletian errichtete einen Zwangsstaat und verschaffte dem Reich auf Kosten der meisten Einwohner wieder Ruhe. Nach der Duldung des **Christentums** wandten sich viele Römerinnen und Römer der neuen Religion zu, die schließlich Staatsreligion wurde.
Das Römische Reich wurde 395 geteilt. Das Westreich erlag 476 dem Ansturm der Germanen. Das Ostreich bestand als griechisch geprägtes Reich bis 1453.

ARBEITSAUFTRÄGE

1. Überlege, ob du gern Römer oder Römerin gewesen wärst. Diskutiert die Vor- und Nachteile bestimmter Zeiten.
2. Diskutiert: Rom hat viele Kriege geführt und Bürgerkriege erlebt. Kennt ihr Staaten unserer Zeit, in denen es ähnlich zugeht? Auf welche Weise können wir in unserer Welt Frieden sichern?

ZUM WEITERLESEN

Freies Historiker Büro (Hg): Römer und Germanen. Ein Museum wird eingerichtet, CD-ROM, Cornelsen, Berlin 2000
Stöver, H. D.: Die Akte Varus, Würzburg 1991
Vos-Dahmen von Buchholz, T.: Die Sklavin mit dem roten Haar, München 1990

- @/1 www.comune.santamarinella.rm.it/museo/html/tedesco/a1.html
- @/2 www.romanum.de
  www.roemischerepublik.de
- @/3 www.geocities.com/CollegePark/Center/3400/index.htm
- @/4 www.imperiumromanum.com/
- @/5 www.br-online.de/wissen-bildung/collegeradio/medien/geschichte/spartakus/
- @/6 www.markaurel.de/
- @/7 home.t-online.de/home/Bernd.Hummel/limes.htm
- @/8 www.kindernetz.de/thema/religionen/a-z/christentum.html

Das Arabische Reich

Der „Islam“ ist eine der großen Weltreligionen. Im Arabischen bedeutet Islam „Hingabe an Gott“. Seine Anhänger nennen sich Muslime. Jedes Jahr ziehen etwa 2,5 Millionen Muslime für einige Tage nach Mekka, einer Stadt im heutigen Land Saudi-Arabien. In Mekka steht die große Moschee, in deren Zentrum sich das Heiligtum des Islam befindet: ein kleiner schwarzer Stein, eingemauert in einen Würfel. Dieser schwarze Stein ist der Legende nach als Meteorit vom Himmel gefallen.

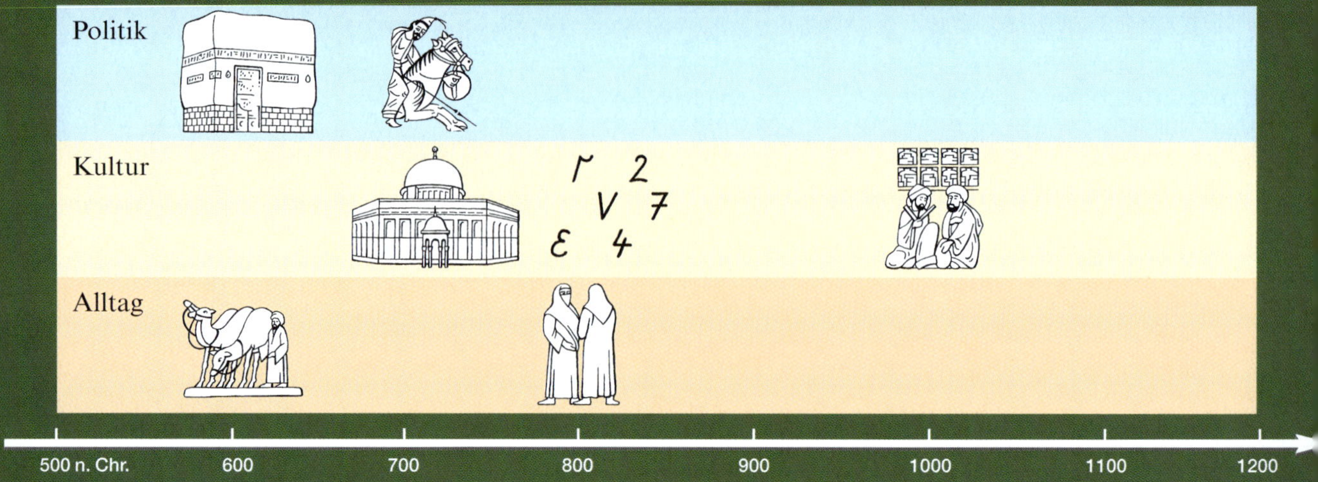

Das Arabische Reich bis 750

ARBEITSAUFTRAG

Erläutere mit der Karte, in welcher Zeit sich das Arabische Reich ausdehnte. Suche in einem Atlas die Staaten, die heute auf dem Gebiet des Arabischen Reichs liegen.

1. Eine neue Religion entsteht

Der Islam ist die jüngste der großen Weltreligionen. Er entstand vor etwa 1400 Jahren auf der arabischen Halbinsel und verbreitete sich über den gesamten Erdball. So gibt es heute 1,4 Milliarden Muslime, von denen etwa 2,5 Millionen in Deutschland leben. Nur das Christentum hat mehr Gläubige. Die Geschichte des Islam beginnt im 6. Jahrhundert n. Chr. mit dem Propheten MUHAMMAD. Er war der Religionsgründer. Er war aber auch Oberbefehlshaber, Gesetzgeber und Staatsgründer. Was wissen wir über die Entstehung des Islam und seine religiösen Glaubenssätze?

Eine Welt von Nomaden und Händlern – Auf der arabischen Halbinsel sind weite Gebiete Wüste. In den Weiten dieser trockenen, heißen Landschaft lebten die Menschen in Stämmen zusammen. Der Stamm gab dem Einzelnen Schutz gegenüber den Notfällen des Lebens und bestimmte den Alltag der Menschen in den wenigen Städten, in den Oasen und bei den umherziehenden Nomaden. Das wichtigste Tier in dieser Landschaft war das Dromedar – ein Kamel, das in Arabien gezüchtet wird. Seine Milch und sein Fleisch dienten der Ernährung, die Haare wurden zu Stoffen verarbeitet, die Haut zu Leder. Außerdem können Kamele lange Zeit ohne Wasser auskommen, sodass die Menschen mit ihrer Hilfe die Wüsten Arabiens durchqueren konnten.

Zwischen den Oasen und Städten wurde reger Handel getrieben. Auf Handelsstraßen transportierten die Kaufleute ihre Waren vom Süden der arabischen Halbinsel, von den Küsten des Indischen Ozeans bis zum Mittelmeer. Sie schlossen sich zu Kamel-Karawanen zusammen, um die großen Entfernungen sicher zurücklegen zu können. Entlang wichtiger Handelsstraßen entstanden zahlreiche feste Versorgungs- und Handelsplätze, die **Karawansereien**. An den Küsten Arabiens waren schon im Altertum blühende Kulturen entstanden. e/1

B1 Kamelherde. Buchmalerei, 13. Jahrhundert

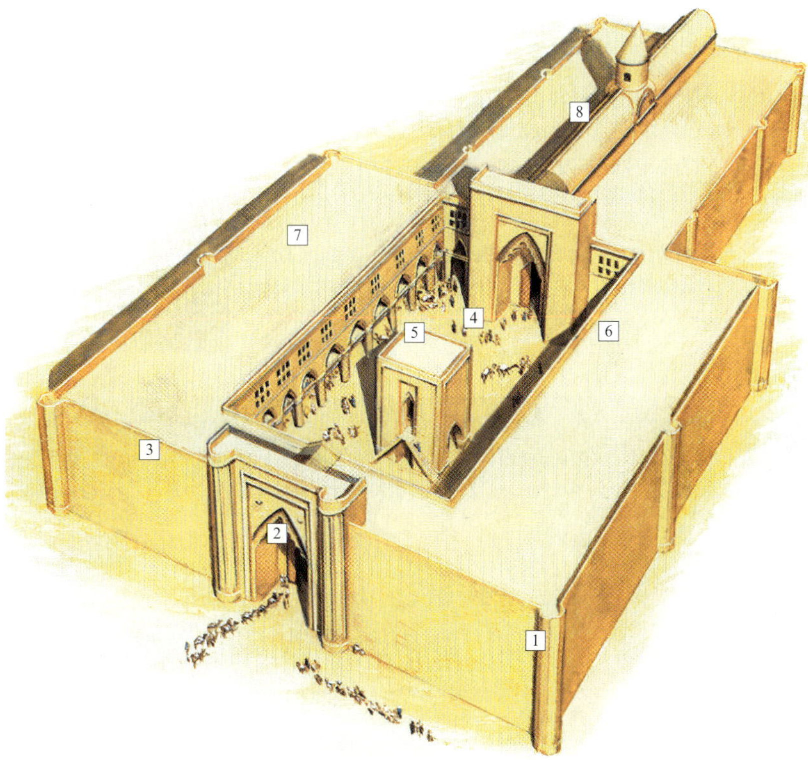

B2 Karawanserei in der Türkei, 13. Jahrhundert. Rekonstruktionszeichnung

1 Türme
2 Portal, einziger Zugang
3 stabile Mauer
4 offener Innenhof
5 Moschee
6 Küchen, Baderäume und Aufenthaltsräume
7 Ställe und Lagerräume
8 „Wintersaal“ mit Kuppel

Mekka: das religiöse Zentrum – Mekka ist heute der heiligste Ort der Muslime. Was ist das Besondere an dieser Stadt?

Um 600 n. Chr. war MEKKA eine kleine, wohlhabende Handelsstadt. Sie lag an einem Kreuzungspunkt von Karawanenstraßen. In Mekka befand sich ein altes arabisches Heiligtum, in dessen Mittelpunkt ein würfelförmiges Gebäude, die KAABA (arab.: Würfel) stand. In die Kaaba eingemauert ist ein schwarzer Stein, der von den Arabern schon seit frühen Zeiten verehrt wurde. Einer Legende zufolge ist er als Meteorit vom Himmel gefallen.
Viele arabische Stämme hatten im heiligen Bezirk um das Gebäude ihre Götterbilder und -statuen aufgebaut, denn die alte arabische Religion kannte viele Götter, Engel und Dämonen. Um das Jahr 600 n. Chr. sollen es etwa 360 verschiedene gewesen sein, darunter auch der Schöpfergott ALLAH (arab.: Gott).

Kaufmann und Prophet – Um 570 n. Chr. wurde der spätere Prophet Muhammad in Mekka geboren. Als Waise wuchs er bei Verwandten auf und musste früh als Begleiter von Karawanen arbeiten, ehe er selbst Karawanenführer wurde. Durch seine Zuverlässigkeit wurde er der vertraute Mitarbeiter der wohlhabenden Kaufmannswitwe CHADIDSCHA. Sie bot ihm die Ehe an und wurde Muhammads Ehefrau.

Q4 Inschrift aus dem heiligen Buch des Islam, dem Koran, am Felsendom in Jerusalem:

Weh über meine Diener! Kein Gesandter kommt zu den Ungläubigen, den sie nicht verspotteten. Aber sahen sie denn nicht, wie viele Geschlechter wir vor ihnen vertilgten? Dass die Gesandten nicht zu den falschen Göttern zurückkehren werden und dass alle vor uns versammelt werden sollen?

(Koran, 36. Sure, Vers 29–32)

Ornamentschmuck an der Fassade des islamischen Felsendoms

B 3 Fassade des islamischen Felsendoms auf dem Tempelberg in Jerusalem. 7. Jahrhundert n. Chr.

Muhammad war ein frommer Mann. Deshalb hielt er die Fastenzeit der altarabischen Religion ein. In dieser Zeit zog er sich gern in die Einsamkeit zurück, um über Gott nachzudenken. Eines Tages hatte er die Vision, der Erzengel Gabriel sei ihm erschienen. Dieser habe ihm aufgetragen, den wahren Glauben, den **Islam**, zu verkünden.

Eine neue Lehre in Mekka – Zuerst erzählte er nur seinen Freunden von den wiederkehrenden Visionen. Dann begann er öffentlich zu predigen. Wie reagierten die Menschen auf seine neue Lehre?

Anfangs fand der Prophet wenig Beachtung, zum Teil wurde er einfach ausgelacht. Aber als Muhammad mehr und mehr Anhänger fand, sahen die Herrscher Mekkas ihre Götter und ihre Macht bedroht. Denn Muhammads Lehre verehrte nur einen einzigen Gott, so wie die Religionen der Christen und der Juden. Als die Mächtigen der Stadt um 620 n. Chr. alle Beziehungen zu den Muslimen verboten und Muhammad um sein Leben fürchten musste, zog er 622 n. Chr. mit seiner Glaubensgemeinde nach Medina aus, wo bereits einige Muslime lebten. Diese Auswanderung Muhammads von Mekka nach Medina wird **Hedschra** genannt. Sie gilt als der Beginn des islamischen Staats. Noch heute beginnt die islamische Zeitrechnung mit dem Jahr 622 christlicher Zeitrechnung.

Muhammad wurde nun auch Politiker und Oberbefehlshaber. Immer mehr Araber verschiedener Stämme traten zum Islam über. Die „**Umma**“, die islamische Gemeinde Gottes, wurde zu einem eigenen neuen Stamm. Nach jahrelangen Kämpfen besiegten die Muslime schließlich auch Mekka. Muhammad war nun Oberhaupt eines islamischen Staats, der beinahe die gesamte arabische Halbinsel umfasste.
Von seinen Anhängern wurden die religiösen Glaubensregeln des Islam aufgeschrieben. Das heilige Buch des Islam heißt **Koran** (arab.: Lesung), die einzelnen Abschnitte des Korans heißen **Suren**.

Das Reich nach Muhammad – 632 starb Muhammad. Er wurde in Medina in der Großen Moschee begraben. Als Nachfolger wurde durch die Umma ein **Kalif** (arab.: Stellvertreter) gewählt. Er war nach dem Tod Muhammads das Oberhaupt des Arabischen Reichs. Doch um die Wahl dieses Nachfolgers Muhammads kam es zum Streit und später zu einer Spaltung der Muslime. Ali, der Schwiegersohn des Propheten, beanspruchte vergeblich die Nachfolge Muhammads. Alis Anhänger werden heute **Schiiten** genannt (von „shia'a Ali“, arab.: die Partei Alis). Die Mehrheit der Muslime nennt sich **Sunniten**.

B 5 Muhammad im Jahr 630 an der Kaaba. Auf seinen Schultern steht der Schwiegersohn Ali. Persische Buchmalerei, 16. Jahrhundert

ARBEITSAUFTRÄGE

1. Erkläre B 1 und B 2. Wozu dienten die verschiedenen Räume bzw. Teile der Karawanserei? Warum hatte die Karawanserei nur ein Tor und einige feste Türme?
2. Vergleiche das Gebäude in B 3 mit den Gebäuden in B 4 auf Seite 83. Stelle Vermutungen an, wie es zu dem Neubau kam.
3. Erläutere die Inschrift in Q 4. Überlege, warum diese Verse den Felsendom zieren und das „Herz des Korans“ genannt werden.
4. Beschreibe B 5. Achte auf alle Gegenstände und Personen. Fasse das Geschehen in einer Überschrift zusammen. Überlege zuletzt, warum der Maler eine Darstellung wählte, in der Ali auf den Schultern des Propheten Muhammad steht.

2. Das Arabische Reich – politische und kulturelle Einheit

Die Spaltung des Islam in die Partei der Schiiten und der Sunniten führte zu manchen Bruderkämpfen. Trotzdem eroberten muslimische Heere in wenigen Jahrzehnten ein Weltreich. Dazu gehörten Syrien, Mesopotamien, Persien, Zentralasien und Teile Nordindiens, ganz Nordafrika und Spanien. Wie konnte ihnen dies gelingen? Und wie wurde ihre Herrschaft aufrechterhalten?

Ein Weltreich entsteht – Die arabischen Stämme wurden durch den neuen Glauben erstmals in ihrer Geschichte geeint. Auf diese Weise entstand eine große Kraft. Zur selben Zeit waren die mächtigen Reiche von Byzanz und Persien durch die vielen Kriege, die sie gegeneinander geführt hatten, geschwächt. Die von ihnen unterdrückten Völker fühlten sich schlecht behandelt. Mit der vereinten Kraft der arabischen Stämme konnten die Muslime die Nachbarreiche besiegen.

Sicherung der Herrschaft – Die muslimischen Kalifen setzten in den eroberten Gebieten **Statthalter** ein, die für die Sicherung der Herrschaft, die Verwaltung und für das Eintreiben der Abgaben und Steuern verantwortlich waren. Von den dort lebenden Menschen wurden die neuen Herrscher anerkannt, denn sie konnten ihre eigene Religion und auch andere Freiheiten behalten. Wer kein Muslim werden wollte, der brauchte nicht im islamischen Heer zu kämpfen, er zahlte dann nur eine so genannte „Kopfsteuer".

Als die Muslime Jerusalem eroberten, ließen sie die Kirchen der Christen und die Synagogen der Juden stehen. Die Araber bauten nur eine **Moschee**, ein muslimisches Gotteshaus, auf dem alten Tempelberg. Dieser so genannte Felsendom steht noch heute.

Durch die Freiheiten, die die Muslime den Menschen der eroberten Länder gewährten, wurde auch ihre Religion von vielen anerkannt. Seit dem 8. Jahrhun-

B1 Islamischer Eroberer. 10. Jahrhundert

E2 *Uns wird erzählt*

Achtung: Geschichtsfälschung!

Die antike Bibliothek des Museums von Alexandria in Ägypten wurde zerstört. Seit Jahrhunderten wird in manchen Büchern eine alte Geschichte wiederholt: Der muslimische Feldherr Amr Ibn al-As soll im Jahre 642 nach der Eroberung Alexandrias die alte Bibliothek mit 700 000 Bänden verbrannt haben. Sechs Monate sollen die Öfen der öffentlichen Bäder mit den unersetzlichen Büchern geheizt worden sein. Die kostbarsten antiken Wissensschätze seien für immer vernichtet worden. Den Befehl dazu habe der Kalif Omar (634 bis 644) gegeben. Er soll gesagt haben: Wenn in diesen Büchern nichts anderes stehe als im Koran, seien sie überflüssig, könnten also verbrannt werden. Widerspräche ihr Inhalt dem Koran, umso schlimmer, dann müssten sie verbrannt werden. Doch die antiken Bibliotheken Alexandrias wurden im 4. und 5. Jahrhundert, also bereits viel früher, durch fanatische Christen systematisch zerstört. Sie sahen in den Büchern nur „heidnisches Blendwerk". Deshalb wurde im Jahr 391 auf Betreiben des Patriarchen Theophilos die letzte und größte Akademie Alexandrias geschlossen und in ein Kloster verwandelt. Ihre Bibliothek mit ca. 300 000 Buchrollen wurde verbrannt. Als die Araber in Alexandria einzogen, gab es seit Jahrhunderten keine antiken Bibliotheken mehr in der Stadt. Vieles spricht dafür, dass die Geschichte von der Bücherverbrennung durch die Muslime eine christliche Erfindung aus der Kreuzzugszeit ist.

dert traten immer mehr Menschen in den eroberten Ländern freiwillig zum Islam über. Dazu mussten sie Arabisch, die Sprache des Korans, lernen. So erhielt das Arabische Reich allmählich eine gemeinsame Sprache und Kultur.

Die Städte des Arabischen Reichs waren Zentren der Verwaltung, der Religion und des Handels. Insbesondere der Fernhandel führte zu einer großen Weltkenntnis und Weltoffenheit, die auch die Entwicklung der arabischen Kultur und der Forschung förderten. Bereits im 8. Jahrhundert hatte die Stadt BAGDAD etwa 1,5 Millionen Einwohner.

Die Macht der Kalifen wird geteilt – Seit dem Ende des 7. Jahrhunderts kamen die Kalifen immer aus den gleichen Familien oder Dynastien.
Zuerst waren die OMAJJADEN (661–749) Kalifen. Ihr Regierungssitz war anfangs Medina, die Stadt, in der schon Muhammad regiert hatte, später dann DAMASKUS. Auf die Dynastie der Omajjaden folgte die der ABBASIDEN (749–1517), deren Sitz bis 1258 Bagdad war, danach die Stadt KAIRO. Doch ein einheitliches Reich aller Muslime gab es nur etwa ein Jahrhundert lang (630–755).

Schon im Jahr 755 gründete der muslimische Statthalter im eroberten Spanien ein unabhängiges Kalifat mit der Hauptstadt CORDOBA. Bald spalteten sich auch andere Statthalter von den fernen Kalifen in Bagdad ab und gründeten eigene Kalifate. Die so entstandenen verschiedenen arabischen Staaten bekämpften sich oft auch untereinander. Dadurch schwand ihre Macht und die Eroberungen weiterer Nachbarstaaten endeten im 9. Jahrhundert n. Chr.

Seit dem 11. Jahrhundert n. Chr. verloren die arabischen Staaten ihre Herrschaft über die Länder rund um das Mittelmeer. 1258 wurde Bagdad von den asiatischen Mongolen erobert. Und 1492 wurden die letzten Muslime aus Spanien vertrieben.

Q3 Aus der 2. Sure des Korans:

Siehe da, die da glauben, und die Juden und die Christen und die Sabier – wer immer an Allah glaubt und an den Jüngsten Tag und das Rechte tut, die haben ihren Lohn bei ihrem Herrn, und Furcht kommt nicht über sie und sie werden nicht traurig sein.

(Koran, 2. Sure, Vers 59. Bearbeitet)

Q4 Aus einem Schutzvertrag der Kalifen mit den Christen und Juden:

Wir werden eure Geschäfte mit den Muslimen überwachen. Wenn ihr einem Muslim etwas Verbotenes verkauft, wie Schweinefleisch, Wein, Aas oder dergleichen, werden wir den Verkauf verbieten. Die Geschäfte, die ihr untereinander betreibt, werden wir nicht überwachen und keine Fragen stellen, solange ihr euch untereinander einigt.
Wenn einer von euch sich mit der Bitte um ein Urteil an uns wendet, werden wir nach islamischem Recht urteilen. Doch wenn keiner zu uns kommt, werden wir uns nicht in eure Angelegenheiten einmischen. ... Jeder freie, gesunde Mann hat die Kopfsteuer von 1 Dinar im Jahr zu entrichten. Weitere Steuern erheben wir nicht. Ihr könnt in den islamischen Ländern reisen, nur die heilige Stadt Mekka dürft ihr nicht betreten. Unsere Pflicht ist es, euch und euer Eigentum gegen jedermann, sei er Muslim oder nicht, zu beschützen. So wie wir auch uns selbst und unseren Besitz schützen würden.

(In: Der Islam von den Anfängen bis zur Eroberung von Konstantinopel, hg. von B. Lewis, Band 2, Zürich 1982, S. 274 f. Bearbeitet)

ARBEITSAUFTRÄGE

1. Beschreibe den islamischen Eroberer in B 1.
2. Lies E2. Kläre mithilfe des Textes, ob eine Bücherverbrennung zu den Auffassungen der Muslime passen würde. Vergleiche auch mit Q3. Überlege, welche Vorteile die Christen von der Geschichtsfälschung wohl gehabt haben.
3. Nenne Gründe, warum die muslimischen Herrscher von den eroberten Völkern anerkannt wurden. Lies dazu auch Q3 und Q4.
4. Lies Q4. Überlege, warum der Verkauf von Schweinefleisch oder Wein an Muslime durch den Kalifen verboten wurde.

3. Islam – die Religion bestimmt Alltag und Recht

بسم الله الرحمن الرحيم

Dieser Text liest sich in unserer Schrift: „Bismillah irrahman irrahim" und bedeutet: „Im Namen Allahs, des Erbarmers, des Barmherzigen". Es sind die ersten Worte des Korans, des heiligen Buches des Islam. Ein frommer Muslim würde keine Tätigkeit beginnen, ohne zuvor dieses „Bismillah" zu sprechen. Er fühlt sich dann im Willen Gottes geborgen. Woran glauben die Muslime und wie macht sich ihr Glaube im Alltag geltend?

Judentum, Christentum, Islam – Wie die Juden und Christen glauben auch die Muslime an einen einzigen Gott. Vor diesem Gott, Allah, sind alle Menschen gleich, er allein erschafft und lenkt die Welt. Gibt es weitere Gemeinsamkeiten und auch Unterschiede zwischen Judentum, Christentum und Islam?

Die drei Religionen berufen sich gemeinsam auf den Stammvater ABRAHAM des Alten Testaments. Sie haben auch gemeinsame Glaubenslehren: den Glauben an die Allmacht Gottes, an die Schöpfung Gottes, an Engel, das Jüngste Gericht, Hölle und Paradies. Muhammad hatte die Religionen der Juden und Christen gut studiert. Er sah sich nicht als Schöpfer einer ganz neuen Religion, sondern als Erneuerer der ursprünglichen Religion. Die Offenbarungen der jüdischen Torah oder der christlichen Bibel werden daher auch von den Muslimen als heilig angesehen. Aber nach dem Glauben der Muslime enthält nur der Koran die endgültige Offenbarung Gottes.

Der wichtigste Unterschied zwischen Christentum und Islam liegt in der Bedeutung von Jesus Christus. Für Christen ist er der Sohn Gottes, der als Mensch geboren wurde und uns den Glauben an Gott brachte. Für die Muslime hingegen ist Jesus Christus ein Mensch, ein Prophet wie Moses, aber er ist nicht Gottes Sohn.

B 1 Prophet Muhammad und seine Nachfolger, drei Kalifen

B 2 Nächtliche Himmelsreise des Propheten Muhammad 621. Persische Buchmalerei, 16. Jahrhundert

Der Koran enthält ein Verbot, Menschen und Tiere bildlich darzustellen. Deshalb erhielten viele muslimische Gebäude als Schmuck Mosaiken aus Ornamenten und schön gestalteten Schriftbändern.

Die Hingabe an Gott im Alltag – Das Leben der Muslime ist durch religiöse und moralische Pflichten geprägt. Sie gehen auf den Koran zurück. Der Zusammenhalt der Familie wird besonders betont. Es soll eine gerechte Ordnung des Zusammenlebens erreicht werden. Die Regeln für den Alltag sind bald als **die fünf Säulen des Islam** zusammengefasst worden:

– **Das Glaubensbekenntnis:** „Ich bezeuge, dass es keine Gottheit gibt außer Gott. Ich bezeuge, dass Muhammad der Gesandte Gottes ist.“ Wer das Bekenntnis in Gegenwart eines Muslims spricht, der wird dadurch selbst Muslim.

– **Das Gebet:** Fünfmal täglich sollen es die Muslime verrichten. Sie wenden sich in Richtung Mekka und beugen in vorgeschriebenen Haltungen ihren Körper während des Gebets. In den Moscheen ist die Richtung, in der Mekka liegt, durch eine Gebetsnische angezeigt, die **Mihrab**.

– **Das Fasten:** Im Fastenmonat Ramadan sollen die Muslime zwischen Sonnenaufgang und Sonnenuntergang nichts essen und trinken. Durch diese Selbstbeherrschung sollen sie Gott näher kommen.

– **Die Armensteuer:** 2,5–10% des Einkommens soll für Arme und Bedürftige verwendet werden. So übernimmt der Einzelne Verantwortung für die Gemeinde. So soll auch der Reichtum „gereinigt“ werden. Die Steuer treibt der Staat ein.

– **Die Pilgerfahrt nach Mekka:** Jeder Muslim sollte einmal in seinem Leben nach Mekka pilgern, wenn es ihm wirtschaftlich möglich ist. Alle Pilger sind gleich schlicht gekleidet, alle verrichten die gleichen Gebete. Denn sie begeben sich in die Nähe Gottes. Am Ende der Pilgerfahrt wird ein Tier geopfert. Die Reise nach Mekka führt zur Vergebung der Sünden.

Der Kalender der Muslime hat das Mondjahr zur Grundlage, wie es im Koran vorgeschrieben ist. Es ist kürzer als das Sonnenjahr, sodass alle islamischen Feste langsam durch die Jahreszeiten wandern. i/2

Aufgeschlagener Koran

B3 Mihrab (Gebetsnische). Isfahan (Iran)

1 Eingang
2 Innenhof der Moschee
3 Minarett
4 Innenräume der Moschee
5 Mihrab (Gebetsnische)
6 Brunnen

B4 Moschee in Isfahan (Iran). 14. Jahrhundert

Der Islam regelt das Zusammenleben – Muhammad war Prophet und Staatmann. Seine Gemeinde eroberte ein großes Reich. Wie aber wurde das Verhältnis der Religion zum Staat unter diesen neuen Verhältnissen gestaltet?

Im Koran ist nach Auffassung der Muslime der Wille Gottes offenbart worden. Muslimische Gelehrte stellten außerdem Regeln auf, wie sich Muslime im Einklang mit dem Koran und dem Leben Muhammads verhalten sollten. So entstand die **Scharia**, das islamische Recht. Auf der Grundlage der Scharia sprachen der Kalif oder seine Beamten, die **Kadis** (arab.: Richter), die Urteile.

Die Scharia schreibt für einige Delikte eine öffentliche Hinrichtung vor, für Ehebruch die Steinigung. Jedoch wird eine Todesstrafe nicht vollstreckt, wenn die geschädigte Familie die Tat vergibt. Die Scharia benachteiligt Nichtmuslime. Sie sind nicht gleichberechtigt, sondern eher Bürger zweiter Klasse. So dürfen Nichtmuslime nicht Richter oder Offizier werden.

Die Muslime sollen in ihrem ganzen Leben den Weg zu Gott gehen. Das arabische Wort dafür heißt **„jihad“**: „Anstrengung, Bemühen“. Wir kennen „jihad“ in der Bedeutung „heiliger Krieg“. Traditionell denkende Muslime verstehen Jihad als Pflicht zum Krieg gegen die Ungläubigen. Der im „heiligen Krieg“ Gefallene werde sofort ins Paradies kommen.

Q5 Der Anfang des Korans:

Im Namen Allahs, des Erbarmers, des Barmherzigen! Lob sei Allah, dem Weltenherrn, dem Erbarmer, dem Barmherzigen, dem König am Tag des Gerichts! Dir dienen wir und zu dir rufen um Hilfe wir. Leite uns den rechten Pfad, den Pfad derer, denen du gnädig bist; nicht derer, denen zu zürnst, und nicht der Irrenden.

(Koran, „Die Eröffnende“, 1. Sure)

Doch viele Muslime meinen, dass ein gut geschriebenes Buch ein besserer Jihad ist als der Kampf mit Kanonen oder Gewehren. Dennoch ist die Idee des Jihad oft zu politischen Zielen missbraucht worden.

Koranunterricht

Frauen im Islam – Muhammads erste Frau und Vertraute Chadidscha war selbstständige Kauffrau. Seine spätere Lieblingsfrau Aischa leitete Truppen in einer Schlacht im Bürgerkrieg. Doch der Islam spricht den Frauen eine untergeordnete Rolle in der Gesellschaft zu.
Im Koran heißt es: „Die Männer sind den Weibern überlegen … Die rechtschaffenen Frauen sind gehorsam … Diejenigen

B6 Kadi (Richter)

B7 Staatsfahne Saudi-Arabiens mit islamischem Glaubensbekenntnis aber, für deren Widerspenstigkeit ihr fürchtet – wartet sie … und schlaget sie …" (Sure 4, Vers 38). Der Koran gestattet es einem Mann, bis zu vier Frauen zu heiraten, wenn er reich genug ist.

Muslime meinen oft, zwischen den Frauen und Männern solle eine Art Arbeitsteilung herrschen: Die Männer bestimmen außerhalb, die Frauen innerhalb der Familie. Tatsächlich haben muslimische Frauen in der Familie oft sehr großen Einfluss. Für Frauen ist traditionell das Tragen figurbetonender Kleidung verboten. In der Öffentlichkeit sollen sie mit einem **Schleier** oder Kopftuch ihre Haare, ihr Gesicht oder den ganzen Körper bedecken. Viele Muslime rechtfertigen ihr traditionelles Bild über die Vorrechte der Männer und wie Frauen sein sollen mit dem Koran. Aber viele dieser Sitten sind nicht im Koran festgelegt.

Das Leben frommer Muslime richtet sich streng nach der islamischen Religion, nach dem Koran und der Scharia. Das gilt auch für die Gesetze vieler Staaten. Dass die Regeln der Religion und die Gesetze des Staats voneinander getrennt sind, ist für viele gläubige Muslime undenkbar.

B8 Islamische Frauen in Berlin-Kreuzberg

B9 Vorstellung des Paradieses. 15. Jahrhundert

B10 Vorstellung der Höllenstrafen. 15. Jahrhundert

ARBEITSAUFTRÄGE

1. Vergleiche B 1 und B 2. Erkläre die Darstellung um den Kopf des Propheten Muhammad. Erläutere, auf welchem Wesen der Prophet in B 2 reitet.
2. Erkläre die Moschee in B 4: Was geschieht in den einzelnen Räumen? Finde die Gebetsnische aus B 3 in B 4. Bestimme mit einem Atlas, in welche Himmelsrichtung die Gebetsnische einer Moschee in deinem Wohnort weisen würde.
3. Erläutere mit Q 5, welche Wünsche die Gläubigen haben.
4. Beschreibe B 6. Finde auch eine Erklärung für den Vorhang.
5. Überlege mithilfe des Textes, warum in B 7 unter dem islamischen Glaubensbekenntnis ein Schwert abgebildet ist.
6. Diskutiert B 8: Was werden die muslimischen Frauen von uns erwarten?
7. Vergleiche B 9 und B 10. Wie wirken die Bilder auf dich?

4. Die Kultur im Kalifat – das Wissen wird vermehrt

Seit dem Jahr 750 waren die Abbasiden Kalifen. Sie regierten als absolute Herrscher und gründeten eine neue Hauptstadt, Bagdad. Und gleichzeitig begann für die muslimische Welt eine wissenschaftliche und kulturelle Blütezeit. Wie kam es dazu?

Muslime nehmen fremde Kulturen auf – Zur Zeit des Kalifats waren die Länder zwischen Spanien und dem Indischen Ozean eine Art **„multikulturelle“** (= viele Kulturen umfassende) **Gesellschaft**.
Im Kalifat lebten keineswegs nur Araber, sondern auch Perser, Syrer, Kopten, Turk-Stämme, Kurden, Kaukasier, Berber und viele andere. Die Vermittler der Kulturen, die Gelehrten, waren nicht nur Muslime, sondern auch Christen und Juden. Doch Arabisch wurde die Sprache von Religion und Wissenschaft.
Der Austausch zwischen den Kulturen wurde durch die Haltung des damaligen Islam zu Studium und Wissenschaft begünstigt. „Empfange Wissen, auch von den Lippen eines Ungläubigen“, heißt es in der Überlieferung der Worte Muhammads. Die Kultur der unterworfenen Syrer, Ägypter, Iraner, Griechen war für viele Araber eine Entdeckung.

In Zentralasien lernten die Araber von kriegsgefangenen Chinesen die Herstellung von **Papier** kennen, einem billigen und guten Schreibmaterial. 794 n. Chr. wurde in Bagdad die erste „Papiermühle“ errichtet, in der aus Holz der Rohstoff für Papier gewonnen wurde. In den Städten des Kalifats konnte im 8. und 9. Jahrhundert schon etwa die Hälfte der Bevölkerung lesen und schreiben. Bei vielen Arabern entwickelte sich eine wahre Leidenschaft für Bücher. Sie wurden in großem Umfang hergestellt, vertrieben und gesammelt. Um das Jahr 1000 gab es in Bagdad mehr als 100 Buchhandlungen.

Arabischer Wissenschaftler

B2 Die Bibliothek in Basra. Buchmalerei, 13. Jahrhundert

Q1 Ein Empfang am Hof des Kalifen im Jahr 917:

Wir sahen einen Baum, der in der Mitte eines großen, runden Beckens stand, das mit klarem Wasser gefüllt war. Der Baum hat achtzehn Äste und jeder Ast hat zahlreiche Zweige, auf denen alle Arten großer und kleiner goldener und silberner Vögel sitzen. Die meisten Äste des Baums sind aus Silber, aber einige sind aus Gold und sie recken sich in die Luft und tragen Laub in verschiedenen Farben. Die Blätter des Baums bewegen sich, wenn der Wind weht, und die Vögel pfeifen und singen ...
Der Kalif war in goldbesetzte Gewänder gekleidet und saß auf einem Thron aus Ebenholz ... Zur Rechten des Throns hingen neun Halsketten aus Edelsteinen und zur Linken desgleichen, alle aus prächtigen Juwelen ... Vor dem Kalifen standen fünf seiner Söhne, drei zur Rechten und zwei zur Linken ...

(In: Albert Hourani: Die Geschichte der arabischen Völker, Frankfurt a.M. 1992, S. 62)

Städte, die Zentren der Kultur – Überall im Arabischen Reich entwickelten sich Städte, meist an Kreuzungen von Handelsstraßen. Wie können wir uns die Städte vorstellen?

In den Städten wurden Paläste, Wohnhäuser, Krankenhäuser, Bibliotheken, Schulen, Märkte, Lagerhäuser, Befestigungen und Moscheen gebaut. Bagdad, die neue Hauptstadt im Osten des Reichs, hatte schon im 9. Jahrhundert ca. 1,5 Millionen Einwohner.
Seit dem 9. Jahrhundert entstanden in verschiedenen muslimischen Ländern die **„Märchen aus 1001 Nacht"**, die vielleicht berühmteste Märchensammlung der Welt. Eine ihrer Personen ist der Kalif HARUN AR-RASCHID, der nachts verkleidet in Bagdad Abenteuer suchte.

In Spanien, das vom Zentrum des Reichs weit entfernt lag, herrschte im 8. Jahrhundert eine eigene Dynastie. CORDOBA, ihre Hauptstadt, war um das Jahr 1000 mit etwa 500 000 Einwohnern die größte und auch reichste Stadt Europas. Ihre Straßen waren gepflastert und wurden nachts mit Laternen beleuchtet. Die Stadt konnte den Reichtum ihres Landes fördern. Kaufleute aus allen Himmelsrichtungen brachten Waren aller Art auf die reichhaltigen Märkte. Studenten aus allen Ländern kamen in die Stadt, um die Wissenschaften zu studieren. Die Stadt besaß ca. 600 Moscheen, 300 öffentliche Bäder, 20 öffentliche Bibliotheken, 80 öffentliche Schulen, 17 Hochschulen und mehr als 50 Krankenhäuser. Allein die Bibliothek des Kalifen umfasste mehr als 500 000 Bücher.

Wissen wird erweitert – Große Bibliotheken und Einrichtungen für die Forschung gab es überall im Arabischen Reich. Im „Haus der Weisheit" in Bagdad wurden im Auftrag des Kalifen Bücher aus zahlreichen Ländern gesammelt und ins Arabische übersetzt. Angeschlossen waren eine große Bibliothek und ein astronomisches Observatorium. Die Muslime bewahrten das Wissen aus der Antike. Ein Teil davon ist nur über die arabische Vermittlung erhalten geblieben und zu uns nach Europa gelangt. Die Muslime entdeckten auch viel Neues in der Mathematik, der Astronomie und der Medizin. Sie schrieben zahlreiche grundlegende Bücher für diese Wissenschaften.

PERSONENLEXIKON

Harun ar-Raschid.
Kalif von 786 bis 809

1 Tor
2 erste Mauer mit 28 Wehrtürmen
3 zweite Mauer
4 Wohnviertel
5 dritte Mauer
6 Palast und Moschee
7 überdachte Handelsstraße

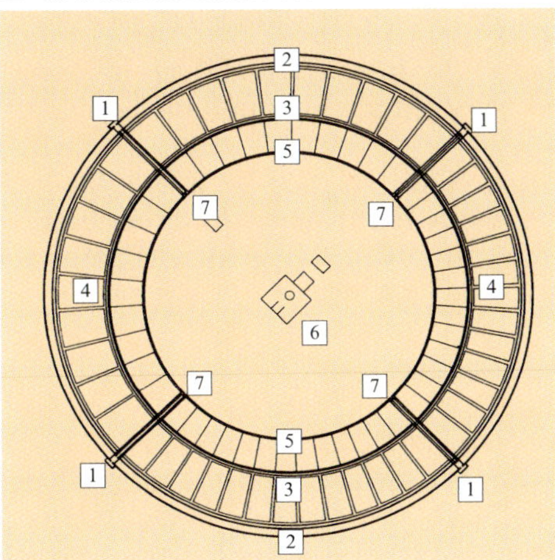

B3 Bagdad. Grundriss der „Runden Stadt"

B4 Arabische Apotheke

Die Muslime lernten im 8. Jahrhundert in Indien neue Zahlen kennen. Zu diesen Zahlen gehörte die Null, mit der das Rechnen insgesamt wesentlich einfacher war. Der Mathematiker Al-Chwarismi führte sie ein. Im Arabischen Reich entstanden jedoch bald zwei abweichende Ziffernschreibweisen, die west- und die ostarabische. Die Europäer erlernten seit dem 13. Jahrhundert von den Arabern die westarabischen Zahlen – die Zahlen, die wir heute benutzen. In den arabischen Ländern aber setzten sich die ostarabischen Zahlen durch.

Das Ende des Kalifats – Gegen Ende des 10. Jahrhunderts zerfiel das Arabische Reich in Teilreiche. Mindestens drei Dynastien traten mit dem Anspruch auf Alleinherrschaft auf. Wie wirkte sich dies auf die arabische Welt aus?

Ab dem 11. Jahrhundert kam es zu einer Erstarrung der Kultur. Nun hielt man neue Auslegungen des Korans für verboten. Wer dagegen verstieß, dem drohten schwere Strafen. Ibn Sina (980–1037), ein berühmter Mediziner und Philosoph, meinte dagegen: Der Koran ist nur eine verhüllte Form der Wahrheit in Gleichnissen. Er müsste deshalb immer wieder neu ausgelegt werden. Im Jahr 1150 ließ der Kalif von Bagdad mehrere wissenschaftliche Werke, auch von Ibn Sina, wegen ihrer abweichenden Ideen verbrennen. Von den herrschenden Muslimen wurde jetzt ein Wort des Propheten Muhammad missachtet: „Die unterschiedlichen Meinungen meines Volkes sind eine Gnade." 1099 eroberten christliche Ritter aus Nordeuropa Jerusalem. Zwar konnten die Muslime 1187 Jerusalem zurückgewinnen. Aber als 1258 die Mongolen, ein kriegerisches Reitervolk aus Asien, Bagdad eroberten, war dies das Ende des Kalifats.

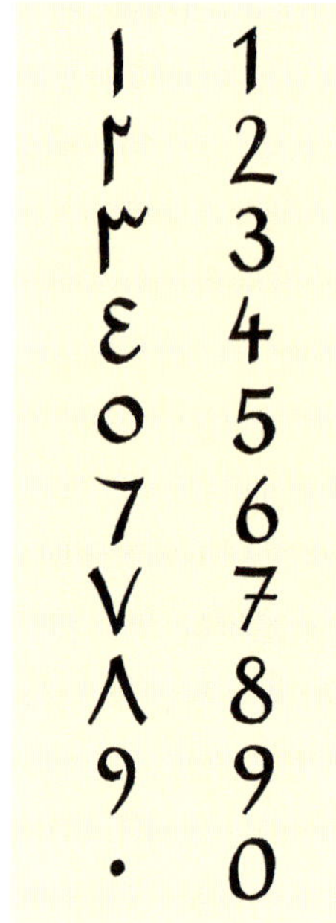

Arabische Zahlen

B 6 Münze aus Saudi-Arabien

Q 5 Arabische Lehnwörter im Deutschen:

Admiral	Konditorei
Algebra	Kuppel
Alkohol	Lack
Amulett	Laute
Artischocke	lila
Balsam	Magazin
Benzin	Mandoline
Diwan	Marzipan
Droge	Maske
Giraffe	Mokka
Jacke	Saphir
Jasmin	Sirup
Joppe	Smaragd
Kabel	Spinat
Kaffee	Tamburin
Karaffe	Watte
Karussell	Ziffer
Kittel	Zucker

ARBEITSAUFTRÄGE

1. Vergleiche das Aussehen des Palastes in Q 1 mit Q 5 auf Seite 172. Schreibe dann eine Geschichte: „Die Gesandtschaft trägt dem Kalifen ihr Anliegen vor …"
2. Betrachte B 2. Vergleiche die damalige arabische mit einer heutigen Bibliothek in deiner Stadt. Was fällt dir besonders auf?
3. Beschreibe den Plan der Stadt Bagdad in B 3. Erläutere, welche Menschen in der Stadt gelebt haben. Male ein Bild zu dem Thema: „Die Einwohner treffen in der Mitte der Stadt zusammen …"
4. Suche eine ähnliche Einrichtung wie in B 4: Gab es sie eher im Römischen Reich oder ist sie eher in deiner Stadt zu finden?
5. Bestimme die Wörter in Q 5 mit einem Lexikon. In welchem Bereich wurden besonders viele Wörter übernommen?
6. Prüfe in B 6 nach, um wie viele saudische „Rials" es sich handelt. Prüfe in der Münze auch das Prägejahr unten. Welches Jahr nach der Hedschra ist es und um welches Jahr nach Christi Geburt handelt es sich ungefähr?

	Politik	Kultur	Alltag
1300			
	1258: Eroberung Bagdads durch die Mongolen		
1200	1187: Rückeroberung von Jerusalem	Bagdad: mehr als 100 Buchhandlungen	
1100	1099: Kreuzfahrer erobern Jerusalem		
		11. Jh.: kultureller Niedergang	Großgrundbesitz nimmt zu, Zitronen, Baumwolle und Zuckerrohr werden angebaut
1000			
	10. Jh.: Offiziere erhalten vom Kalifen „Steuergüter“	Entstehung von „1001 Nacht“	
900			
			9. Jh.: Scharia
800	786–809: Kalif Harun ar-Raschid		794: Papiermühle in Bagdad
	755: Omajjaden gründen Cordoba		776: arabische Zahlen 762: Gründung von Bagdad
		prächtige Städte	
700			
		685: Felsendom in Jerusalem	
	661–750: Omajjaden		
	632: Kalifen, Eroberungen		
600	622: Hedschra, der Auszug nach Medina		
n.Chr.	ca. 570: Geburt des Propheten Muhammad		
500			

Zusammenfassung – das Arabische Reich

Die Geschichte des Islam beginnt mit dem **Propheten Muhammad** (570–632 n.Chr.) in Mekka. Er stiftete die Religion, in der wie im Judentum und im Christentum ein einziger Gott verehrt wird. Die Offenbarungen, die Muhammad seiner Erzählung nach direkt vom Gott Allah erhielt, sind im **Koran** aufgeschrieben. Mit dem Islam vereinigte Muhammad die Stämme auf der arabischen Halbinsel. Die Gemeinde der Gläubigen bildete einen neuen Staat. In Mekka steht die große Moschee mit dem wichtigsten Heiligtum der Muslime, der **Kaaba**.

Muhammad war Religionsgründer, Heerführer, Staatsgründer und Gesetzgeber. Seine Nachfolger, die Kalifen, führten Krieg gegen die Nachbarreiche. In wenigen Jahrzehnten eroberten sie im „heiligen Krieg" ein Weltreich vom Indischen Ozean bis zum Atlantik.

Im Koran sind Regeln für das Verhalten der Gläubigen festgelegt. Die wichtigsten sind die **„fünf Säulen" des Islam**: das Glaubensbekenntnis, das Gebet, die Abgabe der Armensteuer, das Fasten und die Pilgerfahrt nach Mekka.
Für das Zusammenleben der Menschen wurde durch Gelehrte nach dem Koran das Recht festgesetzt, die **Scharia**. Im Arabischen Reich konnten Juden und Christen ihre Religion frei ausüben. Doch war im 10. Jahrhundert die Mehrzahl der Menschen im Arabischen Reich muslimischen Glaubens und sprach Arabisch.

Das Arabische Reich war jahrhundertelang die wirtschaftlich stärkste Macht der damaligen Zeit. Die Wissenschaften blühten. Seit dem 11. Jahrhundert kam es zu einem allmählichen Niedergang der Herrschaft, des Handels und der Kultur des Arabischen Reichs. Das Kalifat zerfiel in rivalisierende Staaten und 1258 wurde Bagdad von den Mongolen zerstört. Hinzu kam eine Erstarrung des zuvor offenen und toleranten Islam.

ARBEITSAUFTRAG

Beschreibe, wie sich der Islam zu einer Weltreligion entwickelte. Fasse die wissenschaftliche Leistungen der Araber zusammen.

ZUM WEITERLESEN

Osman, Nabil: Kleines Lexikon deutscher Wörter arabischer Herkunft, Beck, München 1997
Trease, Geoffrey: Das goldene Elixier, Beltz, Weinheim/Basel 1993
@/1 www.schwarzaufweiss.de/Nordzypern/karawanserei1.htm
@/2 www.kindernetz.de/thema/religionen/a-z/islam.html

Das Frankenreich

Die Aachener Kirche hat einen Teil, der sehr alt ist: ein prächtiges Achteck in ihrer Mitte. Es wurde vom fränkischen König Karl um 800 erbaut. Karl beherrschte ein großes Reich im Zentrum Europas. Er wurde wieder in Rom zum Kaiser gekrönt. Auch deshalb nennt man ihn „den Großen".

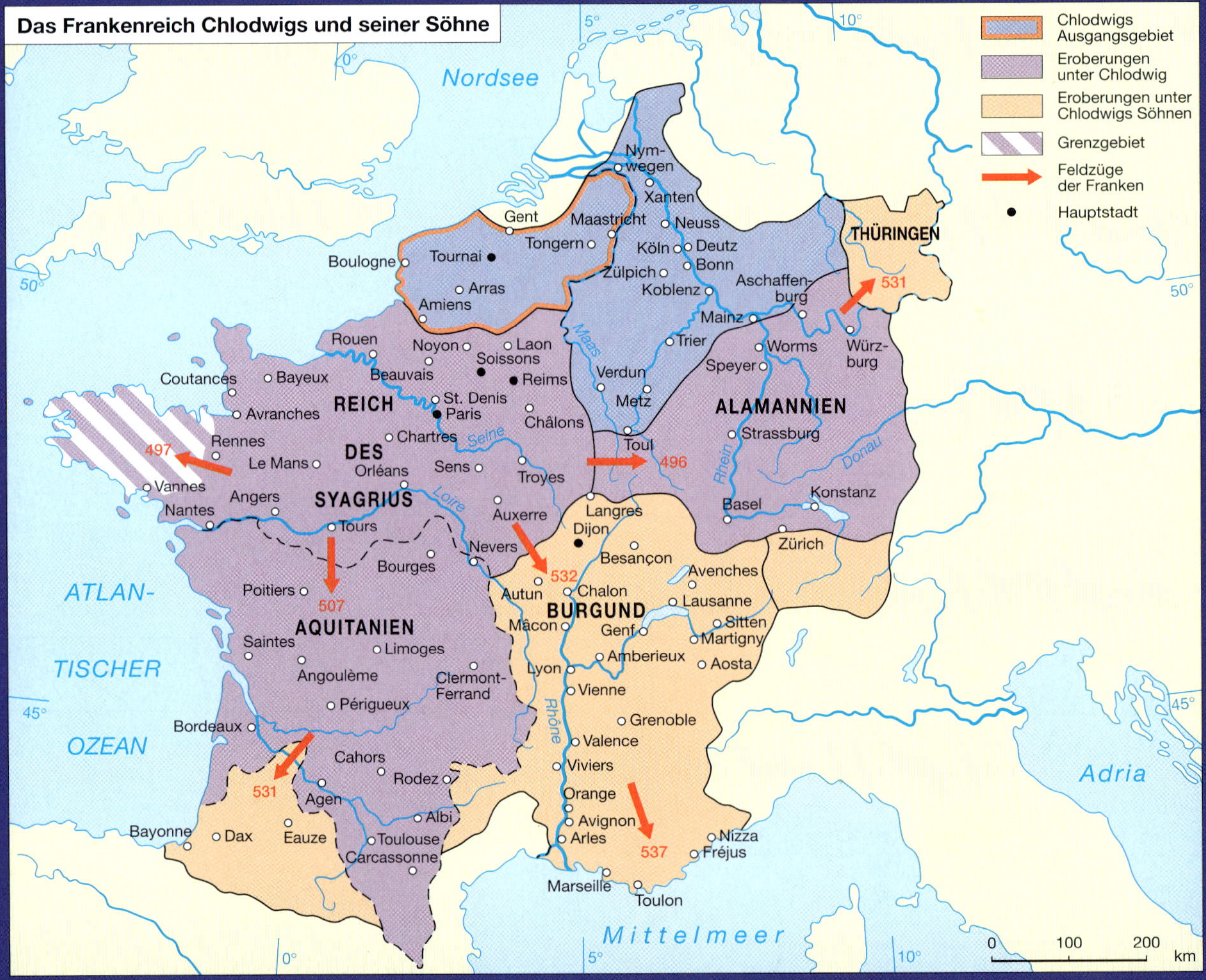

Das Frankenreich Chlodwigs und seiner Söhne

ARBEITSAUFTRAG

Beschreibe die Ausdehnung des Frankenreichs. Vergleiche auch mit dem Römischen Reich. Dazu hilft dir die Auftaktseite des Kapitels Römisches Reich.

1. Das Reich der Franken – Westeuropa wird neu geordnet

Ab dem 3. Jahrhundert n. Chr. zogen viele Völkerstämme durch Europa. Das Römische Reich zerfiel. Anfang des 4. Jahrhunderts brachen auch die Franken aus ihren Siedlungsgebieten in Germanien auf. Sie wurden zur stärksten Macht im westlichen Europa. Wie gelang ihnen das?

Franken herrschen über ein Großreich – Im Stamm der Franken gab es mehrere Gruppen. Jede hatte einen **König** – bis einer dieser Könige die Herrschaft über alle Gruppen an sich riss. Es war CHLODWIG (466–511), ein Nachkomme des Königs MEROWECH. Man nennt die fränkischen Könige nach diesem Merowech die **Merowinger**.

Chlodwig war König von Tournai. Der Ort lag in einer gallischen Provinz des zerfallenden Römischen Reichs. Seit dem 4. Jahrhundert n. Chr. wurden dort Franken aus dem Gebiet östlich des Rheins von den Römern angesiedelt. Diese Franken sollten die Grenze des Römischen Reichs verteidigen helfen. Deshalb waren Chlodwig und sein Vater gleichzeitig römische Truppenkommandanten.

Auf dem Gebiet des ehemaligen Römischen Reichs waren bis ins 5. Jahrhundert n. Chr. auch andere Kleinreiche entstanden. Chlodwig war kriegserfahren. Er griff diese Reiche mit seinen Gefolgsleuten an und unterwarf sie.
Auch gegen andere Könige der Franken ging Chlodwig vor. Dabei schreckte er selbst vor Mord nicht zurück. Den fränkischen König SIGIBERT in Köln ließ er durch dessen eigenen Sohn CHLODERICH ermorden. Für diese Tat hatte Chlodwig ihm das Königtum versprochen. Aber er befahl seinen eigenen Leuten, auch Chloderich zu ermorden. Dann ließ er sich selbst in Köln zum König erheben.

PERSONENLEXIKON

CHLODWIG I.
Ca. 466–511.
Gründer des Fränkischen Reichs, besiegte 486/87 die Römer.

B1 König Childerich I.

B2 Ein fränkischer Fürst

König Chlodwig sichert seine Macht – Erkannten nun die Menschen in seinem Reich Chlodwig als König an, nachdem er gesiegt hatte?

Ein fränkischer König hatte nach Überzeugung vieler Franken das **Königsheil**: Er sicherte und vermehrte das Wohl seines Stammes. Dieses Heil zeigte sich, wenn der König im Krieg siegte. Dann wurden die fränkischen Krieger mit wertvoller Beute belohnt: mit Schätzen oder mit Land in den eroberten Gebieten. Die Franken siedelten sich deshalb überall im Großreich Chlodwigs an. Sie lebten als Nachbarn der unterworfenen Bevölkerung Galliens. Zugleich waren sie aber die neuen Herren im Land.
Im Gebiet der früheren römischen Provinz gab es Verwaltungsbeamte, die Steuern eintrieben und Recht sprachen. Ihre Lebensweise entsprach eher dem Lebensstil der Römer. Immer aber waren sie Christen. Auch die gallischen Bewohner gehörten oft dem Christentum, der römischen Staatsreligion, an. Und in den Bistümern bestand das Christentum fort.

König Chlodwig setzte nun zuerst keine eigenen Beamten ein. Er ließ die alte Führungsschicht der gallischen Beamten und Bischöfe einfach für sein Reich weiterarbeiten. Diese Gallier gewannen aber erst Vertrauen in Chlodwig, als er ihre Religion annahm. Die Franken hatten nämlich eine heidnische Religion.

Chlodwig hatte sich seinen Übertritt zum Christentum lange überlegt. Am neuen Herrschersitz, der Stadt PARIS, versuchte die Diakonin GENOFEVA, die Vorsteherin der Stadt, Chlodwig für die christliche Religion zu gewinnen. Sie bat ihn, christliche Kriegsgefangene zu schonen. Darin war Genofeva sich einig mit CHRODICHILDE, Chlodwigs Frau. Chlodwig besprach sich mit dem Bischof von Reim, REMIGIUS. Vermutlich im Jahr 496 versprach er, sich christlich taufen zu lassen. Getauft wurde er im Jahr 498 von Bischof Remigius in einer großen Feier.

Chlodwig konnte 3000 seiner Krieger für die Taufe gewinnen, die übrigen Franken wurden nach und nach Christen. Jetzt hatte Chlodwig seine Macht wirklich gefestigt. Denn die christliche Religion wurde ein gemeinsames Band zwischen Franken und Galliern.

Das Reich wird geteilt und bewahrt – Was sollte nun aus dem Reich der Franken werden, als König Chlodwig starb?

Es war üblich, nach dem Tod eines Franken seinen Besitz unter die Söhne aufzuteilen. So hielten es auch die fränkischen Könige. Die Franken führten Beute- und

B3 Die Taufe Chlodwigs. Darstellung am Eingang der Kathedrale zu Reims

Kriegszüge. So hatten sie neben Schätzen auch große Landgüter des ehemaligen römischen Staats gewonnen. Diese Güter gehörten nun König Chlodwig. Nach seinem Tod teilten sich seine Söhne Chlothar, Childebert, Chlodomar und Theuderich Besitz und Königswürde. Jeder von ihnen herrschte über ein eigenes Gebiet. Und jeder dieser Könige versuchte die anderen zu besiegen, um die Herrschaft über alle Reiche zu gewinnen.

Trotz aller Kriegszüge mussten die Landgüter der Könige bewirtschaftet werden. Dafür setzte der König einen Beamten ein, den **Hausmeier**. Dieser kümmerte sich auch um das restliche Vermögen des Königs. Denn er bekam auch Steuern von der unterworfenen Bevölkerung.

Die Hausmeier waren bald geübter darin, den königlichen Besitz zu erhalten, als die Könige selbst. Sie hatten deshalb mehr Macht als die Könige. Sie verfügten über großen Besitz und verschenkten ihn, um Parteien im Reich zu unterstützen oder zu bekämpfen. Zuletzt waren sie den Königen, die selbst nicht mehr herrschten, in allen Dingen überlegen. Im Jahr 751 wurde König Childerich III. als letzter Merowinger durch den Hausmeier Pippin einfach abgesetzt.

ARBEITSAUFTRÄGE

1. Vergleiche die Ausrüstungsgegenstände in B 1 und B 2. Erinnere dich dann an andere Uniformen. Welche könnte der Kleidung in B 1 ähnlich sein?
2. Beschreibe B 3. Achte auf die Gruppen, ihre Kleidung und Ausrüstung. Erläutere, was die Taufe des Königs den Menschen damals bedeutet hat.
3. Erläutere die Darstellung in B 4. Diskutiert: Könnte es in Deutschland eine ähnliche Briefmarke geben?
4. Arbeite in Q 5 heraus, warum der König sich dem neuen Gott zuwendet. Wie hättest du gehandelt? Begründe.
5. Stelle in Q 6 fest, worauf es im Fränkischen Reich bei der Herrschaft ankam. Warum kam der Papst ins Spiel?

B 4 Die Taufe Chlodwigs. Französische Briefmarke

Q 5 Chlodwig begegnet im Jahr 496 dem Gott der Christen:

Die Königin ließ … nicht ab, ihn zu drängen, dass er den wahren Gott erkenne und ablasse von den Götzen. Aber auf keine Weise konnte er zum Glauben bekehrt werden, bis er endlich mit den Alamannen in Krieg geriet … Als die beiden Heere zusammenstießen, kam es zu einem gewaltigen Blutbad, und Chlodwigs Heer war nahe daran, völlig vernichtet zu werden. Als er das sah, hob er die Augen zum Himmel, sein Herz wurde gerührt, seine Augen füllten sich mit Tränen und er sprach: „Jesus Christus, Chrodichilde verkündet, du seiest der Sohn des lebendigen Gottes. Hilfe, sagt man, gibst du den Bedrängten, Sieg denen, die auf dich hoffen – ich flehe dich demütig an um deinen mächtigen Beistand. Gewährst du mir jetzt den Sieg über meine Feinde und erfahre ich so jene Macht, die die Christen an dir preisen, so will ich an dich glauben und mich taufen lassen. Denn ich habe meine Götter angerufen, aber wie ich erfahre, sind sie weit davon entfernt, mir zu helfen. Ich meine daher, ohnmächtig sind sie, da sie denen nicht helfen, die ihnen dienen …“ Und da er solches gesprochen hatte, wandten die Alamannen sich und begannen zu fliehen. Als sie aber ihren König getötet sahen, unterwarfen sie sich Chlodwig.

(Gregor von Tours: Zehn Bücher Geschichten, neu bearbeitet von R. Buchner u. W. Giesebrecht, Bd. 1, Wissenschaftliche Buchgesellschaft, Darmstadt 1964, S. 208. Bearbeitet)

Q 6 Im Jahr 751 lässt der Hausmeier Pippin beim Papst anfragen:

Bischof Burkhard … und der Kaplan Folrad wurden zu Papst Zacharias gesandt, um wegen der Könige in Franken zu fragen, die damals keine Macht als Könige hatten, ob das gut sei oder nicht. Und Papst Zacharias gab Pippin den Bescheid, es sei besser, den als König zu bezeichnen, der die Macht habe, als den, der ohne königliche Macht blieb. Um die Ordnung nicht zu stören, ließ er … den Pippin zum König machen.

(Reichsannalen. In: Geschichte in Quellen, Band 2, BSV, S. 56. Bearbeitet)

2. Ein Staat entsteht – die Franken gestalten ihr Zusammenleben

Die Franken wurden Herren in großen Teilen Europas. Sie eroberten ein riesiges Gebiet, gewannen Reichtum und Macht und unterwarfen viele Nachbarvölker. Die Franken mussten überlegen, wie sie ihre neue Herrschaft einrichten konnten.

Krieger sind Bauern – Im Westen Europas gab es überwiegend Sümpfe und dichte Wälder. Diese Wildnis war den Menschen nicht zugänglich. Wie siedelten die Franken in den neuen Gebieten?

Landwirtschaft konnte man nur in wenigen Gegenden betreiben. Oft mussten die Franken Wald und Sumpf zu Ackerfläche und Weideland machen. Sie lebten meist in kleinen, aus wenigen Bauernhöfen bestehenden **Dörfern**.
Die ehemaligen Städte der Römer ließen die Franken verfallen und nutzten sie oft als Steinbrüche. Handel trieben sie nicht mehr in den Städten. Sie waren auf kleine Märkte in der Umgebung ihrer Bauernhöfe angewiesen, um vielleicht einen Überschuss ihrer Produkte zu tauschen. Geräte, Waffen, Gewürze oder Gläser mussten ihnen Fernkaufleute von fremden Völkern besorgen. Trotzdem waren die Städte für die Franken wichtig, weil dort die Bischöfe ihren Sitz hatten. Sie hatten sich in eine kleine Stadtburg zurückgezogen, von wo sie die christlichen Gemeinden der Umgebung betreuten und verwalteten.

Krieger werden Herren – Die fränkischen Könige übernahmen auch die großen Landgüter der Römer. Was geschah, wenn Krieger vom König mit Land aus der Beute beschenkt wurden?

Die Krieger konnten auf diese Weise großen Besitz erwerben. Viele waren vorher selbst Bauern gewesen, die auf ihrem Hof mit Mägden und Knechten oder Sklavinnen und Sklaven die Wirtschaft führten. Jetzt gaben sie solche Landstücke ihres Besitzes in die Hand von anderen Bauern. Diese führten eine eigene Wirtschaft. Aber sie mussten dem Herrn Abgaben leisten, d. h. dem Herrn einen

B1 Die Grundherrschaft: Abgabepflicht abhängiger Bauern an den Grundherrn

Teil ihrer Produkte abliefern, z. B. Getreide oder Brot. Oder sie mussten ihm Dienste leisten, d. h. zu bestimmten Zeiten Arbeiten auf Feldern ihres Herrn leisten.
Der Herr aber musste dafür die von ihm abhängigen Bauern gegen Feinde und Hunger schützen. Er wurde von ihnen als Richter angerufen und setzte dann seine Rechtssprüche durch. Dieses Verhältnis zwischen Herrn und abhängigen Bauern nennt man **Grundherrschaft**.

Die Frauen und Männer in der Grundherrschaft waren dem Herrn **hörig**: Sie gehörten ihm mit dem Land, auf dem sie lebten, und mussten ihm deshalb gehorchen. Er bestimmte, welche Arbeiten sie auf dem Land des Herrenhofs erledigen mussten, wen sie heirateten und ob sie sich als Person freikaufen konnten. Die Hörigen mussten auf dem kleinen Stück Land, oft zusammen mit anderen Unfreien, den Lebensunterhalt erwirtschaften. Die Landstücke wurden **Hufen** genannt.

König, Gefolgsleute, Lehnsmänner – Der fränkische König musste die Krieger seines Stammes zu den Kriegszügen immer neu zusammenrufen. Eine Armee wie bei den Römern gab es nicht.
Für die Krieger war es eine Ehre, ihren König durch Kriegsfolge zu unterstützen. Zwischen dem König und seinen Gefolgsleuten bestand ein Verhältnis persönlicher Treue. Für ihren Rat und ihre Hilfe kam der König für ihren Lebensunterhalt auf und er betraute sie mit Aufgaben. So übertrug er ihnen die Aufsicht und die Gerichtsbarkeit über Teile seines Reichs, aber auch Bischofsämter. Diese Aufgaben und Ämter erhielten die Gefolgsleute jedoch nicht für immer, sondern „geliehen“ – es war ein **„Lehen“**.

Der König übergab dem Gefolgsmann auch Land aus der Beute bald nicht mehr als Eigentum, sondern als Lehen. Auf diese einfache Weise wollte der König Herr großer Teile des Landes bleiben. Er teilte seine Herrschaft nur auf, indem er seine Herrschaftsrechte weitergab. Und natürlich hatte der König dadurch zufriedene Gefolgsleute. Denn die Lehnsmänner hatten vom König, ihrem Lehnsherrn, mit einem Mal zweierlei erhalten: reiche Ländereien und Verantwortung für die Verwaltung des Königreichs. Das neue Land wurde nicht mehr von einem kriegerischen Stamm, sondern in enger Abstimmung zwischen dem König und seinen Lehnsmännern beherrscht.

B2 Ein neuer Lehnsmann. 13. Jahrhundert

Q3 Unfreie der Grundherrschaft Saint-Germain im Ort Nuviliacus:

Der Knecht Abrahil und seine Frau, die Litin (= Halbfreie) Berthild, Eigenleute (= Hörige) von Saint-Germain. Ihre Kinder sind: Abram, Avremar, Bertrada. Und der Lite Ceslin und seine Frau, die Litin Leutberga. Ihre Kinder sind: Leutgard, Ingohild. Und der Lite Godalbert. Ihre Kinder sind: Gedalcaus, Celsovild, Blaovild. Die drei bleiben in Nuviliacus. Sie haben eine Hufe, bestehend aus Ackerland 15 Gewann, aus Wiese vier Joch (= ca. 3000 m²). Sie machen Spanndienst nach Angers und im Monat Mai nach Paris. Sie erbringen für die Heeressteuer zwei Hammel. Neun Hühner, 30 Eier, 100 Bretter, und ebenso viele Schindeln, 12 Dauben, sechs Reifen, 12 Fackeln; und an Holz fahren sie zwei Karren nach Suré. Auf dem Herrenhof umzäunen sie vier Ruten (= ca. 16 m) mit Latten, auf der Wiese vier Ruten mit Hecke, zur Ernte aber nach Bedarf. Sie pflügen zur Winterbestellung acht Ruten, zur Frühjahrsbestellung 26 Ruten. Neben dem Felddienst fahren sie Mist aufs Herrenfeld. Jeder erbringt vier Pfennig Kopfzins.

(In: Arno Borst: Lebensformen im Mittelalter, Propyläen, Frankfurt a. M./Berlin 1987, S. 347. Bearbeitet)

E4 *Uns wird erzählt*

Fränkinnen heiraten

Fredegunde aus dem Dorf Gladbach war 14 Jahre alt. Alt genug, um heiraten zu können. Eines Abends sagte Vater Childebert ihr, sie werde Blaovild aus dem Nach-
bardorf heiraten. Fredegunde
der Feldarbeit gesehen. Ihre M
wenn sein Vater stirbt." Das w
ter Bertrada vom Bräutigam A
Avremar und Bertrada hatten
für Bertrada einen Solidus u
wusste, dass er auf diese Weis
worben hatte. Schließlich abe
aus seinem Dorf geheiratet. V
Melken der Kühe helfen mus
Berthild in das Haus seines
Thüringer gewesen war. Dam
Nun musste Avremar aber ho
lidi waren ein ziemliches Ver
len, weil er ihre Entscheid
Fredegunde war nun doch seh
lobung, zu dem die ganze Fam
Sommer sein. Konnte sie sich

Arbeitsheft

B5 Eine Fränkin

Frauen heiraten Krieger – Eine fränkische Familie, die auf einem Hof lebte, bestand oft aus Eltern, Großeltern, Onkeln, Tanten, Kindern, Vettern, Nichten, Sklaven und Sklavinnen.
Die Lebensbedingungen der Franken waren hart. Gewöhnlich wurden die Männer nur etwa 40 Jahre alt, die Frauen starben oft noch früher. Auch die Kinder starben oft früh. Die Frauen der Franken mussten deshalb viele Kinder gebären.

Die Nachkommen waren den Franken sehr wichtig. Die Kinder, die eine Frau mit einem Mann hatte, sollten den Grundbesitz des Mannes erben. Deshalb wurden die Frauen unter die **Munt**, die Gewalt ihres Vaters oder Ehemannes, gestellt. Wenn dann eine verheiratete Frau einen anderen Mann als ihren Ehemann liebte, konnte sie sogar mit dem Tod bestraft werden.

Ein Franke konnte auch gleichzeitig eine weitere Frau heiraten, selbst eine Schwester der Ehefrau. Doch diese Frau war dann nur eine Nebenfrau des Mannes. Ihre Kinder waren nicht erbberechtigt. Man sprach von der **Friedelehe**. Nur selten wurden Ehen wieder aufgelöst. Wir wissen es von den Königinnen und Königen, die nicht anders heirateten als die übrigen Franken. RADEGUNDE, die Frau des Königs CHLOTHAR I., war mit den vielen Nebenfrauen ihres Mannes nicht einverstanden. Er gab sie frei und sie gründete später ein Kloster.

Das Christentum wird verbreitet – Die Franken eroberten auch die Gebiete der THÜRINGER, HESSEN und FRIESEN östlich des Rheins. Wie konnten sie diese Menschen für ih

Die germanisch
andere Religio
Franken alles d
zu ihrem Christ
Mönche musst
meinden in de
ten aufbauen.
ihr ganzes Leb
stellt hatten. Si
Gemeinschaft
und lebten na
tern. Oder sie

schaft in unbekannte, fremde Gegenden. Dort kamen sie oft zu zwölft an, nach dem Vorbild der Apostel Christi. Sie wirkten als Gesandte Gottes, als **Missionare**, wie der Ire Columban († 597) und der Angelsachse Willibrord († 739) im Frankenreich.

Bonifatius stützt das Reich – Doch wer kümmerte sich nach der Mission um die christlichen Gemeinden? Hierfür waren die Bischöfe da, die die Ordnung der Gemeinden überwachten. Um also nachhaltiger missionieren zu können, ließen sich bald Mönche vom Papst zum Bischof oder Erzbischof weihen. Erzbischöfe konnten selbst neue Bistümer einrichten.

Besonders erfolgreich war Bonifatius, der von 716 bis 754 n. Chr. die Friesen, die Hessen, die Thüringer und die Bayern missionierte. Er wurde Erzbischof von Mainz und unterstellte sich als Beauftragter des Papstes sogar alle Bischöfe im Fränkischen Reich.

ARBEITSAUFTRÄGE

1. Überlege, welche Personen auf B 2 in den Vordergrund oder in den Hintergrund gerückt sind. Beurteile, was das Besondere ihrer Tätigkeit ist.
2. In Q 3 findest du Abgaben und Dienste einer Gruppe von Menschen aufgeschrieben. Überlege mithilfe von B 1, wo diese Menschen gewohnt und gearbeitet haben. Schreibe eine Geschichte: Welche Probleme hatten sie in ihrem Alltag?
3. Erläutere Kleidung und Schmuck der Fränkin in B 5. Suche in B 1, wo sie gewohnt haben könnte.
4. Schreibe aus E 4 heraus, warum Fredegunde ihrer Verlobung mit Sorge entgegensieht. Diskutiert, ob Blaovild ähnliche Zweifel haben wird.
5. Beschreibe jeweils die wichtigste Figur und das Geschehen auf den beiden Bildern in B 6. Begründe, warum ein Künstler im Jahr 1000 gerade diese beiden Szenen gemalt hat.

Bonifatius beeindruckte die Menschen. Man erzählte, dass er in der Nähe des hessischen Ortes Fritzlar eine Eiche, die von den Menschen zu Ehren des heidnischen Gottes Donar verehrt wurde, fällen ließ. Und er richtete neue Bistümer ein, zum Beispiel in Würzburg, Erfurt und in Bayern.

Das Fränkische Reich bekam durch die christlichen Mönche eine gemeinsame Religion und Lebensauffassung. Es brauchte aber noch viel Zeit, bis die Menschen die christliche Religion ganz angenommen hatten. Die Ehe zwischen nur zwei Partnern wurde bei den Franken erst im 10. Jahrhundert wirklich üblich.

B 6 Bonifatius bei den Friesen. Fulda, um 1000

3. Die Karolinger – das Königreich wird Zentrum Europas

Hausmeier PIPPIN wurde 751 n. Chr. von den Franken in Soissons zum König gewählt. Konnte der ehemalige Hausmeier das Reich besser beherrschen als die merowingischen Könige?

Die neuen Könige – Die Hausmeier waren mächtiger als die letzten Könige des Merowingergeschlechts. Und sie waren gewohnt, diese Macht zu nutzen. Waren ihre Mittel aber andere als bei den Merowingern?

Dem Vater König Pippins, dem Hausmeier KARL MARTELL (= der Hammer), war es schon zu Lebzeiten gelungen, seine Söhne, KARLMANN und PIPPIN, zu Hausmeiern in je einem Teil des Reichs zu machen. Als Hausmeier konnte Pippin den Papst aber erst 751 um Hilfe gegen den merowingischen König bitten: Denn jetzt hatte sein Bruder Karlmann auf seinen Herrschaftsteil verzichtet und war in ein Kloster gegangen. Pippin konnte den Papst und die Lehnsmänner davon überzeugen, dass die Merowinger alle Macht und das göttliche Königsheil verloren hatten. Er konnte den letzten Merowingerkönig absetzen und sich selber zum König machen.
Die neuen Könige nannte man nach Karl Martell die **Karolinger**. Auch die Karolinger blieben Krieger. Schon als Hausmeier hatten sie die Kriege für die merowingischen Könige geführt. König Pippins Vater Karl Martell hatte 732 einen wichtigen Krieg gegen die Araber gewonnen.

König und Papst – Papst STEPHAN II. suchte 754 König Pippin in Ponthion auf. Was konnte der Kirchenmann mit dem erfolgreichen König aushandeln?

Stephan II. wirkte von Rom aus, damals ein Teil des Kaiserreichs von Byzanz. Die LANGOBARDEN in Norditalien wollten ihr Reich auf Kosten des Papstes vergrößern. Aus Byzanz bekam er keine Hilfe, denn mit dem Kaiser hatte er sich um die richtige Auslegung des christlichen

K 1

Glaubens gestritten. Deshalb bat er nun beim fränkischen König um Hilfe gegen die Langobarden. Pippin versprach dann auch dem Papst und der Kirche in einem Vertrag Schutz. Der Papst bedankte sich: Er salbte, d.h. weihte den König Pippin noch einmal. Und der Papst salbte die Söhne Pippins, Karlmann und Karl (den Großen) gleich mit. So hatten die Karolinger die Anerkennung als Königsfamilie, das Königsheil, vom Papst bekommen.

Pippin führte dann einen Krieg gegen die Langobarden. 754 besiegte er den langobardischen König AISTULF. Einen Teil der eroberten Gebiete schenkte er dem Papst. Jetzt hatte der Papst ein eigenes Gebiet. Man nannte es den **Kirchenstaat**.

Könige auf Reisen – Der König sah die vielen Gefolgsleute auf den jährlichen Reichsversammlungen. Dort wurden die wichtigen Beschlüsse gefasst, auch über die Kriege. Was verband ihn im übrigen Jahr mit seinen Gefolgsleuten?

Die fränkischen Könige hatten bald im ganzen Reich eigene Beamte verteilt, die **Grafen**. Ein Graf sorgte dafür, dass die Krieger seines Gebiets zum Heeresdienst antraten, er war Richter und musste für Frieden in seinem Gebiet sorgen. Natürlich belehnte der König mit diesem Amt die mächtigsten Krieger. Der König ließ dann durch **Boten** überwachen, ob die Grafen seine Bestimmungen einhielten. Doch der König selbst hatte keinen festen Bezirk seines Reichs, in dem er ständig wohnte. Und er musste das persönliche Verhältnis zu seinen Lehnsmännern sichern, indem er in ihre Nähe zog. Dort ließ er die Lehnsmänner der Umgebung zu sich kommen und besprach ihre Angelegenheiten mit ihnen.

Der Königshof bestand meist aus mehreren hundert Menschen. Es war für die Franken sehr schwer, so viele Menschen und die Reit- und Zugtiere zu ernähren. Deshalb gab es über das ganze Reich verteilt Königsgüter, wo König und Königin jeweils einige Wochen verbrachten. Sie wohnten in einer **Pfalz**. Dieses Wort kam aus dem Lateinischen: „palatium" war der kaiserliche Palast in Rom. Doch die Pfalzen der Franken waren große Gutshöfe. Der König empfing dort Gesandtschaften und Boten. Die Königin führte die Verwaltung der Pfalz. Alles musste gut ausgestattet sein. Bekam der König Geschenke oder hatte er wertvolle Dinge erbeutet, übergab er sie der Königin.

Rechte für Land und Leute – Die Stämme im Fränkischen Reich hatten für ihr Zusammenleben ganz unterschiedliche Regeln. Konnten die Franken solche Regeln in ihrem Reich nutzen?

Sie ließen den unterworfenen Stämmen ihre Rechte. So musste ein Franke, der ein Stück Vieh gestohlen hatte, nach dem fränkischen Recht eine Strafe von etwa 40 Solidi, eine alte römische Münze, zah-

PERSONENLEXIKON

KARL I., DER GROSSE. 747–814.
Er übernahm 771 allein die Regierung des Frankenreichs. 800 zum römischen Kaiser gekrönt.

1 Königshalle
2 Wohngebäude des Königs
3 Torhalle und Gerichtssaal
4 Pfalzkapelle
5 Badehäuser und Schwimmbecken
6 Gesindewohnhäuser

B2 Pfalz in Aachen. Rekonstruktionszeichnung

len. Das waren etwa 180 Gramm Gold. Ein Burgunder musste für den gleichen Diebstahl nach dem alten römischen Recht nur etwa 3 Solidi Strafe zahlen, also etwa 14 Gramm Gold. Für jeden Stamm wurden dann die wichtigsten Regeln aufgeschrieben. Es gab ein fränkisches Recht, ein burgundisches Recht, ein Recht der Westgoten oder das alte römische Recht.

Neue Rechte gab der König im Frankenreich immer nur einzelnen Herren, z. B. einem Grundherrn die Herrschaft über ein neues Gebiet. Dies wurde in **Urkunden**, großen Bögen aus Pergamentpapier, festgehalten, die dem Herrn ausgehändigt wurden. Doch wenige Menschen im Fränkischen Reich konnten schreiben. Für den König taten dies die Geistlichen der **Hofkapelle** (lat.: kleine Kirche). Sie hatten den Gottesdienst am Königshof zu betreuen, waren aber auch zu weiterem Hofdienst als Beamte verpflichtet.

Neue Regeln werden gemacht – Ab 771 n. Chr. herrschte Pippins Sohn Karl der Grosse über das Frankenreich. Er vergrößerte es durch neue Eroberungen bis 798. Ließ Karl die Stammesrechte im Reich ebenfalls weiterbestehen?

Das ging sicher gar nicht anders. Doch Karl ließ für das Reich auch wichtige Regeln neu aufschreiben, die **Kapitularien**, z. B. über die Verwaltung der Königsgüter. Karl richtete auch Schreibschulen ein: an seinem Hof, an den Domkirchen und in vielen Klöstern. Hier wurden Menschen ausgebildet, die für die Herren im Fränkischen Reich die Anordnungen lesen und schreiben konnten.
Aus ganz Europa zog Karl Gelehrte an seine Hofschule: den Angelsachsen Alkuin, den Langobarden Paulus Diaconus oder den Westgoten Theodulf. Sie alle wollten mit einfachen Regeln das Reich neu ordnen. Die fanden sie, indem sie die jahrhundertelang wenig beachteten Texte der Kirchenväter oder der griechischen und römischen Zeit neu entdeckten und zu ihrem Gebrauch abschrieben. Man spricht von einer Wiedergeburt der Antike, der **karolingischen Renaissance**. Und weil die alten Texte in den Schreibschulen neu abgeschrieben und so vervielfältigt wurden, sind sie uns auch erhalten geblieben. /1

Q3 Einhard aus der Hofschule berichtet über den Krieg gegen die Sachsen (772 bis ca. 800):

Dieser Krieg war der langwierigste, grausamste und für das Frankenvolk anstrengendste, den es je geführt hat. Denn die Sachsen waren wie fast alle Völker auf dem Boden Germaniens wild von Natur, dem Götzendienst ergeben und gegen unsere Religion feindselig. Sie hielten es nicht für unehrenhaft, göttliches und menschliches Recht … zu übertreten … Die Grenze zwischen uns und den Sachsen verlief fast überall in der Ebene, mit Ausnahme weniger Stellen, wo größere Waldungen oder Bergrücken das beiderseitige Gebiet klar trennten. Hier nahmen … Totschlag, Raub und Brandstiftung auf beiden Seiten kein Ende. Das erbitterte die Franken so, dass sie nicht mehr Gleiches mit Gleichem heimzahlen, sondern offen Krieg mit ihnen führen wollten. Der Krieg wurde also begonnen und von beiden Seiten mit großer Erbitterung … 33 Jahre lang fortgeführt … Unter der Bedingung … nahm der Krieg … ein Ende, dass die Sachsen dem heidnischen Götzendienst und den heimischen Religionsgebräuchen entsagten, die Sakramente des christlichen Glaubens annahmen und sich mit den Franken zu einem Volk verbanden.

(In: H. D. Schmid: Fragen an die Geschichte, Band 2, S. 188. Bearbeitet.)

Q4 Die Jahrbücher des Reichs berichten über den Krieg gegen die Sachsen:

Im Osten Frankens wurden die Franken von den Sachsen umzingelt und fast alle erschlagen … Da zog Karl in aller Eile Truppen zusammen, rückte in Sachsen ein, befahl alle vornehmen Sachsen zu sich und gebot ihnen, ihm die Anstifter dieses Abfalls zu nennen. Einstimmig gaben sie an, Widukind habe dieses Verbrechen veranlasst, sie könnten ihn aber nicht ausliefern, weil er sich nach der Schlacht zu den Normannen begeben habe. Die Übrigen aber, die sich von ihm zu der Untat hatten verleiten lassen, wurden dem König übergeben. Es waren ihrer 4500, die der König alle zusammen an einem Tag zu Verden an der Aller hinrichten ließ. So nahm König Karl Rache, worauf er sich nach Diedenhofen begab … und das Weihnachtsfest und Osterfest wie herkömmlich feierte.

(In: J. Bühler: Das Frankenreich, Insel, Leipzig 1923, S. 223 f. Bearbeitet)

Karl der Große wird Kaiser – Wie sein Vater Pippin zog Karl der Große gegen das Reich der Langobarden und nach Rom. Denn als fränkischer König musste er dem Papst Leo III. helfen.
Und wie schon Pippin, der vom Papst gesalbt worden war, konnte Karl durch seine Hilfe für den Papst die eigene Macht und sein Ansehen ausbauen. Zuerst hatten die Langobarden ihre Angriffe gegen den Papst fortgeführt. Im Jahr 774 eroberte Karl die Königsstadt Pavia. Er machte sich selbst zum König über das Langobardenreich. Jetzt nannte er sich **König der Franken und der Langobarden**.

Im Jahr 799 hatten die Adligen der Stadt Rom den Papst überfallen. Er flüchtete zum fränkischen König, der Reichsversammlung in Paderborn hielt. Karl zog nach Rom und entschied durch sein Auftreten den Streit zugunsten des Papstes. Dafür hatte der Papst ihm vielleicht schon vorher den Kaisertitel versprochen. Beim Weihnachtsgottesdienst im Jahr 800 krönte der Papst Karl zum **Kaiser**. Als fränkischer König war er nun Kaiser. Karl hatte zwar kein neues Reich, aber eine neue Grundlage für seine Macht. Er ließ in Aachen eine Pfalz bauen, die weitaus herrschaftlicher war als andere Pfalzen. Die Aachener Pfalz wurde zum Hauptsitz des Kaisertums. ⓔ/2

B 5 Ein Mosaik im päpstlichen Palast, das vor dem Besuch Karls entstand.
Mitte: St. Petrus, rechts: König Karl, links: Papst Leo III.

B 6 Inneres der Pfalzkapelle in Aachen. Blick vom Thron Karls des Großen

ARBEITSAUFTRÄGE

1. Suche in K 1 einen Bischofssitz und die ihm nächstliegenden fünf Bischofssitze. Miss mithilfe des Maßstabs nach, wie weit die Bischofssitze voneinander entfernt waren.
2. Stelle zusammen, welche Personen in einer Königspfalz lebten, wenn der König dort war. Spielt einmal eine Stunde am Morgen in einem der Gebäude in B 2.
3. Schreibe aus Q 3 stichwortartig heraus, was über den Sieg der Franken gegen die Sachsen erzählt wird. Diskutiert, wie die Sachsen die Franken vermutlich gesehen haben.
4. Erläutere, wie sich die Sachsen nach Q 4 verhalten. Vergleiche mit Q 3. Erkläre die unterschiedlichen Darstellungen.
5. Beschreibe das Geschehen in B 5. Begründe, mit welcher Absicht die Darstellung gemacht worden sein könnte.
6. Erläutere B 6. Nutze dafür B 2 auf Seite 203 und die Seite 193.

4. Das Reich zerbricht – seine Teile bleiben selbstständig

Karl der Große hatte ein riesiges Reich in der Mitte Europas über 40 Jahre lang beherrscht. Er starb 814 n. Chr. Was wurde danach aus seinem Reich?

Allein zu herrschen wird schwer – Die Nachfolge des Kaisers war geregelt. Zwei seiner Söhne waren gestorben. Den dritten Sohn LUDWIG krönte Karl selbst 813 in Aachen zum Mitkaiser. Karl hatte in den letzten Jahren seiner Herrschaft versucht die Lebensweise der Menschen im Reich zu verbessern. Die Kirchen sollten die Menschen mit den christlichen Geboten zu einem gottgefälligen Leben anleiten. Ludwig wollte es ihm nachtun. Deshalb nannte man ihn „den Frommen".

Auch Ludwig wollte sein Reich an seinen ältesten Sohn übergeben. Aber das gelang ihm nicht mehr. Die vielen Herren im Land, die Lehnsmänner des Königs, hatten große Grundherrschaften gewonnen. Sie waren damit sehr eigenständig geworden. Der König konnte nicht ständig alle Einzelheiten des Lehnsvertrags neu überprüfen. Selbst seine Söhne wollten diese Eigenständigkeit haben. Sie führten 833 gegen ihren Vater Krieg und gewannen. Das Reich wurde aufgeteilt.

Das Reich zerbricht – Ludwig der Fromme starb 840. Seine Söhne LUDWIG DER DEUTSCHE, KARL DER KAHLE und LOTHAR I. führten gegeneinander Krieg um die Macht im Reich. Im **Vertrag von Verdun** wurde 843 das Reich zwischen ihnen geteilt. Ludwig bekam den östlichen Teil, Lothar den mittleren Teil und Karl den westfränkischen Teil. Nach dem Tod Lothars teilten die beiden anderen Brüder im **Vertrag von Mersen** das mittlere Reich zwischen sich auf.
Diese neue Grenze entsprach in etwa einer Sprachgrenze. Denn im **Osten** des Fränkischen Reichs wurde eine Volkssprache gesprochen, die germanischen Ursprungs war. Im **Westen** des Fränkischen Reichs ging die Sprache auf das Latein der Römer zurück. ❷/3

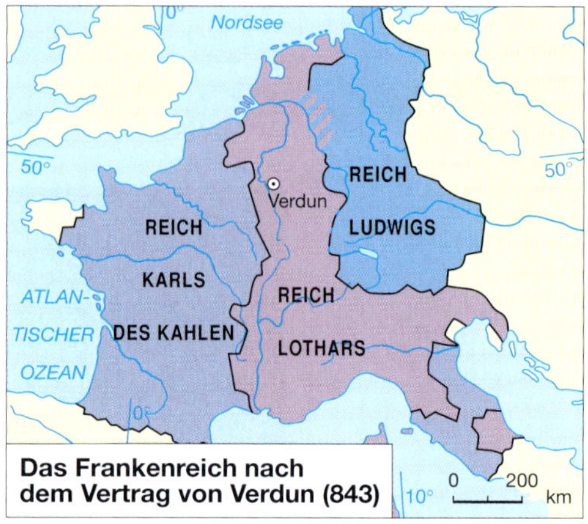

Das Frankenreich nach dem Vertrag von Verdun (843)

K 1

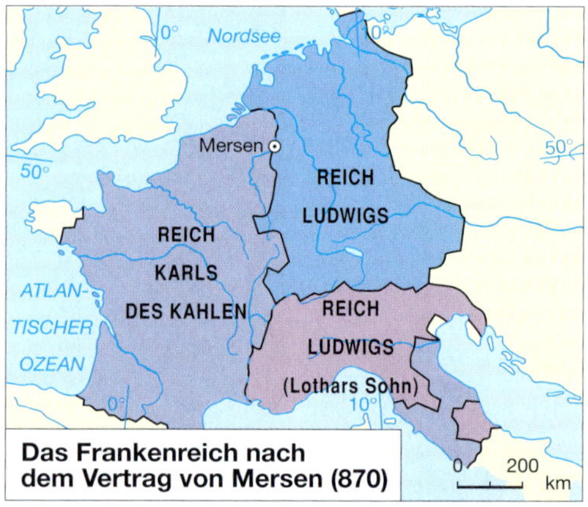

Das Frankenreich nach dem Vertrag von Mersen (870)

K 2

Das heutige Mitteleuropa

K 3

ARBEITSAUFTRAG

Vergleiche K 1 mit der Karte auf Seite 194. Schreibe auf, was sich seit Chlodwig verändert hat. Vergleiche nun auch K 1, K 2 und K 3. Fasse die Entwicklung des Frankenreichs zusammen.

	Politik	Kultur	Alltag
900			christliche Ehe
	843/870: Teilung des Reichs unter die Enkel Karls des Großen		Grundherrschaften werden mächtig
800	800: Kaiserkrönung Karls in Rom	Schreibschulen, Kirchenreform, Kapitularien, karolingische Renaissance, Kaiserpfalz in Aachen	
	771–814: Karl der Große		
	754: Kirchenstaat um Rom		
	751: Childerich III., letzter merowingischer König, wird durch den Hausmeier Pippin abgesetzt	716–754: Bonifatius bei den Hessen, Thüringern und Bayern; Erzbischof von Mainz	
700		690–739: Willibrord bei den Friesen	
		Einrichten von Bistümern	
	Grafen, Pfalzen		
600		um 600: Columban	Munt des Mannes über die Frau, Friedelehe
		christliche Mission	
			Grundherrschaft
	Belehnung		Gewinnung von Landgütern, Verwaltung der Güter des Königs durch Hausmeier
	511: Teilung des Reichs unter die Söhne Chlodwigs, Kriege		
500 n. Chr.	482–511: Eroberungen Chlodwigs – ein Großreich zwischen der Maas und den Pyrenäen entsteht	496: Taufe Chlodwigs	Stamm von Kriegern, Beutezüge, Verteilen der Beute durch den König, Ansiedlung im ehemals römischen Gallien

Zusammenfassung – das Frankenreich

Im 3. Jahrhundert n. Chr. wurden die Franken von den Römern im Norden ihres Reichs angesiedelt. Ab 486 setzte sich Chlodwig als König der Franken durch. Er eroberte ein großes Gebiet im zerfallenden Römischen Reich. Chlodwig nutzte die Reste der römischen Verwaltung und die Bischofssitze. Auch er selbst trat zum römischen Christentum über. Chlodwigs Familie heißt nach seinem Großvater die **„Merowinger"**.

Die merowingischen Könige herrschten in ihrem Reich von Pfalzen aus. Ihre Güter verwaltete der **Hausmeier**. Durch Eroberungen wurden auch viele Franken große Grundherren. Sie erhielten vom König als seine Gefolgsleute Land aus der Beute. Diese Beziehung zwischen Gefolgsleuten und König nennen wir **Lehnswesen**. Ihr Land ließen die Grundherren von Hörigen bewirtschaften. Die Abhängigkeit zwischen Grundherrn und Hörigen nennen wir **Grundherrschaft**.

Die Hausmeier wurden schließlich mächtiger als die Könige. Pippin ließ sich 751 selbst nach Absprache mit dem Papst zum König machen. Seine Familie nennen wir nach seinem Vater Karl Martell die **„Karolinger"**. Ihr wichtigster König war Pippins Sohn **Karl der Große**. Er besiegte die Sachsen und Langobarden. Vor allem ließ er sich vom Papst zum Kaiser in Rom krönen. Damit nahm er die Tradition des Römischen Reichs in Europa wieder auf. Sein Reich ließ er durch Grafen verwalten, die Herrschaft verbesserte er durch zahlreiche Regeln. Die Schreiber und Geistlichen der Hofkapelle stellten sie für ihn auf. Zu seiner Zeit blühten Wissenschaft und Kunst. Er ließ sich eine prächtige Pfalz in Aachen bauen.

Karls Sohn Ludwig konnte die Herrschaft nicht mehr aufrechterhalten. Nach seinem Tod zerfiel das Reich zuerst in drei Teile. Aus diesen verbleibenden Teilreichen entstanden auch die heutigen Länder Deutschland und Frankreich.

ARBEITSAUFTRÄGE

1. Vergleicht das Herrschaftsgebiet der Franken mit der heutigen Karte Europas. Welche Länder existieren heute auf dem Gebiet der Frankenkönige?
2. Was wisst ihr über die Europäische Union heute? Wie würde Karl der Große darüber denken?

ZUM WEITERLESEN

Ott, Gertrud: Widukind, Verlag Freies Geistesleben, Stuttgart 1992

Von Thadden, Wiebke: Brun, Geisel des Königs im Reiche der Franken, dtv junior, München 1993

@/1 www.jadu.de/mittelalter/bildung/alkuin.html

@/2 www.web-der-weltgeschichte.de/Karl_0.html

@/3 www.multimediaprojects.de/Documents/Leseprobe%20 Rittertum%20Mittelalter.pdf

Das Mittelalter

Die Stadt Neubrandenburg wurde im 13. Jahrhundert gegründet. Hier siehst du ein Stadttor, das Treptower Tor. Die Stadt war von einer Mauer umgeben. An einigen Stellen gab es darin Tore für Menschen, die in die Stadt hinein- oder hinausgingen. In Nord- und Mitteleuropa entstanden die ersten Städte ab dem 12. Jahrhundert.

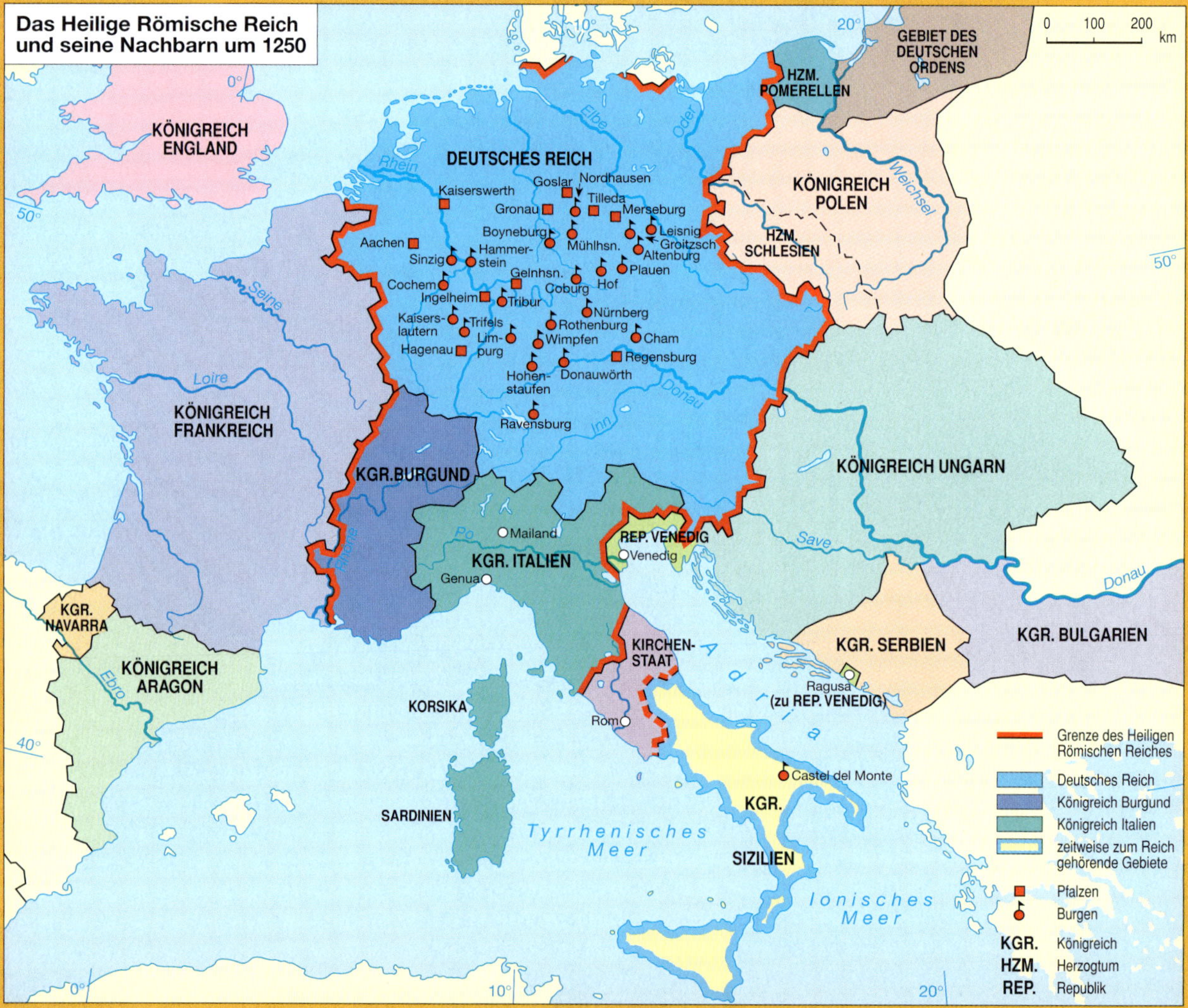

ARBEITSAUFTRAG

Vergleiche die Ausdehnung des Deutschen Reichs um 1250 mit den heutigen Grenzen Deutschlands. Welche heutigen Staaten liegen ganz oder teilweise auf dem Gebiet des Deutschen Reichs von 1250?

Das deutsche Reich im Mittelalter

1. Vom Frankenreich zum deutschen Reich

Im OSTFRÄNKISCHEN REICH herrschten die Karolinger noch bis zum Jahr 911. Dann starb König Ludwig „das Kind" ohne einen Erben. Wer sollte nun die Stämme der Sachsen, Franken, Schwaben und Bayern zusammenhalten?

Ein neuer König wird gesucht – Bisher hatten sich die ostfränkischen Fürsten bei der Königswahl immer auf den Erben des verstorbenen Herrschers geeinigt. Angehörige seiner Familie gab es jetzt aber nur noch im WESTFRÄNKISCHEN REICH. Sollten die Ostfranken also den westfränkischen Herrscher KARL („der Einfältige") auch zu ihrem König wählen? Sollten sie das Reich Karls des Großen wiedervereinen?

Die Ostfranken lehnten dies ab, denn sie verstanden sich als selbstständigen Teil des alten Frankenreichs. Zudem hatten die Westfranken ihrem König nicht ohne Grund den Beinamen „der Einfältige" gegeben. Die ostfränkischen Fürsten entschieden sich also für einen König aus ihrer Mitte. Sie wählten KONRAD, den Herzog des fränkischen Stammes, und nach dessen Tod im Jahr 919 den mächtigen Sachsenherzog HEINRICH.

Aus Gegnern werden Verbündete – Was konnten die Könige unternehmen, um von allen Herzögen möglichst schnell als Herrscher anerkannt zu werden?

Konrad I. (911–918) glaubte, dass er die Macht der **Stammesherzöge** einschränken müsse. Sie sollten in Stammesangelegenheiten nicht mehr selbst entscheiden, sondern Befehle des Königs ausführen. Konrad wollte sie mit kriegerischen Mitteln dazu zwingen und unternahm viele Feldzüge in die Stammesgebiete. Die Zahl seiner Gegner stieg so schnell, wie die Zahl seiner Freunde abnahm. Zuletzt herrschte der König nur noch in seinem fränkischen Herzogtum.

Sein Nachfolger Heinrich I. (919–936) dagegen betrachtete die Herzöge als Verbündete. Er ließ sie ihre Stammesangelegenheiten allein regeln. Dem König ordneten sie sich nur in Angelegenheiten unter, die mehrere Herzogtümer oder das gesamte Reich betrafen, z. B. im Kriegsfall. Das Reich sollte nicht nur durch die Macht des Königs, sondern auch von guten Beziehungen zwischen den Stämmen zusammengehalten werden.

Q 1 Konrad I. auf dem Sterbebett zu seinem Bruder:

Wir besitzen viele Truppen, die wir aufbieten und führen können, dazu Schätze, Städte und Waffen, die königlichen Abzeichen und alles, was die Zierde der Könige ausmacht, außer dem Königsheil. Das Königsheil, mein Bruder, folgt beharrlich dem Heinrich und an der Spitze der Allgemeinheit steht sein sächsischer Stamm. Du sollst also alle Abzeichen unserer königlichen Würde Heinrich geben. Er wird wirklich König sein.

(Widukind von Corvey I, 25. In: Geschichte in Quellen, Band 2, BSV, S. 137)

Q 2 Der Geschichtsschreiber Ruotger über Heinrich I.:

Heinrich hat sein Reich an allen Ecken und Enden sowohl durch unaufhörliche Einfälle benachbarter Völker als auch durch schwerste Zerwürfnisse unter den Fürsten zerrüttet und schrecklich leidend vorgefunden. Nach einiger Zeit aber wurden die fremden Völker durch Gottes Gnade von solcher Furcht ergriffen, wie sie sie zuvor nie gekannt hatten; die einheimischen aber verband eine solche Liebe, dass wohl nie in einem noch so mächtigen Reich die Bande der Eintracht fester waren.

(Ruotger: Vita Brunonis. In: Gert Althoff: Amicitiae und Pacta, Hahn'sche Buchhandlung, Hannover 1992, S. 8)

ARBEITSAUFTRÄGE

1. Überlege mit Q 1, was man im Mittelalter unter „Königsheil" verstand. Vergleicht eure Ansichten.
2. Lies Q 2 und beschreibe mit eigenen Worten die Zustände im Ostfränkischen Reich zu Beginn und am Ende der Regierungszeit Heinrichs I.

Was ist „deutsch"? – Weshalb spricht man vom „deutschen", nicht vom „ostfränkischen" Reich des Mittelalters?

Im 10. Jahrhundert entwickelte sich ein Zusammengehörigkeitsgefühl der ostfränkischen Stämme. Ihre Sprache wurde **„theodisc"**, später „diutisc" genannt, das heißt im Germanischen so viel wie „zum Volk gehörig". Der Name wurde allmählich zur Bezeichnung des Landes. Das Gegenstück dieser ostfränkischen „Volkssprache" war die Sprache des Westfränkischen Reichs, die lateinisch beeinflusst wurde.

Trotz der einheitlichen Sprache standen die Grenzen des Reichs mit seinen Nachbarn nicht fest. Im Jahr 911, als die ostfränkischen Karolinger ausstarben, gehörte auch das Herzogtum Lothringen zum Ostfränkischen Reich. Der lothringische Adel hielt es aber für sicherer, zum Westfrankenreich zu gehören. Der westfränkische König Karl der Einfältige konnte deshalb Lothringen leicht erobern. Doch bald erkannten die Fürsten Lothringens, dass die auf Frieden gerichtete Politik des Sachsenkönigs Heinrich I. bessere Bedingungen für den Ausbau der eigenen Herrschaft bot als die dauernden Kriege, die der westfränkische Adel untereinander führte. So konnte Heinrich I. im Jahr 925 das gesamte Herzogtum Lothringen zurückerobern.

Verwandte gegen einen König – Heinrich I. war es gelungen, die Stammesherzöge zu seinen Verbündeten zu machen. Würde OTTO I. (936–973), sein Sohn und Nachfolger, ebenso erfolgreich bei der Sicherung seiner Macht sein?

Der neue König wollte sein Verhältnis zu den Stammesherzögen festigen. Er setzte deshalb beim Tod eines Herzogs eigene Verwandte oder Freunde als Nachfolger ein. Das stärkte seine Herrschaft aber nicht. Denn seine Brüder und ein Sohn zettelten Aufstände gegen Otto I. an. Sie fühlten sich benachteiligt, weil Otto als ältester Sohn Heinrichs I. zum alleinigen Herrscher bestimmt worden war. Früher hatten die Karolinger ihr Königreich unter den Söhnen aufgeteilt. Fast 20 Jahre musste Otto I. solche Bedrohungen seines Königtums bekämpfen.

Gemeinsam gegen die Ungarn – Im Jahr 955 fielen die UNGARN, ein damals sehr kriegerisches Nomadenvolk, in Bayern ein. Jetzt musste Otto I. nicht nur seine

B3 Königliche Herrschaftszeichen: Mantel, Schwert und Zepter

K 4

Herrschaft gegen aufständische Herzöge, sondern auch noch sein Reich gegen äußere Feinde verteidigen.

Sein Vater Heinrich I. hatte schon im Jahr 926 vor diesem Problem gestanden. Die ungarischen Reiterscharen waren Jahr für Jahr plündernd in ostfränkische Gebiete vorgedrungen und zu einer Gefahr für das gesamte Königreich geworden. Heinrich hatte von ihnen einen Waffenstillstand erwirkt und dafür jährlich Tribut bezahlt. Die Zeit dieses Friedens nutzte er: Die Ostgrenze des Königreichs ließ er durch den Bau von Burgen, z. B. in Meißen oder Merseburg, sichern und ein gut ausgerüstetes Ritterheer aufstellen.

Als Heinrich I. im Jahr 933 den fälligen Tribut verweigerte, unternahmen die Ungarn sogleich einen Raubzug bis nach Thüringen. Hier trafen sie jedoch auf die sächsischen Panzerreiter, die – durch Helm, Kettenhemd und Schild geschützt – den schlechter gerüsteten Eindringlingen eine vernichtende Niederlage bereiteten. Seit diesem Sieg war Heinrichs I. Position als König unangefochten.

Die Zeitgenossen des Jahres 955 hofften nun auf seinen Sohn Otto I. Doch diesmal waren die Ungarn mit wesentlich größerer Truppenmacht in das deutsche Königreich eingefallen als im Jahr 933. Mit seinen sächsischen Panzerreitern allein hätte Otto die Eindringlinge nicht aufhalten können. In der Stunde der Gefahr vereinigten sich nun alle zerstrittenen Stämme – Sachsen, Franken, Lothringer, Schwaben und Bayern – unter Führung Ottos I. Auf dem Lechfeld bei Augsburg errangen sie einen großen Sieg. Die geschlagenen Ungarn gaben danach ihre Raubzüge auf. Otto gelang es sogar, sie im Gebiet des heutigen Ungarn zur Sesshaftigkeit zu zwingen. Unter deutschem Druck entstand um 1000 das christliche Königreich Ungarn unter König Stephan I.
Das Ansehen Ottos steigerte sich enorm und der Zusammenhalt der ostfränkischen Stammesgebiete zum deutschen Königreich wurde gefestigt. e/1

Polen wird Königreich – Wie das deutsche Reich, so entstand auch das polnische Reich im 10. Jahrhundert. MIESZKO I. (960–992 n. Chr.), der erste überlieferte polnische Herzog, herrschte im Gebiet zwischen den Flüssen Oder und Weichsel. Er wollte die slawischen Stämme zwischen Elbe und Oder seiner Herrschaft unterwerfen – ganz wie der deutsche König.

Im Jahr 963 traf er während eines Feldzugs auf Markgraf Gero, den Stellvertreter des deutschen Königs im Slawengebiet. Otto I. war zu dieser Zeit der mächtigste Herrscher des Abendlands. Der polnische Herzog hätte einen Krieg gegen ihn nicht gewinnen können und zog sich aus der Mark Geros zurück. In den folgenden Jahren eroberte er stattdessen POMMERN und SCHLESIEN. Sein Nachfolger BOLESLAW CHROBRY (992 bis 1025) krönte sich 1025 zum König.

PERSONENLEXIKON

MIESZKO I.
960–992 n. Chr. Fürst von Polen. Schuf einen einheitlichen polnischen Staat mit der Hauptstadt Posen. Mit seinem Übertritt zum Christentum begann die Christianisierung Polens.

K 5

ARBEITSAUFTRÄGE

1. Nenne die wichtigsten Gebiete des ostfränkisch-deutschen Königreichs in K 4. Vergleiche sie mit den heutigen Bundesländern in einem Atlas.
2. Beschreibe das Gebiet des polnischen Reichs (K 5). Um welche Gebiete kam es zum Konflikt mit dem deutschen Reich?

2. Der König sichert seine Macht – die Kirche herrscht mit

Die Bedrohung durch die Ungarn hatte die Herzöge zur Unterordnung unter den König gezwungen. Nach dem gemeinsamen Sieg schien es dennoch nur eine Frage der Zeit zu sein, bis sie den nächsten Aufstand gegen Otto I. unternahmen. Wie sollte der König diese Gefahr abwenden?

Herzöge sind schwierige Verbündete – Die Herzöge waren ein Hemmnis der Königsherrschaft Ottos I. Persönlicher Besitz und Einfluss waren ihnen wichtiger als ein starkes Königtum und der Zusammenhalt des deutschen Königreichs.

Die Herzöge waren bestrebt, ihre Macht zu erweitern, um ihren Familien auch in Zukunft eine herausragende Stellung im Reich zu sichern. Am besten ließ sich der Besitz durch kriegerische Eroberungen vermehren. Gerade dieses Verhalten wurde jedoch vom König bekämpft, denn seine Aufgabe war die Bewahrung des **Friedens** für das Reich.

Die Herzöge kämpften auch gegen den König, wenn er zum Beispiel Entscheidungen über die Vergabe von Lehen traf, die sie nicht mittragen wollten. Als Stammesführer beherrschten sie sehr große Gebiete. Stellte sich nun aber ein Herzog gegen den König, war stets ein ganzes Herzogtum dem Einfluss des Königs entzogen. Was Otto I. zur Sicherung seiner Herrschaft benötigte, waren Verbündete gegen die Herzöge.

Welche Eigenschaften sollte nun aber ein idealer Vertreter der Interessen des Königs im Reich haben?

Bischöfe werden Fürsten – Sein Herrschaftsgebiet sollte vor allem wesentlich kleiner sein als das Stammesgebiet eines Herzogs. Damit wäre seine Macht nicht groß genug, um sich gegen den König erheben zu können. Und außerdem sollte ein solcher Adliger am besten keine Kinder haben, deren Zukunft ihm wichtiger war als das Reich. Solche Adlige gab es tatsächlich. 29 Bischofssitze waren im Königreich über alle fünf Herzogtümer verteilt. Das geistliche Amt verbot den Bischöfen die Ehe. Sie waren zwar Mitglied einer adligen Familie, hatten aber keine Kinder. Otto I. übertrug den Bischöfen in ihren Gebieten die Aufgaben und Rechte als Lehen, die bisher die Herzöge besaßen: Die Geistlichen wurden Richter und Heerführer. Damit sie diese weltlichen Aufgaben erfüllen konnten, schenkte Otto I. ihren Bistümern umfangreiche Ländereien.

Seit dieser Zeit gab es im deutschen Königreich nicht nur **weltliche Fürsten**, die Herzöge und Grafen, sondern auch **geistliche Fürsten**, die Bischöfe.

Der König macht Bischöfe – Ein Bischof musste nun wissen, wie man ein Heer sammelt und führt, wie man Konflikte unter dem Adel schlichtet und wie man sein Gebiet vor Feinden schützt.

B1 Erzbischof Bruno von Köln (953–965)

PERSONENLEXIKON

OTTO I. DER GROSSE. Deutscher König und römischer Kaiser. Regierungszeit 936–973

Wenn irgendwo im Reich ein Bischof starb, setzte Otto einen Geistlichen der Hofkapelle als Nachfolger ein. Die lateinische Bezeichnung für eine solche Einsetzung lautete **Investitur**. Dieser Geistliche hatte am königlichen Hof alles gelernt, was er als zuverlässiger Lehnsmann des Königs können musste.

Von der neuen Regelung hatten sowohl die Kirche als auch der König Vorteile: Die Bistümer waren Besitzer umfangreicher Ländereien und unterstanden nicht mehr den Herzögen oder Grafen. Sie waren diesen gleichgestellt. Der König hingegen besaß Lehnsleute, auf die er sich verlassen konnte. Mit der Besetzung der Bischofsämter konnte er die Macht der Herzöge ausgleichen. Wir nennen diese Regelung das **Reichskirchensystem**.

Der König hilft dem Papst – Seit dem Jahr 959 bedrohte der langobardische König BERENGAR den Kirchenstaat in Italien. Papst JOHANNES XII. war nicht in der Lage, sich gegen ihn zu wehren. Er benötigte dringend Hilfe, doch von wem?

Johannes erinnerte sich, wie Papst Leo III. in einer ähnlichen Situation im Jahr 799 gehandelt hatte. Damals wurde der mächtigste Herrscher des Abendlands, Karl der Große, nach Rom gerufen und zum Dank für seine Hilfe zum Kaiser gekrönt. Wer war jetzt der geeignete Helfer des Papstes? Im Jahr 961 sammelte Otto I. auf Johannes' Bitte ein starkes Heer und zog nach Italien. In Rom wurde er am 2. Februar 962 vom Papst zum Kaiser und damit zum obersten Beschützer der Christenheit gekrönt. Otto bestätigte daraufhin das frühere Schenkungsversprechen der Karolinger für das Gebiet des Kirchenstaats und nahm Berengar 963 gefangen. Sich selbst machte er zum langobardischen König in Oberitalien.
Viele Jahrhunderte strebten nun die deutschen Könige danach, nach ihrer Wahl in Rom einzuziehen und vom Papst auch als Kaiser gekrönt zu werden. Seit dem 15. Jahrhundert wurde ihr Herrschaftsgebiet daher auch **„Heiliges Römisches Reich Deutscher Nation“** genannt.

1 2 3 4

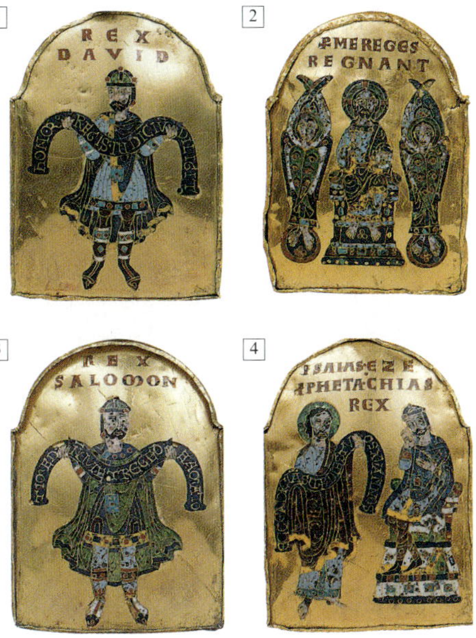

B2 Die deutsche Kaiserkrone. Die vier Bildplatten der achteckigen Krone beziehen sich auf Motive der Bibel.

1 König David: „Der ehrenhafte König liebt Gerechtigkeit.“
2 Christus: „Durch mich regieren die Könige.“
3 König Salomon: „Fürchte Gott und rücke ab vom Bösen.“
4 Der Prophet Isaias verheißt einem gerechten König dreimal fünf zusätzliche Lebensjahre.

ARBEITSAUFTRÄGE

1. Beschreibe B 1 und erläutere damit, welche Aufgaben ein Reichsbischof hatte. Stelle einen Ausbildungsplan für angehende Bischöfe auf.
2. Beschreibe B 2 und erläutere, wie ein mittelalterlicher Kaiser herrschen sollte.

3. Kaiser und Papst im Streit

Die Erfolge Ottos I. hatten gezeigt, dass das Reichskirchensystem zur Stärkung der Königsmacht gut geeignet war. Wie aber wirkte sich diese Veränderung innerhalb der Kirche aus? Und konnte die Zusammenarbeit von König und Kirche von Dauer sein?

Widerstand gegen die Verweltlichung – Die Bischöfe waren mächtige Fürsten geworden. Die Auswahl der neuen Bischöfe durch den König erfolgte daher kaum mehr nach kirchlichen Gesichtspunkten, sondern nach deren Fähigkeit, die weltlichen Aufgaben eines geistlichen Fürsten zu erfüllen. Die Aussicht, Herr über ein großes Gebiet zu werden, ließ viele Geistliche mit allen Mitteln nach einem Bischofsamt streben. Oft boten sie dem König sogar Geld, um die Einsetzung als Bischof, die Investitur, für eines ihrer Mitglieder zu erlangen.

Dieser Ämterkauf (lat. **Simonie**) sowie der immer stärkere Einfluss des Königtums auf die Kirche stießen in einigen Klöstern auf erbitterten Widerstand. Hier wollte man das religiöse Leben reformieren (= verändern). Das bedeutendste dieser **Reformklöster** war Cluny in Burgund. Die Reformer forderten, die Einsetzung von Geistlichen in kirchliche Ämter durch weltliche Herrscher abzuschaffen.

Ein schwacher König wird stark – Seit dem Jahr 1024 kamen die Könige aus dem fränkischen Geschlecht der SALIER. 1056 starb mit erst 39 Jahren Heinrich III. Sein Sohn und Nachfolger HEINRICH IV. war aber gerade fünf Jahre alt.
Bis zu seinem 14. Geburtstag regierten nun Erwachsene für ihn, anfangs seine Mutter Agnes. Aber eine Gruppe von Fürsten unter Leitung des Kölner Erzbischofs Anno wollte Einfluss auf die Entscheidungen des Königs nehmen und entführte deshalb den elfjährigen Heinrich IV. vor den Augen seiner Mutter. In den folgenden Jahren waren diese Fürsten die eigentlichen Herrscher im Reich.
Während dieser Zeit sank das Ansehen des Königs stark. Als Heinrich IV. 1065 volljährig wurde, ging er hart gegen Fürsten vor, die sich seiner Herrschaft widersetzten, und bekämpfte sie erfolgreich. Es genügte ihm aber nicht, dass sie ihn nun als König anerkannten. Sie mussten auch ihre Burgen abreißen und zusehen, wie er überall in Sachsen neue bauen ließ. Diese besetzte er mit eigenen Gefolgsleuten. Damit verletzte er aber die Ehre aller Fürsten.

PERSONENLEXIKON

GREGOR VII. Papst von 1073 bis 1085. Kirchenreformer

B1 Papst und Kaiser

Q2 Im Jahr 981 forderte Kaiser Otto II. aus Italien ein deutsches Ersatzheer an:

Der Bischof von Straßburg soll 100 Panzerreiter stellen, der Bischof von Speyer 20, der Bischof von Worms 40, die Erzbischöfe von Mainz und von Köln je 100, der Bischof von Würzburg 60, Graf Heribert 30, sein Neffe 40, Megingaus 30, Kuno 12, der Herzog von Schwaben 70, Bezolin 12, Azolin 30, Otto 20, Graf Hezil 40, Graf Guntram 12, Unger 20, Sikko 20, Otto 40, Adalbert 30, der Herzog von Niederlothringen 120, der Bischof von Lüttich 60, der Bischof von Cambrai 12, Graf Dietrich 12, Graf Ansfrid 10, die Markgrafen Gottfried und Arnulf zusammen 30, Graf Sikko 30, der Erzbischof von Trier 70, der Bischof von Verdun 60, der Bischof von Toul 20, der Erzbischof von Salzburg und der Bischof von Regensburg je 70, der Bischof von Freising 40, der Bischof von Eichstätt 50, der Bischof von Brixen 20, der Bischof von Augsburg 100, die Bischöfe von Konstanz und von Chur je 40.

(Indiculus loricatorum, Auszüge. In: Geschichte in Quellen, Band 2, BSV, S. 201)

Ein Reformer wird Papst – Im Jahr 1073 wurde mit GREGOR VII. ein Anhänger der Kirchenreform in einer umstrittenen Wahl zum Papst gewählt. Welche Haltung nahm der neue Papst zum deutschen Reichskirchensystem und zum König ein?

Die Reform hatte bis dahin nur die Klöster beeinflusst. Jetzt gewann sie für die gesamte Kirche an Bedeutung. 1075 verbot Gregor VII. allen **Laien** (= Nichtgeistliche), Kirchenämter an Geistliche zu vergeben.

Streit ohne Ende – Heinrich IV. bestand jedoch auf der Investitur durch ihn selbst. Er wollte nicht, dass die Auswahl eines Kirchenfürsten vorrangig eine geistliche Angelegenheit sein sollte. Der Papst dagegen wollte jede Einflussnahme des Königs auf die Einsetzung der Kirchenfürsten abschaffen. Er erkannte nicht an, dass Heinrich IV. mit entscheiden musste, wer den Besitz beherrschte, den die Bistümer vom König als Lehen erhalten hatten. Jeder andere Lehnsherr konnte sich seine Lehnsmänner aussuchen. Der König sollte es nicht können?

Weder Heinrich IV. noch Gregor VII. rückten von ihren Forderungen ab. Beide Rivalen wollten die Auseinandersetzung beenden, indem sie ihren Gegner einfach für abgesetzt erklärten. Die Fürsten waren jedoch in ein königliches und ein päpstliches Lager gespalten. So hatte weder Heinrich IV. die Macht, einen neuen Papst einzusetzen, noch konnte Gregor VII. einen anderen König wählen lassen. In dem jahrelangen Streit erlangte keiner der beiden entscheidende Vorteile.

Die Schlichtung des Streits – Erst 1122 einigte man sich im **Wormser Konkordat**: Geistliche und weltliche Macht eines Bischofs sollten gleichberechtigt behandelt werden. Zuerst wählten die Geistlichen eines Bistums ihren neuen Bischof streng nach den Regeln der Kirche. Danach wurde der Bischof vom König mit den weltlichen Machtbefugnissen belehnt und somit sein Lehnsmann. Anschließend wurden die Bischöfe von ihrem Erzbischof und die Erzbischöfe vom Papst in Rom geweiht. Nun sahen Kirche und Königtum ihre Interessen gewahrt.

E 3 *Uns wird erzählt*

Im Jahr 1106, kurz vor seinem Tod, blickt Bischof Benno von Meißen auf die Zeit Heinrichs IV. zurück.

„1066 wurde ich von Heinrich IV. zum Bischof gemacht. Als dann Papst Gregor VII. im März 1075 seine Grundsätze für das Papsttum veröffentlichte, brachen unruhige Zeiten für uns an. Nur der Papst sollte zukünftig Bischöfe und sogar den Kaiser ein- und absetzen können. Das musste zum Streit mit dem König führen!

Der König erklärte darauf im Januar 1076 Papst Gregor wegen ungültiger Wahl für abgesetzt. Einen Monat später verhängte der Papst über den König den Bann. Der König war damit aus der Kirche ausgeschlossen. Wie sollten wir Fürsten uns nun verhalten? Sollten wir als treue Lehnsleute unseren König oder als gläubige Christen den Papst unterstützen? Mit vielen anderen Fürsten entschied ich mich für die Unterstützung des Papstes: Ein gebannter König konnte kein rechtmäßiger Herrscher sein. Und das Recht, den Papst abzusetzen, hatte er auch nicht! Andere Fürsten sahen die Angelegenheit zwar genau entgegengesetzt, doch wir ‚Gregorianer' wollten nun einen neuen König wählen.

Heinrich IV. erkannte, welche Bedrohung der Kirchenbann für die Anerkennung seines Königtums darstellten konnte. Im Februar 1077 zog er – wir waren überrascht – nach Italien. Mitten im tiefsten Winter, barfuß und nur mit einem braunen Gewand aus grobem Leinenstoff bekleidet. Vor der Burg Canossa bat er Gregor VII. um Vergebung. Der Papst war verpflichtet, einen um Vergebung Bittenden nach drei Tagen vom Bann zu lösen. So war Heinrich wieder in die Kirche aufgenommen und hatte sein Königtum gerettet. Einige deutsche Fürsten meinten, er habe sich damals taktisch geschickt verhalten, andere sahen spöttisch auf ihn herab. Wie auch immer, der Streit um die Investitur der Bischöfe ist jedenfalls bis heute nicht gelöst."

ARBEITSAUFTRÄGE

1. Beschreibe B 1. Erläutere, wie sich die Menschen im Mittelalter das Verhältnis zwischen Kaiser und Papst ursprünglich vorstellten.
2. Ordne Q 2 in Tabellenform (Bischöfe/weltliche Fürsten). Vergleiche die Anzahl der Ritter, die beide Gruppen zum Kaiser schickten. Erläutere, wessen Leistung für Kaiser Otto II. wichtiger war.
3. Lies E 3. Erzähle die Ereignisse von 1075 bis 1077 nach. Beurteile das Verhalten König Heinrichs IV. im Februar 1077.

4. Der Kampf um die Königsmacht

Während des Investiturstreits war deutlich geworden, dass die Stärke eines Königs von der Unterstützung der Fürsten abhing. Im Jahr 1125 starb mit Heinrich V. der letzte Salier und die Zeitgenossen erwarteten gespannt die Königswahl. Wie würde sich das Verhältnis zwischen König und Fürsten nun gestalten?

Ein König, aber kein Königsgeschlecht – Als der aussichtsreichste Bewerber auf den deutschen Königsthron galt der Neffe des verstorbenen Kaisers, Herzog Friedrich II. von Schwaben. Er kam aus dem mächtigen und angesehenen Geschlecht der STAUFER.

Verwandtschaft zum verstorbenen Herrscher sowie hohes Ansehen waren bisher wichtige Voraussetzungen für einen neuen König gewesen. Die Fürsten aber verweigerten dem schon siegessicheren Staufer die Wahl.
Sie wollten verhindern, dass eine große Familie den königlichen Rang erhielt. Bei jeder Königswahl sollte stattdessen neu entschieden werden können, wer der geeignetste Bewerber sei. Die Wahl fiel jetzt auf den mächtigen und angesehenen Sachsenherzog LOTHAR. Die Staufer fühlten sich durch die Wahl betrogen und unternahmen sofort Kriegszüge gegen den neuen König. Lothar III. benötigte Hilfe. Er verbündete sich mit der mächtigen Familie der WELFEN, indem er seine Tochter mit Herzog HEINRICH DEM STOLZEN von Bayern verheiratete. Damit erhielt nun die Familie der Welfen einen königlichen Rang und galt als das zukünftige Königsgeschlecht. Die Hoffnung der Fürsten auf eine unabhängige Königswahl war zunichte gemacht.
Stattdessen waren die Fürsten bei Lothars Tod 1137 in ein welfisches und ein staufisches Lager gespalten, die sich in der Folgezeit gegenseitig bekämpften.

Friedrich I. und die Fürsten – 1152 wurde der Neffe Konrads III. zum König gewählt: FRIEDRICH I. BARBAROSSA („Rotbart"). Er wollte eine Versöhnung zwischen Staufern und Welfen herbeiführen. Das war eine schwierige Aufgabe. Sein Vorgänger hatte nämlich dem Welfen HEINRICH DEM LÖWEN das Herzogtum Bayern als Lehen entzogen. Herzog in Bayern war nun der mit den Staufern verbündete Markgraf von Österreich. Heinrich der Löwe forderte Bayern vom neuen König zurück. Nach langen Verhandlungen stellte Friedrich I. beide Fürsten zufrieden: Heinrich wurde wieder Herzog von Bayern, der Österreicher wurde aber vom Markgrafen zum Herzog erhoben. So wie bei diesem Streit traf Friedrich in seiner langen Regierungszeit

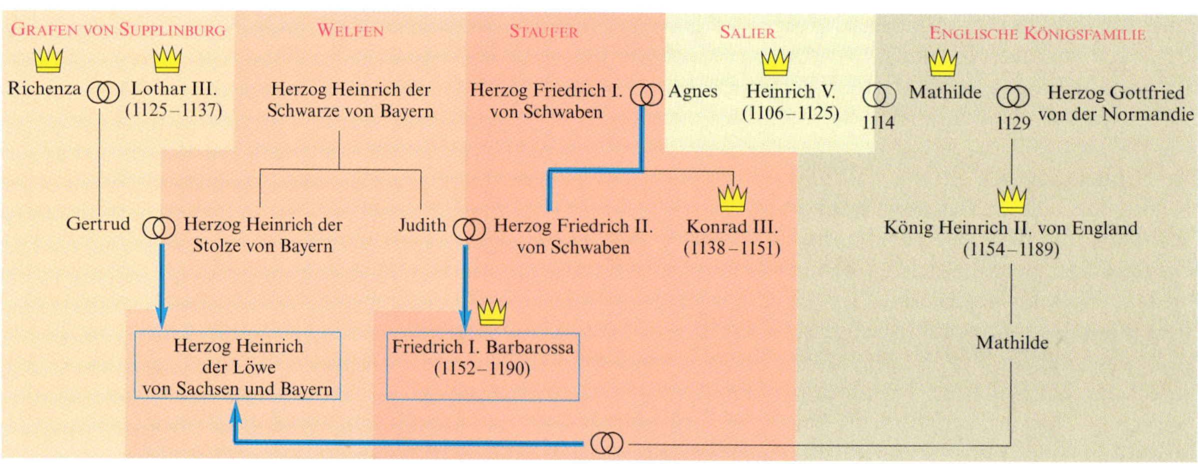

B1 Die Familien der Staufer und Welfen im 12. Jahrhundert

alle Entscheidungen der Reichspolitik zusammen mit den angesehensten Fürsten, den Herzögen, Grafen und den Bischöfen.

Widerstand gegen den Kaiser – Im Jahr 1154 betrat König FRIEDRICH I. BARBAROSSA Italien, um sich zum Kaiser krönen zu lassen. Die norditalienischen Städte aber verweigerten dem zukünftigen Kaiser die Unterstützung. Sie waren nicht bereit, ihm Abgaben zu zahlen. Friedrich I. verbrachte nun über 14 Jahre in Italien, um die Städte zu unterwerfen. Seine Erfolge waren nur von kurzer Dauer. Als er im Frühjahr 1176 eine entscheidende Niederlage gegen den norditalienischen Städtebund erlitt, musste er mit diesen im Sommer 1177 Frieden schließen: Kaiser Friedrich I. erkannte die Freiheit der Städte an und die Städte die Herrschaft des Kaisers.

Die Staufer in Süditalien – Im Jahr 1186 verheiratete Kaiser FRIEDRICH I. seinen Sohn HEINRICH VI. mit der sizilischen Prinzessin KONSTANZE. Ihr gemeinsamer Sohn Friedrich II. wuchs in Sizilien auf. Die Beherrscher des Landes hatten dort in den letzten 600 Jahren oft gewechselt: Byzantiner, Araber, Normannen (Wikinger) und Franken. Der kulturelle Einfluss aller früheren Mächte blieb immer erhalten. Daher gab es in Sizilien christliche Kirchen neben byzantinischen Kapellen und islamischen Moscheen. Im Austausch der Kulturen wurden Wissenschaft und Kunst angeregt.

FRIEDRICH II. war in Sizilien von den bedeutendsten Gelehrten des Königreichs erzogen worden. 1197 wurde er König von Sizilien, 1215 deutscher König und 1220 Kaiser. Als Förderer von Kunst und Wissenschaft gründete er 1224 eine Universität in Neapel. Der Kaiser selbst ging als Naturforscher in die Geschichte ein. Er entdeckte z. B., dass ein Kuckuck sein Ei in fremde Nester legt.

PERSONENLEXIKON

FRIEDRICH I. BARBAROSSA. Deutscher König und römischer Kaiser. Regierungszeit 1152–1190

B3 Castel del Monte. Wozu der Bau diente, ist nicht bekannt. Es gibt dort nicht einmal eine Küche. Gewohnt hat darin also niemand. Zu verteidigen gab es in dieser Gegend nichts. Vielleicht wollte sich Friedrich II. ein Denkmal setzen.

B2 Kaiser Friedrich II.

ARBEITSAUFTRÄGE

1. Suche in B1 die Eltern Friedrichs I. Barbarossa und ordne sie den Fürstenfamilien zu. Überlege, weshalb gerade er nach dem jahrelangen Streit zwischen Staufern und Welfen zum König gewählt wurde.
2. Veranstaltet nun ein Quiz mit Fragen zu den Familien. Beispiel: Wer war die Mutter von …? Wie hieß der Enkel von …?
3. Stelle in B2 fest, woran Friedrich II. als Kaiser und woran er als Forscher zu erkennen ist. Diskutiert: Was haltet ihr von einem Kaiser, der ein Buch über Vögel geschrieben hat?
4. Beschreibe B3 und vergleiche die Form des Kastells mit der Form der daneben abgebildeten Kaiserkrone. Stelle dir vor: Friedrich II. erklärt seinem Baumeister den Plan des Gebäudes. Was könnte er gesagt haben?

5. Das Lehnswesen – Herrschaft wird verteilt

Heute hat jedes Land eine Hauptstadt und einen festen Regierungssitz. Im Mittelalter war das anders: Wollte der König an einem bestimmten Ort seines Reichs eingreifen, musste er dorthin reisen. Wie funktionierte der mittelalterliche Staat?

König und Vasallen – Besuchte der König Gebiete seines Reichs, suchte er die Verhältnisse dort auf lange Zeit zu ordnen. Dies geschah durch die Vergabe von „Lehen“, weltlichen oder geistlichen Gütern, die der Herr seinen **Vasallen** (lat.: Lehnsmänner) auf Lebenszeit verlieh.

Bereits die Karolinger **belehnten** zuverlässige Gefolgsleute mit Teilen ihres Reichs. Als Lehnsmänner des Königs wurden sie reich und angesehen. Sie waren Richter und Kriegsherren ihres Gebietes. Wenn sie ihre Aufgaben nicht erfüllten, wurde ihnen das Lehen genommen und anderen verliehen. Diese Regelung brachte beiden Seiten Vorteile. Die Vasallen durften königlichen Besitz nutzen und vermehrten ihren Reichtum. Der König hatte Stellvertreter, die seine Anordnungen immer so gut wie möglich erfüllten. Schließlich wollten sie Nutzer der verliehenen Güter bleiben.

Vasallen und Untervasallen – Auch ein Lehnsmann konnte nicht überall gleichzeitig im Herzogtum anwesend sein und im Interesse des Königs herrschen. Er verlieh nun Teile seines Lehens weiter. Dann war er sowohl Vasall des Königs als auch Lehnsherr der von ihm beliehenen Adligen. Diese persönlichen Lehnsbeziehungen zwischen Lehnherr und Vasall setzten sich fort, bis die Lehen so klein waren, dass der Vasall sie selbst verwalten konnte. Da „Lehen“ lateinisch „feudum“ heißt, wird diese Zeit als **Feudalismus** bezeichnet.

Q2 Der Sachsenspiegel, ein Richtspruch aus dem 13. Jahrhundert, über das Lehnswesen:

Weil der Vasall von seinem Herrn Besitz erhalten hat, soll er schwören, ihm jederzeit treu zu dienen. Der Lehnsmann soll seinen Herrn mit Worten und Taten ehren sowie in schwierigen Situationen beraten. Wenn der König einen Krieg führt, sind die Fürsten verpflichtet, an seiner Seite zu kämpfen. Wird von einem Vasallen Reichsdienst gefordert, so muss er dem Ruf seines Herrn folgen.

(Sachsenspiegel, Merseburger Handschrift: Lehnrecht III, Landrecht III 64, Lehnrecht IV, Reclam, Stuttgart 1993, S. 174 f., 152. Übersetzt und bearbeitet von Jan-Peter Stöckel)

B1 Herzog Heinrich der Löwe und seine Frau Mathilde. Personen (v.l.): Richenza, Lothar III., Gertrud, Heinrich der Stolze, Heinrich der Löwe, Mathilde (die Jüngere), König Heinrich II. von England, Mathilde (die Ältere), unbekannte Person

Lehen werden erblich – Die Lehnsbeziehungen konnten sehr verwickelt sein. Die französischen GRAFEN VON DER CHAMPAGNE etwa waren vom deutschen Kaiser mit einer Grafschaft in Lothringen belehnt worden. Daneben hatten sie in Frankreich drei Grafschaften vom französischen König, vier vom Erzbischof von Reims, je zwei vom Herzog von Burgund, vom Erzbischof von Sens und vom Bischof von Langres, dazu noch je eine von den Bischöfen von Autum und von Auxerre sowie vom Abt von St. Denis. Den größten Teil der Lehen verliehen die Grafen von der Champagne weiter – an insgesamt 2030 Vasallen, unter denen sich sogar der englische König befand.

Die Könige verloren im Lauf der Zeit den Überblick über ihre Reichslehen. Die Adelsfamilien begannen ihre Lehen festzuhalten: Der älteste Sohn übernahm beim Tod seines Vaters das Lehen, ohne den Lehnsherrn zu fragen. Aus Reichslehen wurde Eigentum von Lehnsleuten. Als Mittel der Königsherrschaft wurde das Lehnswesen zuletzt unbrauchbar.

Der Aufstand Heinrichs des Löwen – Zuweilen unternahmen Vasallen sogar Aufstände gegen ihren Herrn – sie „lehnten sich auf". So verweigerte Heinrich der Löwe, der damals mächtigste Fürst im Reich, Kaiser Friedrich I. die Hilfe im Kampf mit den norditalienischen Städten. Dies führte zur Niederlage des Kaisers. Heinrich hatte Friedrich die Demütigung aus dem Streit um sein Herzogtum Bayern nicht verziehen. Nun verbündete er sich sogar mit dem König von England gegen den Kaiser. In einem Reichskrieg unterlag Heinrich 1180/81 aber. Er verlor alle seine Güter und ging nach England in die Verbannung. Erst 1194 erhielt er von Kaiser Heinrich VI. wenigstens seinen Familienbesitz zurück.

Die Schwäche des Lehnswesens – Aus dem Aufstand Heinrichs des Löwen und weiteren Auseinandersetzungen mit den Fürsten zog Friedrich II. schließlich die Konsequenzen: Er bestimmte, dass alle Lehen, die frühere Könige ausgeteilt hatten, zurückgegeben werden mussten. Diese Gebiete ließ er nun durch **Beamte** verwalten, die regelmäßig zu ihm kamen, um über ihre Arbeit zu berichten. So musste er nicht mehr von Pfalz zu Pfalz reisen, um sein Reich zu regieren.

B3 Die Lehnspyramide

ARBEITSAUFTRÄGE

1. Beschreibe das Geschehen in B1, nutze auch B1 auf Seite 218. Überlege, zu wem die Hände am oberen Bildrand gehören. Erkläre am Beispiel des Machtkampfes zwischen Friedrich Barbarossa und Herzog dem Löwen Stärken und Schwächen des Lehnswesens. Welche Konsequenz zieht Friedrich II.?
2. Beschreibt mit Q2, wie ihr als König vorgehen würdet, um für einen Feldzug möglichst viele Ritter zur Verfügung zu haben.
3. Zähle in B3 nach, wie viele Lehnsherren und Vasallen abgebildet sind. Beschreibe und erläutere die einzelnen Darstellungen. Fasse dann die Aufgaben der Vasallen zusammen.

6. Landesherrschaften – das Reich im späten Mittelalter

Kaiser FRIEDRICH II. hatte im Jahr 1220 Deutschland verlassen und verbrachte den Rest seines Lebens meist in Sizilien. Den weltlichen und geistlichen Fürsten überließ er dabei die nahezu uneingeschränkte Macht in ihren Gebieten. Doch weil es zwischen ihnen oft zu Konflikten kam, hätte das Reich den König gebraucht, da er allein die Macht hatte, solchen Streit zu schlichten. Wie entwickelte sich das Verhältnis zwischen König und Fürsten?

Viele Streitfälle blieben ungelöst. Die Konflikte wurden zwischen den Fürsten als blutige **Fehden** (= Feindseligkeiten) ausgetragen. Friedrich II. und seine Nachfolger betraten ihr deutsches Königreich zu selten. Deshalb war die Machtstellung des Königs zu dieser Zeit schwach, die Macht der verschiedenen Fürsten mit ihren widersprüchlichen Interessen stieg dagegen. Wegen dieser Missstände nennen die Geschichtsschreiber die Zeit zwischen 1250 und 1273 **Interregnum** (lat.: königlose Zeit).

Wie mächtig ist der König? – Besitz von Land und Menschen war die Machtgrundlage des Königs, das **Königsgut**. Dazu gehörten die Güter in den Gebieten, die seit den Karolingern von Herrscher zu Herrscher weitergegeben wurden. So sollte sichergestellt werden, dass ein neuer König auch mächtigster Fürst im Reich war. Während des Interregnums hatte sich kein König um diese Güter gekümmert. Ohne Widerstand hatten die Fürsten das Königsgut in Besitz nehmen können. Die einzige Machtgrundlage des neuen Königs war nun sein eigener Besitz, die so genannte **Hausmacht**.

Diese Macht musste er erweitern. Das konnte durch Eroberungen geschehen: Der 1273 zum König gewählte Rudolf v. Habsburg nahm dem sich ihm widersetzenden König von Böhmen das Land Österreich ab und setzte seinen Sohn als Herzog ein. Österreich wurde zum neuen Zentrum des habsburgischen Gebiets. Eine andere Möglichkeit, die Hausmacht zu erweitern, bestand darin, die eigenen Kinder mit Nachkommen vieler mächtiger Fürsten des Reichs zu verheiraten. So sicherte man sich nicht nur ihre politische Unterstützung, sondern erwarb auch ihr Erbrecht. Die Habsburger stiegen auf diese Weise zu einer der mächtigsten Königsfamilien in Europa auf.

PERSONENLEXIKON

RUDOLF VON HABSBURG. Deutscher König. Regierungszeit 1273–1291

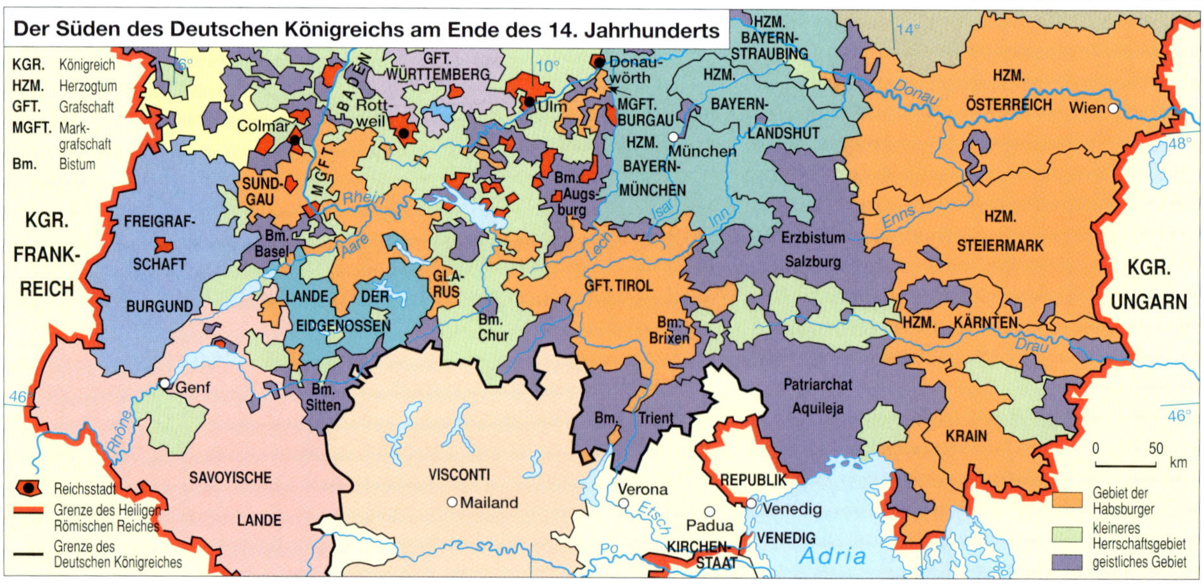

Der Süden des Deutschen Königreichs am Ende des 14. Jahrhunderts

K 1

B 2 Die sieben Kurfürsten, Buchmalerei 1493. Ebenfalls dargestellt sind die Reichsämter, die mit der Kurwürde verbunden waren: Erzkanzler (alle Geistlichen), Erzschenk (zuständig für die Getränke), Erztruchsess (Speisen), Erzmarschall (Pferde, Waffen), Erzkämmerer (Kasse)

Die Königswahl wird geregelt – Um den Frieden im Reich konnte sich ein König nur kümmern, wenn er nicht selbst von Fürsten bedroht wurde. Es musste ausgeschlossen sein, dass einzelne Fürstengruppen verschiedene Kandidaten zum Herrscher wählten, die sich dann in lang andauernden Fehden bekämpften. Dazu war eine Regelung notwendig, die eindeutig festlegte, wer den neuen König zu wählen hatte und wie dies erfolgen sollte. Ein solches Reichsgesetz verabschiedete Kaiser KARL IV. im Jahr 1356: die **Goldene Bulle**. Als wichtigstes mittelalterliches Gesetz der deutschen Geschichte bildete sie für mehrere Jahrhunderte die Grundlage der Königswahl. Da eine Wahl damals „Kur" genannt wurde, werden die Fürsten, die den König wählen durften, als **Kurfürsten** bezeichnet.

Vom Hoftag zum Reichstag – Seit dem 15. Jahrhundert wurde die Reichspolitik auf besonderen Versammlungen unter Vorsitz des Königs besprochen, den **Reichstagen**. Die drei Reichsstände – **Kurfürsten**, **Fürsten** und **Herren** sowie **freie Städte** und **Reichsstädte** – schickten ihre Vertreter dorthin. Freie Städte waren zum Beispiel ehemalige Bischofsstädte, die sich von der Herrschaft ihres Stadtherrn, des Bischofs, befreit hatten. Reichsstädte dagegen waren Reichseigentum. Sie unterstanden der Herrschaft des Königs.
Auf den Reichstagen wurden Entscheidungen für das gesamte Reich getroffen, so über Kriege oder die Erhebung von Steuern. Der König trug den Ständen sein Anliegen vor. Dann berieten die Vertreter jedes Standes untereinander und einigten sich. Stimmten mindestens zwei Stände dem Vorhaben zu, wurde ein Reichsgesetz verabschiedet. Erstmals gab es nun eine Versammlung, auf der König, Fürsten und Städte des Reichs gemeinsam Entscheidungen trafen.

ARBEITSAUFTRÄGE

1. Suche in K 1 das Bistum Brixen zwischen Bayern und der Republik Venedig. Nenne die Nachbargebiete. Schaue dann in K 4 auf Seite 212: Suche dort ebenfalls Brixen. Was hat sich seit dem 10. Jahrhundert verändert? Beurteile die Stellung der Habsburger im Süden des Königreichs.
2. Versuche mithilfe der Beschriftungen in B 2 herauszufinden, welche Fürsten Kurfürsten waren und den Kaiser wählen durften.

7. Deutsche Heere erobern slawisches Gebiet

Zu Beginn des 10. Jahrhunderts siedelten die deutschen Stämme im Nordosten des deutschen Königreichs bis zu den Flüssen Elbe und Saale. Wie kam es dazu, dass auch östlich davon gelegene Gebiete ein Teil des Deutschen Reichs wurden?

Die Nachbarn der Deutschen im Osten – Jenseits von Elbe und Saale lag zu dieser Zeit das Gebiet der SLAWEN. Sie hatten sich nicht in einem Staat zusammengeschlossen.

Wie früher auch die Germanen lebten die Slawen getrennt nach Stammesverbänden. Mecklenburg war die Heimat der OBODRITEN und LIUTIZEN. Im heutigen Brandenburg und Sachsen siedelten die HEVELLER und SORBEN.

Im Gegensatz zu ihren Nachbarn im Westen, den deutschen Stämmen, waren die Slawen keine Christen. Jeder Stamm verehrte eigene Gottheiten: die Obodriten z. B. Radigost, die Liutizen Svarozic und die Heveller Triglav. Namen sorbischer Götter sind nicht überliefert.

Die Unterwerfung der Slawen – Als Heinrich I. im Jahr 919 zum König im Ostfränkischen Reich gewählt wurde, war er Herzog von Sachsen. Um seine Stellung als König zu stärken, wollte er sein sächsisches Herzogtum vergrößern.

Eine Erweiterung seiner Herrschaft konnte ihm jedoch nicht auf Kosten der benachbarten Herzogtümer Franken und Lothringen gelingen: Heinrich I. war ja gerade an guten Beziehungen zu den deutschen Herzögen interessiert. Deshalb unternahm er Feldzüge in das slawische Gebiet. Dort hatte er nämlich früher zur Abwehr der Ungarneinfälle viele Burgen errichten lassen. Von hier aus unterwarfen Heinrich I. und sein

B1 Ein slawisches Dorf. Rekonstruktionszeichnung

Nachfolger Otto I. einen slawischen Stamm nach dem anderen. Die sächsischen Ritterheere waren überlegen, da jeder Stamm allein kämpfte.

In den eroberten Gebieten setzte König Otto I. zwei Markgrafen ein: Er belehnte HERMANN BILLUNG mit dem Gebiet der Obodriten, der „MARK DER BILLUNGER". Die NORDMARK und die MARKEN MERSEBURG, ZEITZ, LAUSITZ und MEISSEN erhielt der Markgraf GERO. Die Markgrafen waren dafür verantwortlich, dass die Slawen Abgaben an den König leisteten und keinen Aufstand gegen ihn unternahmen.

Ferner gründete Otto I. im Jahr 968 das ERZBISTUM MAGDEBURG mit den Bistümern Brandenburg, Havelberg, Merseburg, Zeitz und Meißen. Er wollte die Vorteile des Reichskirchensystems für die Sicherung der Königsherrschaft auch in den eroberten Gebieten nutzen. Gleichzeitig sollte von den Bistümern aus das Christentum bei den Slawen verbreitet werden. Dies geschah meist mit Gewalt: Die Slawen wurden nach der Plünderung ihrer Dörfer gezwungen, ihren Göttern abzuschwören und sich taufen zu lassen.

Q2 Der sächsische Mönch Widukind von Corvey über das Jahr 939:

Durch uns waren die Barbaren (die Slawen) ständig in Angst, dass ihre Dörfer zerstört und die Bewohner abgeschlachtet wurden. Trotzdem wurden sie übermütig und planten, den Markgrafen Gero, den der König über sie gesetzt hatte, arglistig zu töten. Gero kam jedoch der Arglist mit eigener List zuvor. Er lud 30 Anführer der Barbaren zu einem glänzenden Festmahl ein. Als der Wein seine Wirkung getan hatte und sie eingeschlafen waren, ließ Gero alle töten.

(In: Widukindi monachi Corbeiensis rerum gestarum Saxonicarum, libri tres, Hahn'sche Buchhandlung, Hannover/Leipzig 1904, S. 71 f. Übersetzt u. bearbeitet von Jan-Peter Stöckel)

Der Aufstand der Slawen – Dass die Slawen der sächsischen Eroberung zunächst unterlagen, war auf ihre innere Zerstrittenheit zurückzuführen. Im Jahr 983 aber schlossen sich die Stämme der Obodriten, Liutizen und Heveller gegen die Eroberer zusammen. Der gemeinsame Aufstand der slawischen Stämme war erfolgreich, die Sachsen wurden aus dem Land gejagt. Ihre Bistümer Brandenburg und Havelberg mussten sie aufgeben. Die Sorben hatten sich hingegen nicht am Aufstand beteiligt. Ihr Gebiet blieb daher ein Teil des deutschen Königreichs.

Deutsches Königreich und die Slawen am Ende des 10. Jahrhunderts

K 3

ARBEITSAUFTRÄGE

1. Beschreibe anhand von B1 das Leben in einer slawischen Siedlung. Unterscheide dabei zwischen friedlichen Zeiten und feindlicher Bedrohung.
2. Lies Q2 und überlege, woran man den Berichterstatter als Anhänger der sächsischen Könige erkennt. Überlege, wie ein Slawe deiner Meinung nach den Bericht geschrieben hätte. Begründe deine Ansicht.
3. Beschreibe mit K3 den Verlauf der deutschen Ostgrenze in den Jahren 937 und 983. Finde heraus, in welchem dieser Jahre dein Heimatort zum deutschen Königreich gehört hätte.

8. Deutsche Bauern siedeln im benachbarten Osten

Im Jahr 1147 unternahmen deutsche Fürsten wieder den Versuch, die Herrschaft des Deutschen Reichs gewaltsam auf Obodriten, Liutizen und Heveller auszudehnen. Ihr gemeinsames Heer scheiterte erneut am Widerstand der Slawen. Mit Kriegszügen konnte der deutsche Adel seinen Machtbereich also nicht erweitern. 100 Jahre später gehörten die Stammesgebiete dennoch zum deutschen Königreich. Wie kam es dazu?

Besiedeln statt erobern – Im slawischen Gebiet gab es weite unbewohnte Gegenden, die von Wäldern und Sümpfen bedeckt waren. Diese Wildnis bot den deutschen Fürsten die Chance, ihr Herrschaftsgebiet nach Osten zu erweitern. Die slawische Bevölkerung war nicht so zahlreich, dass sie Interesse an diesen Gebieten gehabt hätte. Die deutschen Fürsten ließen in Flandern und Deutschland Neu-Bauern anwerben, denen sie das unbewohnte Land zusicherten.

Die Fürsten konnten die unbewohnten Gebiete im Slawenland an Bauern vergeben, denn es gab keine Landesgrenzen, wie wir sie heute kennen. Ungenutztes Land war herrenlos, bis es jemand zu nutzen begann. Diese Herrschaftsausweitung wird **Landesausbau** genannt. Sie wurde im 12. und 13. Jahrhundert überall in Europa praktiziert. Über Jahre hinweg machten Neu-Siedler das erhaltene Land urbar. Sie rodeten Wälder und legten Sümpfe trocken, um Felder und Viehweiden anzulegen sowie Dörfer und erste Städte zu gründen.

Slawen und Deutsche – Auch die slawischen Fürsten waren vom Nutzen des Landesausbaus für ihre Herrschaft schnell überzeugt. So riefen sie ebenfalls deutsche Bauern in ihre Gebiete. Diese siedelten bald weit über das Deutsche Reich hinaus – bis nach Siebenbürgen im heutigen Rumänien. Die Besiedlung unberührter Landschaften durch deutsche Bauern stieß nicht auf den Widerstand der Slawen. Schließlich schienen ihre alten Rechte hierdurch nicht eingeschränkt zu werden. Die Besiedlung führte zu engeren Kontakten zwischen Slawen und Deutschen. Diese brachten auch technische Neuerungen aus Westeuropa mit, z. B. den Gebrauch von Wasser- und Windmühlen beim Mahlen von Getreide. Allmählich glichen sich die Lebensbedingungen an. Damit verbunden war auch die Christianisierung der Slawen.

B 1 Dorfgründung in einer unbesiedelten Gegend

K 2

Der Landesausbau in Brandenburg – Im Jahr 1134 belehnte der Kaiser den Grafen ALBRECHT DEN BÄREN mit der Nordmark, dem Gebiet um Stendal. Albrecht entstammte dem Geschlecht der ASKANIER (nach der Burg Askania in ANHALT bei Aschersleben). Der neue Markgraf ließ Siedler in seiner Heimat und in Flandern werben. Hilfreich war dabei sein Einfluss auf den Hevellerfürsten PRIBISLAW, der in Brandenburg herrschte. Der Slawe hatte keine Kinder und setzte Albrecht als Erben ein. Bei seinem Tod 1150 wurde Albrecht Herr über das Havelland mit dem Hauptort Brandenburg, musste aber bis 1157 gegen slawische Erbansprüche kämpfen. An den großen Anteil flämischer Siedler erinnert die Landschaft „Fläming" südwestlich von Berlin. Die Askanier herrschten in der Mark Brandenburg bis zum Jahr 1319, als Markgraf Waldemar kinderlos starb.

Ähnlich wie in Brandenburg verlief auch in den anderen Gebieten der so genannten Ostsiedlung der Landesausbau, wenn auch insgesamt weniger kriegerisch. So dehnte sich der Herrschaftsbereich des Reichs weit nach Osten aus.

B3 Slawe und Deutscher unter einem Hut. Darstellung in Großbrembach bei Weimar

Q4 Albrecht der Bär siedelt an:

Albrecht der Bär unterjochte die vielen zwischen Havel und Elbe sitzenden Stämme. Schließlich holte er, als die Slawen allmählich abnahmen, Holländer und Flamen herbei und ließ sie in den Burgen und Dörfern der Slawen wohnen. Jetzt sind die Slawen weit und breit gänzlich verjagt. Unübersehbare mächtige Scharen sind vom Meeresstrande herbeigeführt worden, haben das Gebiet der Slawen eingenommen, Städte und Kirchen aufgebaut und sind über alle Erwartungen hinaus wohlhabend geworden.

(H.v. Bosau: Slawenchronik. In: Geschichte in Quellen, Bd. 2, S. 603 f. Bearb.)

Landesausbau im Nordosten des deutschen Königreichs bis 1300

K5

ARBEITSAUFTRÄGE

1. Beschreibe die Tätigkeiten der einzelnen Personen in B 1.
2. Vergleiche K 2 mit einer Europakarte und nenne heutige Staaten, in denen deutsche Bauern im Mittelalter siedelten.
3. Überlege, weshalb die Personen in B 3 mit einem gemeinsamen Hut dargestellt sind. Welches Sprichwort passt dazu?
4. Beschreibe mit eigenen Worten das Verhältnis zwischen Albrecht dem Bären und der slawischen Bevölkerung in Q 4.
5. Ordne die mecklenburgischen, pommerschen, askanischen und wettinischen Gebiete in K 5 den heutigen Bundesländern zu.

Lebensformen im Mittelalter

1. Orte mittelalterlichen Lebens

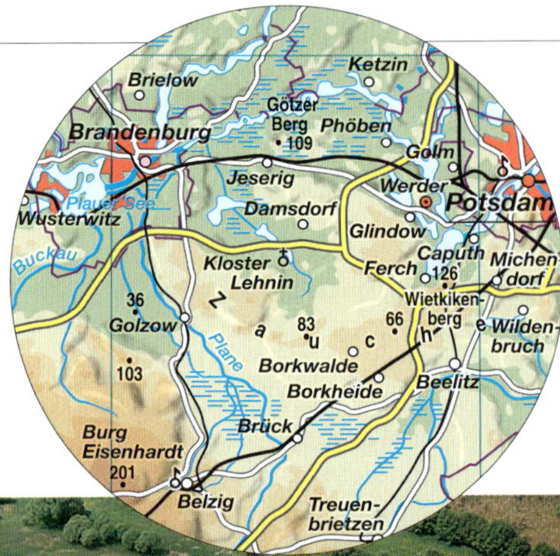

Bauern, Grundherren, Adlige wie Herzöge und Grafen, Nonnen und Mönche, Stadtbewohnerinnen und -bewohner – diese Gruppen lebten mit unterschiedlichem Alltag nebeneinander.

B1 Zisterzienserkloster Lehnin

B3 Burg Eisenhardt zu Belzig

B2 Rathaus in Brandenburg

B4 Dorf Düppel (im heutigen Berlin). Rekonstruktion

Ein Beispiel: Die Zauche – Die Zauche, das Dreieck zwischen Brandenburg, Belzig und Werder, war askanischer Hausbesitz. Diese Herrscherfamilie trieb im 12. und 13. Jahrhundert den Landesausbau der Mark Brandenburg voran. Dabei stand die Sicherung der Gebietsgewinne im Vordergrund. So wurden zum Beispiel Klöster gegründet, wie das 1180 gestiftete **Zisterzienserkloster** Lehnin, das nicht nur als Haus- und Grablegekloster genutzt wurde. Es war zugleich Zentrum und Rückhalt der damals noch längst nicht abgeschlossenen Christianisierung. Darüber hinaus diente es als Grenzschutz gegen das südlich gelegene Erzbistum Magdeburg und die **Burg** Eisenhardt zu Belzig. Schließlich war es als wirtschaftliches und geistliches Gegenüber der um 1170 ebenfalls von den Askaniern gegründeten **Neustadt** Brandenburg an der Havel gedacht. Diese Stadtgründung sollte ein Handelszentrum werden. Doch die überwiegende Mehrheit der Bevölkerung bestand aus Bauern, die in **Dörfern** lebten. Diese ähnelten meist dem Rekonstruktionsdorf Düppel in Berlin-Zehlendorf.

Beziehungen zwischen den Lebensformen – Die Lehnsherren, egal ob geistliche oder weltliche Fürsten, ob Burgherren oder Bischöfe, schützten die Bewohner ihres Gebiets und waren die obersten Richter in der Gegend. Die Bauern in den Dörfern leisteten ihnen Abgaben und Dienste: Das von ihnen bewirtschaftete Land gehörte dem Landes- oder Burgherrn oder z. B. einem Kloster. Was ihnen übrig blieb und sie nicht selbst verbrauchten, brachten die Bauern zum Markt nahe gelegener Städte und versorgten damit die Stadtbevölkerung. Auch die Städte mussten Abgaben an den jeweiligen Stadtherrn für die Gewährung ihres Marktrechts zahlen. So vermehrten die Städte seinen Reichtum.

In den Klöstern beteten Nonnen und Mönche für das Seelenheil der Menschen. Sie halfen den Armen, waren aber auch Zentren der Bildung sowie polischer und wirtschaftlicher Macht. Im späten Mittelalter wurden die Städte zu wirtschaftlichen und kulturellen Zentren. Reiche Grundherren und Bauern siedelten sich hier an. Auch Klöster entstanden in der Stadt. Die Stadtbevölkerung wurde zu einem Spiegelbild der mittelalterlichen Gesellschaft.

B5 Christus weist den Menschen ihre Aufgaben zu: „Du sollst beten! Du sollst beschützen! Und du sollst arbeiten!“

ARBEITSAUFTRÄGE

1. Betrachte B 1 bis B 4 und suche Merkmale, die nur auf einen der dargestellten Lebensräume zutreffen. Formuliere so: Nur eine Stadt hat … Nur auf einer Burg findet man …
2. Beschreibe B 5 und ordne die genannten Aufgaben den Bevölkerungsgruppen zu. Ermittle, welche Lebensform nicht dargestellt ist, und versuche das Bild zu vervollständigen. Vergiss nicht, eine Aufgabe zu formulieren.

2. Menschen sind gefährdet – die natürliche Umgebung

Eine der Hauptaufgaben in unserer heutigen Welt ist der Schutz der Natur durch den Menschen. Wie sah das Verhältnis zwischen Mensch und Natur im Mittelalter aus? Konnten die Menschen damals bereits ihre Umwelt gestalten?

Menschen leben in der Natur – Wir Menschen sind abhängig von unserer natürlichen Umwelt. Besonders deutlich wird das am Beispiel der wichtigsten Naturerscheinung, dem Wetter. Es zwingt uns die Art der Kleidung auf. Jeder hat schon erlebt, dass das Wetter den geplanten Tagesablauf durcheinander brachte. Welche Bedeutung hatte das Wetter für den mittelalterlichen Menschen?

Menschen im Mittelalter mussten sich mit dem Wetter mehr als wir auskennen. Vorräte von Nahrungsmitteln konnten sie nur wenige anlegen: Es fehlten oft Möglichkeiten, verderbliche Früchte über längere Zeit hinweg zu bewahren. Umso mehr waren sie abhängig von ihren Getreideernten. Es war lebenswichtig für sie, schlechtem Wetter zuvorzukommen, um die Saat auf die Felder auszubringen oder die Ernte einzufahren. Falsche Entscheidungen über den richtigen Zeitpunkt dieser landwirtschaftlichen Arbeiten konnten eine Hungersnot und den Tod vieler Menschen zur Folge haben – genauso wie Unwetter.

Doch gab es nur ein Mittel, das Wetter vorherzusagen: die Beobachtung über die Jahre hinweg. Die Bauern erkannten, dass bestimmte Naturerscheinungen wie

Q2 Ein Chronist aus Österreich berichtet zum Jahr 1234:

Als in diesem Jahr das Eis der Donau schmolz, trat der Fluss über beide Ufer. Die Überschwemmung zerstörte alle Dörfer in seiner Nähe. Sämtliche Vorräte wurden vernichtet und unzählige Stück Vieh kamen um. Besonders beklagenswert ist aber, dass auch eine ungeheure Menge von Menschen den Tod fand. Der Zerstörung folgte eine gewaltige Hungersnot.

(Continuatio Lambacenses a. 1234. In: MGH SS 9, S. 558. Übersetzt von Jan-Peter Stöckel)

Getreidespeicher. Rekonstruktionszeichnung

B1 Das Dorf Steinkirchen in Bayern heute. Die Landschaft ist seit dem Mittelalter kaum verändert. Die Lage der Siedlung ist typisch für ein mittelalterliches Bauerndorf: vorn Wiesen am Bach, hinter den Gebäuden auf der trockenen Höhe (nicht sichtbar) die Felder.

Wolken und Regen oder Wetterlagen an bestimmten Tagen auf den Wetterverlauf der nächsten Zeit schließen lassen. Danach formulierten sie Wetterregeln. Die moderne Wissenschaft hat bestätigt, dass viele dieser mittelalterlichen Regeln einen wahren Kern haben. Nicht zufällig nennen wir diese Regeln heute **Bauernregeln**.

Menschen verändern die Natur – Während des Mittelalters griffen die Menschen in Mitteleuropa auch in größerem Ausmaß in die natürliche Umwelt ein. Was veranlasste sie dazu? Hatten die menschlichen Veränderungen Folgen?

Die Zahl der Menschen in Europa wuchs im Laufe des Mittelalters. In besiedelten Gebieten lebten etwa 10 bis 40 Menschen auf einem Quadratkilometer. Für ihre Ernährung wurde neues Ackerland benötigt. Es mussten also Waldflächen gerodet oder Sümpfe trockengelegt werden, um neue Felder anlegen zu können. In Europa wurden auf diese Weise große Flächen urbar gemacht.

Die Grundherrschaften produzierten meist alle Dinge für den täglichen Bedarf. Doch es bedurfte größerer Siedlungen, damit sich die Menschen als Bäuerin und Bauer und in vielen anderen Berufen die Arbeit teilen und auf diese Weise voneinander Nutzen haben konnten. Auch die Händler mussten mit ihren Waren von einem Ort zum nächsten gelangen können, um Überschüsse aus den Grundherrschaften verteilen zu können. Sie brauchten Straßen, Wasserwege und Handelsplätze. So entstand ein dichtes Netz größerer Siedlungskerne, die gut verbunden waren. Insgesamt veränderte sich das Landschaftsbild zugunsten des Menschen.

Im Verlauf des Mittelalters wurden aber auch die Auswirkungen des menschlichen Eingreifens sichtbar. Erde, die früher durch die Baumwurzeln festgehalten worden war, wurde nun durch Hochwasser der Flüsse oder längere Regenfälle fortgeschwemmt. So ging Ackerland wieder verloren. Bestimmte Tierarten wurden durch die Nähe des Menschen verdrängt. So begannen Wölfe und Bären im Mittelalter die Wälder zu verlassen. Die Menschen mussten sich nun auch Gedanken machen, ob sie das Wasser der Flüsse tatsächlich trinken konnten oder ob es durch die Abfälle anderer Siedlungen zu sehr verschmutzt war.

B3 Ein „Lederarbeiter“ bearbeitet am Fluss Felle mit giftigen Säuren aus Holz, Rinde oder Früchten, um Leder zu gewinnen. Holzschnitt

ARBEITSAUFTRÄGE

1. Beschreibe die Anlage der Siedlung in B 1. Werte das Foto auf Vorteile der Siedlung für die Wirtschaft der Bauern aus. Erkläre, was Wasser für einen Bauern in Deutschland bedeuten konnte.
2. Beschreibe die Überschwemmung in Q 2. Befrage Erwachsene nach Hochwasserkatastrophen in heutiger Zeit. Vergleiche die Auswirkungen mit denen von 1234.
3. Beschreibe mit B 3 den Nutzen des Flusses für den Handwerker. Überlege, was seine Arbeit für ein Dorf am Unterlauf des Flusses bedeutet hat. Diskutiert, was heute beachtet werden muss, wenn giftige Mittel ausgewaschen werden.

3. Die Grundherrschaft – Bauern sind abhängig vom Herrn

Im Mittelalter lebten die Bauern unter den Bedingungen der **Grundherrschaft**. Sie hatten ihr Ackerland von einem Adligen zur Nutzung erhalten. Diesem „Grundherrn“ waren sie dafür zu Abgaben und Diensten verpflichtet. Wie lebten und arbeiteten die Bauern?

Bauern werden Hörige – Im Frankenreich waren Bauern noch freie Eigentümer von Hof und Feldern gewesen. Als Freie waren sie aber auch zum Kriegsdienst verpflichtet. In dieser Zeit blieben die Felder unbestellt. Ernteausfälle und Hunger waren die Folge. Verlor der Bauer im Krieg sein Leben, bedeutete dies auch meist den Ruin des Hofs und der Familie. Zunächst bestimmten daher immer mehrere Bauern einen aus ihrer Mitte zum Kriegsdienst und bestellten in seiner Abwesenheit seine Felder mit. Einige Krieger, die **Ritter**, begannen Teile ihres Landes Bauern zur wirtschaftlichen Nutzung zu überlassen. Als Gegenleistungen erhielten sie Abgaben.

Die Bauern waren weiterhin von den natürlichen Gegebenheiten der Landwirtschaft abhängig. Gab es Missernten, konnten sie die vereinbarten Abgaben nicht leisten und mussten sich dem Herrn mit anderen Diensten verpflichten. So gaben sie immer mehr Freiheiten ab, bis sie schließlich Unfreie waren. Sie waren dem Eigentümer ihres Hofs und der Felder **hörig**. Hörige durften das Land, das sie bewirtschafteten, nicht verlassen. Verkaufte der Grundherr seine Länder, wurden die Bauernfamilien Hörige des neuen Eigentümers. Jeder Hörige erhielt vom Grundherrn eine **Hufe** zur Bewirtschaftung. Die Hufe war ein kleiner Hof mit dazugehörigem Ackerland, das zur Versorgung einer Familie ausreichte.

Neue Werkzeuge für die Bauern: die Sense

B 1 Hölzerner Hakenpflug. 8. Jahrhundert

B 2 Zweifelderwirtschaft

Bauern im Dorf – Alle Angelegenheiten, die das Zusammenleben der Hufenbauern und ihrer Familien im Dorf betrafen, wurden von ihnen selbst entschieden. Zu regeln war vor allem die Nutzung der **Allmende**. So hießen Wald, Wiesen und Gewässer, die der Grundherr dem Dorf zur gemeinsamen Nutzung durch alle Hörigen überlassen hatte. Alle Hufenbauern waren gleichberechtigte Mitglieder der **Dorfgenossenschaft**. Die Entscheidungen wurden unter Vorsitz des **Dorfschulzen** getroffen. Diesen Bauern bestimmte der Grundherr für die Leitung des Dorfs.

Die Felder der Bauern – Ein Feld gab im Mittelalter nur sehr wenig Frucht her. Säte man ein Teil ein, erhielt man das Zweieinhalbfache als Frucht bei der Ernte. Ohne Düngung konnte aber im nächsten Jahr nicht das gleiche Ernteergebnis noch einmal erzielt werden, da jede Pflanze dem Boden Nährstoffe entzieht. Die Bauern bestellten deshalb einen Teil ihres Ackers ein Jahr lang nicht, ließen ihn mit Unkraut überwuchern und nutzten ihn als Viehweide. Die Tiere düngten mit ihrem Kot die Erde. Im folgenden Jahr waren dort die notwendigen Nährstoffe für den Getreideanbau wieder vorhanden. In diesem Jahr wurde dann der andere Teil des Ackers nicht bewirtschaftet. Dieses Verfahren, die **Zweifelderwirtschaft**, ließ sich noch verbessern. Man nutzte statt der zwei Felder abwechselnd drei Felder. Im 12. Jahrhundert konnte man mit der **Dreifelderwirtschaft** schon das Vierfache des ausgesäten Teils vom Feld ernten.

Neue Werkzeuge für die Bauern: der Dreschflegel

ARBEITSAUFTRÄGE

1. Stelle Unterschiede der Pflüge in B1 und B3 in einer Tabelle gegenüber. Beurteile den technischen Fortschritt.
2. Vergleiche B2 und B4 miteinander. Erkläre, warum der Ernteertrag bei der Dreifelderwirtschaft höher ist.

B3 Eiserner Wendepflug. 11. Jahrhundert

B4 Dreifelderwirtschaft

Abgaben und Dienste – Die Hufenbauern nutzten das Land des Grundherrn. Dafür hatten sie Abgaben und Dienste zu leisten. Wie waren diese Leistungen an den Grundherrn zu erbringen?

Abgaben waren landwirtschaftliche Produkte, die der Herrenhof benötigte. Die Höhe der Abgaben betrug ungefähr ein Drittel der landwirtschaftlichen Erträge eines Bauern. Die übrigen zwei Drittel, die ihnen verblieben, waren meistens immer noch eine größere Menge, als sie früher für sich allein erwirtschaftet hatten. Der Lebensstandard der Bauern erhöhte sich anfangs durch die Hörigkeit tatsächlich. Die Abgaben wurden am Herrenhof oder am Hof des **Meiers**, eines Beauftragten des Grundherrn, abgeliefert.

Dienste mussten die Bauern auf den Feldern des Herrn leisten, die er nicht an Hörige vergeben hatte. Dieses Land wurde von den Bauern neben ihrer eigenen Wirtschaft bearbeitet. Solche Dienste nannte man **Frondienste** (= Herrendienste). Frondienst konnte auch andere Aufgaben einschließen, z. B. den Bau von Burgen, Brücken und Straßen oder den Transport von Gegenständen und Früchten zu den städtischen Märkten. Durch die Abgaben und Dienste konnte die Abhängigkeit der Bauern von ihren Grundherren mit der Zeit erdrückend werden.

Einige Bauern werden selbstständiger – Im Mittelalter wurden auf den Märkten Gegenstände getauscht, zum Beispiel ein Huhn gegen eine bestimmte Menge Früchte. Seit dem 12. Jahrhundert wurde mehr und mehr mit Geld gekauft und verkauft. Welche Wirkung hatte die Nutzung von Geld in der Grundherrschaft?

Viele Grundherren verzichteten bald ganz auf die Bewirtschaftung eigener Felder. Sie gaben auch ihr eigenes Land an Bauern aus. Die Grundherren forderten nun neben oder statt der alten Naturalabgaben immer mehr **Zins** (= Geldabgabe). Das hatte manche Vorteile für sie, da sie sich nicht mehr um den Verkauf der Tiere oder Früchte kümmern mussten, sondern einfach Geld hatten, mit dem sie wirtschaften konnten.

Andere Bauern steigen ab – Gab es eine Missernte, konnten viele Hörige den Zins an den Grundherrn nicht zahlen. Die Höhe des Zinses war nämlich unabhängig vom Ertrag der Ernte. Viele Hörige verkauften dann mit Zustimmung des Grundherrn einen Teil ihrer Hufe an andere Bauern. Der neue Nutzer musste den Zins für das gekaufte Ackerland zahlen.
In den Dörfern wurden dadurch einige Bauern immer reicher und bewirtschafteten oft mehr als drei Hufen, während viele Hörige nur noch den Teil einer Hufe nutzen konnten. Manche Bauern konnten so allmählich zur Freiheit aufsteigen und zuweilen sogar selbst Grundherren werden. Die meisten aber stiegen in noch tiefere Formen der Hörigkeit ab, in die Leibeigenschaft.

B5 Bäuerlicher Abgabenkalender

Die Unterschiede zwischen den Bauern veränderten auch die Beziehungen zwischen dem Dorf und dem Grundherrn. Früher hatte der Grundherr festgesetzt, was die Bauern anbauen mussten. Denn er musste seine Versorgung mit allem Nötigen sichern. Jetzt interessierte den Grundherrn nur noch, ob die Hörigen den Zins pünktlich zahlten. Anfangs lebten im Dorf Hörige eines Grundherrn gleichberechtigt zusammen. Nun leiteten die reichen und angesehensten Bauern die Dorfgemeinde sehr eigenständig.

ARBEITSAUFTRÄGE

1. Finde heraus, welche bäuerlichen Abgaben in B 5 dargestellt sind. Schreibe eine Geschichte: Ein Bauer schaut im Winter auf das vergangene Jahr zurück …
2. Beschreibe in B 6 möglichst viele Gegenstände. Überlege, was die mittelalterliche Bauernfamilie zu eurer Wohnung sagen würde.
3. Vergleiche B 7 mit B 6. Fasse die Unterschiede der beiden Höfe in einem Satz zusammen.

B 7 Ein Bauernhof im Winter. Bilderhandschrift aus Frankreich, 15. Jahrhundert

B 6 Ein Haus im mittelalterlichen Dorf Düppel bei Berlin. Rekonstruktion

4. Städte – neue Zentren für das Umland

Der größte Teil der deutschen Bevölkerung lebt heute in Städten. Berlin ist die Stadt mit den meisten Einwohnern: Hier lebten im Jahr 2003 knapp 3,4 Millionen Menschen – das sind mehr als in den Bundesländern Brandenburg, Mecklenburg-Vorpommern, Rheinland-Pfalz, Saarland, Sachsen-Anhalt, Schleswig-Holstein oder Thüringen. Die meisten Städte entstanden im Mittelalter.

Aus Märkten entstehen Städte – In der mittelalterlichen Welt dauerte es sehr lange, bis eine Siedlung zur Stadt wurde. Wer war an dieser Entwicklung beteiligt?

Mit der Zeit ließen sich Handwerker an Orten nieder, an denen ihre Produkte gut verkauft werden konnten. Ihre Siedlungen entstanden dort, wo sich viele Menschen treffen konnten, etwa an Wegkreuzungen oder in der Nähe eines wichtigen Herrensitzes wie einer Burg oder einem Kloster. Solch ein **Markt** wurde von Bewohnerinnen und Bewohnern der Umgebung, aber oft auch von Fernhändlern besucht. Handwerker und Händler bauten Häuser um einen Platz, auf dem der Markt stattfinden konnte. Die Siedlungen von Handwerkern und Händlern nannte man in Nordfrankreich und Norddeutschland **Wike**.

Das Recht, Märkte abzuhalten, das **Marktrecht**, hatte nur der König. Oft verlieh er es den Herren, in deren Gebiet die Marktsiedlung lag. Denn diese Grundherren wollten mit dem Markt das wirtschaftliche Wohlergehen ihres Gebiets fördern. Und von Handwerkern und Händlern erhielten sie zudem eine Marktabgabe, den Marktzoll. Bewohner solcher Siedlungen hießen **Bürger**. Erst im 12. Jahrhundert waren die Siedlungen so groß und zahlreich, dass manche **„Stadt"** genannt wurden.

Siedlungen und Städte wachsen – Die Anzahl der Marktsiedlungen und deren Einwohnerzahl nahm nach dem 10. Jahrhundert stetig zu. Wie wirkte sich dieser Anstieg auf die Siedlungen aus?

Erteilung des Marktrechts einiger deutscher Städte

Stadt	Marktrecht seit
Aachen	1166
Berlin-Cölln	um 1230
Brandenburg	12. Jh.
Chemnitz	1143
Dresden	um 1200/16
Erfurt	um 1200
Frankfurt/O.	1253
Görlitz	um 1200
Hamburg	um 1150
Jena	um 1220
Köln	10. Jh.
Leipzig	um 1165
Magdeburg	10. Jh.
Quedlinburg	994
Rostock	1189
Stralsund	1234
Wittenberg	1293

B1 Voraussetzungen für die Entstehung von Städten

Die Bewohner sicherten ihre Siedlung vor Feinden oft mit einer **Mauer**. Vorerst bestand sie aus Holzpalisaden und erst im 12. und 13. Jahrhundert aus Stein. Innerhalb dieser Begrenzung stieg die Zahl der Häuser stetig. Es wurde dann zunehmend enger. Dies konnte dazu führen, dass die Bürger außerhalb der Mauer neue Häuser bauten.

Die Stadt bekam eine Erweiterung, eine **Neustadt**. Das Stadtgebiet Dresdens heißt nördlich der Elbe noch heute „Dresden-Neustadt", südlich davon „Dresden-Altstadt". Rostock war sogar dreigeteilt in Alt-, Mittel- und Neustadt. Die Bürger, Handwerker wie Kaufleute, lebten von den Geschäften auf ihrem Markt. Deshalb bekamen auch die neuen Stadtteile einen Markt als Mittelpunkt. Viele Städte haben mehrere Plätze, deren Name auf „-markt" endet.

Wenig Platz für viele Menschen – Weniger teuer als die Erweiterung der Stadt war das Bauen in verbliebenen Zwischenräumen. Die Häuser waren deshalb meist sehr eng aneinander gebaut.

Eine große Gefahr für die Stadtbevölkerung war ein Brand. Ein Feuer konnte sich mühelos über große Stadtteile oder die gesamte Stadt ausbreiten. Beinahe jede Stadtchronik berichtet von verheerenden Brandkatastrophen.

Abfälle wurden auf die Straße geworfen und selten weggenommen oder in Wassergräben weggespült. In den Städten gab es daher sehr viele Ratten. Um 1350 schleppten Kaufleute die **Pest** aus Asien nach Deutschland ein. Dieser „schwarze Tod" führte zu „schwarzen" Beulen am Körper. Die Pest wurde von Rattenflöhen übertragen, doch das war damals nicht bekannt. Auch hatten die Menschen noch kein Heilmittel gegen die Pest. Nur eine strenge Trennung der Kranken von den Gesunden konnte die Ausbreitung mildern. Doch das war in den engen Gassen der dicht bevölkerten Städte schwer. Manchmal starb fast die Hälfte der Einwohner durch die Seuche.

B2 Eine mittelalterliche Stadt in Süddeutschland um 1100

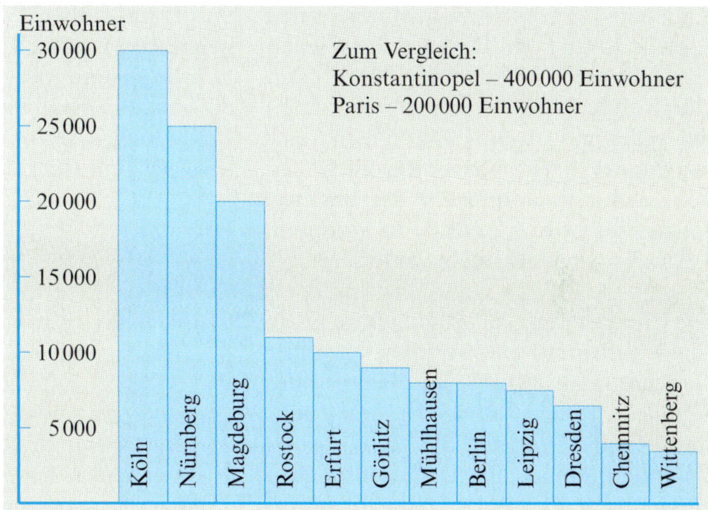

B3 Einwohner deutscher Städte um 1500

ARBEITSAUFTRÄGE

1. Erläutere, welche Voraussetzungen für die Entstehung von Städten in B 1 dargestellt sind.
2. Betrachte B 2. Wo könnte der Markt gewesen sein?
3. Ermittle die heutigen Einwohnerzahlen der Städte aus B 3 mithilfe eines Lexikons. Stelle sie in einem ähnlichen Diagramm dar. Vergleiche die Reihenfolge damals und heute.
4. Überlege: Wie hätte die Ausbreitung der Pest verhindert werden können, wenn man deren Ursachen gekannt hätte?

5. Städte – Gemeinschaften von Freien

Städte waren dort entstanden, wo sich Handwerker und Kaufleute niederließen. Ihr Zusammenleben erhielt Regeln, die sich immer mehr von denen der ländlichen Bevölkerung unterschieden. Worin bestand die städtische Ordnung?

Kaufleute und Handwerker vereinigen sich – Die Kaufleute handelten auf dem Markt ihrer Stadt, aber auch in anderen Orten. Was aber konnten sie tun, um einen friedlichen Handel und damit ein einträgliches Geschäft zu sichern?

Reisen zu entfernten Märkten waren gefährlich. Da sich bei Überfällen die Kaufleute gemeinsam besser verteidigen konnten, bildeten sie Fahrgenossenschaften. Daraus entstanden Vereinigungen der Kaufleute einer Stadt, die **Gilden**. Die Kaufleute schlossen sich durch einen Schwur zusammen. Dann stellten sie ein Kaufmannsrecht für ihren Markt auf. Die Kaufleute der Gilde unterstützten sich gegenseitig, wenn es auf einem fremden Markt Streit gab. Sie verpflichteten sich auch, die Interessen der anderen Kaufleute bei Abwesenheit zu vertreten, z. B. bei einer Marktrechtsänderung.

Die Handwerker der Stadt lernten von den Kaufleuten. Die Vertreter einzelner Gewerbe, also z. B. Weber, Töpfer oder Schmiede, vereinigten sich zu einer **Zunft**. Ihre Mitglieder gingen die Verpflichtung ein, sich in Notsituationen gegenseitig zu unterstützen. Die Witwe eines Handwerkers konnte mithilfe eines erfahrenen Gesellen das Geschäft ihres Mannes weiterführen; sie war dann selbst Meisterin. In **Zunftordnungen** wurde festgelegt: der Preis der Produkte, ihre Maße und zu verwendenden Rohstoffe, die Zahl der Lehrlinge und Gesellen eines Meisters, deren Arbeitszeit und Lohn sowie die Höchstmenge, die ein Handwerker produzieren durfte, um nicht den anderen die Kunden wegzunehmen. Seit dem 12. Jahrhundert musste dann jeder Handwerker in der Stadt Mitglied einer Zunft sein.

„Stadtluft macht frei …“ – Um Stadt zu werden, musste eine Siedlung von ihrem Herrn Selbstständigkeit erhalten. Auf welchem Weg und mit welchen Mitteln wurde eine Siedlung zur „Stadt“?

Wie die Gilden schützten sich die Bewohner der Siedlung gegen Übergriffe der Adligen und sorgten für Frieden. So entstand eine Gemeinschaft der Bürger, die dem Stadtherrn als Partner gegenübertrat. Diese Gemeinschaft erhielt von ihm bald das Recht, die **Marktordnung** der Stadt zu bestimmen und die Gerichtsbarkeit auszuüben. Die Verwaltung der Siedlung und späteren Stadt wurde von **Schöffen** ausgeübt. Dieses Amt war den reichen Bürgern vorbehalten.
Bürger waren nur die wirtschaftlich selbstständigen Bewohner, die Händler und Handwerker. Vom Bürgerrecht ausgeschlossen waren Mägde, Gesellen, Lehrlinge und die Armen. Aber auch die Angehörigen aller nichtchristlichen Religionen, wie zum Beispiel die Juden, besaßen kein Bürgerrecht.

Mittelalterliche Handwerkerin, Hafnerin (= Töpferin). Illustration um 1450

E1 *Uns wird erzählt*

Ein Lehrling

Ich bin Siegfried und 18 Jahre alt. Vor vier Jahren wurde ich Lehrling beim Böttchermeister Neuhäuser. Ich war ziemlich aufgeregt, als ich damals vor die Meister der Böttcherzunft trat und schwören musste, Meister Neuhäuser ehrlich, fleißig und fromm zu dienen. Da mein Vater nachweisen konnte, dass ich ein Kind freier Eltern und von keinem Menschen abhängig war, erhob keiner der versammelten Meister Einspruch gegen meine Aufnahme als Lehrling. Nun begann eine harte Zeit. Nicht umsonst gibt es den Spruch „Lehrjahre sind keine Herrenjahre“! Vom Meister Neuhäuser lernte ich alles, was man als Böttcher wissen und können muss. Ich habe ihm immer treu gedient und alles getan, was er von mir verlangte. Letzte Woche gab ich mein Gesellenstück ab, das erste von mir ganz allein hergestellte Fass. Heute nun sagten alle Meister der Zunft, dass mein Fass ohne Fehl und Tadel sei. Jetzt bin ich Geselle. Ich könnte nach drei Jahren Meister werden und eine eigene Werkstatt eröffnen! Die Zunftordnung legt aber fest, dass sich in unserer Stadt nur sechs Böttcher niederlassen dürfen. Ich wäre der siebente …

In der Stadt konnte ein einzelner Bürger nur von den anderen Bürgern, nicht aber vom Stadtherrn begünstigt oder bestraft werden. So kam es dazu, dass auch ein Höriger nicht mehr von seinem Grundherrn abhängig war, wenn er ein Jahr lang in einer Stadt gelebt hatte. Er hatte dann persönliche Freiheit erlangt. Für ihn galt der Grundsatz **„Stadtluft macht frei“**.

Viele Menschen nutzten diese Chance. Sie verließen ihre Dörfer, um in der Stadt ein neues Leben zu beginnen. Doch wer innerhalb eines Jahres dort aufgefunden wurde, musste in sein Dorf zurückkehren. Oft geschah das, weil der Grundherr gleichzeitig auch der Stadtherr war.

Ausgrenzung einer Minderheit – Juden lebten schon seit Jahrhunderten wie alle anderen Bewohner in den Städten: Sie waren an der Verteidigung der Stadt beteiligt, besaßen eigene Häuser, trieben erfolgreich Handel und waren nicht selten vermögend. Viele Juden waren auch sehr gebildet. Dennoch wurde ihnen das Bürgerrecht versagt, weil sie eine eigene Religion hatten und in eigenen Gotteshäusern, den Synagogen, beteten.

Lange Zeit hatten Juden und Christen in den Städten friedlich miteinander gelebt. Das änderte sich jedoch Ende des 11. Jahrhunderts, als religiöse Fanatiker unter den Christen die Juden wegen ihres Glaubens unterdrückten und verfolgten. In vielen Städten kam es immer wieder zu schweren Ausschreitungen gegen Juden, zu **Judenpogromen**: Ihre Häuser wurden geplündert und niedergebrannt, viele Juden wurden umgebracht.
Die Juden wurden nun von allen öffentlichen Ämtern und von vielen Berufen ausgeschlossen, besonders von den Handwerksberufen. Wohnen durften sie meist nur noch in besonderen Stadtvierteln, in den **Ghettos**. e/3

Marktkreuz: Zeichen für das Marktrecht. Trier, 10. Jahrhundert

ARBEITSAUFTRÄGE

1. Beschreibe mit E 1, wie Handwerker ausgebildet wurden. Überlege, wie Siegfried eine Meisterstelle und eine eigene Werkstatt bekommen könnte.
2. Beschreibe und vergleiche die in B 2 dargestellten Wohnungen und die Kleidung der Menschen. Suche Bilder in Zeitschriften, die typisch für heutige Bevölkerungsgruppen sind.
3. Was weißt du über die Verfolgung von Juden in Deutschland? Suche in der Schul- oder Stadtbibliothek nach Büchern dazu.

B 2 Großkaufleute, Handwerker und Arme. Gemälde von Jean Bourdichon, 1480

6. Die Herrschaft in der Stadt ist umstritten

Stadtherr und Stadtrecht – Wenn ein Grundherr eine Siedlung zur Stadt werden ließ oder eine Stadt neu gründete, wollte er auch weiterhin Rechte in der Stadt haben. Zur Kontrolle der Bürger wurde ein **Vogt** eingesetzt. Der Stadtherr überließ die Verwaltung bald den angesehensten Bürgern. Ab dem 12. Jahrhundert waren sie meist in einem **Rat** tätig. Der Rat regelte alle städtischen Angelegenheiten. Er bestand aus 12 oder 24 gleichberechtigten Mitgliedern. Ihr Sprecher war der **Bürgermeister**.

Die Rechte von Stadtherr und Bürgern waren im **Stadtrecht** festgelegt, z. B. Verteidigung der Stadt, Steueransprüche der Stadtherren, Verwendung der Steuern, Marktrecht, Aufnahme neuer Bürger und Gerichtsbarkeit. Es gab oft Streit zwischen Stadt und Stadtherrn. Die Städte schrieben deshalb ihre Rechte in **Rechtsbüchern** auf. Neuen Städten stellte der Stadtherr umfangreiche Urkunden aus. Weil Stadtrechte schwierig abzustimmen waren, wurde das Recht einer älteren Stadt als Vorlage genutzt. So wurde das Magdeburger Stadtrecht von 1188 von Brandenburg übernommen. Berlin erhielt um 1245 Brandenburger Recht und Frankfurt (Oder) 1253 Berliner Recht.

Konflikte unter den Bürgern – Nur wenige reiche Großkaufleute bildeten den Rat einer Stadt. Man nannte sie **Patrizier**. Sie allein kauften Land für die Stadt, trafen Abmachungen mit dem Stadtherrn, führten kleinere Kriege und erhoben Zölle und Steuern. Oft trieben sie Politik zum eigenen Vorteil. Damit waren andere Kaufleute und Handwerksmeister nicht einverstanden. Es kam immer wieder zu gewaltsamen Aufständen gegen die Stadträte. Frieden und Freiheit der Städte waren gefährdet, denn nur als Gemeinschaft konnten sich die Bürger gegen Angriffe anderer Städte oder Landesherren verteidigen. In einem Kompromiss erhielten schließlich die meisten Gruppen von Kaufleuten und Handwerkern Sitze im Stadtrat.

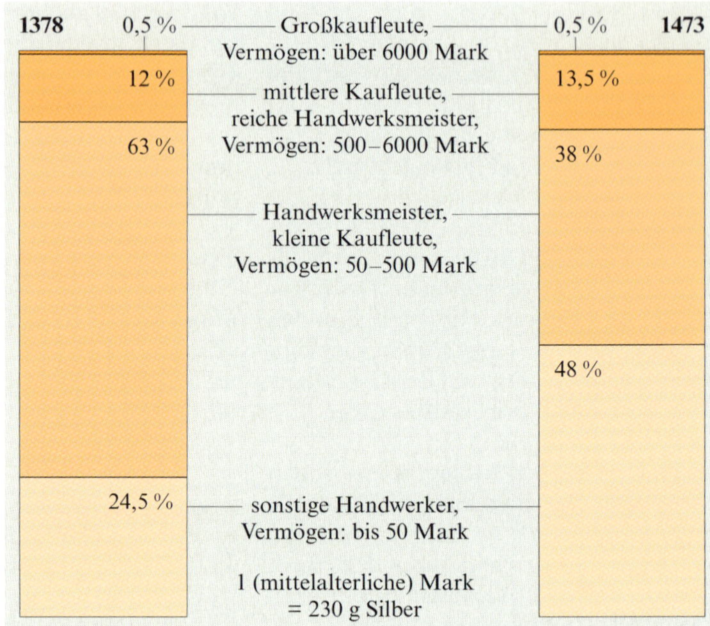

B1 Die Rostocker Bürgerschaft 1378 und 1473

B2 Vertreter Augsburger Zünfte fordern Mitwirkung im Rat. 16. Jh.

ARBEITSAUFTRÄGE

1. Vergleiche auf B1 die Rostocker Bürgerschaft in den Jahren 1378 und 1473. Was hat sich in den knapp 100 Jahren verändert?
2. Beschreibe B2. Achte besonders auf die Gegenstände und das Verhalten der Personen. Die Personen kennst du aus dem Text. Fasse zusammen.

Methodenseite: Arbeit mit mittelalterlichen Figuren

Vor dem Rathaus in Quedlinburg steht eine steinerne Figur, offenbar ein Ritter aus dem Mittelalter. Aber was bedeutet er? Warum stellten die Menschen damals eine solche Figur in ihrer Stadt auf?

Sehen wir genau hin. Ihre Größe, das verwendete Material, der Standort der Figur sind einfach festzustellen. Aber was nun? Wenn wir Einwohner fragen oder in einer Stadtgeschichte lesen, erfahren wir: Das ist der „Roland". – Roland war ein Gefolgsmann Kaiser Karls des Großen (um 800 n. Chr.). Er verkündete das Recht des Kaisers und starb im Kampf gegen dessen Feinde. Offenbar bedeutet der Name „Roland" also: Das Standbild hat etwas mit Kaiser und Reich zu tun. Auch in anderen Städten gibt es Rolandsfiguren, zum Beispiel in Bremen, Stendal, Brandenburg, Halberstadt und Zerbst.

Über Quedlinburg wissen wir mehr: Die Stadt wurde durch Handel und Handwerk wohlhabend und hatte starke Verbündete. Dem Rat der Stadt gelang es 1396, wichtige Rechte vom Landesherrn zu erwerben: etwa die „hohe Gerichtsbarkeit", das war das Recht, durch Gericht über Leben und Tod zu entscheiden, und das Marktrecht. Die Figur des „Roland" war also ein Gerichtszeichen. Sie wurde um 1460 errichtet. Der „Roland" war aber auch ein **Symbol** dafür, dass die Stadt Quedlinburg mächtig war und keinen Stadtherrn befragen musste. Quedlinburg war wie viele andere Städte auf dem Weg, freie Reichsstadt zu werden.

Immer wieder kam es zu Konflikten zwischen Städten und ihren Stadtherren. Als Quedlinburg 1477 von der Stadtherrin, der Äbtissin Hedwig von Sachsen, besiegt wurde, wurde der Roland, das Symbol der Rechtsfreiheit, als Zeichen der Niederlage umgestürzt und sein Wappenschild heruntergeschlagen. Erst im 19. Jahrhundert wurde er wieder aufgestellt.

B1 Das Rathaus von Quedlinburg

B2 Der Roland von Quedlinburg

WORAUF DU ACHTEN MUSST

1. Welche Einzelheiten siehst du bei der Betrachtung der Figur? Beschreibe die Person(en), ihr Aussehen und ihre Haltung.
2. Wer ist der Auftraggeber und an welchem Ort ist die Figur aufgestellt worden?
3. Wirkt die Figur lebensecht? Gibt es Einzelheiten, die eher einen Typ als einen bestimmten Menschen zeigen sollen?
4. Welche dieser Einzelheiten sind durch die Absicht des Auftraggebers zu erklären?

7. Städte – neue Machtzentren entstehen

Im späten Mittelalter gab es schon zahlreiche freie Städte. Wie konnten sich die Städte gegen Übergriffe von Adligen und Landesherren behaupten?

Städte verbünden sich – Im Mittelalter wurden Händler oder Städte oft von Raubrittern überfallen. Dies waren Adlige, die von ihren Burgen aus die Umgebung plünderten. Was konnten Städte dagegen unternehmen?

Viele Städte vereinigten sich zu **Städtebünden**. Sie schufen gemeinsame Bundesheere, um gegen die Friedensbrecher in die Schlacht zu ziehen. Die Bündnisse brandenburgischer Städte konnten in den Jahren 1321 und 1393 und der LAUSITZER STÄDTEBUND ab dem Jahr 1346 das Raubrittertum weitgehend unterbinden. Der SCHWÄBISCHE STÄDTEBUND (seit 1376) und der RHEINISCHE STÄDTEBUND (seit 1381) erlangten sogar Bedeutung in der Reichspolitik. Sie wollten die Interessen der Mitgliedsstädte gegenüber König und Kurfürsten vertreten. Zunächst kämpften beide Städtebünde mit Erfolg gegen die einzelnen Landesherren, die hohe Abgaben von den Städten forderten. Im Jahr 1389 aber wurde das vereinigte Bürgerheer beider Städtebünde von den Fürsten vernichtend geschlagen.

Aufgaben der Städte – Die Städte in Europa waren mächtig geworden. Doch gleichzeitig wurden sie große und lebendige kulturelle Mittelpunkte.
Die Kaufleute handelten in weit entfernten Gebieten. Es war vorteilhaft, nicht für jeden Verkauf einen neuen Ort aufsuchen zu müssen. Deshalb trafen sie sich zu festen Zeiten an einem Ort und veranstalteten **Messen** (= Jahrmärkte). Deutsche Messeorte, darunter Frankfurt an der Oder, Erfurt und Naumburg, hatten bis zum 14. Jahrhundert nur Bedeutung für ihre Umgebung. Doch die großen Messezentren in Norditalien, Flandern und Frankreich wurden von vielen Kaufleuten besucht. Im Jahr 1497 bestimmte Kaiser Maximilian I. LEIPZIG zum einzigen Messeort Mitteldeutschlands.

Auch Gelehrte waren an einer Verbreitung ihrer Erkenntnisse interessiert. Deshalb unterrichteten sie jeweils für einige Jahre Studenten in **Universitäten**. Der lateinische Begriff „universitas" bedeutet „Gemeinschaft" und bezeichnete die Gruppe der Lehrenden und Lernenden. Die ersten europäischen Universitäten entstanden im 12. Jahrhundert in Paris, Bologna und Salerno. Kaiser Karl IV.

B 1 Adlige treiben geraubtes Vieh weg.

B 2 Ein Gelehrter mit seinen Studenten

gründete im Jahr 1348 in PRAG die erste Universität im deutschen Reich. Diesem Beispiel folgten Wien (1365), Heidelberg (1386), Köln (1388), Erfurt (1392), Leipzig (1409) und Rostock (1419).

Eine Gilde wird Städtebund – Um das Jahr 1160 schlossen sich west- und norddeutsche Großkaufleute, die regelmäßig die Ostseeinsel GOTLAND anfuhren, zu einer Vereinigung zusammen. Da die Gilden im norddeutschen Raum Hansen (= Genossenschaften) genannt wurden, lag der Name der neuen Gemeinschaft nahe: die **Hanse**. Kaufleute aus neu gegründeten Ostseestädten schlossen sich während des 13. Jahrhunderts der Hanse an. Da die Großkaufleute als einflussreiche Patrizier die Politik ihrer Städte bestimmten, wurde aus der Hanse im 14. Jahrhundert ein neuer Städtebund.

Die Hanse betrieb Handel zwischen England, Flandern, Deutschland, den skandinavischen Ländern und Polen, Litauen und Russland. Durch ihre wirtschaftliche Kraft wurde die Hanse zur führenden Handelsmacht im Ostseeraum. Neben den Hansestädten gab es viele Umschlagplätze, die **Kontore**, zwischen London und Nowgorod. Im Jahr 1370 musste sich sogar das dänische Königreich nach langem Krieg der Hanse geschlagen geben. Die Mitgliedschaft in der Hanse versprach ein so hohes Maß an Sicherheit und Ansehen, dass der Beitritt sogar für Städte attraktiv wurde, die sich nicht dem Ost- und Nordseehandel widmeten. Im 16. Jahrhundert begann der Niedergang der Hanse. Die letzte Zusammenkunft von Vertretern der Mitgliedsstädte fand im Jahr 1669 statt.

Kogge, typisches Handelsschiff des Mittelalters. 13. Jahrhundert

ARBEITSAUFTRÄGE

1. Schreibe eine Geschichte zu B 1: Die Personen auf dem Bild machen später Rast. Sie sitzen zusammen und besprechen die nächsten Tage …
2. Beschreibe B 2. Was sagt die Kleidung der Studenten über ihre Herkunft aus? Vergleiche die „Universität“ auf dem Bild mit einer Schule.
3. Betrachte K 3. Stelle Waren zusammen, die in Hansestädten gehandelt wurden. Vergleiche mit einer heutigen Karte: In welchen Staaten liegen die damaligen Hansestädte? Ordne in einer Tabelle jedem Staat Hansestädte oder Kontore zu.

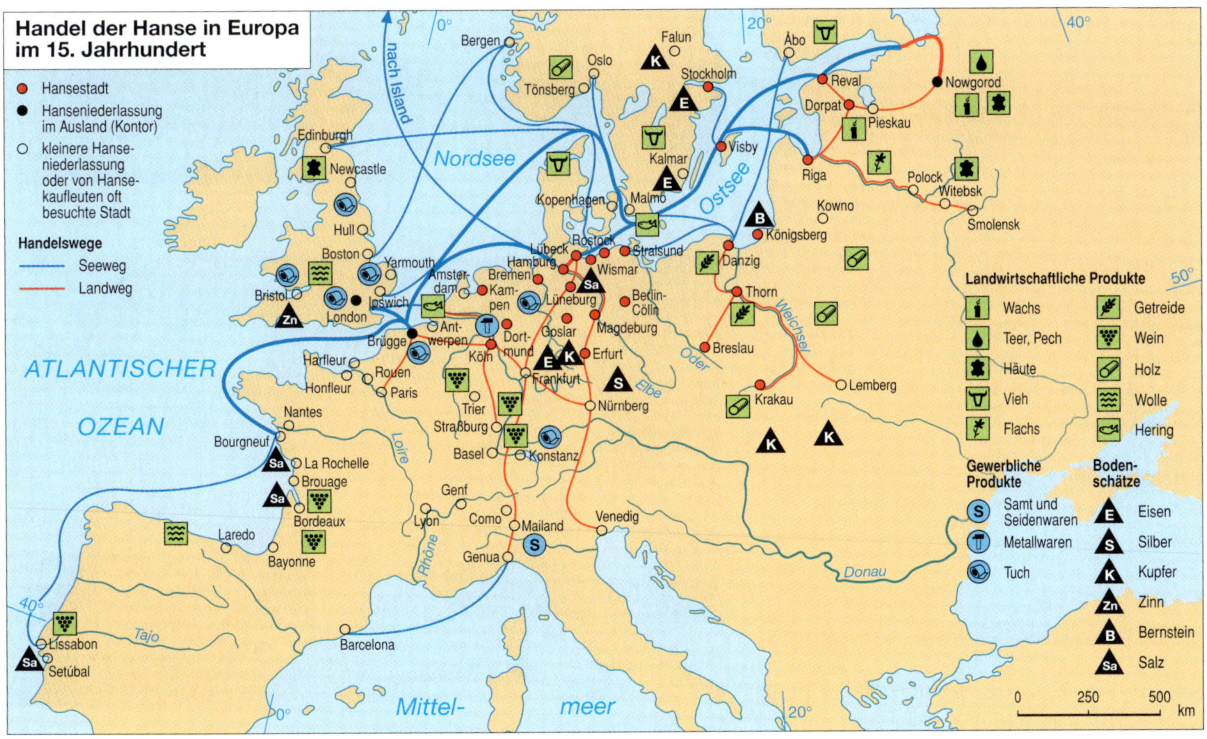

K 3

8. Menschen sind gottesfürchtig – die mittelalterliche Kirche

Wo Kirchen erbaut wurden, hoben sie sich mit großen Hallen und weithin sichtbaren Glockentürmen von ihrer Umgebung deutlich ab. Welche Bedeutung hatte die Kirche im Leben der Menschen?

Menschen gehen in ihre Kirche – Im Zusammenleben der mittelalterlichen Menschen war die Kirche der zentrale Ort. Das Leben der Christen wurde von den **Sakramenten** (lat.: Gnadenbezeugungen Gottes) begleitet.

Durch die **Taufe** wurde der Säugling in die Kirche aufgenommen. Ab dem siebten Lebensjahr konnte ein getaufter Mensch die **Firmung** erlangen. Dabei wurde er mit heiligem Öl gesalbt. Damit wurde ihm bestätigt, dass er gute und schlechte Dinge voneinander unterscheiden könne. Von nun war er als Christ für sein Handeln verantwortlich. Auch die **Ehe** war eine heilige Handlung, die durch den Priester geschlossen wurde.
Mindestens einmal pro Woche, am Sonntag, besuchte man den **Gottesdienst**, um unter Leitung des Priesters zu Gott zu beten. Hatte man etwas getan, was nach der Bibel nicht gottgefällig war, legte man eine **Beichte** ab: Man gestand dem Priester die begangenen Sünden. Er bestimmte, wie für das Fehlverhalten Buße zu tun war, damit es vergeben werden konnte.
Als letztes Sakrament erhielt ein Sterbender die Salbung mit heiligem Öl durch den Priester: Mit dieser **Letzten Ölung** wurden die Sünden vergeben und das Weiterleben nach dem Tod vorbereitet. Die Gräber lagen auf geweihtem Boden bei der Kirche.

Für gläubige Christen haben Kirche und Religion auch heute noch ganz ähnliche Bedeutung wie für die Menschen damals.

B1 Dom in Havelberg, Sachsen-Anhalt, früher Mark Brandenburg

B2 Kloster Zinna, Brandenburg

B3 Ruine des Franziskanerklosters in Berlin, Brüderstraße

ARBEITSAUFTRAG

Beschreibe die Lage der Kirchen, die in B1 bis B3 abgebildet sind.

Methodenseite: Arbeit mit historischen Bauwerken

Im Mittelalter war in der Regel die Kirche das größte Gebäude im Dorf oder in der Stadt.

Der Gottesdienst bestimmte den Alltag der Menschen. Als „Haus Gottes“ wurde eine Kirche prunkvoll ausgestattet und sollte die Häuser der Menschen überragen. Als Versammlungsort der Gemeinde hatte die Kirche eine weiträumige Halle. Die Menschen im Mittelalter nahmen stehend am Gottesdienst teil. Mit den Glocken im Kirchturm wurden sie aus der Umgebung zum Gottesdienst gerufen.

Durch ein oft mit Figuren geschmücktes Portal treten die Menschen in das Innere, das „Kirchenschiff“ oder „Langhaus“. Am Ostende des Langhauses steht der Hauptaltar mit dem Kreuz Jesu Christi. Die Worte an die Gemeinde, die Predigt, spricht der Priester oft von einer Kanzel aus.
Da die meisten Menschen im Mittelalter nicht lesen konnten, zeigten Bilder ihnen die Erzählungen der Bibel: in Glasfenstern, als Figuren und als Altarschmuck.

An großen Kirchen wurde sehr lange gebaut. Der „Dom“ ist eine Bischofskirche, das heißt, dass hier ein Bischof seinen Sitz hat. Domstädte sind der Herrschaftsmittelpunkt eines **Bistums** (Kirchenland). Daher zeigen Dome nicht nur die Verehrung Gottes, sondern auch die Macht der Kirche.

Im Mittelalter kannst du zwei **Baustile** (= Bauformen) unterscheiden: den Stil der **Romanik** mit runden Fensterbögen (11.–13. Jahrhundert) und den Stil der **Gotik** aus Frankreich mit hochstrebenden Bauten, spitzen Bögen und bunten Glasfenstern (13.–16. Jahrhundert). Viele Kirchen wurden in diesem damals modernen Stil neu gebaut. Andere, auch der Dom in Brandenburg, wurden gotisch umgebaut. Dennoch bleibt der Brandenburger Dom in seiner Wirkung romanisch.

B 1 Innenansicht des Brandenburger Doms

B 2 Romanischer Stil, Ende des 11. Jahrhunderts (links). Gotischer Stil, ca. 1250 (rechts)

WORAUF DU ACHTEN MUSST

1. Wer hat das Gebäude bauen lassen?
2. Wann wurde es gebaut?
3. Zu welchem Zweck wurde das Gebäude gebaut?
4. Welche besonderen Merkmale weist das Gebäude auf? Sind einzelne Teile besonders ausgestattet? In welchem Stil wurde es gebaut?

Priester als Vermittler – Im Mittelalter zählten die Priester zu den angesehensten Personen. Was verschaffte ihnen diese herausgehobene Stellung?

Die christliche Kirche legt Gebote für das Verhalten der Menschen fest. Sie sollen ein gottgefälliges Leben nach dem Vorbild Jesu Christi und seiner Jünger führen. Dieses Vorbild wird im Neuen Testament der Bibel umfassend beschrieben. Die meisten Menschen im Mittelalter konnten aber nicht lesen. Zudem war die Bibel in lateinischer Sprache verfasst. Die Christen lernten deshalb die göttlichen Gebote aus der Bibel nur kennen, wenn ein Priester sie übersetzte und erläuterte. Priester lernten Latein im Kloster. An sie wandten sich die Menschen mit Fragen. Die Priester waren für die Menschen Vermittler der Gebote Gottes.

Menschen haben Angst – Nach christlichem Glauben sollen die Menschen nach einem gottgefälligen Leben in das himmlische Gottesreich kommen. Wie beeinflusste diese Aussicht das Leben der Menschen im Mittelalter?

Die Menschen hatten Angst vor Krankheiten, Hungersnöten und Naturkatastrophen. Sie deuteten solche Gefahren für ihr Leben als Strafe Gottes für ihre Sünden: Ihr Leben war also noch nicht gottgefällig genug gewesen.
Erst recht hatten die Menschen große Angst vor der Zeit nach ihrem Tod. Im **Fegefeuer** sollten ihre Seelen Qualen für nicht gebüßte Sünden erleiden und von diesen Sünden gereinigt werden. Danach sollten sie den Tag des Jüngsten Gerichts erwarten, an dem die Toten auferstehen und von Gott gerichtet werden. Die Guten, Auserwählten, sollten dann in das immerwährende himmlische Reich des Friedens einziehen. Die Seelen gottloser Menschen aber sollten als Gefangene des Teufels, des Herrschers über die Verdammten, in die **Hölle** kommen. Diese Angst, zu den Verdammten zu gehören, ließ den Menschen keine Ruhe. Daher suchte man immer nach Wegen, sich Gott gegenüber zu beweisen, „gottgefällig“ zu sein.

B4 Bild des Fegefeuers. 13. Jahrhundert

B5 Bild der Hölle. 12. Jahrhundert

ARBEITSAUFTRAG

Betrachte B4 und B5. Welche Figuren kannst du erkennen? Erkläre mit eigenen Worten die Begriffe Fegefeuer und Hölle. Überlege, welche Ängste sich für die Menschen mit diesen Vorstellungen verbanden. Beschreibe, welche Auswirkungen das deiner Meinung nach auf ihr Leben hatte.

9. Das Kloster – Ort des Lebens für Gott

Die ersten Klöster wurden im 6. Jahrhundert n. Chr. gegründet. Der Name **„Kloster"** ist abgeleitet vom lateinischen Wort „claustrum" (das Abgeschlossene), denn das Gelände eines Klosters war von einer hohen Mauer umgeben. Weshalb wurden Klöster gegründet und wie lebten die Menschen dort?

Menschen entscheiden sich – Die Menschen des Mittelalters wollten aus tiefster Überzeugung ein gottgefälliges Leben führen. Die meisten Menschen lebten nach den Vorschriften der christlichen Kirche. Sie beteten, besuchten regelmäßig den Gottesdienst und beichteten ihre Sünden. Viele Menschen hatten aber eine strengere Anschauung vom gottgefälligen Leben. Sie wollten ihr ganzes Leben Gott weihen. Deshalb lebten sie ganz, wie es Jesus Christus nach dem Zeugnis der Bibel getan hatte. Sie versuchten sich in Armut und Gebet von allen Sünden zu befreien. Aus dem Alltag der Welt zogen sie sich zurück und traten in eine Klostergemeinschaft ein.

Klöster haben Schutzherren – Die ersten Klöster in Europa wurden im frühen Mittelalter von Wandermönchen in abgelegenen Gegenden erbaut. Doch ohne einen Schutzherrn konnten die Klöster nicht lange bestehen. Deshalb unterstellten sie sich den Königen und wurden **Reichsklöster**. Bald stellten auch Adlige Klöster unter ihren Schutz. Solche Klöster werden **Eigenklöster** genannt. Aus einem fremden Kloster wurden Mitglieder der Gemeinschaft für das neue Kloster ausgewählt. Der Adlige schenkte den Neuankömmlingen Land, das sie urbar machen mussten. Dann unterstützte er sie beim Bau ihrer Klosteranlage. Die Klostergemeinschaft musste im Gegenzug täglich für das Seelenheil des Gründers und seiner Familie beten. Einige Klöster dienten als Grabstätte der adligen Gründerfamilie. Die Markgrafen von Brandenburg fanden zum Beispiel ihre letzte Ruhe im Kloster Lehnin.

B1 Die Klosterkirche in Doberan heute

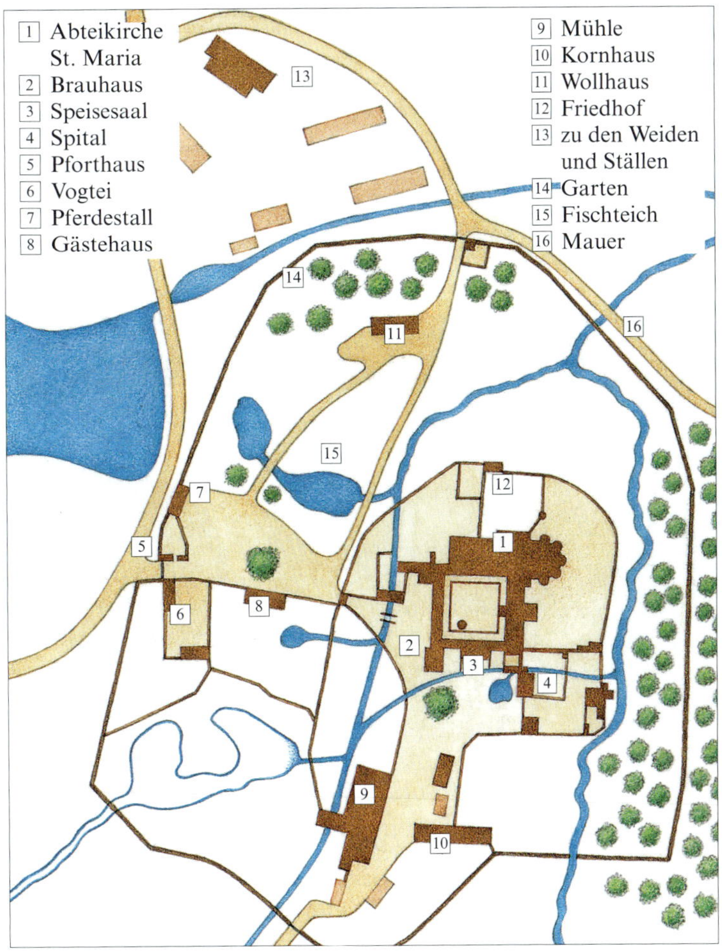

B2 Grundriss des Klosters Doberan um 1500

Das Kloster herrschte über sein Land und die dort lebenden Menschen. Doch die Mitglieder der Klostergemeinschaft durften als gottgeweihte Personen keine schweren Strafen verhängen, bei denen Blut floss. Deshalb bestimmten die Klosterherren einen Adligen, der als **Vogt** (= Gerichtsherr) für die Bestrafung schwerer Verbrechen zuständig war.

Klöster sind eigenständig – Die Klostergemeinschaft war auf ihre eigene Weise geordnet. Die Mitglieder der Gemeinschaft nannten sich **Nonnen** (lat.: ehrwürdige Mutter) oder **Mönche** (griech.: Einsiedler). In manchen Klöstern lebten über 100 Personen. Sie wählten einen **Abt** (hebr.: Vater) oder eine **Äbtissin** als Oberhaupt.

Innerhalb der Klostermauern befand sich fast alles, was die Bewohnerinnen oder Bewohner für ihr Leben benötigten: Unterkünfte, Werkstätten, Vorratsräume, Gärten, Ställe, Viehweiden und selbst ein Friedhof für die Verstorbenen. Klöster besaßen auch Land außerhalb der Klostermauern. Diese Ländereien wurden von Bauern bewirtschaftet, die dafür an das Kloster Abgaben leisteten.

B3 Seite aus einem Evangeliar, einer Abschrift der antiken Berichte über das Leben Jesu Christi. Es wurde in einem Kloster angefertigt und gehörte Heinrich dem Löwen.

Klöster sind Zentren der Fürsorge – Nonnen und Mönche wollten dem Vorbild Jesu Christi folgen. Dies hieß für sie auch, Nächstenliebe zu üben und ihren Besitz mit den Armen zu teilen. In den großen Klöstern gab es daher Armenhäuser oder Hospitäler. Denn wenn die Menschen im Mittelalter Not litten, mussten sie als Arme um Hilfe bitten oder betteln. Im Kloster bekamen Hilfsbedürftige etwas zu essen oder Kleidung. Auch Kranke wurden hier mit Medikamenten versorgt oder gepflegt.

Klöster sind kulturelle Zentren – Für die Christen und die Anhänger anderer Religionen hat Gott die Welt erschaffen. Nonnen und Mönche wollten daher ihr Wissen über die göttliche Schöpfung durch Studium verbessern. So waren sie bestrebt, möglichst alle wichtigen Bücher in ihrer **Klosterbibliothek** zu sammeln. Aber der Buchdruck war noch unbekannt. Deshalb liehen sich Nonnen oder Mönche Bücher aus anderen Klöstern aus und schrieben sie ab.

Die Voraussetzung dafür war natürlich, dass die Nonnen oder Mönche sehr gut lesen und schreiben konnten. Auch das war im Mittelalter nicht selbstverständlich. Die Klöster selbst waren die Orte, wo Menschen schreiben und lesen lernten – sie waren die Schulen des Mittel-

B4 Nonnen bei der Krankenpflege

alters. Ohne die Arbeit der Nonnen und Mönche wären viele antike und mittelalterliche Bücher im Laufe der Zeit verloren gegangen.
Ein Anliegen der Klöster war auch, die Ereignisse ihres Alltags aufzuschreiben und so festzuhalten. Sie führten **Klosterchroniken**. Unser heutiges Wissen über das Mittelalter stammt zu einem großen Teil aus solchen Aufzeichnungen der Klöster.

Die Zeit im Kloster – Nonnen oder Mönche hatten kein persönliches Eigentum mehr. Bei ihrem Eintritt in das Kloster gaben sie den Besitz an die Gemeinschaft ab. Sie verpflichteten sich dem Abt oder der Äbtissin gegenüber zu Gehorsam. Alle mussten eine strenge **Klosterordnung** einhalten, die den Tagesablauf regelte. Beispielsweise war festgelegt, dass stets gemeinsam gegessen wurde. Brot diente als Hauptnahrungsmittel, Fleisch war dagegen nur an Festtagen erlaubt. Während der Mahlzeiten mussten sie schweigen, um einem Mitglied ihrer Gemeinschaft zuzuhören, das ihnen Abschnitte aus der Bibel vorlas. Auch im gemeinsamen Schlafsaal waren Gespräche untereinander nicht gestattet.

Klöster suchen den richtigen Weg – Die Klöster gehörten verschiedenen **Orden** mit unterschiedlichen Vorstellungen von der richtigen Klosterordnung an. Der älteste Orden waren die BENEDIKTINER, gegründet von BENEDIKT VON NURSIA (ca. 480–560 n. Chr.). Benedikt schrieb ein Leben in Armut, Arbeit und religiöser Übung vor. Doch die Klöster wurden durch Schenkungen immer reicher. Im Kloster CLUNY in Frankreich wurde daher im 11. Jahrhundert diese Klosterordnung reformiert. Benedikts Grundsatz „Bete und arbeite!" wurde wieder durchgesetzt. Gegen Ende des 11. Jahrhunderts wurde im Kloster CÎTEAUX in Frankreich der Orden der ZISTERZIENSER mit dem gleichen Grundsatz gegründet. Sie ließen sich meist in unwirtlichen Gegenden nieder. Allein im heutigen Land Brandenburg gründeten sie sechs Männer- und vierzehn Frauenklöster.

Im 13. Jahrhundert folgten die **Bettelorden** der Franziskaner und Dominikaner. Sie lebten allein von den Spenden der Menschen und ließen sich in Städten nieder. Sie waren als Prediger und als Krankenpflegerinnen in der Stadt tätig. ⓘ/4

B 5 Tätigkeiten von Nonnen und Mönchen

ARBEITSAUFTRÄGE

1. Vergleiche B 1 mit B 2 und zeige auf der Karte, wo der Fotograf gestanden hat.
2. Überlege mithilfe von B 2, welchen Weg ein Mönch am besten wählen sollte, um Novizen das Kloster zu erklären. Schreibe die Stationen und die Erklärungen auf.
3. Betrachte B 3 und beschreibe, wie ein Mönch vorgehen musste, um ein weiteres Exemplar dieser Seite anzufertigen.
4. Beschreibe B 4. Überlege, welche Einstellung der Nonnen zu Kranken deutlich wird.
5. Beschreibe mithilfe von B 5 den Tagesablauf in einem Kloster. Ordne die Abbildungen den Tageszeiten zu.
6. Schreibe in einer Tabelle auf, was du den Tag über machst, und vergleiche mit dem Tagesablauf im Kloster.

10. Die Burg – Zentrum der Herrschaft

Über Herzog Friedrich II. von Schwaben (1105–1147) sagt der Geschichtsschreiber und Bischof OTTO VON FREISING: „Immer, wenn er am Rhein entlangzog, errichtete er bald an einem geeigneten Platz eine Burg, sodass man von ihm sprichwörtlich sagte: ‚Herzog Friedrich schleppt am Schweif seines Pferdes stets eine Burg hinter sich her.'" Noch heute prägen Burgen das Bild vieler Landschaften in Europa. Wozu dienten diese Bauwerke im Mittelalter?

Berg–Burg–Schloss – Schon in der Jungsteinzeit nutzten die Menschen Berge, um sich im Fall eines Angriffs von dort aus zu verteidigen. Man überblickte die Gegend gut und die Angreifer konnten sich bergauf nur langsam nähern.

Noch sicherer waren die Menschen, wenn sie auf dem Berg Palisaden (= Mauern aus Baumstämmen) errichteten. So entstanden **Fluchtburgen**. Die Menschen zogen sich bei Angriffen dorthin zurück und verließen die Burg wieder, wenn die Gefahr vorüber war. War kein Berg vorhanden, wurden die Burgen von Erdwällen und Wassergräben umgeben.

Der Adel griff auf diese Erfahrungen zurück, um sein Gebiet verteidigen und beherrschen zu können. König Heinrich I. ließ z. B. im 10. Jahrhundert entlang von Elbe und Saale Fluchtburgen errichten, in die sich die Bevölkerung bei Ungarneinfällen zurückziehen konnte.

Während des 11. Jahrhunderts entwickelten sich die **Burgen** zu ständigen Wohnsitzen der Adligen und zu Herrschaftszentren. Sie wurden unter der Leitung des Burgherrn von den abhängigen Bauern gebaut. Da sie nun aus Stein errichtet wurden, dauerte es bis zu sieben Jahre, bis der Burgherr dort wohnen konnte. Burgen wurden zum Zeichen adliger Herrschaft und waren in der Landschaft weithin sichtbar. Die Burgherren führten nun ihre Hauptburg im Namen.

Mit der Entwicklung des Schießpulvers und dem Einsatz von Kanonen verloren die Burgen im 15. Jahrhundert ihre Bedeutung als nahezu uneinnehmbare Bastionen. Sie wurden umgebaut, um ihren Herren mehr Bequemlichkeit bieten zu können. Aus Burgen wurden **Schlösser**, die vom Reichtum ihrer Besitzer zeugten.

B1 Die Wartburg bei Eisenach

Die Bewohner einer Burg – Die Burg war Wohnsitz des Burgherrn und seiner Familie. Doch konnten sie nur in Sicherheit und Wohlstand leben, weil viele Menschen auf der Burg für sie arbeiteten.

Für die Bewachung und Verteidigung verantwortlich war die **Burgbesatzung**. Diese Kriegsleute begleiteten ihren Herrn auch, wenn er die Burg verließ. Dies tat er zum Beispiel, um sein Herrschaftsgebiet zu kontrollieren oder um es vor Feinden zu sichern. Oder der Burgherr reiste in fremdes Gebiet, etwa zu seinem Lehnsherrn oder zu befreundeten Adligen. Eine weitere Aufgabe der Kriegsleute bestand darin, von den Kaufleuten den **Zoll** einzutreiben, eine Abgabe für die Benutzung von Wegen und Brücken.

Neben den Kriegsleuten lebte das **Gesinde** auf einer Burg. Diese Frauen und Männer erledigten die täglich anfallenden Arbeiten. Sie bedienten die Familie ihres Herrn, stellten notwendige Werkzeuge her und kümmerten sich um die Verpflegung der Bewohnerinnen und Bewohner. Oft gab es einen **Geistlichen**, der regelmäßig Gottesdienste in der Burgkapelle abhielt und für den Burgherrn die Schreibarbeiten erledigte.

Auf der Burg herrschte **Burgfrieden**, der Streitigkeiten verbot. Am Tage kamen viele Menschen aus der Umgebung auf die Burg. Sie brachten Abgaben aus den Dörfern oder suchten ihren Herrn auf, um Streitfälle entscheiden zu lassen. Der Burgherr war auch der Richter des von ihm beherrschten Gebiets. i/5

ARBEITSAUFTRÄGE

1. Vergleiche B 1 und B 2. Überlege, welchem Zweck die einzelnen Teile der Burg in B 1 gedient haben.
2. Beschreibe mithilfe von B 2 den Bau einer Burg und den Alltag verschiedener Bewohner. Überlege, wie du bei einem Angriff auf die Burg ihre Verteidigung organisieren würdest.
3. Sammle Material über Burgen deiner Heimat und stelle es auf Plakaten vor. Überlege dann, worum sich ein Denkmalschützer auf der Burgruine kümmern müsste.

1 Burgtor mit Pechnasen
2 Torhaus mit Fallgitter
3 Innere Mauer
4 Wehrgang
5 Ställe und Wohnhaus der Burgbesatzung
6 Burghof
7 Bergfried
8 Palas
9 Kapelle
10 Brunnen

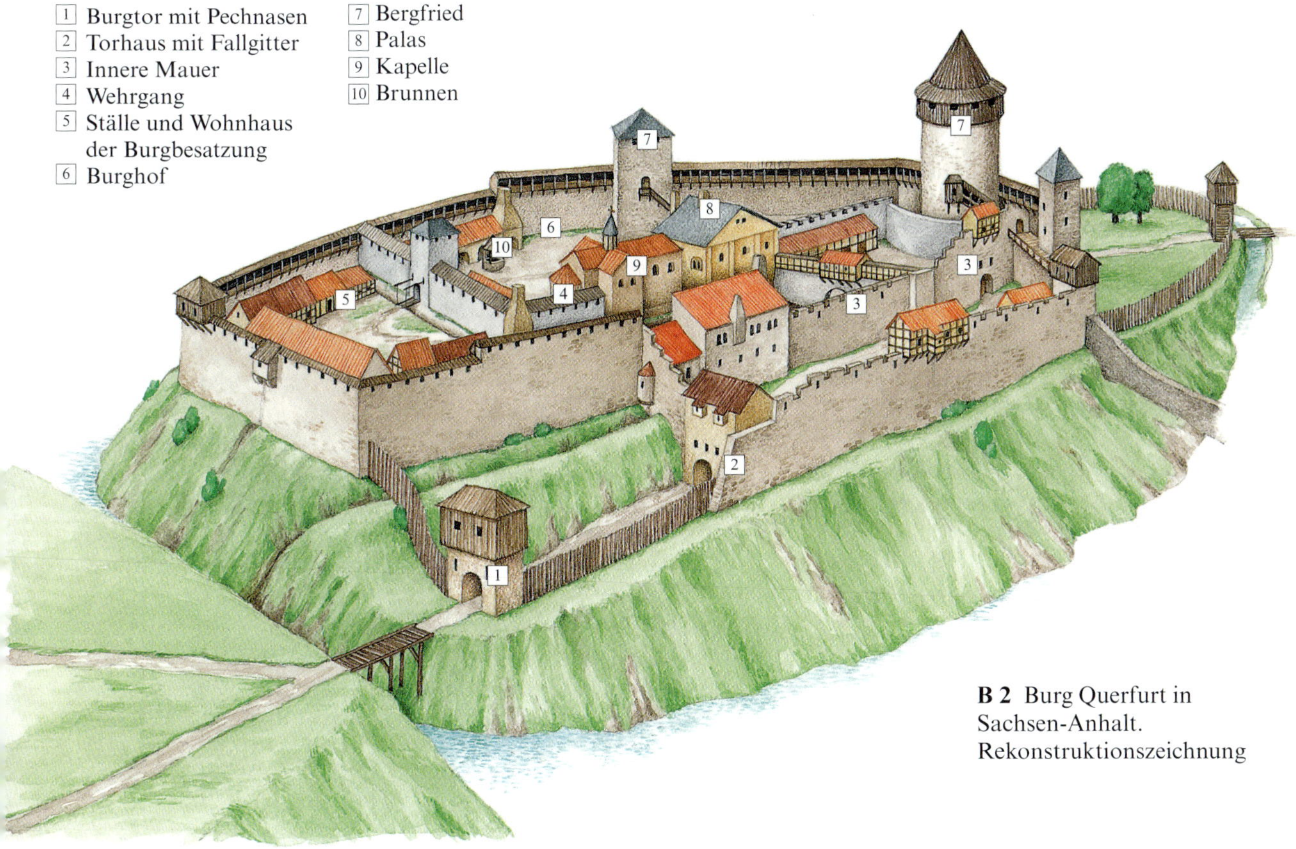

B 2 Burg Querfurt in Sachsen-Anhalt. Rekonstruktionszeichnung

11. Die Ritter – Alltag und Kultur auf der Burg

Viele heutige Redensarten haben ihren Ursprung im ritterlichen Leben. Wenn sich jemand für einen anderen einsetzt, sagt man, er „breche eine Lanze" für ihn. Verteidigt man sich in einer Diskussion erfolgreich, ohne den anderen zu beleidigen, dann „führt man eine saubere Klinge". Hat man sich gewissenhaft vorbereitet, ist man „gut gerüstet" und „sitzt fest im Sattel". Ist jemand weniger höflich, so führt er vielleicht „Böses im Schilde". Selbst die Bezeichnung „höflich" stammt aus dem Rittertum. Welche Bedeutung hatten diese Redensarten?

Festliche Kämpfe – Um ihr Ansehen unter den anderen Adligen zu vergrößern, waren die Fürsten bestrebt, Macht und Reichtum in ihrer Umgebung zu zeigen. Am eindrucksvollsten geschah dies, wenn sie auf ihren Burgen ritterliche **Turniere** veranstalteten. Dabei kämpften Kriegsleute, die man **Ritter** nannte, gegeneinander mit den gleichen Waffen wie im Krieg. Sie hatten ihre Rüstung angelegt und waren für den Kampf „gut gerüstet". Auf Pferden reitend kämpften sie mit Lanzen, Schwertern und anderen Waffen. Die Ritter mussten „fest im Sattel sitzen", um eine „saubere Klinge führen" und „eine Lanze brechen" zu können. Schutz bot ihnen ihr Schild, und wer unerlaubte Waffen dahinter verbarg, der „führte Böses im Schilde".

Die Ritter kämpften um eine ganz besondere Siegprämie – die Zuneigung einer von ihnen verehrten adligen Dame. Der Gewinner eines Turniers bekam den Siegerkranz von der Dame überreicht, für deren Ehre er gekämpft hatte. Natürlich vermehrte jeder Turniersieg das Ansehen eines Ritters. Er hatte ja Gefahren für Gesundheit und Leben erfolgreich gemeistert.
Das ritterliche Verhalten wurde die Lebenseinstellung aller Adligen. Deshalb beteiligten sich auch Fürsten und Könige ganz selbstverständlich an den Turnieren. Kaiser Friedrich Barbarossa beeindruckte im Jahr 1184 auf einem großen Turnier in Mainz die Zuschauer mit seinen Fähigkeiten. Er war damals bereits über 60 Jahre alt.

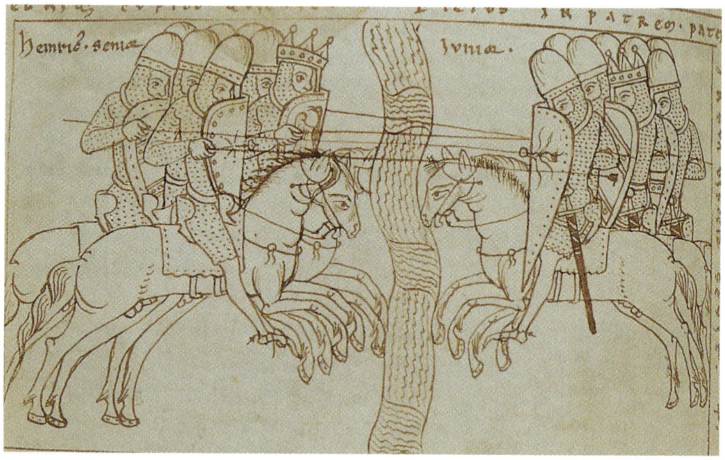

B1 Ritter im Krieg

E2 *Uns wird erzählt*

Page, Knappe, Ritter

Mein Name ist Wernher, ich bin 13 Jahre alt. Heute hat mein Bruder Giselher Schwertleite. Er bekam vom Priester feierlich sein Schwert überreicht und ist nun Ritter. Wenn ich doch auch schon 21 Jahre alt wäre! Seit meinem 7. Geburtstag bin ich Page und werde von meinem Vater ausgebildet. Von ihm lernte ich Reiten und Schwimmen, den Faustkampf, Bogenschießen und Vogelfallen aufzustellen. An meinem nächsten Geburtstag werde ich unsere Burg verlassen und Ritter Manfred auf der Burg Falkenstein als Knappe dienen. Er wird mich zu einem richtigen Ritter ausbilden. Von ihm werde ich erfahren, wie man mit Lanze, Schwert, Streitkolben und Streitaxt kämpft, aber auch wie man Schach spielt und tanzt. Ich werde lernen, mich manierlich am Hof eines Fürsten, eben „höflich", zu verhalten. Das alles wird sieben Jahre dauern! Vielleicht werde ich aber schon früher Ritter. Als Knappe muss ich Manfred ja auch in den Krieg begleiten. Wenn ich ihm dort in einer bedrohlichen Situation das Leben retten könnte, würde ich den Ritterschlag gleich auf dem Schlachtfeld bekommen. Als Ritter gehe ich dann auf Wanderschaft und suche mir einen Herrn, der mir ein Lehen und damit ein Zuhause gibt. Wenn es doch schon so weit wäre! Komisch ist nur, dass mich meine Mutter in letzter Zeit immer so sorgenvoll anschaut. Worüber macht sie sich wohl Gedanken?

Ritter als Dichter – Fürsten konnten sich aber auch hervortun, wenn sie berühmte Dichter auf ihrer Burg auftreten ließen.

Dichter nannte man **Sänger**, da die Dichtungen melodisch vorgetragen wurden. Nach damaliger Anschauung waren Sänger Ritter. Denn es gab drei ritterliche Tugenden: der Kampf für den Lehnsherrn als bewaffneter Reiter, die Verteidigung der christlichen Kirche und die Verehrung von Frauen. Die Ritterlichkeit zeigte sich also im Krieg oder beim Turnier – und eben in der Verehrung von Frauen in Gedichten. Diese Kunst nannte man **Minnesang** (= Liebesgedichte).

Berühmt war der Hof des Landgrafen Hermann I. von Thüringen (1190 bis 1217). Eines seiner Feste ging als „Sängerkrieg auf der Wartburg" in die Geschichte ein. Zu diesem Wettstreit hatten sich die bedeutendsten Dichter versammelt: Walther von der Vogelweide, Wolfram von Eschenbach, Heinrich von Ofterdingen, Heinrich Schreiber, Reimar Zweter und Biterolf. Bis heute erzählt eine Sage davon.

In einer Hinsicht wurde der Thüringer Landgraf jedoch von einem anderen Fürsten übertroffen. Markgraf Otto IV. von Brandenburg (1266–1308) feierte nicht nur ebenso bedeutende Feste, sondern ging selbst in die Geschichte der Dichtkunst ein. Bestandteil der berühmten Manessischen Liederhandschrift, die die deutschen Dichter des Mittelalters unsterblich machte, sind auch ein Bild und sieben Dichtungen dieses Markgrafen. e/6

B4 Szenen aus dem Leben eines Ritters

Q3 Minnelied eines unbekannten mittelalterlichen Sängers:

Dû bist mîn, ich bin dîn;
des solt dû gewis sîn;
dû bist beslozzen
in mînem herzen;
verlorn ist daz slüzzelîn:
dû muost immer drinne sîn.

(In: Des Minnesangs Frühling, neu bearbeitet von C. v. Kraus, 30. Aufl., Leipzig 1950, S. 1)

ARBEITSAUFTRÄGE

1. Schreibe anhand der Bilder B 1 und B 4 eine Geschichte über die Ritter. Diskutiert, welches die treffendste Überschrift für die Geschichte sein könnte.
2. Vergleiche die Erziehung zum Ritter in E 2 mit deiner heutigen Ausbildung. Überlege, worüber sich Wernhers Mutter ihre Gedanken machen könnte.
3. Versuche Q 3 zu verstehen und in unser Deutsch zu bringen. Nenne Unterschiede zwischen altem und heutigem Deutsch.
4. Beschreibe mithilfe von B 1 und B 4, worin sich das Leben eines Ritters von dem anderer Menschen unterschied.

12. Die Kreuzzüge – die Kirche führt Krieg

Im Investiturstreit wurde die Abhängigkeit der Kirche von weltlichen Herrschern beendet. Doch die Päpste beabsichtigten, die weltliche Gewalt nun umgekehrt der Kirche unterzuordnen. Wie sollte das gelingen?

Auf nach Jerusalem! – Wenn die Kirche sich über den weltlichen Adel erheben wollte, so musste der Papst auch auf militärischem Gebiet die Führung übernehmen. Doch nur weltliche Fürsten hatten das Recht, Waffen zu tragen und Kriege zu führen. Dieses Vorrecht war die Grundlage adligen Ansehens und ritterlichen Stolzes. Der Papst dagegen konnte als Oberhaupt der christlichen Kirche keine Rüstung anlegen oder selber ein Heer führen. Aber zu einem Feldzug aufrufen und ihn organisieren konnte er sehr wohl. Im Jahr 1095 rief URBAN II. den Adel Europas auf, die Stadt Jerusalem mit dem Heiligen Grab Jesu Christi in Palästina zu erobern. Der Kaiser von Byzanz hatte ihn um Waffenhilfe gegen seine moslemischen Nachbarn ersucht. Da es sich um einen Feldzug im Zeichen des christlichen Kreuzes handelte, wurde er **Kreuzzug** genannt.

Vor allem in Frankreich und Lothringen entschlossen sich Tausende Ritter, nach Palästina zu ziehen: Sie wollten sich vor Gott beweisen und damit ihr Seelenheil gewinnen. Aber es lockten auch irdische Güter. Die meisten Adelsfamilien hatten mehrere Söhne. Den Besitz erbte stets allein der Älteste. Die Jüngeren wurden nur mit einem kleinen Landgut ausgestattet. Dieser Kreuzzug bot dagegen die Chance, sich in der Fremde einen größeren Besitz zu erkämpfen. In Europa verurteilte die Kirche stets solche Eroberungen, jetzt rief sie sogar dazu auf.

Der 1. Kreuzzug – War es überhaupt möglich, ein ausreichend starkes Heer zu sammeln, es auf dem über 3000 km langen Marsch nach Palästina zu versorgen und das befestigte Jerusalem zu erobern? Im August 1096 brachen in Frankreich und Lothringen mehrere Heere auf. Im nächsten Frühjahr trafen sie in Palästina ein und eroberten die Küstengebiete. Die Kämpfe, Krankheiten und Hungersnöte forderten gewaltige Opfer. Als das christliche Heer im Juni 1099 endlich vor Jeru-

Q1 Christliche Geschichtsschreiber berichteten über die Eroberung Jerusalems:

Frauen, die in Palästen und Gebäuden Zuflucht gesucht hatten, machten sie nieder mit der Schärfe des Schwerts; Kinder, Säuglinge noch, traten sie mit dem flachen Fuß den Müttern von der Brust oder rissen sie aus den Wiegen, um sie sodann gegen Mauern oder Türschwellen zu schmettern und ihnen das Genick zu brechen; andere schlachteten sie mit den Waffen hin, wieder andere erschlugen sie mit Steinen.
Und es war nicht nur der Anblick der Leichen, der zerhackten, entstellten, verstümmelten, welcher dem Beschauer bange werden ließ; wahrhaft beklemmend wirkte auch das Bild der Sieger selbst, die vom Scheitel bis zur Sohle von Blute troffen, und ein Grauen packte alle, die ihnen begegneten.

(Albert von Aachen und Wilhelm von Tyrus. In: Hans Wollschläger: Die bewaffneten Wallfahrten nach Jerusalem, Diogenes, Zürich 1973, S. 38, 40)

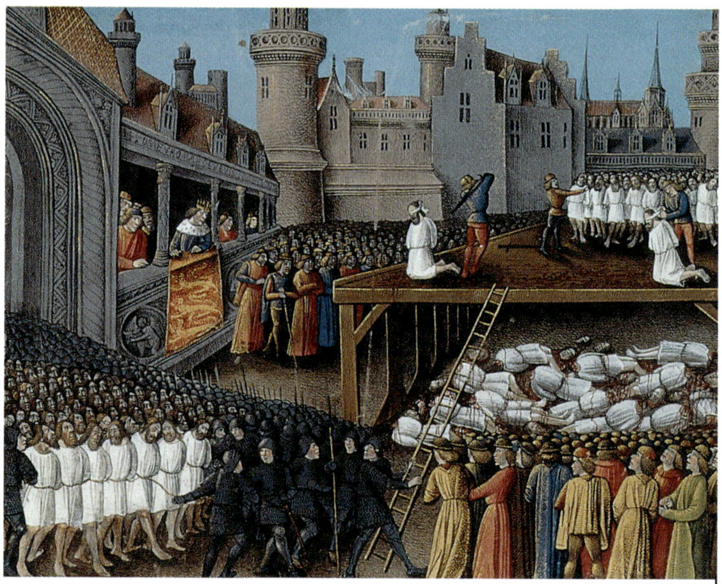

B2 König Richard Löwenherz von England bei der Hinrichtung von 3000 gefangenen Muslimen in Akkon 1191

salem stand, war es auf ein Zehntel seiner ursprünglichen Stärke zusammengeschmolzen. Trotzdem war das Heer noch stark genug, um die Heilige Stadt einzunehmen. Die Geschichtsschreiber berichten, dass an nur einem Tag über 60 000 Menschen von den Christen ermordet wurden. Die siegreichen Kreuzfahrer gründeten in den eroberten Gebieten Palästinas das KÖNIGREICH JERUSALEM und andere **Kreuzfahrerstaaten**.

Die Muslime wehren sich – Die Christen hatten viele islamische Heiligtümer besetzt. Die christlichen Eroberungen waren nur möglich gewesen, weil die islamischen Völker untereinander zerstritten waren. Die Unterdrückung ihrer Religion führte dann aber zur Vereinigung der arabischen Völker. Unter Führung der **Sultane** (= Herrscher) IMAD AD-DIN, NUR AD-DIN und SALAD AD-DIN unternahmen sie Feldzüge, die das Gebiet der Kreuzfahrerstaaten schnell schrumpfen ließen. Ohne weitere Kreuzzüge waren die christlichen Eroberungen in Palästina nicht zu halten.

Ein dunkles Kapitel – Im folgenden Jahrhundert kam es zu weiteren Kreuzzügen.

Palästina vom 11. bis zum 13. Jahrhundert

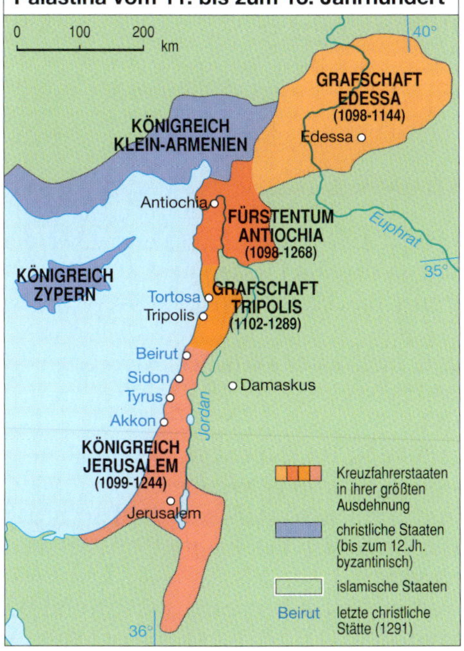

K3

Doch schon bald verloren die Kreuzfahrer ihr ursprüngliches Ziel, die „Befreiung des Heiligen Landes" aus den Augen. Kreuzzüge wurden mehr und mehr zu brutalen Plünderungszügen und Kirchenkriegen gegen die Feinde des Papstes. Der „Wille Gottes" war bloßer Vorwand. Der 4. Kreuzzug (1202–1204) etwa richtete sich ausschließlich gegen das christliche Byzanz, das 1204 geplündert und fast vollständig zerstört wurde.

Der „Kinderkreuzzug" – Der 4. Kreuzzug hatte das Vertrauen der Christenheit in die Kreuzfahrer schwer erschüttert.

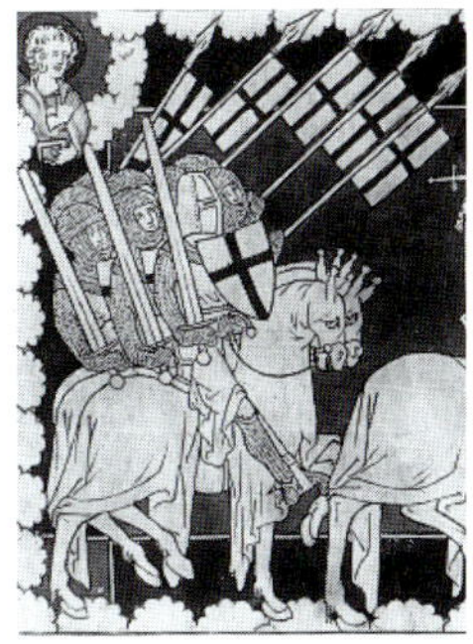

Kreuzritter. Buchmalerei, 13. Jahrhundert

B4 Jude und Araber beim Schachspiel

Q5 In Südfrankreich gab es Christen, die eine andere Vorstellung vom Christentum hatten als der Papst. 1204 schrieb Papst Innozenz III. an Abt Arnold von Cîteaux:

Für alle Gebiete, die mit dem Makel der Ketzerei befleckt sind, gewähren Wir Euch uneingeschränkte Vollmacht, zu zerstören, zu vertilgen und auszureißen, was Ihr als zerstörens-, vertilgens- und ausreißenswert erkennt, und zu bauen und zu pflanzen, was zu bauen und zu pflanzen sein wird. Wir wünschen, dass alle, die gegen die Ketzer gläubig zu Werke gehen, sich desselben Ablasses der Sündenstrafen erfreuen, wie Wir ihn jenen gewähren, die dem Heiligen Land zu Hilfe eilen.

(Brief Innocenz III. In: Hans Wollschläger: Die bewaffneten Wallfahrten gen Jerusalem, Diogenes, Zürich 1973, S.172)

Die Päpste kümmerten sich nicht mehr um das Schicksal Jerusalems, sondern riefen zu Kreuzzügen gegen ihre Feinde in Europa auf. Das einfache Volk hatte in vergangener Zeit begeistert sein weniges Geld für die Aufrüstung von Kreuzfahrerheeren gespendet. Wie reagierte es auf die veränderten Kreuzzugsziele?

Als zwei Jungen im Jahr 1212 in Frankreich und Deutschland zu einem Kreuzzug nach Jerusalem aufriefen, schlossen sich ihnen zehntausende Menschen, darunter viele Kinder, an. Sie waren befangen in dem Wahn, Jerusalem ohne Waffen, aber mit Unterstützung Gottes gegen die Muslime verteidigen zu können.

Zwei Kaufleute versprachen den Kreuzfahrern, sie auf ihren Schiffen nach Palästina zu fahren. In Wahrheit segelten sie jedoch nach Nordafrika und verkauften ihre Passagiere als Sklaven an den ägyptischen Sultan. Von den Zehntausenden, die ihre Heimat verlassen hatten, gelang nur sehr wenigen die Rückkehr.

Q 6 Treueschwur eines Ordensritters im 12. Jahrhundert:

Ich verspreche Jesus Christus, meinem Herrn, und seinem Stellvertreter, dem Papst und seinen Nachfolgern, beständigen Gehorsam und Treue. Ich schwöre, dass ich nicht nur mit dem Wort, sondern auch mit der Waffe und mit allen meinen Kräften den Glauben verteidigen werde. Ich verspreche ebenso, dem Hochmeister des Ordens untergeben und gehorsam zu sein. Ich gelobe, dass ich jedes Mal, wenn es notwendig ist, die Meere überqueren werde, um in den Kampf zu ziehen; dass ich Hilfe leisten werde gegen die ungläubigen Könige und Fürsten und dass ich vor drei Feinden niemals flüchten, sondern ihnen, wenn es Ungläubige sind, die Stirn bieten werde.

(In: Walter Zöllner: Die Geschichte der Kreuzzüge, Panorama, Wiesbaden 1989, S. 184. Bearbeitet)

Die Gründung von Ritterorden – Christen zogen nicht erst als bewaffnete Kreuzfahrer nach Palästina. Schon lange vor den Kreuzzügen hatten sie sich als **Pilger** (lat.: einsamer Wanderer) auf den Weg dorthin begeben, um an den heiligen Städten des Christentums zu beten. Im 11. Jahrhundert gründeten christliche Mönche in Palästina **Hospitäler** (lat.: Herbergen), um den Pilgern Unterkunft und Pflege auf ihrer Reise zu bieten. Wie verhielten sich die Kreuzritter gegenüber den Mönchen und Pilgern?

Nach Gründung der Kreuzfahrerstaaten traten viele Ritter in die Gemeinschaft dieser Mönche ein. Aus den Mönchsorden wurden so geistliche **Ritterorden**, die auch militärische Aufgaben wahrnahmen wie den Schutz von Pilgern. Die bedeutendsten Orden waren die JOHANNITER, die TEMPLER und der DEUTSCHE ORDEN. Jeder dieser Orden vereinigte ungefähr 450 Ritter und stand unter der Führung eines Hochmeisters. Neben den Rittern gab es viele Mönche, die die ursprüngliche Aufgabe der Krankenpflege erfüllten. Das große Hospital der Johanniter in Jerusalem hatte zum Beispiel Platz für 2000 Kranke. /7

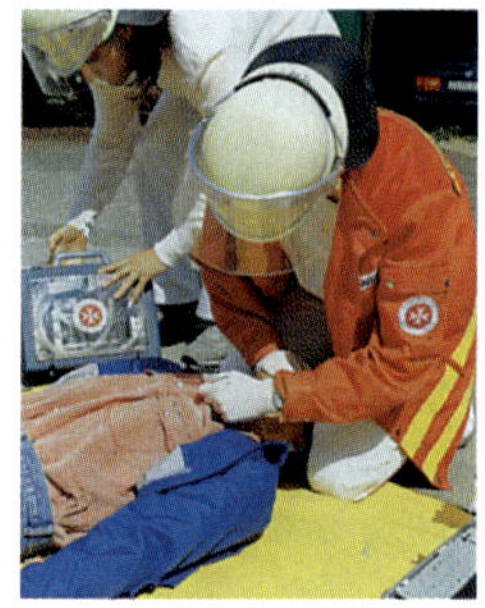

B 7 Die Johanniter gibt es noch heute – als Hilfsorganisation

ARBEITSAUFTRÄGE

1. Überlege mit Q 1, was ein Einwohner Jerusalems über die Christen und ihre Religion berichtet haben könnte.
2. Beschreibe B 2. Beurteile die Herrschaft der Kreuzfahrer. Vergleicht eure Ansichten.
3. Suche das Gebiet von K 3 auf einer aktuellen Weltkarte und nenne heutige Staaten. Betrachte K 3: Was geschah in den Jahren 1095–1291 dort?
4. Beschreibe die Darstellung in B 4. Überlege, welche Bedeutung das Schachspiel für die Europäer erlangte.
5. Lies Q 5 und erkläre mit eigenen Worten, was der Papst dem Abt gestattet. Überlege, ob es sich bei diesem Unternehmen um einen Kreuzzug handelt.
6. Gib Q 6 mit eigenen Worten wieder. Vergleiche mit Q 6 und B 7 die Aufgaben der Johanniter im 12. Jahrhundert und heute.

	Politik	Kultur	Alltag
1400			
	1356: Goldene Bulle		
	Städtebünde entstehen	1348: erste deutsche Universität in Prag	1348–1353: Pest
1300	1273: Wahl Rudolfs von Habsburg zum deutschen König, Hausmachtpolitik		
	1250–1273: Interregnum (dt.: königslose Zeit)	1224: Universität Neapel	
		Ausbreitung der Bettelorden: Franziskaner und Dominikaner	
1200	1196–1250: Friedrich II. in Sizilien		Dreifelderwirtschaft setzt sich durch
	Landesausbau, deutsche Ostsiedlung	erste schriftlich festgehaltene Stadtrechte	1160: Gründung der Hanse
	1122: Wormser Konkordat		1122: erstes Kloster der Zisterzienser im Deutschen Reich
1100	1096–1099: 1. Kreuzzug, Kreuzfahrerstaaten	Ritterturniere, Kultur der Ritter	nach 1100: Zünfte der Handwerker
	1075: Investiturstreit		
			erste Siedlungen mit Mauern aus Stein
1000			Gründung von Gilden der Kaufleute
	983: Slawenaufstand		
	962: Krönung Ottos I. zum Kaiser in Rom	„deutsche“ Sprache	Wike entstehen
	Reichskirchensystem		Burgen werden errichtet
900 n. Chr.	919: Wahl Heinrichs I. zum ostfränkischen König	910: Klosterreform von Cluny	

Zusammenfassung – das Mittelalter

König Otto I. stärkte im 10. Jahrhundert seine Macht mithilfe der Bischöfe durch das so genannte **Reichskirchensystem**. 962 wurde er in Rom zum Kaiser gekrönt. Zwischen dem deutschen Kaiser und dem Papst entstand ein Streit **(Investiturstreit)** darüber, wer Geistliche in ihr Amt einsetzen durfte. Eine Kirchenreform suchte den Einfluss der weltlichen Macht einzuschränken. Doch auch der Papst versuchte die geistliche Macht gegenüber der weltlichen Macht zu stärken. So wurden im Auftrag der Kirche nach 1096 **Kreuzzüge** zur Eroberung Jerusalems geführt.
Erst im Jahr 1122 beendete das **Wormser Konkordat** den Investiturstreit zwischen deutschem König und Papst mit einem Kompromiss.

Im 13. Jahrhundert dehnten die staufischen Kaiser ihre Herrschaft auf Sizilien aus. Dort entstand ein Staat mit festem Herrschersitz und Beamten. Die Königsgüter im Deutschen Reich aber nahmen einheimische Fürsten in Besitz. Die sieben mächtigsten von ihnen (Kurfürsten) erhielten mit der **Goldenen Bulle** 1357 das Recht, den König allein zu wählen.

Die deutschen Könige vergrößerten ihre Herrschaftsbereiche um slawische Gebiete jenseits der Elbe. Im 11. Jahrhundert führten sie Eroberungskriege in den slawischen Gebieten, seit dem 12. Jahrhundert wurden diese durch **Landesausbau** besiedelt.

Im Mittelalter gab es vier Lebensformen. In **Klöstern** wollten Nonnen und Mönche ein Leben nach dem Vorbild Jesu Christi führen. Adlige hatten auf **Burgen** ihren Wohn- und Herrschaftssitz. Klöster und Adlige besaßen das Land. Sie übten Grundherrschaft aus, indem sie es von abhängigen Bauern besiedeln ließen. Diese lebten in **Dörfern**. Aus Siedlungen von Kaufleuten und Handwerkern entwickelten sich **Städte**. Diese verbündeten sich oft gegen die Landesherren.

ARBEITSAUFTRÄGE

1. Im Mittelalter musste der König sich immer wieder gegen seine Vasallen durchsetzen. Schreibe einen Bericht: „Der König sichert seine Macht".
2. Suche Beispiele für Überreste aus dem Mittelalter in deiner Stadt: Gebäude, Mauerreste, Denkmäler, Straßennamen, Plätze …

ZUM WEITERLESEN

Duby, Georges: Die Ritter. Hanser, München/Wien 1999
Lützen, Hanna: Das Buch der Wunder, Arena, Würzburg 1999
Macdonald, Fiona: Eine Kathedrale im Mittelalter, Tessloff, Nürnberg 1992
Parigger, Harald: Der schwarze Mönch, dtv junior, München 1999
Scott, Walter: Ivenhoe, Diogenes, Zürich 1990
@/1 www.ottonenzeit.de/
@/2 mailbox.univie.ac.at/~kochr3/mendel/m_inh1.htm
@/3 www.sbg.ac.at/ges/people/janotta/sim/
@/4 www.orden-online.de
@/5 www.von-greifenstein.de
@/6 www.tempora-nostra.de/manesse/manesse_start.shtml
@/7 www.ikg.rt.bw.schule.de/virkla/names/schuels/deutsch/kreuzz/

Register

Glossar

Bischof – Der oberste Geistliche in einem Gebiet, das Bistum genannt wurde. Er beaufsichtigte das Leben in den Gemeinden. Die Priester waren ihm verantwortlich. Im Mittelalter waren viele Bischöfe im Deutschen Reich zugleich Fürsten. Sie waren Lehnsmänner des Kaisers und halfen das Reich zu verwalten.

Chronologie – Die Zeitrechnung und Zeiteinteilung (griech.: chronos = Zeit). Ereignisse der Geschichte können in eine chronologische Reihenfolge gebracht werden. Sie werden ihrer zeitlichen Abfolge nach geordnet. Wir zählen die Jahre der Vergangenheit nach der Geburt Jesu Christi. Sein Geburtsjahr ist für uns das Jahr 1.

Demokratie – Herrschaft des Volkes (griech.: demos = Volk). Die Athener benutzten diesen Begriff für ihr Zusammenleben. In der athenischen Volksversammlung hatten die Männer, die das Bürgerrecht besaßen, Stimmrecht. Die Volksversammlung entschied alle wichtigen politischen Angelegenheiten und hatte somit die Macht im Staat.

Diktator – Der Diktator war ein Beamter in der Römischen Republik. Im Fall einer Bedrohung des Staats konnte der Senat einen Mann zum Diktator ernennen. Er erhielt für ein halbes Jahr die gesamte Macht über alle Beamten und das Heer. Nach dem halben Jahr musste er die Macht wieder an den Senat und die Beamten abgeben. Sulla und Caesar setzten durch, dass sie zu „Diktatoren auf Dauer“ ernannt wurden. Darin sahen einige Römer jedoch einen Verstoß gegen die Gesetze der Republik.

Emanzipieren (lat.: aus der väterlichen Gewalt entlassen) – Der Mann war in Rom das Oberhaupt der Familie. Er musste die Familie beschützen und trug die Verantwortung. Er entschied, wann der Sohn heiraten durfte und ob ein Sklave freigelassen wurde. Der Vater konnte seine Frau, seine Kinder und seine Sklaven aus seiner Vormundschaft entlassen. Dann konnten sie über ihren Lebensweg und ihr Vermögen selbst verfügen.

Fürsten/Geistliche Fürsten – Bezeichnung für die Adligen eines Volkes oder Stammes. Im Mittelalter waren sie Lehnsmänner des Königs. Nur ausgewählte Fürsten des Deutschen Reichs hatten durch die Goldene Bulle seit dem Jahr 1356 das Recht, den König zu wählen. Sie wurden deshalb Kurfürsten genannt. Man unterscheidet weltliche Fürsten und geistliche Fürsten. Die weltlichen Fürsten waren Herzöge, die geistlichen Fürsten waren Bischöfe.

Gilde – Ein Zusammenschluss von Kaufleuten, die in einer Stadt wohnten. Um gemeinsam mehr Schutz auf Handelsfahrten zu anderen Märkten zu haben, schlossen sich Kaufleute zusammen. Sie bildeten eine Genossenschaft oder Schwurgemeinschaft.

Grafen – Beamte, die die fränkischen Könige eingesetzt hatten. Die Grafen waren Vertreter des Königs im Reich. Sie sorgten dafür, dass die königlichen Bestimmungen umgesetzt wurden, kontrollierten das Heereswesen und waren als Richter tätig. Später konnten Grafen ihr Amt und ihren Titel an Nachkommen vererben. Der Graf war damit ein Adliger.

Grundherrschaft – Ein Lehnsmann, der ein Gebiet erhalten hatte, übte die Grundherrschaft über Land und Leute aus. Er musste die Bauern beschützen und war ihr Richter. Die Bauern, die auf dem Land arbeiteten, waren abhängig oder hörig. Die Bauern bewirtschafteten das Land und mussten dem Herrn Dienste und Abgaben leisten.

Hanse – Sie entstand als Zusammenschluss deutscher Handelsstädte. Die Kaufleute dieser Städte gründeten Handelsniederlassungen vor allem an den Ostseeküsten. So konnten sie sich besser gegen Konkurrenten und Überfälle schützen. Die Mitgliedsstädte der Hanse bildeten schon bald einen Städtebund, der nun auch politisch geeint auftrat. Die Hanse führte z. B. Krieg gegen Dänemark und hatte nach militärischen Siegen Vorteile gegenüber fremden Kaufleuten.

Häuptling – So nennen wir das Oberhaupt oder den Anführer eines Stammes in der Frühgeschichte. Er war Richter über die anderen Stammesmitglieder und ihr oberster Kriegsherr. In der Bronzezeit trieben die Menschen verstärkt Handel. Dadurch gab es bald größere Rangunterschiede zwischen den Stammesmitgliedern. Die Häuptlinge wurden zu Fürsten.

Hausmeier – Die fränkischen Könige eroberten große Gebiete im Norden des Römischen Reichs. Sie konnten den eroberten Besitz nicht allein verwalten. Deshalb setzten sie die Hausmeier ein. Es konnte dann vorkommen, dass ein Hausmeier durch seinen Dienst genauso gut oder besser regieren konnte als der König. So wurde der Hausmeier Pippin seinem König überlegen. Pippin setzte den König ab und seine Familie, die Karolinger, wurden das neue Königsgeschlecht der Franken.

Herzog – Herzöge waren bei den Germanen Heerführer und Anführer ihres Stammes. Denn manchmal wählten die Germanen die militärisch erfolgreichen Krieger zu ihren Oberhäuptern. In der Zeit des Frankenreichs wurde dann das adlige Stammesoberhaupt Herzog genannt. Die Stämme des Frankenreichs, die Bayern, Schwaben, Sachsen, Franken, waren Herzogtümer.

Investitur – Wenn der König einen Geistlichen auswählte und ihn als Bischof einsetzte, sprach man von Investitur. Der König hatte ein Interesse daran, die Bischöfe selbst auszuwählen, weil er ihnen Land als Lehen gab. Der Bischof war dann ein Vasall des Königs und schuldete ihm Treue. Gleichzeitig sollte ein Bischof aber dem Papst in Rom unterstehen. Päpste und Könige gerieten somit in einen Streit um die Einsetzung der Bischöfe, den man Investiturstreit nennt.

Kaiser – Diesen Titel führten die römischen Herrscher seit Augustus. Dieser nannte sich Caesar Augustus, um damit zu zeigen, dass er ein Nachfolger von Julius Caesar war. Aus dem Titel Caesar wurde später die deutsche Bezeichnung Kaiser. Die Könige des Frankenreichs und des Deutschen Reichs im Mittelalter führten die Tradition des Römischen Reichs weiter. Sie ließen sich als Könige vom Papst zum Kaiser krönen.

Kirchenstaat – Der Karolinger Pippin schenkte 756 dem Papst Gebiete, die er von den Langobarden in Norditalien erobert hatte. Der Papst verfügte somit über einen eigenen Staat. Der Papst war nun Staatsmann und Oberhaupt der Katholischen Kirche in einer Person.

Kolonien – Niederlassungen, Ansiedlungen. Seit dem 8. Jahrhundert v. Chr. gründeten griechische Kaufleute außerhalb Griechenlands neue Städte. An den Küsten des Mittelmeers und des Schwarzen Meers entstanden zahlreiche Handelszentren als Tochterstädte. Auch aus der Stadt Rom zogen seit dem 3. Jahrhundert v. Chr. Bürger in Landesteile, die die Bundesgenossen in Italien abtreten mussten. Die Siedler erhielten Ackerland und gründeten neue Städte.

Konkordat – So nennt man Vereinbarungen und Verträge zwischen einem Staat und der Katholischen Kirche. Ihr Oberhaupt, der Papst in Rom, betrachtet die Kirche als unabhängige Institution, die über allen Staaten steht.

Konsul – Die Konsuln waren die obersten Magistrate Roms. Sie waren für ein Jahr gewählt. Sie hatten den Oberbefehl über das Heer und beriefen die Volksversammlung ein.

Kreuzzug – 1095 rief der Papst Christen zu Kriegszügen im Zeichen des Kreuzes auf, um die Herrschaft der Muslime in Jerusalem und Palästina zu beenden. Diese Christen wollten die Gebiete nicht von Andersgläubigen regieren lassen, da Jesus Christus dort gelebt und gelehrt hatte.

Kultur – Als Kultur bezeichnen wir all das, was die Menschen durch ihre Tätigkeit hervorgebracht haben. So zählen wir Werkzeuge, Gegenstände, Kleidung, aber auch Gesetze, Religion, Gedanken und Ideen zur Kultur. Die Art, in der Menschen ihr Zusammenleben regeln, ist Teil der Kultur. Da Menschen an verschiedenen Orten und zu verschiedenen Zeiten unterschiedlich lebten, sprechen wir von verschiedenen Kulturen.
Um 3000 v. Chr., am Ende der Steinzeit, begannen Völker in Mesopotamien ihre Lebensweise zu verändern. Die Menschen gingen verschiedenen Berufen (Arbeitsteilung) nach, lebten in Städten und machten ödes Land fruchtbar. Die Herrschaft durch Verwaltungsbeamte und Schrift waren wichtige neue Regeln für das Zusammenleben. Wir sprechen daher von den frühen Hochkulturen.

Landesausbau – So nennt man die Besiedlung neuen Landes in Europa zwischen dem 11. und 14. Jahrhundert. Fürsten und adlige Herren riefen Bauern auf, ödes und bis dahin ungenutztes Land fruchtbar zu machen. Denn es gab zu dieser Zeit noch große bewaldete Gebiete, die herrenlos waren. Deutsche Neusiedler vermischten sich so mit den schon ansässigen Bewohnern, z.B. Slawen, auch jenseits der Grenzen des Deutschen Reichs.

Lehnswesen/Feudalismus – Damit beschreibt man die Ordnung der Gesellschaft und Politik im Mittelalter. Weil der König nicht alle Gebiete seines Reichs allein verwalten konnte, vergab er kleinere Teile als Lehen des Reichs an adlige Herren zur Nutzung und Verwaltung. Diese leisteten ihm den Lehnseid und schuldeten ihm Treue. Die Ordnung des Zusammenlebens, der Staat, beruhte auf der persönlichen Bindung zwischen dem Lehnsmann und dem Lehnsherrn. Das persönliche Treueverhältnis zwischen ihnen musste immer wieder mit Leben erfüllt und bestätigt werden, damit die Macht des Königs in allen Teilen des Reichs durchgesetzt werden konnte.
Der adlige Lehnsmann übte eine Grundherrschaft über das jeweilige Land und die dort arbeitenden Bauern aus. Die Bauern waren von ihm abhängig und mussten Dienste und Abgaben leisten. Lehen fielen nach dem Tod des Lehnsmannes an den Herrn zurück.

Limes – Ein Wall mit Graben sicherte die Grenze des Römischen Reichs zu Germanien. Rhein und Donau boten als Flüsse und Grenzen natürlichen Schutz vor den Feinden. Die Lücke zwischen diesen beiden Flüssen schloss der Limes. Obwohl die Grenze befestigt und gut bewacht war, wurde sie von römischen und germanischen Händlern häufig überquert. Sie tauschten Waren und Produkte aus.

Magistrat – So nannten die Römer einen Beamten. Er sollte sein Amt nur ein Jahr ausüben. Vorher hatten etruskische Könige regiert und die Stadt verwaltet. Sie wurden aber von den Adligen Roms vertrieben. Weil die Adligen fürchteten, dass wieder ein Einzelner herrschen könnte, führten sie die jährlich wechselnden Magistrate ein. Es gab Magistrate für die Marktaufsicht und die Stadtpolizei, für die Staatskasse und für die Gerichte. Daneben gab es die obersten Magistrate, die Konsuln.

Monotheismus – Der Glaube an einen einzigen Gott. Die Sumerer, Ägypter, Griechen und Römer glaubten an viele Götter (=Polytheismus). Das Judentum, das Christentum und der Islam sind monotheistische Religionen. Die Anhänger dieser drei Religionen glauben nur an einen einzigen Gott, der Schöpfer aller Menschen ist. Mit der Ausbreitung von Islam, Christentum und Judentum wurde der Glaube an viele Götter und Göttinnen, die unterschiedliche Eigenschaften besitzen, verdrängt.

Orden – Mönche und Nonnen, die in Klöstern lebten, gehörten verschiedenen Orden an. Das waren Gemeinschaften, die eigene Regeln für ihr Klosterleben hatten. Der Franziskaner-Orden berief sich auf Franziskus von Assisi. Bevor man in einen Orden aufgenommen wurde, musste man das Gelübde des jeweiligen Ordens ablegen. Die Mönche und Nonnen gelobten vor allem, in Armut zu leben, nicht zu heiraten und Gehorsam zu üben.

Patrizier (zu lat. pater = Vater) – So wurden die Adligen und Wohlhabenden Roms bezeichnet. Sie entschieden über die Geschicke der Stadt, nachdem die Könige vertrieben worden waren. Ihre Machtstellung blieb der jeweiligen Familie immer erhalten. Auch im Mittelalter wurde dieser Begriff verwendet. Man bezeichnete damit nun aber Bürger (keine Adligen), die in den Städten durch Handel zu Reichtum, Wohlstand und Ansehen gekommen waren.

Pfalzen – Burganlagen der Könige im Mittelalter. Das Wort stammt aus dem Lateinischen und verweist auf „palatium", den Palast des römischen Kaisers in Rom. Die fränkischen und deutschen Könige hatten keinen festen Herrschaftssitz, von dem aus sie das Reich beherrschten. Sie reisten durch das Reich, um ihre Herrschaft auszuüben. Sie ließen deshalb Pfalzen im ganzen Reich bauen. Zu den Pfalzen gehörten Wirtschaftsgebäude und Ländereien, um den mitreisenden Hof stets versorgen zu können.

Pharao – So wurde der Herrscher im alten Ägypten genannt. Die Ägypter sahen in den Pharaonen den Gott Horus in Menschengestalt wiederkehren. So wurde der Pharao wie ein Gott geehrt.

Pilger (lat. peregrinus = der Fremde) – Als Pilger bezeichnet man einen frommen Menschen, der zu den Orten reist, die in seiner Religion eine große Bedeutung haben. Eine solche Reise nennt man Wallfahrt. Muslimische Pilger reisen nach Mekka, dem Geburtsort Muhammads, jüdische und christliche Pilger reisen u. a. nach Jerusalem, der Stadt, in der sich die Klagemauer befindet und in der Jesus Christus gekreuzigt und begraben wurde.

Plebejer – Angehörige des römischen Volkes, die nicht zum Adel gehörten. Sie hatten zunächst keinen Einfluss auf die Politik in Rom und Ehen mit Adligen waren ihnen verboten. Später erhielten die Plebejer mehr Rechte im Staat. Viele Plebejer, die zu Einfluss und Geld gekommen waren, konnten somit aufsteigen und mit den Patriziern einen neuen Stand bilden, der Nobilität genannt wurde.

Polis – So nannten die Griechen einen Stadtstaat. Die Griechen gründeten keinen gemeinsamen Staat, in dem alle griechischen Stämme lebten. Städte mit den umliegenden Ländereien waren selbstständige Staaten.

Prinzipat – So nennt man die Herrschaftsform, die Augustus im Römischen Reich nach den Bürgerkriegen errichtet hat. Er nannte sich selbst princeps (lat.: Erster). Damit wollte er zeigen, dass er im Staat die erste Stelle einnahm und die Ordnung der Republik achtete. Er wollte nicht als „Diktator auf Dauer" oder als König angesehen werden. Tatsächlich aber verfügte er über die Macht, den Senat und die Regeln der Republik zu übergehen.

Pyramide – Grabanlage der ägyptischen Pharaonen. Die ersten Könige des geeinten Ägyptens wurden in „Mastabas" bestattet. Das waren rechteckige, unter die Erde reichende Grabkammern. Daraus entwickelten sich um 2680 v. Chr. treppenförmige Gebäude, die Stufenpyramiden. Danach entstanden die voll ausgebildeten Pyramiden. Diese waren bis zu 146 m hoch, ihre Seitenflächen waren mit Steinplatten verkleidet. Pyramiden überdeckten Grabkammern für die mumifizierten Körper der Pharaonen.

Reichskirchensystem – So nennt man die Verwaltung des Reichs, die Kaiser Otto I. aufgebaut hat. Bischöfe wurden mit Bistümern und Ländereien belehnt. Sie waren somit den weltlichen Fürsten gleichgestellt. Da Geistliche keine Kinder haben durften, fiel das Bistum nach dem Tod des Bischofs an den König zurück. Otto verhinderte damit, dass die Nachkommen dieser Fürsten einen Anspruch auf das Lehen ihrer Väter erhoben.

Reichstag – So wurde die Zusammenkunft von Fürsten und Kaiser seit dem 15. Jahrhundert genannt. Zuvor nannte man dieses Zusammentreffen Hoftag. Die Fürsten hatten die Pflicht, den Kaiser auf dem Reichstag zu beraten. Sie hatten aber auch das Recht, über Kriege des Reichs, über Gesetze und Steuern mitzuentscheiden. Die Fürsten und die Städte gewannen nach dem Tod König Friedrichs II. an Einfluss.

Republik – So nannten die Römer ihren Staat, denn „res publica" heißt übersetzt „die öffentliche Angelegenheit". Die Politik des Staats war nach dem Verständnis der Römer die Sache aller Bürger. Als die Römische Republik untergegangen war und die Kaiser im Reich regierten, wurde die Bezeichnung beibehalten.

Senat – Der Rat der Ältesten. Versammlung, in der über die Politik Roms beraten und entschieden wurde. Nach der Vertreibung der etruskischen Könige regierte der Senat den Staat. In ihm saßen zunächst nur Patrizier. Später konnten auch Plebejer, nachdem sie ein Magistratsamt bekleidet hatten, Mitglieder des Senats werden.

Stadt – Die Stadt ist eine Weiterentwicklung der Siedlung und des Dorfes. Das Leben der Menschen in der Stadt ist geprägt von der Teilung der Arbeit. Die Menschen gehen nun verschiedenen Berufen nach. Der Lebensunterhalt wird nicht mehr allein durch die Bewirtschaftung eigener Felder verdient, sondern auch durch Handel. Die ersten Städte kennen wir im 4. Jahrtausend v. Chr. in Mesopotamien. In Deutschland entstanden größere Städte erst im römischen Germanien als Gemeinschaft von Kaufleuten und Handwerkern.

Stamm – Viele Völker lebten zuerst in Stämmen zusammen. Ein Stamm betrachtete sich als Gemeinschaft mit gleicher Abstammung: miteinander verwandte Stämme verfügen auch über Erzählungen (Sagen, Epen) ihrer gemeinsamen Herkunft. Viele germanische Stämme hatten keine dauerhafte Ordnung. Einzelne Stämme vermischten sich oder ihre Mitglieder schlossen sich anderen Stämmen an.

Steinzeit – So nennen wir die erste Epoche der Ur- und Frühgeschichte, in der die Menschen ihre Werkzeuge vorwiegend aus Stein herstellten. Wir unterteilen die Steinzeit in die Altsteinzeit und die Jungsteinzeit. In der Altsteinzeit lebten die Menschen als Jäger und Sammler und waren noch nicht sesshaft. Die Zeit, in der die Menschen zu Ackerbau und Viehzucht übergingen, nennen wir Jungsteinzeit. Sie hatten nun feste Wohnsitze und konnten mit der neuen Wirtschaftsweise selber Nahrung herstellen.

Tempel – Ein Gebäude zur Verehrung von Gottheiten. Die ersten Tempel entstanden um 4000 v. Chr. im südlichen Mesopotamien. Die Menschen glaubten an verschiedene Götter, denen das Land und die Herden gehörten. Tempel waren oft Zentren der Herrschaft, dort wurde z. B. ein großer Teil des geernteten Getreides aufbewahrt. Ägypter, Griechen und Römer bauten ebenfalls Tempel für ihre Götter. Häufig wurden Tempel für jeweils eine Gottheit gebaut.

Vasall – Eine andere Bezeichnung für den Lehnsmann. Der Vasall empfing von seinem Herrn ein Lehen. Wenn dies zu groß war, um es selbst zu verwalten, konnte der Vasall Untervasallen einsetzen. Der Vasall war dann der Lehnsherr seines Untervasallen.

Vogt – (lat.: advocatus = der Herbeigerufene, der Rechtsbeistand) – Ein Vogt war ein Beamter, der von Städten, Königen oder Klöstern als Richter eingesetzt wurde. Ursprünglich waren die Vögte notwendig, um Recht in Klöstern zu sprechen, da sich die Geistlichen keinen weltlichen Aufgaben widmen sollten.

Zunft – Ein Zusammenschluss von Handwerkern eines Gewerbes in einer Stadt. Schmiede, Zimmerleute, Weber usw. hatten ihre eigenen Zünfte. In einer Zunftordnung wurde festgelegt: die Zahl der Meister, Lehrlinge und Gesellen, die es in einer Stadt geben durfte, die Preise der Produkte, die Löhne sowie die Mengen, die ein Betrieb produzieren durfte. Damit wollten sich Handwerker einer Stadt gegen die Konkurrenz schützen. Bei Krankheit und Tod einzelner Handwerker standen sich die Mitglieder der Zünfte gegenseitig bei.

Bildnachweis

Andreas & Andreas Verlagsbuchhandel, Salburg (A): Die Bibel von A-Z: 160, B1; 162, B4; Archiv für Kunst und Geschichte (AKG): 11, B4; 16, B1; 17, B4; 18, (1); 45 (1); 49, B3 (Werner Forman); 50, B1 (Erich Lessing); 51, B3; 51, B4 (Andrea Baguzzi); 63, B1; 66, B1 (2); 67, B3; 68, B1; 69, B5; 72, o.r.; 77, 5/7; 80; 84, B1; 85, B5; 91, B1; 92, o.r.; 93, B4; 95, B2; 106, o.r.; 108, B5; 111, o.r.; 113, B4; 114, o.r.; 118, o.r.; 120; 125, B6; 132, o.r.; 136, o.r.; 137, m.r.; 141, B 2; 143, B3; 149, B3; 151, B7; 170, B1/B2; 179, B 1; 185, B3; 189, o.r.; 193, 1; 203, o.r.; 214, o.r.; 216, o.r.; 235, B7; argus Fotoagentur, Hamburg (Helmut Schwarzbach): 83, B5; Artia-Verlag, Prag: 29, B4/B5; Artothek Peissenberg: 160, o.r.; Atelier K, Mocker, Gera: 9 (1); Bavaria München: 10, B1 (Hiroshi Higuchi); 21, B2 (P. King); 228, B3; Bayerische Staatsbibliothek, München: 240, B2; Bayerisches Nationalmuseum, München: 240, B2; Biblioteca Vaticana, Rom (Vatikan): 52, B3; 149, B4; 205, B5; 242, B 2; Bibliothèque nationale de France, Paris: 186, B6; 187, B9/B10; 188, B2; 246, B4; 249, B5 (o.l.); 254, B2; Bildarchiv Foto Marburg: 66, B1 (1); 138, B4; 255, o.r.; bildarchiv preußischer kulturbesitz, Berlin: 28, B1/B3; 33, B2/3/4; 40, B4; 53, (1); 55, B1; 59, B2; 71, B2; 72, B2; 73, B 3; 77, 6; 86; B1; 97, B3; 105, B7; 113, B3; 121, (2); 128, B4; 137, B2/B3; 139, B1; 143, B4; 181, B5; 184, B1/B2; 221 (4); 223, B2; 235, B6; 249, B5 (m.l.); 253, B4; Böhm, Erwin, Mainz: 62, o.; Brandenburgisches Landesmuseum für Ur- und Frühgeschichte, Schloss Babelsberg (Potsdam): 14, B2 (S. Gustavs); 39, B3; Deutsche Luftbild, Hamburg: 250, B1; Deutsches Archäologisches Institut, Rom: 167, B5; Domschatzkammer Speyer: 222, o.r.; Domschatzmuseum Aachen: 205, B6; Döring, Volker, Hohen-Neuendorf: 36, B2; 62, B5 (Vorderasiatisches Museum, Berlin) 185, o.r.; 227, B3; 241, B1; dpa, Agence France Press (1); Biber (1): 177; Edition Casterman (Int. Dept.), Tournai (B): 179, B2; Eibel-Eibesfeldt, Prof. Dr. Iräneus. Andechs: 30, o.r.; Eickelmeyer, Sammlung, Berlin: 12, B1; Feuerstein-Praßer, Karin, Köln: 193, B3; Focus Agentur, Hamburg: 19 (2) /John Reader/Science Photo Library; 86, B2; Forschungsinstitut für alpine Vorzeit, Innsbruck (A): 35, B1; Friedel, Michael, Steingau: 29, B6; Friedrich-Schiller-Universität Jena/Thüringer Universitäts- und Landesbibliothek: 252, B1; Germanisches Nationalmuseum, Nürnberg: 233, B3; Gerster, Dr. Georg, Zürich-Zumikon: 57, B2; 185, B4; Giebel, Marion, August-Rowohlt Monographie 327: 141, B1; Giraudon, Paris: 199, B2; 239, B2; Hartmann-privat: 9 (1); 28, B2; 169, B2; 186, B7; 187, B4; 190, B6; 231, B3; Hessische Landesbibliothek, Darmstadt: 229, B5; Hirmer Fotoarchiv, München: 58, o.r.; 95, B4; 101, B2; Hoa Qui Agentur, Paris (Yann Arthus-Bertrand): 53 (1); Holle Archiv (ehem.), Baden-Baden: 169, o.r.; Institut für Ur- und Frühgeschichte, Tübingen: 15, B4; Johanniter-Unfallhilfe, Berlin/Hannover: 256, B7; Kandula-Archiv, Witten: 236, o.r.; Kiedroswki, Rainer, Ratingen: 209 (1); Kirsch, Foto-Studio, Lutherstadt Wittenberg: 17, B3; Kunsthistorisches Museum, Wien: 212, B3; 215, B2; 249, B5 (o.r.); Kur- und Freizeit Belzig: 228, B2; Küster, Dr. Hans-Jörg, (c/o C.H. Beck-Verlag München): 230, B1; Les Editiones Albert René / Dargaud S.A., Paris: 153, B2; Liepe, Berlin: 48, B1; Lotus-Film, Kaufbeuren: 69, B4; Luftbild Franz Thorbecke, Lindau: 98, B1; 116, B2; Luftbild Klammet-Europa-Farbbildarchiv, Ohlstadt: 219, B3; Martin-Wagner-Museum der Universität Würzburg (Köhrlein): 115, B8; 117, B3; Mauritius: 117, B4 (Torino); 174, B5 (Vidler); Metropolitan Museum of Art, New York: 189, B4; Martin, Jochen (Hg.): Das Alte Rom. Gütersloh, 1994: 165, B2; Meyer, Christian: 180 (2); Musée de la Ville de Paris/Photothèque (P. Perrain): 135, B3; Musée du Louvre / RMN Paris: 127, B2; Musée d'Angouleme: 42, o.r.; Musée d'Art et d'histoire, Ville de Genève: 147, B4; Musée Royal de Mariemont (B): 135, B4; Museo Etrusco di Villa Giulia, Rom: 124, B4; Museum für Vor- und Frühgeschichte im Hessischen Landesmuseum, Kassel: 40, o.r.; Museumsdorf Düppel e.V., Förderkreis Berlin: 228, B4; 261, m.r.; Neandertal-Museum, Erkrath (Manfred Ehrich): 35, B2; Niedersächsisches Landesmuseum Hannover: 14, B1; Österreichisch Nationalbibliothek, Wien: 182, B1; 233, o.r.; Paysan Bildarchiv, Stuttgart: 21, B3; © 1990, Photo SCALA, Florence/Italy: 104, B4; picture alliance: 45 (2) (dpa/Matthias Hiekel); 228, B1/B3 (dpa); 244, B1 (dpa); 244, B2 (dpa/Schuetze/Rodemann); Prähistorische Staatssammlung München, Museum für Vor- und Frühgeschichte: 42, m.r.; Prätor, Günther, Jena: 209 (1); Reimer-Verlag, Berlin, Dienstbare Geister, 1981, S.90/91: 13, B3/B4; Reiss-Museum, Mannheim: 195, B1/B2 u. o.r.; Rheinisches Bildarchiv, Köln: 214, B1; RIA Novosti, Berlin: 172, B6; Rijkmuseum van Oudheden, Leiden (NL): 145, B7; Römisch-Germanisches Museum, Köln: 149, o.r.; Römisch-Germanisches Zentralmuseum, Mainz: 150, o.r.; 159, B6; 237, B2 (F. Hartmann); Rosenberg, Micha, Berlin: 86, B3; Rosgartenmuseum, Konstanz: 26, B1; Scala Florenz (Instituto Fotografico): 72, B1; 82, B3; 123, B1; 140, B2; 142, B1; 144, B6; 146, B1; 160, B2; 163, B5; 249, B5 (u.r.); Siemens, München: 45 (3); Staatliche Museen zu Berlin, Preußischer Kulturbesitz, Museumspädagogischer Dienst: 60, B2; 61, o.r.; Staatsbibliothek Bamberg: 201, B6; Staatsbibliothek Berlin, Preußischer Kulturbesitz/Handschriftenabteilung: 246, B5; Stadt- und Universitätsbibliothek Frankfurt am Main (Ursula Seitz-Grey): 161, B 3; Stadt Quedlinburg, Informationsamt: 241, B 2; Stadtarchiv Lutherstadt Wittenberg: 16, B2; Stadtarchiv Soest: 242, B1; Stadtmuseum Berlin: 71, B2; Uhlig, Helmut, Berlin: 36, B1; Ullstein-Bilderdienst, Berlin: 17, B5 (Udo Lauer); 64, B1 (Bernd Mitterbauer); 77, 4; 89 (1); 148, B 3 (Frank Frischmuth); 244, B3 (Frank Lehmann); 247, B1 (Hubertus Kanus); Universitätsbibliothek Heidelberg: 216, B1; 226, B1; 234, B5; 253, B3 (o.m.); 258; Volk und Wissen Verlag, Archiv: 105, B6; 112, B1; 137, o.r.; 162, o.r.; 255, B4; Wagenbreth/Steiner, Geologische Streifzüge, Leipzig, 1990, S. 89: 10, B2; Württembergische Landesbibliothek, Stuttgart: 232, B1; Württembergisches Landesmuseum, Stuttgart: 23, B2; 34, B6 (Frankenstein); © Giesel, Joachim, Hannover: 89 (1); © Oriental Institut of the University of Chigago, Courtesy of: 56, o.r.; © The British Library, London: 219, B2; 248, B4; 249, B5 (u.l.); © The British Museum, London (Photographic Servive): 69, r.o.; 76, B1; 101, B3; © The Museum of Fine Arts Boston, Courtesy of: 112, B2; © The Natural History Museum, London: 18 (1); 19 (1).

Nicht in allen Fällen war es uns möglich, den Rechteinhaber der Abbildungen ausfindig zu machen. Berechtigte Ansprüche werden selbstverständlich im Rahmen der üblichen Vereinbarungen abgegolten.